U0632130

家教方略

闫志强 编

Jiajiao Fanglüe

山东人民出版社

国家一级出版社 全国百佳图书出版单位

编委会名单

主　　　编　　闫志强
副　主　编　　刘加庚
编委会成员　　（按姓氏笔画排序）

马心领　　王乃翠　　王　丽　　白圣波
石　晶　　寻素华　　汤占华　　宋培华
张广斌　　张兆杰　　张宗昌　　张振东
张维国　　李华亮　　李成伟　　陈　伟
李长领　　李英渠　　李德国　　吴昭洪
苗存奎　　杨建国　　郑　慧　　宫玉新
高协森　　班　东　　徐德山　　桑克华
焦　勇　　韩　敏　　韩　瑾　　蒋永乐
蒋怀民

汲取家教智慧

汇集社会力量.

润育学生成长

王次忠

2014. 7. 23

（中共济宁市常委　宣传部长）

苏霍姆林斯基说过："教育的效果取决于学校和家庭的教育影响的一致性。如果没有这种一致性，那么学校的教学和教育过程中会像纸铸的房子一样倒塌下来。"的确，学校教育的成功，需要家庭教育与学校教育的和谐一致，特别是学校的教育思想和理念要得到家长的理解、认同和支持。为了让家长改进教育方法，提高家庭教育水平，学校应当通过家访、召开家长会、举办家长学校等多种方式，搭建家校合作的"立交桥"，密切与家长的联系和沟通，使学校教育在家庭教育中得到延伸和强化，两者形成育人合力，实现孩子全面发展的目的，完成"立德树人"这一根本任务。

大家也能感受到，随着家长受教育程度越来越高，家长要求"进入学校、了解学校、评价学校、监督学校、参与教育"的欲望也越来越强烈。家长已不仅仅是学校的协作者，更是学校的同盟军，应有其利益诉求渠道和关注孩子教育问题的发言平台。对于学校来说，要解放思想，转变观念，增强公共服务的执行意识，和家长建立起相互信任的思想感情基础，给予家长知情权、参与权、监督权和评价权，构建新型民主开放的家校合作机制。

现代的家校合作与传统的家校关系有很大不同，它既不是以往单纯的家庭教育指导，也不是简单的组织学校开放日活动，它的内涵应该更丰富、外延更宽广、内容更具体、机制更科学。全市各学校要按照建设现代学校的有关要求，秉持开门办学、开放办学、民主办学的原则，积极让家长参与、让社会关心，充分凝聚家庭、社区各方正能量，探索建设"高效教育场"。这既是时代发展的要求，也是解决许多学校内部问题的最佳选择。只有这样，学校才不会成为信息"孤岛"，教育才会逐渐摆脱封闭。而且，良性的家校互动不仅对学生的培养有利，对教师的成长也有很大帮助。教师经历家校关系"互动"的磨炼，将会对学生的关注更加敏感，对自身教育教学行为的评价更加精准，专业能力和专业境界都将得到较大提升。

2013 年，为推动家校共建工作，市教育局在全市中小学校组织开展了"千校万家共建连心桥"活动，各县市区、各学校对家校共建工作都进行了积极探索与创新实践，并取得丰硕成果，构建了"家校互动""家校合作""家校共育"等不同的操作模式。根据"千校万家共建连心桥"活动实施意见，市教育局还组织开展了"家教金点子"征文比赛，选入本书的 100 篇文章，就是从 300 多篇应征来稿中遴选编辑而成的。这一篇篇倾注着教师、家长心血汗水的文字，以生动成功的实践案例，证明了家校互动不是博弈，而是一种平等的对话；证明了建立新型家校关系的创新智慧在基层、在民间，有效办法在教师、在家长。这些虽然只是点上的探索，但对于我们更好地理解家校共建的内涵，破解家校共建的难题，提供了宝贵的经验。编辑出版《家教方略》一书，旨在聚集社会各界广大家长的力量和智慧，共同办好教育。广大教育工作者应认真研读，从中悟出家校共建的切入点、结合点和突破点，探索家校共建的制度设计和整体规划；要结合本地本校教育实践，深入持久地推进家校共建活动，努力办好人民满意的教育。

济宁市教育局党委书记、局长

在家校共建中碰撞教育智慧

——关于家校共建工作的思考

刘加庚

　　学生就像一只小船，家长和老师犹如船上的双桨，只有双桨用力均衡，才能确保小船沿着正确航道破浪前行。这个比喻说明，成功的教育需要家长与老师步调一致，同向发力，形成合力，才能取得最佳的教育效果。教育工作需要家庭教育与学校教育的有效整合，协同推进，双方建立起健康、稳定、和谐的家校关系，共同完成"立德树人"这一教育根本任务。

家校共建意义重大

　　家校共建的意义在于扩大"教育合力"。教育是民生之基，寄托着千万家庭对美好生活的企盼，既是密切联系民生的重点行业，也是直接服务群众的重要窗口。开展家校共建工作，是实现教育发展"问计于民、问需于民、问效于民"的重要途径。通过家校共建活动，推动教育工作重心下移，让广大教育工作者深入到基层，扎根于群众，体察教情民意，向群众问计寻策，把各级党委、政府实施教育优先发展的决心转变为广大人民群众的自觉行动，真正聚集全社会的智慧办人民满意的教育。

　　教育是个系统工程，各要素之间是相互关联的，无论是家庭教育的潜移默化、耳濡目染，还是学校教育的循序渐进、系统推进，以及周边自然环境、社会环境的人文影响，都不可或缺，而且应是相辅相成，互为补充。新形势下，学校教育应该有一个全方位、综合整体的考虑和设计，尤其需要与家庭教育紧密而有效地结合起来，两者任何一个方面的缺位或不足都会在学生身上产生明显的负面效应。著名教育家苏霍姆斯基说过："只有学校教育而没有家庭教育，或者只有家庭教育而无学校教育，都不能完成培养人这一极其艰巨而复杂的任务。"只有家校之间形成良性互动，教育才能取得根本性成功。

家校共建是整合家庭教育和学校教育优势的有效途径。家庭教育和学校教育都是以孩子为教育主体,家校共建根本目的也是为了孩子的健康成长,让孩子充分享受来自老师、家长的关怀和关心,享受教育带给孩子的欢乐与智慧。孩子从小生活在父母的呵护之下,衣、食、住等物质需求需要父母打理与指导,自尊、归属感、成就感等精神需求更需要父母关注,父母是孩子的第一任教师。所以,家庭教育能更好地做到从实际出发,有的放矢,因材施教,具有很强的针对性和灵活性,易收到良好的教育效果。而学校则是国家设置的专门的教育机构,有固定的学习场所,师资专业,设施齐全,教育教学理念科学,具有特定的组织性、计划性、科学性和系统性,在孩子的教育中居于主导地位。由此可以看出,家庭教育和学校教育在育人方面都有其独特优势,互相不可替代,只有开展家校共建,实行配合联动,将两者有机地整合起来,取长补短,协同进行,实现 $1+1>2$ 的效果,从而促进孩子们的健康成长。

家校共建初见成效

2013 年,济宁市教育局组织开展了"千校万家共建连心桥"活动,旨在通过开展家校共建工作,搭建家校交流合作、协力育人的"立交桥"。全市各学校都非常重视家校共建工作,制订了实施方案,开展师资培训,因地制宜,继承传统,丰富主题,积极探索符合学校实际的家校共建方式、模式和内容,推动家校共建工作向更深层次、更高水平发展。有的学校积极遴选主题建立《家校联系卡》,完善学生成长记录手册,定期发给家长一封信或创办校报或工作简报等。同时,通过完善制度,创新开展了教师家访工作,坚持做到了"五个必访、三个结合":下岗家庭必访、贫困家庭必访、单亲家庭必访、留守学生必访、伤残学生必访,逐步建立了"普访、专访、随访"三结合的家访工作机制。有的学校还成立了班级、级部、学校三级家委会,探索建立了家委会章程和与家长的日常联系工作制度等。坚持做到定期召开家长会,内容丰富,形式多样,注重思想沟通。同时,不断加大"开门办教育"的力度,设立教学开放日和校长接待日,让家长走进学校,走进课堂,了解教育,献计献策。还有的学校通过网络建立博客、家校冀校通、家长 QQ 群等,初步实现了家校沟通渠道多样化、家校联系规范化、学校服务优质化。

家校共建工作取得的成绩有目共睹,但家校共建面临的问题也亟待解决。目前有的地方家校共建零散短效,缺少持之以恒和有效互动。主要表现为:一是有事才联系，没事就不联系；二是问题学生和后进学生的家长联系较多，总体参与家长很少；三是学生家长被动参与较多，主动合作较少；四是家长教师地位不对等，老师是主角，家长是配角；五是主课教师多，副课教师少，甚至没有；六是老师和家长都以个体身份交流，缺乏组织和保障机制。究其原因，从家长方面来说，不少家长还没有意识到家庭对孩子成长的重要影响，认为家长的责任只是满足孩子在物质生活上的需求，主要任务在"养"，"教"的责任应由学校来承担，完全依赖学校，缺乏主动与学校合作的意识。从学校方面来说，由于多年来学校教育处于一种自我封闭状态，有的学校校长和教师自恃清高，认为家长不懂教育，或者认为家长工作忙，不好合作，把提高教育质量，看成纯粹是学校的事情，教育工作只是单边行动。学校往往把家长看成是教育的对象，教师则是教育者；教师只是单向的向家长传输教育理念和方法，要求家长予以配合、被动地接受教育，没有把家长当作合作伙伴，形成不了育人合力，家庭教育的资源就不能得到很好的发掘。这样问题的存在，有待广大教育工作者在今后的工作中继续进行深入细致的探讨，不断改进家校共建的途径、方式和策略。从而达到相互激励、相互补充。

家校共建任重道远

家校共建是各级各类教育实现提升的突破点和关键点。广大教育工作者要"转变观念、创新思路、创建机制"，坚持在"继承中创新，在创新中发展"的原则，加强整体规划和制度设计，深层次推动家校共建工作。

（一）在思想观念上，家校共建要确立服务于学生健康成长需要的观念。家校共建不应只是家庭和学校教育愿望的统一，也不应只是双方教育方法的完善，而应该是如何共同服务于孩子健康成长的需要。要体现"以人为本"，也就是"以孩子发展为本"的理念，要把孩子当成一个有独立意志的主体来对待，还要让学生参与到家校共建合作中来。以他们的合理发展愿望为合作的基本依据，创造一个生动、开放、民主、科学、自主、和谐的生活学习环境。要摒弃功利色彩，跳出"以升学为本"的怪圈，真正做到学校与家庭教育资源有效整合，最大限度地发挥家校共建、合作育人的作用，促进孩子成人成才、全面发展。

（二）在相互关系上，家校共建要建立学校与家庭平等合作的伙伴关系。众所周知，平等是合作的基础，如果合作的一方总是领导、支配另一方，这种合作在本质上是一种反合作、伪合作。因此，在家校共建合作中，要创建相互信任的伙伴关系。当前，不少家校共建合作，家长与教师往往处于不平等的地位，教师成了共建合作的管理者和指导者，而家长只是被动的接受者，家庭教育成了学校教育的一种陪衬，难以发挥主动性。下一步，学校和家长都要转变观念，学校要以开放的心态接纳家长参与学校深层次教育管理、教育活动等，要明确老师不仅是教育者，还是服务者。学校和老师都要认识到家长是教育的重要资源，是教育的合作伙伴，也是教育工作的监督者和裁判员。广大教育工作者必须改变自己偏颇的教育思想和行为，努力提升自己，以较高的站位、宽广的视野、平和的心态，积极参与家校共建工作。广大家长朋友应不断学习，更新自己的教育方法和教育观念，坚持从孩子健康成长的大局出发考虑问题，积极主动地为学校工作出良策、献实招、建诤言、谱和谐。同时，要主动给学校提供孩子丰富真实的信息，积极与教师交流合作。还要正视孩子成长学习中的各种问题和矛盾，学会跳出传统思维模式，运用发展的眼光、前瞻的思路、创新的理念，探索开展家教的新办法，为孩子营造一个温馨、积极、阳光的发展成长空间。

（三）在建构形式上，家校共建要形成实质性、制度性工作模式。家校共建工作要继承传统，但要克服形式性、象征性共建的做法。优化家委会组建方式，建立家委会共建共管制度，通过管理创新和体制创新，促使学校教育向家庭教育延伸。建立科学的家访制度，定期开展"送知识、送方法、送温暖"的家访行动。增加家长会和教学开放日的次数，让家长对学校教育有深度了解，增加家长与学校面对面沟通交流的机会。探索建立重大节日、重要活动邀请家长观摩制度。创造条件，开辟家长讲坛或者网络家长论坛，邀请优秀家长介绍成功的"育子经验"，以自己孩子成长的真实历程为内容，现身说法，彰显家教的重要性。《家教方略》就是推进和提升家教的新尝试。

众所周知，教育事业的发展离不开全社会的重视、关心和支持，而家庭作为学校的天然同盟者更需进一步加强与学校的合作共建。如今，家校合作共建已是学校教育改革的一个世界性趋势，事关教育改革发展的成败，期望全市广大教育工作者和广大家长朋友们齐心协力，积极参与家校共建活动，逐步实现教育资源共建共享，最大限度地聚集教育发展正能量，为青少年的茁壮成长献计献策，铺路搭桥。

（济宁市教育局）

| 目 录 |

1

兖州区

曲阜市

梁山县

高新区

市　直

任城区
REN CHENG QU

妈妈 · 书 · 小阿牛

王素云

　　小阿牛是妈妈的小宝贝儿，妈妈是小阿牛的大宝贝儿，书是妈妈和小阿牛的好宝贝儿。

听唐诗的小阿牛

　　小阿牛刚出生的那段日子是在奶奶家度过的。爷爷整天给人看病，奶奶整天收拾家务，爸爸整天忙着上班，于是整天陪伴小阿牛的只有妈妈，还有整天不离开妈妈的唐诗。小阿牛睡了，妈妈读唐诗。小阿牛醒了，妈妈把小阿牛抱在怀里，一边晃，一边背唐诗："《静夜思》，李白：床前明月光，疑是地上霜。举头望明月，低头思故乡。《画》，王维：远看山有色，近听水无声。春去花还在，人来鸟不惊。《夜宿山寺》，李白：危楼高百尺，手可摘星辰。不敢高声语，恐惊天上人。……"叔叔看见了，笑话妈妈："嫂子，阿牛这么小，听得懂吗？别费那劲了！"妈妈笑而答曰："哼着玩呗，权当给自己解闷了！"只有妈妈知道，只要小阿牛听见妈妈的声音，就会很乖很乖的。

小阿牛的睡前必修课

　　小阿牛上幼儿园了，每天晚上睡前的必修课，就是听妈妈读故事。你看，睡前十分钟小故事就要开始了。

　　小阿牛早早地钻进了被窝，急不可耐地催着妈妈："妈妈，妈妈，赶快来给我讲故事，快点啊！""让你爸爸给你讲吧，我还没忙完呢！"书房里传来妈妈的回答。小阿牛不乐意了："不行，不行，爸爸讲得不好听，我就要妈妈讲！"妈妈只好放下手头的工作，来到床前，接过小阿牛早就准备好的《睡前十分钟小故事》，开始讲故事："小狐狸红红有一只新皮球，小鸡过来说：'红红，红红，我们一起玩皮球好吗？'红红回答：'不给你玩，你会把新皮球弄脏

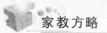

的。'……"故事讲完了，小阿牛也睡着了。亲亲小阿牛，妈妈又去工作了……

耍赖皮的小阿牛

小阿牛上一年级了，老师每天都要求预习新课。于是，每天晚上睡前半小时，爸爸妈妈都坐在床上陪着小阿牛预习。小阿牛读新课文，妈妈看《读者》《36°女人》，爸爸看《三国演义》《非常关注》，只有小阿牛奶声奶气读书的声音响在耳边，一切都静悄悄的。很多时候，小阿牛用不了十分钟就把课文预习得很好，剩余的二十分钟，他就会拿出妈妈订阅的《东方娃娃》绘本一遍又一遍地翻。尽管他认识的字还不多，尽管绘本里的内容大多都很深奥，小阿牛依然乐此不疲，爱不释手。看着小阿牛读书的样子，有时候爸爸妈妈会相视一笑，小阿牛却浑然不觉。到了熄灯的时间，小阿牛总会耍赖皮："妈妈，妈妈，我再看一页！就看一页，好妈妈！"看着可爱的小阿牛，妈妈一般都会通融的，可他要是赖了一次又一次，那妈妈可不答应，因为睡眠比看书更重要！

妈妈和小阿牛的"斗争"

小阿牛认识的字越来越多，感兴趣的故事也越来越多。每次进城去玩，娘俩必做的事情就是逛书店。无论春夏秋冬，只要走进书店，娘俩就分头行动。小阿牛一屁股坐在童书摊位旁的水泥地上，翻开一本感兴趣的书就津津有味地看起来，用"如饥似渴"来形容一点都不过分，用"聚精会神"来形容也不过分，用"乐不思蜀"来形容更不过分。你看，他看完一本又挑了一本接着看起来了。你听，美女营业员在温馨提示："小朋友，地上太凉，不要看那么长时间啊！"小阿牛只好换了一个地方又坐着看起书来。妈妈呢？妈妈早已经来到成人书摊前，翻翻《你是人间四月天》，看看《好妈妈胜过好老师》，翻翻《第56号教室的奇迹》，看看《教你培养优秀的男孩》……和小阿牛一样，妈妈也在贪婪地享用着书中的玉液琼浆呢！书店的陶冶，个把小时足矣，时间长了，对眼睛和身体都有伤害。妈妈放下手里的书，提醒小阿牛："选书时间到！"小阿牛就从书摊上转过来转过去，因为他喜欢的书太多了，可妈妈又不让一次买那么多，取舍真是一个让人纠结的事情呀！当然，妈妈也要亲自为小阿牛选书，一二年级读周锐、孙幼军、狐狸姐姐等等，三四年级读王一梅、梅子涵、汤素兰、杨红樱、郑渊洁等等。当然妈妈选书还有一个原则，那就是书的名字必须得好玩新奇，因为只有这样才能满足孩子的猎奇心理。每次去书店，娘俩都会满载而归哟！这次，有小阿牛挑选的《麦咭先锋》《飒漫画》，有妈妈挑选的《想变成人的猴子》《皮皮鲁外传》《德国，一群老鼠的童话》……不瞒您说，小阿牛开个书店都绰绰有余了。

"书虫"小阿牛

小阿牛家里最多的是什么？对，是书！小阿牛家里每个房间里都有的是什么？对，还是书！每个房间都有小阿牛喜欢读的书，也有小阿牛不喜欢但是妈妈认为必须得读的书，因为妈妈总觉得优秀的书籍小阿牛哪怕看上一眼也会有收获。小阿牛有位勤快利索的妈妈，把他的书都放在房间的固定位置，怎么方便小阿牛拿到，妈妈就怎么摆放那些宝贝书，所以小阿牛随时都能看到书，而且小阿牛看完总是随手放回原处，所以每个房间都不会有所谓的凌乱美呢。

不过，因为每个房间都有书，于是，问题也跟着来了。

客厅里有他的宝贝书。每次在客厅吃饭，爸爸妈妈吃完早早地离开饭桌，剩下小阿牛一个人与饭菜孤军奋战。妈妈去书房查会儿资料或者备会儿课，爸爸则到厨房洗刷碗筷。十分钟过去了，爸爸催促："阿牛，吃完了没有？把你的碗端过来！"两三遍过后，小阿牛一点反应都没有，妈妈透过窗子一看，哦，都是沙发上的书惹的祸，他又去看书了！妈妈佯装生气："阿牛，还没吃完？那书不想看了？"小阿牛赶快合起书来。

书桌里有他的宝贝书。每次写作业之前，妈妈都会发现小阿牛在看书。有时妈妈着急啊，多么想让他先完成作业再看书，可是他总是不疾不徐地对妈妈说："慌什么，山人自有安排！"周末的作业有时难免会多了些，小阿牛总是写会儿作业看会儿书，再写会儿作业再看会儿书，把看书当成休息了。可是，长时间用眼会造成眼睛疲劳啊，所以妈妈忍不住叨叨："阿牛，歇歇眼睛，一会儿再看书吧！"小阿牛呼闪着眼睛说："妈妈，帮我做做眼睛保健操吧！"得，他又把妈妈绕进去了！

卧室里有他的宝贝书。每天晚上上床以后，他总是要求看半小时的书。可是看够时间以后，妈妈让他睡觉，他总是要求："再看五分钟，再看五分钟！"唉，十个五分钟也不够他看书的，最后总在娘俩的争执中结束一天的生活。小阿牛说："每个人只有一个童年，过去了，再也不回头了，你管我那么严干什么？"妈妈说："到点不睡觉，明天起不来怎么办？"小阿牛回答："一切听天命吧！"

小阿牛已经养成读书的习惯了，我觉得我也应该具有监督他科学用眼的能

力，不过如果有一天他反驳得我哑口无言怎么办呢？唉，对付爱看书的孩子，我也得多看书啊！否则，我怎么水来土掩，兵来将挡呢？

小阿牛与妈妈携手共进

时光飞逝，转眼间，小阿牛已经是四年级的小学生了。上课的时候，他专心致志地听讲，积极踊跃地回答问题；下课的时候，他一丝不苟地完成作业，保质保量地预习新课。所以，虽然他是这个学校本年级最小的孩子，却是这个年级最优秀的孩子。小阿牛不光成绩好，他无论学什么都能很快地学会，羽毛球、乒乓球、自行车、滑旱冰……一切都 SO EASY！而且，他还代表学校去参加航模比赛了呢！我想，这种学习能力的形成，应该和他爱看书的习惯是紧密相连的吧？妈妈呢？妈妈也不逊色哦，她在自己 QQ 空间里发表的文章有很多人喜欢看，而且她一定会逐渐形成自己的教学特色的，这和爱看书的习惯也是紧密相连的！

妈妈宝贝小阿牛，小阿牛宝贝妈妈，一本本书让妈妈和小阿牛更加宝贝彼此。祝愿天下更多的父母爱上书，祝愿天下更多的孩子爱上书，祝愿天下的父母和孩子之间因为书更有爱，因为书更有情！

（济宁市任城区接庄中心小学）

我与女儿

秦士丽

作为老师，常常接触到不同的家长，听到的多是抱怨、生气和无奈，从他们的谈话中感觉很多家长在与孩子的相处中缺乏耐心和沟通的艺术。

合格母亲，从改变自身做起

看到刚出生的女儿可爱稚嫩的小脸，油然而生的母爱促使我决定要做一位合格的母亲。从那时起我开始努力修正自己，改变脾气，一切为女儿的健康成长着想，为女儿创造温馨的生活环境，用自己的实际行动影响家人，使家庭气氛民主和谐。女儿从30天开始，早上6点起床，晚上8点睡觉，即使炎热的夏天也不例外。这个作息习惯直到女儿6岁上小学始终如一。这6年中晚上有朋友到家玩或是朋友邀请我们，都由丈夫来应酬，我一直陪女儿。即使有朋友带孩子来家里玩，8点一到，再热闹的场面女儿也不会留恋，丢下小朋友就去睡觉，朋友夸女儿乖，女儿更有成就感，乐呵呵地坚持自己的作息时间。与朋友相聚听到最多的话就是："我孩子像你女儿一样就好了，习惯多好！"爸爸会说这都是妈妈的功劳。我们家人不会争电脑，不会争电视，都有很好的生活习惯，良好的生活习惯营造了良好的家庭成员关系，让孩子生活在幸福温暖之中，尤其在孩子看到别人家争吵时，更感觉自己家的温馨，感觉到父母的可敬可爱！

注重孩子学习习惯的培养

从孩子开始学说话起，我与孩子交流的每一句话都是完整的（不会说吃饭饭喝汤汤之类），给孩子一个完整的语言环境，同时特别注意激励和鼓励孩子。当孩子说出第一句话、第一个词时我都会表现出很大的惊奇，让孩子有成功感和自信心。我还给孩子建立起一个成长记录袋，说了有趣的话，做

了有趣的事都记录下来，等她看懂记录时，她更会对妈妈充满感激。敬佩我的同时也树立了母亲在她心中的形象和地位。

随着孩子年龄的增长，她任何点滴的进步我都适时地赞扬和鼓励，在生活中不知不觉地培养着孩子说话的兴趣、看书的兴趣、学习的兴趣。两岁时，她就能把许多故事一字不落讲下来。我的鼓励大大增强了孩子的自信心，女儿有表现欲、有成功感、有自信心，对什么都想学想做，有广泛的兴趣和爱好。

对于孩子学习习惯的培养，我总结的做法是用心欣赏孩子的优点，强化她的优点。对于缺点，年龄小时利用转移目标法弱化；年龄大了，在不伤害孩子自尊心的情况下让她明白错在哪里。

良好的学习习惯还要有良好的学习环境，我们家人从不说脏话粗话，孩子一直生活在没有语言污染、恶习污染的环境中。对于孩子学习中遇到的困难要及时拉一把。比如，我分别在一年级、三年级、初中一年级、初中三年级的学习中给予引导。由于我们的用心，使孩子在亲子游戏中、在比赛中，不知不觉地养成了良好的学习习惯和生活习惯。即便现在，教育孩子我仍然用多鼓励少批评、多欣赏少打击、多沟通少高压的方式与孩子交流，也因此让妈妈变成了被孩子信任的忠实朋友。

为孩子付出张弛有度

孩子今年 13 岁了，我们会一起看《猫和老鼠》《百家讲坛》《国宝档案》《海峡两岸》，却不会和孩子同看电视剧。孩子学习时我看书看报，言传身教，让她认为学习就像吃饭一样是正常的事。有时孩子作业写到凌晨我也会一直陪着。孩子上初一时，各门功课学到哪里我看到哪里，数学成绩不理想时，我买了《龙门新教案》，根据老师讲的进度，给她总结、出题、检查。我的努力深深感染着她，孩子对待学习的态度也更加积极。

对孩子的爱不要挂在嘴上，要表现在实际行动中。我每天早晨 6 点起床，给孩子准备早餐，有时 5 点就起来包水饺，就为了孩子能吃上可口的早餐。孩子感觉到你实实在在的爱，也会努力做好自己分内的事，就会由"要我学"向"我要学"转变了，你的真心付出一定能得到孩子的认可。

孩子克制欲望的能力有限，她希望得到一些东西，想要一些东西是非常正常的，对于合理的一定要满足，不合理的则要告诉她为什么？如："你想要的东西，妈妈也想要，甚至想把整个超市搬回家，但这可能吗？人要学会控制，学会自我约束。"对孩子不要一概否定，也不能一味满足。允许孩子犯错误，更允许孩子改正错误；同样的错误不能犯第二次；帮助孩子找出错误的原因和改错的方法；让孩子感觉到你和她是平等的，除了是家人和亲人外，更是朋友。

常听有些家长对犯错的孩子愤愤不平，并说一些过激的语言。比如有一位妈妈，发现孩子拿了家里的钱后说饶了你这一次，再拿就把你的手剁掉。孩子第二次犯同样的错误时，把手放在菜板上等她来剁掉手，无奈的妈妈没法收场，只能到校找我，让老师帮忙解围。这件事也提醒我对孩子不要说过头的话，不说自己做不到或不能做到的话，这就涉及与孩子谈话的技巧，对孩子一定要言必行，行必果。当然，对待不同的孩子有不同的方法。

对孩子要有自己的原则

对孩子的承诺要兑现，不开空头支票，对不合理的要求态度要坚决果断，不留有余地。记得孩子小时候我去开会，朋友开玩笑说跟妈妈去，不让去就打滚。孩子还真做了。见状，我头也不回地走了。尽管担心孩子会哭，但我要明确告诉她这样做无效。还有一次和孩子去商场，孩子曾试探性地问我："妈妈，想要东西哭管用吗？"我果断地说："你可以试试。"不过，我也读懂了孩子，离开商场时，作为奖励我给她买了另外一样礼品。生活中，不要让孩子认为家里有钱，可以随便花，要让他知道钱来得不容易，该花的钱绝不手软，不该花的钱绝不乱花。

另外，根据孩子的性格特点要有的放矢，适当地让她撞一次墙受一点伤，经受挫折的考验，这也是她的一种人生财富。

教育过程中，要及时总结孩子的成长历程，对孩子倾注无私的爱的同时，也让孩子感觉到父母的原则。

（济宁市第十三中学 2011 级 4 班高东宇家长）

有一种快乐叫读书

李 平

有一种快乐叫读书，有一种生活叫读书。伴随着孩子的成长，读书已经成为我们家庭生活的一部分，那淡淡的书香是怎样溢满整个小屋，请听我向您娓娓道来。

倾听，开启兴趣阅读的金钥匙

孩子上幼儿园之前，我和丈夫由于工作原因，很少有时间顾及他的生活和学习。好在他的姥姥很有耐心，陪着他识图、看书，给他讲故事。每天的阅读时光都是他最快乐的时刻，一本书他总喜欢不厌其烦地反复听，有时大人不小心念错了，他都能一字不差地给予纠正。

听故事不仅丰富了孩子的内心世界，也让他成为一个懂得爱和感动的孩子。记得他两岁半时的某个晚上，我绘声绘色地给他读《猜猜我有多爱你》，偶尔还加些表演。读完故事结尾的"它躺在小兔子的身边，小声地微笑着说：'我爱你，到月亮那么高，再——绕回来'"时，我听到了儿子的哭泣声。"怎么了？为什么哭呀？还想听啊？妈妈再讲！"我又讲一遍，这一次我注意了，当读到"大栗色兔子把小栗色兔子轻轻地放到了树叶铺成的床上，低下头来，亲亲它，祝它晚安"时，儿子又一次热泪盈眶，我禁不住紧紧地拥抱他。我知道，故事带给他的爱和感动在小小的心灵里正在静静地流淌。我们一直觉得他是个情感丰富的孩子，可没想到小小年纪的他，对故事的感悟，已是那般强烈。

识字，步入早期阅读的阶梯

孩子三岁左右的时候，再给他读书，他的眼睛会随着大人的阅读游走，有时突然停止，问他读到哪儿了，他会准确地用小手指着告诉你。现在想来，孩子最初的识字就是从那个时候开始的。这些汉字对于他就像一个个新朋友，在倾听故事的过程中由陌生变得熟悉，甚至成了天天见面的老熟人。

在孩子识字的关键时期，生字卡片必不可少。因为他在倾听故事的语境中识字，缺少对单个字的识别，用生字卡片这种方式加深了他对独立汉字的认知，为他尽快步入早期阅读打下了基础。当时我买了小盒生字卡片，用游戏的方式与孩子边玩边学，比如打扑克、猜一猜、找一找等等，孩子在大人的鼓励下玩得很有兴致。

由于孩子的有意注意力相对较短，加之卡片识字毕竟枯燥，不到一个月，他对这种方式已经不感兴趣。我们另辟蹊径，发现在生活中识字可谓"取之不尽，用之不竭"，而且其中蕴含着无穷的乐趣。一开始，我们领孩子出门，遇到店铺标牌，就读一读，念一念。后来，爷俩儿发明读四字词语的游戏，坐在电动车上，边走边看沿途两边的店铺标牌，摘取其中的四个字读出来，像接龙尾一样你一言我一语，比如"农业银行""济宁饭店"等等。有时出去游玩坐在车上无聊，也会跟同行的伙伴一起玩这个游戏。大约一年多以后，孩子上了幼儿园小班，已经逐渐地不再让大人读故事了，开始了真正意义上的阅读。

藏书，营造徜徉书海的氛围

书店，是孩子从不拒绝的去处；买书，是我们从不吝惜的花销。从小到大，我们每年都为孩子订购适合他的杂志，如《婴儿画报》《嘟嘟熊》《幼儿画报》《我们爱科学》（漫画版和青少年版）等，爱看的杂志我们从来不让孩子错过，当然我们每年还给自己订阅最钟爱的《读者》。除了期刊，我们还根据孩子不同时期的兴趣和需求选购了大量的书籍。每一次买到心爱的书我们都如获至宝。

如今，他的书架藏书共分四大类：第一类是绘本图画，如《爷爷一定有办法》《今天运气怎么这么好》《三只小猪》《鼹鼠与小鸟》等；第二类是文学名著，如《西游记》《三国演义》《爱的教育》《海底两万里》等；第三类是科学知识，如《百科知识全书》《昆虫记》《宇宙空间》《自然王国》等；第四类是国学启蒙，如《三字经·千字文·百家姓》《唐诗三百首》《论语》《幼学琼林》《古文观止》等。这些书籍为儿子徜徉书海提供了有利的条件，营造了充满书香的家庭氛围。

引荐，相约与经典，大师的对话

随着年龄的增长，孩子已经有了一定的阅读兴趣和阅读能力，但是究竟读什么书，家长还应该给予正确的引导。

孩子四岁的时候，迷上了孙敬修爷爷讲的《西游记》，白天听了晚上听。等故事全部听完，我突然有了个大胆的设想，既然故事情节已经熟悉，原文是否也能读懂呢？于是，我从书店选了一本青少年版的《西游记》，一百多页，放在书桌上，他果真感兴趣，一连十几天手不释卷，读得如醉如痴。通过这一次的大胆尝试，我发现，孩子的阅读不一定全部读懂或全部会认，只要有兴趣，猜读、跳读都是可以的，只要读就有收获，只要读就很快乐。

现在，孩子又迷上了《三国演义》。60本一套的《三国演义》连环画，我们根据他的阅读速度一本本带给他，作为学习或各方面表现好的奖励。别看这孩子平时不拘小节，这些小画书却被他按顺序摆得整整齐齐，一回到家就津津有味地翻阅，盼着妈妈快点带来下一册。

《读者》是我们工作之余最爱读的杂志，床头常常放着三两本，有时那些适合孩子听的小故事，我也会读给他听。一天下班回家，儿子正抱着一本《读者》看着呢，我没敢吱声，生怕惊扰了他与作者的对话。

阅读着，快乐着，淡淡的书香溢满整个小屋。

（济宁市明珠中心小学）

我听到了花开的声音

王 杰

家教，顾名思义即为家庭教育，是家庭中上辈对下辈的成长教育，包括学习教育、思维教育、方法教育、道德教育、行为教育等等多方面。从很多的家教实例和学术论文中可以看出家教二字中"教"为重，但在教育的实践道路上我逐渐认识到家教应更倾向于"家"的功效。家庭是孩子的第一课堂，父母是孩子的第一任老师，家长是否与孩子建立良好沟通是做好家教的关键环节。

但事与愿违，从近几年我连续做的一项针对全班学生的调查显示上看，学生平均每个月与父母聊天沟通只有 6 次左右，亲子疏离现象严重。调查显示，虽然工作学习繁忙，但家长们的闲暇时间还是充足的。因为，问卷调查显示家长平均每天看电视的时间为 2 小时左右。而学生除了上学和睡眠外，平均每天有 5 小时左右的课余时间，其中真正与父母相处的时间只有 1 小时左右。就在这珍贵的 1 小时里，孩子们与父母一起做得最多的活动，是看电视。

华南师范大学教育科学院张博博士说："父母是否称职，并不是在于能不能给孩子提供优越的学习生活条件，而在于是否善于用心倾听孩子，理解孩子的真实需要。目前，绝大多数家长不了解孩子需要什么，因此，父母给予的，都是孩子不需要、不在乎的，孩子们关注的，父母却觉得无聊、幼稚。家长们只看重孩子能不能按时完成作业，考试分数多少。"因为这些因素，亲子疏离现象也就在所难免了。因此我个人认为家教的重点在于"家"，父母与孩子应多些有效、和谐的沟通，让孩子时时刻刻体会到家的温暖和关爱。当孩子获得成功时第一个想与家人分享，受了委屈时第一个想与家人倾诉，遭遇困难时第一个想与家人寻求帮助，那么家教还有什么能阻碍呢？为此，我努力进行尝试，力求在教育途中与家长同行，寻求一条家教的"爱之旅"！

开 端

"孩子坐在书桌前，头却左右张望，心根本不在作业上，说了管用几分钟，

一会儿又那样了。"

"这一段时间，儿子几乎我说一句他顶一句，特逆反。"

"老师，小萍是否谈恋爱了？老是关上房门，不跟我和她爸说话。"

家长如此抱怨。

"我妈快成复读机了，一天到晚唠叨。"

"爸爸像监视器一样，我一点自由都没有。"

"在家真烦，真想出去闯闯，流浪也行！"

学生如此诉苦。

开学还不到一个月，这样内容的电话不时响起，我的心也一遍遍地被敲击，隐隐痛起来。是孩子们少了爱的能力？还是家长们爱得太多？爱要怎样说出口？我被困在"情网"中，急于寻找一个突破口。

发　展

焦灼不安中迎来了国庆节长假。对于住宿生来说这七天与众不同，远去外地打工的父母回家收玉米、种麦子，常年在家的父母也要忙碌操劳起来，他们的辛苦能否被孩子看在眼里、记在心头呢？这七天中父母与孩子能否有一个好的情感交汇呢？于是我布置了一篇习作：我看到了_____。半命题作文。要求：1. 要写真情实感。2. 观察父母、亲人的言行，力求有细节描写。3. 用以小见大的手法，可以是一个眼神、一句话语、一碗汤、一盘菜……一再叮咛写作要求后便是 7 天的期待。不期待作文技巧有多高明、语言有多华丽，我期待它的情真意切，期待它来源于孩子与父母的沟通与理解。

作文本交上来了，却满篇尽是深夜突发高烧，爸爸艰难地背着去医院；骑自行车摔伤了，妈妈守护在身边……大多是家庭中惊天动地的大事，触目惊心。事编得无依托，情抒得悬了空。课间找来写大事的几个同学询问事件的真实性，结果异口同声："编的，哪有什么事可写呀！"说得那般坦然、无愧。我的心被揪起来又拧成一团，剧烈地疼痛起来。"怎样架起一座桥，连接爱？怎样修筑一条渠，疏导爱？"思绪辗转后，我坚信一定会找到的，因为父母和孩子互相爱着，这就足够了。

不久，机会垂青于我。为了提高作文水平，我每天安排 3 个同学收集优秀作文结尾，写在黑板上，并分析选择这个的原因。这一天岳浩东选择的是《精彩瞬间》，细腻精彩的文笔、精巧感人的语言，赢得了所有学生的喜爱。在他们欣赏的朗读声中我豁然开朗，学生无物可写是因为他们对父母的一言一行太熟悉而熟视无睹，家庭中又没有那么多的"惊天动地"，了无生趣下更不会有真情了。找到突破口后，我当堂布置作业：今天走读的学生，回家细心关注父母的言行，看回到家父母说的第一句话、做的第一件事是什么？明天课上交流。语言多少没关系，关键要真实。起初学生一片哗然，走读的抱怨，住宿的幸灾乐祸。我静静地看着他们，微笑着默不做声。学生有的开始沉默，有的若有所思，有的期待，有的不屑，但最终只有接受。第二天晨读，我开始"收作业"，有说父母问累不累的，有说问冷不冷的，有说妈妈递过来一杯温开水的……语言不多但饱含真情。我笑了，学生也轻松了，班内的气氛温暖起来。我顺势利导："那一刻你怎么做的？怎么想的？"回答更是可爱、淳朴。"再布置一个长期的作业，你们每天关注一次父母的言行，可以写下你看到的细节，也可以记在心里，每节语文课我们找三个同学表述，让我们踏上寻爱之旅，好吗？""OK！"可爱的孩子们大声快乐地回应了我。那一刻，教室充满温情，我嗅到一丝芬芳，似乎听到了花开的声音。

高　潮

活动进行到两周时，家长会适时地来了。我要借机与家长们交流家教的方法，也来一次"寻爱之旅"培训会。家长会开始我就向家长们询问孩子们近期的表现，多数家长表示孩子好像长大了，懂事了许多。此时我便给他们讲了班级的"寻爱之旅"活动，家长们听后点头赞许。抓住时机，我与家长们进行了一个"我怎样教育孩子"的交流会，气氛热烈极了！有的好经验大家分享、学习，有的疑惑大家共同讨论，有的困难大家一起想办法解决。通过这次活动，我想让家长们明白，父母不仅要关心孩子的学习，更应该关注、尊重孩子的内心需求。

现在基本都是一家一个孩子，不像我们小时候，孩子多，玩伴也多。现在的孩子大多都过分依赖电脑、电视，这就要求父母主动调整改变自己，尽量安排更多的时间和孩子在一起，给孩子创造一个温馨的家庭氛围。孩子有好的心情，才能有好的学习状态，也会更努力地去完成每一件事情，促进孩子各方面综合素质的提高和发展。家长和孩子要经常沟通，减少与孩子之间的代沟，真正理解孩子内心的想法，这样才会与孩子融为一体，心灵相依没有隔阂。

最后我也给家长布置了一道作业：每天关注孩子的一个细节，好的及时表扬，差的委婉警告，有困难不好解决的与老师或其他家长交流。家长们领作业而归，我静待花开。

结 局

"王萌这几天每天都抱抱我，问我累不累，我都不好意思了！"一位妈妈给我打电话，如此甜蜜地说。

"这小子学习可有劲头了，每天放学后都主动写作业，不用我再监督了！"一位父亲给我打电话，骄傲地说。

"爸爸牵着我的手似乎攥紧了不少，他让我紧紧地靠在他的右侧，好像要用自己的身体去抵挡那飞驶而过的车辆。到了中间的黄线处，爸爸手上又一用力，把我拽到了左侧，他那高大的身影又挡在了我的前面，我几乎看不到车辆从我的身边驶过。"一位文静的女生描述路上一幕。

"这次考试，妈妈每天送我一个成语，而且都是在早饭后离家上学前的那一瞬间，轻轻地道一声祝愿。第一天：祝你旗开得胜！第二天：祝你乘胜前进！第三天：祝你再接再厉！……"

我想这个"寻爱之旅"活动没有结局，因为爱正在进行。

后 序

我与家长和孩子们的"寻爱之旅"没有精巧的设计形式，没有高深的理论依托，我们共同摸索，携手践行，一点一滴都倾注着真情实意。现在，我们正沐浴其中，享受它带给我们心灵上的慰藉。整个过程如同育花一样，从播种、施肥到除草、捉虫，从焦虑不安到满怀期待，我们慢慢嗅到花香，聆听到花开的声音。朋友们请记住，只要方向正确、坚持不懈，再微小的努力也能创造爱的奇迹！

（济宁市任城区石桥中学）

万类霜天竞育儿女

——学生成长背后的故事，家庭教育个例研究

王静波

家庭是孩子第一所学校，父母是孩子第一任老师，要看孩子将来素质如何，得看家长现在素质如何。刘良华教授曾明确说过："对孩子来说，家庭环境类似母亲的子宫。母亲的子宫是孩子的第一宫殿，家庭环境是孩子的第二宫殿。影响孩子成绩的主要因素不是学校，而是家庭。"

在孩子成长的问题上，很多观点都指向了家庭教育。

工作多年，目睹形形色色家庭环境中成长起来的孩子，越来越感觉到作为教师，多关注孩子的家庭情况，重视与家长沟通交流，指导家长教育孩子是非常重要的工作。社会发展导致了家庭结构的多样化，给孩子的家庭教育以及和谐家庭环境的建设带来许多碰撞与挑战。

家庭结构与学生成长

单亲家庭

社会发展使人们的生活节奏和生活观念发生很大变化，单亲家庭越来越多。相比正常家庭，单亲家庭的生活、精神压力都较大。孩子的父亲或母亲既要工作又要照顾孩子，首先是精力有限。其次是孩子和自己的父母发生矛盾冲突时，不能像双亲家庭那样有回旋余地。再者，父亲或母亲在教育孩子方面存在理性与感性、严肃性与灵活性等差异，双亲家庭可以实现优势互补，而单亲家庭则无法做到。孩子突然面对家庭的离散，生活的变故，心理会产生巨大落差，各种情绪甚至内心恐惧感激增，学习、交往都会受到影响。家长如果处理不好，孩子的性格就会走向偏执或畸形。

小泽是个聪明的男孩，是班里的体育委员，组织能力很强，喜欢与同学交往，学习积极主动。但最近听课总是心不在焉，提不起精神，也不太与人交

往。经了解，他的父母刚刚离异，小泽随父亲生活。父亲做生意，每天忙于应酬，无暇顾及孩子，导致小泽常独自在家、饮食无节。孩子的生活骤然陷入了无序、恐惧的状态。多次约见其父无果，几经周折才联系上他的妈妈。小泽妈妈表示离异实属无奈，离婚后没有能力照顾孩子。经过交流，我向她提出两个基本要求：第一，把联系方式告诉孩子，让孩子在恐惧、烦恼、生病、饥饿的时候能找到一个可以帮助他的人；第二，要和孩子的爸爸交涉好孩子的抚养问题，安排好孩子现在的生活。

第二次家访，见到了小泽和他的爷爷奶奶。当时小泽正任性地哭闹，爷爷奶奶很生气。我先劝说老人多体谅孩子的处境和心情，请老人耐下心来，慢慢安抚好孩子。我又与小泽谈心，使他平静下来后，又与小泽的爸爸通电话，请他做好孩子与老人的工作，要他多抽时间陪陪孩子，定期与老师电话交流，帮助孩子尽快适应单亲家庭、隔代家庭甚至是重组家庭。

小 A 是个高大健壮的男孩，长得眉清目秀。接手小 A 时已经是五年级，我发现小 A 不写家庭作业，课堂作业潦草，字词识记、读书、作文等水平基本是二三年级的状态，找他谈过几次话也没起色。我单独辅导他几次，发现这个孩子反应很快，接受能力很强。那么是什么原因造成这种情况呢？经了解他的家庭获知：A 父在他上二年级时因车祸去世，A 妈疼爱孩子，怕孩子因失去父亲受委屈，格外宠孩子。小 A 的前任班主任因批评了孩子几句，其母就到学校大闹。

我觉得有必要见见 A 母。

我先找来小 A，"小 A，听说你妈妈特别疼你，你是个幸福的孩子。当然生活也伴随遗憾和不幸，老师听说你失去了爸爸，也很难过。聪明的孩子应该想到，家里只有妈妈一个人挣钱养家，十分辛苦！你要快点长大，成为一个有责任心、敢担当、有能力照顾妈妈的男子汉。就目前的情况你能帮妈妈做些什么减少妈妈的辛劳？"

小 A 认识到应该好好学习，并帮妈妈做些家务。

接着约见 A 妈，先肯定孩子优点，然后指出小 A 的问题，单亲家庭更要注意培养孩子吃苦耐劳、敢于担当和勇敢坚强。

经过交流，A 妈很激动，一再表示感谢，意识到自己的错误，表示今后一定改变教育孩子的方式。

对小 A 的帮助立竿见影，他的作业再也没出现过一次不完成的现象，尽管写得还是不太好，但是每次都很认真努力。最可喜的变化是教室里打扫卫生时，干得最卖力、最认真的一定是他。我感觉到很欣慰，这孩子的确是彻底地改变了生活和成长状态。

单亲家庭的家长们，不能让自己的孩子在成长路上孤单。任何时候都不要忽略孩子，不能让孩子失去家庭的温暖。

重组家庭

父母亲再婚后形成的重组家庭，孩子适应起来非常困难。继父母与继子女间能否相互接纳需要双方付出相当大的努力，尤其继父母，再婚时就应该有心理准备，只有为继子女的成长献出更多的耐心和爱心，家庭才能幸福。如果处理不好，会导致彼此间失去信任，使矛盾和冲突不断加深。

小良的父亲在离异后重组了家庭，后妈又生了小孩后开始疏远小良："你弟弟拉了臭粑粑，你快出去，别待在家里。""别动你弟弟的东西。"……孩子感受到后母对他的疏远，脾气变得古怪起来。

小然活泼健康，穿着干净整洁，学习主动。后来，我了解到她生活在重组家庭中，十分吃惊，家长每天按时检查作业、签字，完成情况数她的最好，而且签字都是她的新妈妈签的，干净中透出极度的认真负责，新妈妈还合理安排孩子的饮食、学习、运动时间。我亲眼看到，小然扑到新妈妈怀里撒娇，亲密无间。

由此可见，无论单亲家庭还是重组家庭，只要父母能一如既往关爱孩子，孩子一样幸福健康地成长。

多元大家庭

多元大家庭中家庭成员多，大人多孩子少，孩子得到的关爱是一般家庭的数倍，因此容易出现溺爱孩子、过度保护孩子的行为。爷爷奶奶心疼孙子（女），怕他们受丁点儿委屈，只要他们稍不开心，爷爷奶奶就赶紧来哄，事事依顺孙子（女）。有时孩子犯了错误，爸爸妈妈要责罚，爷爷奶奶就袒护。

过分疼爱、过度保护下的孩子容易以自我为中心，自由散漫，目无纪律，不能经受批评，而且还多缺乏责任心，不懂得尊重人，很容易和其他人发生矛盾。

小阳就是一个这样的孩子，不写家庭作业，不读书，文具、书包都要爷爷奶奶整理，和同学相处，占了便宜高兴得不得了，玩耍时别人不小心碰了他，他也要不依不饶，跟同学闹个没完。他回答问题，别人如果说出不同观点，他就会眼含泪花，老师如果找到他谈心，他也常常眼睛红红的。为此，我多次与他父母、爷爷奶奶沟通，希望他们慎重思考孩子的教育成长问题，不要带给孩

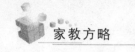

子成长的灾难。

家庭教育方式与学生成长

专制型

专制型家庭中家长太强势，对孩子要求过于严苛，甚至粗暴，无论什么事，几乎都由父母安排决定，孩子只能无条件服从。孩子稍有差错，即有可能受到严厉的处罚，包括言语暴力和各种体罚。

小贺看上去较活泼，实则很小胆。有一次，我问他要家长电话，他竟然在我身后跪了下来："求求你，老师，别给我妈妈打电话。"我吃了一惊，觉得更有必要跟他父母沟通，我鼓励他别怕，向他说明，找他父母只是希望爸爸妈妈更好地关爱他、帮助他成长后，他才肯把电话给我。经过多次与他家长沟通，小贺的脸上逐渐有了放松的笑容。

放任型

我们学校地处城乡结合部，家长文化水平普遍较低，放任型家庭教育占比高达40%。父母在希望、管束、教导和关爱四个维度上均居低位。他们对孩子的日常行为没有太多规定，对孩子的关心仅限于吃饱穿暖、别受气，对孩子的成长和教育问题不很关注。

男孩小江，父母卖早点，起得早，晚上时间则痴迷麻将，吵得小江连写作业的安静环境都没有，当然也不怎么管理孩子的其他生活问题，孩子十分烦恼，渴望父母关注。

溺爱型

溺爱型家庭对孩子的期望值高，关爱有加。但在管束上极度宽松，对孩子从不严格要求，也很少给他们制定规则并要求遵守。孩子是家庭的核心，其他家庭成员几乎成了孩子的奴仆，无原则迁就孩子。

熠熠，家族几代单传，又是男孩，因而受到祖父母和父母的特别宠爱，从小就养成了"小霸王"的性格。他上课不能受课堂纪律约束，自己不学习还常常随意说笑，干扰正常的教学秩序，让老师十分头疼。他极少做作业，上课经常借口上厕所、喝水迟到，脾气不好、行事冲动、辱骂同学、扯女生的辫子，多次与家长沟通，父母逐步意识到溺爱造成的不良影响。

溺爱型教育方式的家长需要学习科学的育儿方式，纠正孩子的不良习惯。

民主型

民主型家庭教育方式会使学生产生独立、协作、亲和、善于沟通等良好的个性品质。民主型的爸爸妈妈不任意打骂孩子，对孩子的行为注重分析与引导，并以身作则给孩子树立良好的榜样。要注意的是，孩子由于自身的知识、经验所限，不能深刻全面的分析问题，针对这种情况可以用家庭讨论的方式，"民主"地做出决定。

男孩岱宗，不善言语，思维活跃，身体素质、心理素质都很棒，独立性很强。这个小男孩成长在一个民主型的家庭环境中，凡事父母都要与其商量，只要是正确的、合理的，他提出要求，父母就支持他做；他不感兴趣的事情，父母也不强迫他。一次学校演出，音乐老师想请他做主持人，他却不感兴趣，不想做，老师又与其母联系，母亲尊重孩子的想法，向老师表示歉意。这个孩子今年已经凭优异的表现被香港科技大学录取。

俗语说得好："没有种不好的庄稼，只有不会种地的农民。没有教不好的孩子，只有不会教的父母。什么样的地，长什么样的苗。"不同的家庭环境和不同的教育方式自然就教育出不同的孩子。因此，我们向各位家长呼吁："鹰击长空，鱼翔浅底，万类霜天竞育儿女。"为孩子的健康成长，为孩子的幸福生活创造良好的家庭环境。

（济宁市任城区实验小学）

我的孩子　我的爱

孟　芳

　　每位家长都深爱着自己的孩子，这是毋庸置疑的。但是爱孩子要有原则、有尺度，更要有技巧。初为人母的我在教育孩子方面也常感到力不从心，所以经常阅读一些相关的家庭教育书籍，现将我的一些家庭教育故事和感悟与大家分享，希望每个孩子都能健康快乐地成长。

故事一：妈妈，我也要看书

　　我和老公有一个共同的习惯，那就是每天晚上睡觉前要看会儿书，感觉那是一种享受。记得有一天，我和老公正津津有味地沉浸在书海中，已上幼儿园的女儿突然冒出来一句话："妈妈，我也要看书！"说着，就从床上起来，快速走到书橱边，拿了本书又回到床上，然后像我们一样，安静地看起书来。当时我感到很新奇，因为女儿刚上幼儿园没多久，认识的字也寥寥无几，一般都是我读故事给她听。而此时的女儿正聚精会神地盯着书上的图画，一页一页地翻看着，似乎早已被吸引，通过一幅幅图画解读故事呢！

　　这件事情让我深切体会到了"身教胜于言教"所蕴含的道理。很多时候，孩子不是在听我们怎么说，而是在看我们怎么做，在潜移默化中达到了教育目的。家庭是培养孩子良好习惯的摇篮，什么样的家庭塑造什么样的孩子，如果想让孩子养成良好的习惯，我们最好身体力行，给孩子树立榜样，化生活中的点点滴滴为孩子向上的力量。

　　请对孩子多一份示范，少一份说教！

故事二：有失亦有得

　　在一个周末，我正在浏览网页，突然听到哗啦一声，我连忙跑到客厅，只见一只漂亮的玻璃杯被摔得四分五裂。孩子看见我，眼神里流露出丝丝畏惧，站在那儿一动不动，好像惹了天大的祸似的。见此情形，我赶紧安抚孩子："玻璃碴没扎到你吧？先别动，妈妈把玻璃碴扫干净你再动。"孩子委屈地对我说："妈妈，我不是故意的。"我赶紧说："没关系孩子！妈妈知道你肯定不会故意摔的。"我问她："你知道杯子为什么会掉在地上了吗？"她说："因为我放得太靠边了。"我说："对，一些易碎的东西都不能放得太靠边，否则就有可能掉到地上摔碎了。你还知道有什么东西也容易摔破？"她说："盘子、碗……"最后，我对她说："阳阳真聪明！妈妈相信你以后一定会注意的。"此时的孩子早已走出了恐惧，放松了许多，露出坚定而愉悦的神情。

面对无法改变的事实，我没有指责孩子，而是帮助她分析为什么会这样。希望通过这件事情让她能从中知道，易碎物品应该放在安全的位置，更要让她懂得不要畏惧、回避错误，而要善于寻找犯错的原因，防止类似的事情再次发生。很多孩子在犯错后，不敢承认错误。仔细想想，或许跟家长的处理态度有关。有的家长在孩子犯错后气愤地批评、指责孩子，严重的甚至打骂。久而久之，孩子知道这种可怕的后果后就不敢承认错误了，还可能会撒谎。我们应该用教育的心态来对待孩子犯的错误，让孩子不畏惧犯错，并在错误中寻找原因，在反思中得到成长。

请对孩子多一份宽容，少一份指责！

故事三：宝贝你真棒

孩子刚入学的时候，书写不是太好。有一次，我检查她的家庭作业，发现有好多字写得不认真。于是我自作主张把写得难看的字都擦掉了。然后拿着本子过去对她说："阳阳，有的字写得不漂亮，我给你擦掉了，你把这些字重新认真写上。"当她看到原本已完成的作业变得面目全非的时候，哇哇地哭了起来，但最终还是无奈地写上了，不过写得依然不太好。我感到很无奈，由于工作原因，下午孩子放学只得把她托付给小餐桌的老师，当我下班回来时，孩子的作业基本已在小餐桌完成，我很内疚不能陪孩子写作业，只能给予及时的提醒和帮助。当第二天我发现孩子的作业仍然不理想时，心想，再用强行擦掉的办法肯定无济于事。便换了种方法，在她写的生字中找出了相对比较漂亮的字，对她说："你写的这几个字进步真大，漂亮多了！"然后又找了一些不好的对她说："你能把这几个字也写得这么漂亮吗？"她信心十足地说："能！"欣然接受了我的建议后，便立刻认真地改了起来。我也趁机再次鼓励，把老公叫过来，对他说："看看咱阳阳认真写的字多漂亮！"我给老公使了下眼色，老公也连声夸赞道："宝贝真棒！进步真大！"最后我又说："阳阳，明天在小餐桌能不能也写这么漂亮？"她立刻大声说道："能！"结果她真的再一次给我们带来了惊喜！就这样，我们不断坚持着，她不断进步着。后来，她慢慢地爱上了写字，甚至有时还会自己主动练习写字给我们看，让我们点评。如今，我也不再为她的字而烦恼了，而是看着她不断地进步而高兴！

我相信，每个孩子都有很大的潜力。如果我们及时而又真诚地去赞美他们，给他们一份动力，相信他们会带给我们更大的惊喜！爱孩子就鼓励他，好孩子是夸出来的！

请给孩子多一份鼓励，少一份批评！

故事四：妈妈，我来帮你提

一天，我带孩子去秀水城超市买东西。回来路上，女儿说："妈妈，让我来帮你提东西吧！今天我看《巧虎》了，巧虎（动画片中的角色）在妈妈买东西的时候就帮助妈妈提东西了，巧虎的妈妈夸巧虎是个懂事的好孩子。"说着她就把我手中的手提袋接了过去，我连忙说："你和巧虎一样棒！你也是个懂事的好孩子！"那一刻，我无比的幸福。

在网络发达的今天，很多孩子酷爱动画片和游戏，可是有很多家长因孩子迷恋动画片和游戏而大发雷霆。作为家长我们要有选择性地为孩子推荐优质动画片和游戏，在网络世界里为孩子做好向导。我给女儿从网上搜到了《大耳朵图图》《海尔兄弟》《巧虎》等一系列动画片，都是很有教育意义的，对于孩子的健康成长、积累知识都有很大帮助。除了这些动画片，我还给孩子下载安装了"悟空识字游戏"，孩子在玩闯关游戏的过程中认识了很多字，为阅读打下了坚实的基础。

面对孩子存在的问题，请多一份智慧，少一份粗暴！

高尔基曾说过："爱孩子，母鸡也会。"可是如何让爱具有智慧却并非那么简单，只有我们勤于学习，善于思考，才能让爱在教育中闪烁智慧的光芒！

（济宁市霍家街小学学生家长）

宽严有度 重在引导

张吉兵

我的女儿张博文今年 10 岁了，小学五年级。她性格开朗，成绩在班里名列前茅，任班长、体育委员，是老师得力的小助手。她爱好广泛，课余学习唱歌、播音主持和作文。2012 年参加山东省第四届校园金话筒主持人大赛，获得济宁赛区铜奖；2013 年参加山东电视台少儿频道"唱响童年"系列比赛，获得优秀小歌手称号。当别人问我："你家博文这么优秀，有什么好办法吗?"我总是笑笑，说也没什么好办法。其实，在孩子这 10 年的成长中，我积累了一些想法，在这里与大家一起交流。

培养独立意识，避免依赖

张博文两岁多时，我们就把她送到了家附近的一所幼儿园。从小班开始，老师会少量地布置一些作业，我总让她独立完成，大多时候她都能圆满完成任务。上小学后，我经常对张博文说：孩子，放学回家后第一件事是先做完作业，然后再玩或看动画片或做其他的事情。经过不懈地坚持，张博文基本能做到这一点，而且随着年龄的增长，她自己也已能认识到这一点，无需家长再督促。

从小让孩子养成良好的学习习惯，开始时比较困难，作为家长一定要有恒心和耐心。一旦良好的习惯形成，将来家长可以省很多心。比如，有的学生放学不急于回家或回家后不着急做作业，直到快睡觉时才想起做作业，结果做到晚上十点甚至十一点还没做完，家长不但着急，可能还会埋怨老师布置作业太多，导致一些误解。多数情况下，张博文会在晚上八点以前做完作业，然后再做其他的事，偶尔我还会多给加一点作业，对她来说也并不是负担。

独立的性格帮助孩子正确认识这个世界。今年暑假张博文独自去济南参加特训营，和她同屋的是一个六岁的小女孩。张博文帮那个小女孩洗澡，半夜竟然还起床关空调并给那个小女孩盖被子，这让我甚感欣慰。

　　我经常要求张博文整理房间，只要她能做到并能做好的事情，我从不犹疑让她去做。小孩子常常把书、玩具等扔得到处都是，乱七八糟，我会时不时地让她把她的东西整理、分类，把物品摆放整齐。做这些事情，既锻炼了孩子的独立意识，又让她认识到许多事情看别人做时很简单，一旦自己做起来还是要花一些心思的。我从不反对很多人提倡的素质教育，但怎样才是素质教育很难一概而论，而且离开文化教育的素质教育也只会是一句空话。不论在哪个年龄阶段，培养孩子的独立意识有百利而无一害。

培养守时精神，避免拖拉

　　时间是无限的，但对于生命来讲，时间却是有限的。所以，平时对孩子的教育，一定要让孩子真切认识到时间的重要性、有限性和珍贵性。我常常给孩子讲一些珍惜时间的名人故事和名言警句，"少壮不努力，老大徒伤悲"。对于守时这一点，张博文做得很好，比如每天上学，她总是比我们当家长的还着急，有时催得家长心急如焚，生怕上学迟到。和同学或者别人约好的事情，张博文也总能做到守信、守时。有一次周末和同学约好晚上一块儿练唱歌，七点碰面。结果当我们按时抵达时，其他同学和家长也已经等在那儿了，这说明绝大多数人都很守时、守信。从小培养孩子的守时精神，直接关系到孩子将来踏入社会，做人做事能否成功。不能因为孩子小，就纵容他做事拖拉、不守时，这不利于孩子的健康成长，还会在孩子的心灵里形成错误的认识，甚至可能会影响孩子将来的发展。

培养阅读习惯，拓展视野

　　俗话说："读万卷书，行万里路。"张博文牙牙学语时，我们就开始教她认字，带她出去玩时，经常捎本书回来，给她读，给她讲。慢慢地，张博文主动要求我们给她买书。不管是路边小地摊、小书店抑或是大书城，只要是孩子要求买的书，我基本都满足。我从不担心孩子要的书是否适合她、能不能看懂。可能有的家长会担心书的质量、内容是否健康等，实际上孩子买书并不是漫无目的、毫无选择的。随着年龄的增长、兴趣的改变，孩子买书的质量也在不断提高。不管什么书只要张博文想要，我就给她买，这极大地激发了她阅读的兴趣。孩子渐渐长大后，我会有目的地给她买书，这时她已经喜欢上了阅读，因而从不拒绝，相反，每次我给她带回书来，张博文都迫不及待地想看。因为张博文喜欢读书，她从不厌恶语文课，也从不惧怕写作文；写作文经常洋洋洒洒写好多字，别人写到两百字就无话可写时，她已经写了六七百字还意犹未尽，远远超过了题目要求的字数。因为喜欢阅读，张博文也开阔了视野，学到了许多教材上没有的知识，懂得了很多我们没曾讲过的道理，这让我们感到非常欣慰。所以，培养孩子的阅读习惯意义非凡，但这并非一日之功，一定要循序渐进，适时地鼓励、积极地支持、努力地配合是家长必须做到的。

培养业余爱好，大力支持

每个孩子都有自己的爱好，张博文也是如此，怎样培养孩子的业余爱好，每人都有自己的观点，不可一概而论。但有一点可能是大多数人都赞同的，那就是孩子对什么感兴趣就让孩子学什么。我曾让张博文学过国画、舞蹈、钢琴，但最多学了一年就放弃了，孩子说没兴趣，我也从不强求。2012 年张博文参加了一次主持人大赛，取得了较好的成绩，她一下喜欢上了播音主持，比赛后立即为她报了学习班；她喜欢哼歌，又给她报了个音乐学习班；发现孩子喜欢作文，又报了个作文班。一年多过去了，张博文对播音主持、唱歌、作文的兴趣越来越高。2013 年张博文参加了一次省电视台组织的唱歌比赛，取得了不错的成绩，这更激发了她对唱歌的喜爱。总结这几年张博文的表现，我发现，如果孩子在某一项业余爱好上取得了一定成绩，会极大程度地增强孩子对这项爱好的喜欢和追求，作为家长一定要多鼓励、多支持，努力帮孩子增强动力和信心，对家长来说可能会取得意想不到的效果。多带孩子参加一些活动，只要他喜欢，就鼓励他参加，细心观察孩子的表现，一旦觉得孩子在某些方面有一点天赋，就应毫不犹豫地鼓励和支持，并适当地加以培养，一旦孩子取得一点成绩，自信心就会得到极大提升并会自愿地为这项爱好而努力下去、坚持下去，这时家长可能就只需掏钱培养而少操很多心了。

尊重孩子的个性，适当发扬

每个孩子都有自己的个性，好动、贪玩是孩子的天性。每个家长都是"望子成龙，望女成凤"，但千万不能打压孩子的个性。有些家长喜欢经常这样跟自己的孩子说：你看人家谁谁谁怎么样怎么样，你就不能跟人家学学。其实这样的话偶尔说说可以，但若经常说，可能就会适得其反。张博文好强、遇事喜欢积极表现，对她的这些特点，我经常加以鼓励，但同时也告诉她，只有努力学习，积极向上，这些特点才会有牢固的基础。否则，所有的豪言壮语都会成

为空话、大话。每个孩子都会有自己的特点，作为家长一定不要拿唯一的标准来衡量，发现、观察孩子的优点、特点，多鼓励，适时适宜地讲清道理，让这些特点闪闪发光。我们就会发现：每个孩子都有其光彩夺目的一面，怕的就是家长忙于他事，无暇顾及孩子，对孩子用的心不够多、不够细。

注意品德教育，全面发展

常言说得好，先做人，后做事。其实说的就是先做品质高尚的人，然后才能做品质高尚的事。虽然现在的社会是高速发展的经济社会，生活节奏快，人的压力大，但对孩子的品德教育却绝不能放松，更不能放弃。我甚至认为品德教育应为所有教育之首，所有教育之基础。我经常要求张博文要尊老爱幼，尊敬老师，团结同学，孝敬父母。具体到实事上就是见到熟人要打招呼，在学校要服从老师的安排，不可背后议论老师，和同学要团结协作，同学之间不可常谈家庭琐事，对父母要懂得体谅，知道父母为孩子的操劳不易。品德教育涉及方方面面，在孩子理解的前提下耐心讲一讲道理非常有必要。当孩子听不懂时，切忌急躁，试着多换几种方式方法。培养孩子一颗善良的心，孩子才能健康发展。

以身作则，不可朝令夕改

家长是孩子的启蒙老师，是孩子的第一老师，也是终身老师。作为家长一定要做好孩子的榜样，要求孩子做的事，自己也应能做到。当面对孩子的质疑甚或是批评时，切不能恼羞成怒，以"权"压人。一定不要盲目地对孩子发火，将怒气发泄到孩子身上，会对孩子的心理健康造成不良影响。一旦为孩子制定了规矩，就要坚持下去，不能因为数次的不遵守而放弃。只要有益于孩子的发展，就要坚定地坚持，切不可三天一小换、五天一大改，那样会让孩子觉得家长说的话不算数，也就无规矩可言。

总之，作为家长一定不要认为孩子上学了，怎么教育、教育得怎么样是学校和老师的事，出了问题就究责于老师和学校，这样是不对的，也是不负责的。家长要成为学校和老师的帮手，为孩子的教育成长共同努力。

（济宁市洸河路小学张博文家长）

育儿路上，静等花开

胡玉敏

　　女儿今年9岁了，跟我在同一所学校同一个年级，经常看到她与同学来来往往，像小大人一样。很多时候我也是把她当作大人来对待，总感觉她长大了，什么事情都顺理成章地要知道、要会做，所以有一段时间我放松了对孩子的教育，结果我发现我错了，孩子确实长大了，但是教育孩子也要随着孩子的变化而变化，不是孩子长大了就不需要教育了。作为教师，作为母亲，我深刻体会到家庭教育的重要性。

　　教育孩子要学会做人。对女儿来讲，学会做人就是要学会尊重人、关心人，学会与人交往、礼貌待人。再具体一点，就是要对长辈、老师、同学有礼貌，学会尊重父母、尊重老师和同学（学会倾听、接受别人的意见），学会体贴、关心父母（不给父母添麻烦、尽量减轻父母的负担、关心父母的身体和情绪状态、学会询问和安慰父母……），学会关心老师、帮助同学、同情弱者，学会与同学友好相处，文明游戏、不争吵、不闹别扭。这些都是做人的基础，打好了这些基础，将对孩子一生的发展产生积极的影响。事实证明，凡是会尊重人、关心人，会与人相处和交往的人，都有非常良好的人际关系，都有比较高的生活质量以及事业成就，反之亦然。这些都说明，从小进行做人的教育是何等的重要。

　　让孩子学会生活。这方面的内容也很多，我们对女儿的基本要求是有良好的生活习惯，有基本的生活技能。习惯是什么？习惯是不用意志努力的、自动化了的行为。良好的习惯一旦形成将使人终身受益。从幼儿园开始，我们就要求女儿早睡早起、早晚刷牙、饭前便后洗手、保持卫生、勤剪指甲、物有定所等等。在女儿五六岁的时候，就有意识地培养她的生活技能，如自己穿衣脱衣、穿鞋系带、刷牙洗脸洗脚、盛饭等等，凡是自己能做的事都要求她自己做。所以女儿无论在家还是在外，吃饭都不是问题。

　　作为家长，在孩子上学时送给孩子最大的礼物是信心和耐心。对孩子充满信心，耐心地帮助他们克服成长过程中所遇到的问题，是孩子最需要的。孩子感觉到父母对他的信任，他才能更加自信，只有孩子自己具备了自信，他们才能自信地面对学习、面对同学交往，内心才不会浮躁，才能做到"静能生慧"。可我们有多少家长能真正做到呢？我们都是以爱的名义一味地去要求他们，去斥责他们；总是觉得他们不够认真，问题很多；总是希望他们能成绩一直很好，自己还知道学习，不用家长操心。所以从小不管孩子愿意不愿意，就要求他们要学习这个学习那个，根本不考虑孩子的兴趣与爱好，更没有想过孩子快乐与否。而一旦孩子没有按照预想的方式去学习、成长，就对孩子没有信心，抱怨着他们不好学等。可又有多少家长意识到自己的问题呢？又有多少家长对孩子付出了信心与耐心呢？

永远不要对孩子失望。哪怕目前她存在着很多问题，让你很伤心与失落，但也不要对她失望。去年，对于女儿的叛逆，我在伤心之余，就曾经深深地失望过，觉得她怎么能做出这样伤我心的事呢？这样的孩子我怎么可能教育好呢？她这样发展下去长大了会怎样呢？女儿在我对她失望的目光下变得更加脆弱与叛逆，最后发展到整夜梦魇。

今年开始，我重新调整自己，相信她、信任她。我改变了，女儿也改变了。正如她在日记说的："我发现这段时间我和妈妈的关系发生了很大的改变。从前我把她当作一个严厉的老师，总是管我一些不该管的事情，在不该出现的场合里出现，令我倒霉与失望，并误解我的意思，让我的生活中经历一次又一次的挫折，和她的不愉快总是会升级成一场战争，令她与我都痛苦万分。而如今，我们母女的关系发生了翻天覆地的改变，我似乎把她当成了一个大朋友，我可以把我的烦恼、悲伤、痛苦，内心里最真实的想法通通倾诉给她，让她帮我一起分担与消化，并解除我的痛苦与悲伤。""对于我上次做噩梦的经历，我现在有一种新的理解，这种噩梦是每个人在成长过程中都要经历的，原于一些生活中不公平的事情、不理解的事情和讨厌的东西，压迫在心里产生的一种反应。我渐渐地理解了这种噩梦，不再害怕它，而是去接纳它，把它当作生活中的一种朋友，知道自己内心世界里最真实的想法与渴望。我渐渐地发现，自从我的心态发生改变后，噩梦仿佛被我消化了，变成了对梦的渴望，对生活的渴望，噩梦在我的世界里已完全的消失了，转化成了香甜的美梦。"

我经常对家长说，不要对孩子的小毛病上纲上线，不要在外人面前挖苦孩子，不要把自己的孩子跟别人的孩子比……这些道理我都懂，可却一直还存在着这些问题。虽然一直都知道，女儿的身心健康比什么东西都重要，可为什么还要有那样多的严格要求呢？孩子作业没有按时完成生气，孩子没有好好练字生气，不好好吃饭生气，不喝水生气，英语不好好听读生气……女儿一天到晚感受到的都是我对她的生气与不满意，使她对自己越来越没有信心，学习压力越来越大。在这种生活环境下长大的孩子，只可能出现两种结果，一种是特别内向脆弱，胆小怕事；一种是脾气急暴，叛逆得特别厉害。而这两种人都有一个共性，就是思想复杂，感情脆弱，想得特别多。女儿就是典型的例子。

一个晚上，我把女儿从小到大的事想了一个遍，越想越明白自己的问题所在。如何让孩子拥有一个简单、单纯、快乐的童年？原来我一直都不知道，而是一直都走在错误的教育道路上，让她的每一天都充满了压力与痛苦……

周日上午女儿去学习她最爱的舞蹈了，我与她爸谈了一个上午。我们约定，从现在开始，我们的目标就是女儿的健康、快乐、开心，只要她健康、快乐、开心，什么不学都可以。拥有健康的身体、乐观的心态才能积极地生活，才能拥有未来与希望。

周日下午，我对女儿说："阿斯顿英语不学就算了，我们好好利用周末的时光去玩耍，可以去爬山，可以约你同学一起玩，可以去打篮球、羽毛球等等。我们从现在开始一家人的目标是拥有健康的身体，快乐的生活！加油！我现在最希望的事就是看到女儿每天的开心与快乐！"女儿听后，拥抱着我说："好妈妈，你是我最亲最爱的好妈妈！"

曾经在一本书上看到："育儿路上，静待花开，是一种心情，是一种非常美好的心态，是一种看似不为其实有为的智慧，是一种美好的人生态度，是一种以不变应万变的处世哲学。"读到此，我释然了。教育是一个缓慢的过程，没有什么方式方法可以立竿见影地让孩子达到理想，或者是我们希望看到的成果。孩子个性不同，家庭环境不一样，不可能一个教育经验放之四海都适用，我只能在陪伴女儿的过程中，慢慢地找到一个最适合她并且依据她各个时期的个性特点随时调整的教育方式方法。

静待花开，一定要更坚定地相信她、尊重她、理解她。耐心地等待孩子的成长，耐心地让孩子慢慢长大！

（济宁市东门大街小学）

言传身教，陪孩子一起健康成长

耿 伟

随着一声清脆的啼哭，一个新的生命来到这个世界上，在品味过为人父母的激动与欣喜后，一丝时隐时现的惶恐与不安也时常萦绕在心头。我应该怎样当好她的第一任老师？思考许久，答案浮现眼前：言传身教，积极传递正能量，陪孩子一起成长。

"百善孝为先。"现在的孩子大多是独生子女，就更应该了解、树立这个观念。父母就是她模仿的榜样。不论以前和父母在一起三代同堂还是现在分开有了小家庭，我们都会每星期至少回父母身边吃一顿饭，中秋、重阳、春节等传统节假日回"老家"，老人的生日更是我们三代同堂的节日。渐渐地，回"老家"时，她学会了主动提醒我们给爷爷奶奶买一些小礼物，睡觉前，她都会说一声"爸爸妈妈，晚安"。简单的一言一行，让我们欣喜地感到她学会了尊重长辈，可能她现在对"孝顺"还没有完整的认识和深刻的体会，但这种对长辈朴素的尊重已在不知不觉中浸润了她的内心。

学会分享。曾几何时，"独生子女"似乎成了"自私，以自我为中心"的代名词，其原因就是客观环境中没有众多的兄弟姊妹弥补这种因"孤独"产生的情感缺失。基于此，我们时常邀请朋友带着孩子到家做客，或几家相约出游，让他们在与同龄人玩耍的同时学着与人交流，学着与人分享。小时候她因为心爱的玩具被"小妹妹"霸占而哭闹不已，等她的情绪逐渐平息后，我们告诉她："一件玩具一个人玩一个人开心，两个人玩两个人开心，同样的一件玩具，多一个人开心更好，况且玩具还是你的呀？"慢慢地，她也体会到了分享带来的快乐，以后再有朋友带着孩子来做客，她已能全面担负起照应"小客人"的职责了。现在几个孩子已经成了好朋友，学习上还经常交流呢！

学会担当。记得她小学四年级时，有一次到同学家玩，一个同学逗主人家的小猫，小猫挠破了同学的胳膊。由于害怕家长训斥，这件事被隐瞒了下来。回到家我们听她讲完后，就告诉她，一定要告诉受伤同学的家长，马上处理伤口以免感染，必要时还要打"狂犬疫苗"。她很迷惑"不是我逗的小猫，同学受伤不是因为我呀?""你们在一起玩,同学受伤了,不管因为谁引起的,你都有责任避免让同学的伤情恶化,就需要让她的爸爸妈妈知道呀!"她想了想,摸起了电话。今年春节,是我们高中毕业二十周年,由于好多同学在外地,我和在济宁的几个同学主动筹划、联络,终于促成了大多数同学老师二十年后的再相聚。在我反复电话交流联络的过程中,她也受到了感染,组织集体活动时和同学不厌其烦的商量、交流,定时间、定内容,最终较好地完成了预期目标,这不仅锻炼了她的组织协调能力,更在她心中埋下了勇于"担当"的种子。

学会思考。古人常讲"授人以鱼,不如授人以渔",努力使她养成良好的学习习惯,配合正确引导,使她真正找到适合自己的学习方法,提升自我管理的能力,而不是越俎代庖地替她解决学习过程中的任何难题。同时也要使她明白努力学习是为自己增长知识、培养能力,更好地服务社会,做一个对社会有益的人而必经的途径。学习过程中要以正面鼓励为主,取得好成绩,适度表扬一下,更能增强她的自信心和学习兴趣。成绩不理想时,要冷处理,给她自我反思的空间。有一次,她的成绩不是太理想,回到家一边说分数,一边惴惴不安地观察我们的反应,我们一句平淡的"还行吧"没带来她预想中的"暴风骤雨"。晚饭时,她又和我们谈起了成绩问题,我们告诉她,分数高低不重要,关键是看自己尽没尽力,良好的心态不代表可以过于放松自己,学习就是要不断挑战自己,才能最终把学习当作一种乐趣,才能把适度的压力变成前行的动力。她理解后,就在自己的成长手册中进行了深刻反思。

懂得倾听。我们成人有喜怒哀乐,孩子也不例外,随着年龄的增长,认知能力的增强,也会有他们的迷惘。这时候,就需要我们学会俯下身子倾听,然后与她一起探讨,像一位朋友一样。尽管有时她的观点不一定合乎我们成人的逻辑,但一定要让她尽情地说,尽情地倾诉宣泄,而后再和她交流,甚至可以辩论,因为有些观点只有说出来才可辨明白。有一次爱心捐款,她想用自己的压岁钱捐100元,又担心别人说风凉话而犹豫不决。我们就给她讲,爱心与捐款多少没有必然的关联,只要是表示自己的爱心就问心无愧了,做得对,更没有必要在乎别人的看法。她听后,高高兴兴地捐了100元。

做好"防火墙"。很多教育界的有识之士不无担心"5 + 2 = 0",换言之,就是担心5天的学校正面教育被社会的个别消极、负面信息冲淡击垮。诚然,对于辨别能力尚浅的孩子来讲,对于社会的认识,无非来源于父母对社会认知评价的传递,父母更要在孩子面前谨言慎行,自觉的做好"防火墙"。平时多向孩子展现积极向上的一面,对于工作生活中的不如意,不要唉声叹气,更不能怨天尤人。同时在家庭生活中，要努力营造和谐氛围，夫妻间交流注意方式方法，即便有一些言差语错的矛盾也不要恶语相向。对于电视、网络的一些负面信息不随声附和，始终向孩子传递正能量，培养他积极健康的上进心。学生的天职是好好学习，而我们成人的天职就是好好工作，努力扮演好社会赋予我们的角色。我每到年底拿回家的奖状，总在无形之中激励着她，从小学连年的"三好学生"到初中的"优秀值日班长"，已让力争优秀、积极上进内化成她性格中的一部分。

营造书香氛围。书籍是人类进步的阶梯，阅读是汲取智慧的源泉。虽然，现今的信息化社会中，网络阅读更为便捷，但却无法替代传统书籍阅读的韵味和快乐。手捧一本"开卷有益"的好书，就如同与睿智的作者对话，在或深奥或平实的语言中，汲取着人生的营养，净化着心灵，学会了悦纳自己，也学会了善待他人。课余之际，我们在老师提供的阅读素材以外，也尽可能多地买来一些名家著作，和她一起阅读。阅读过程中，不断地交流心得。她品味到了阅读的甘甜，现在已养成睡前阅读二十分钟的习惯，即便看电视也首选知识性较强的节目。

多和老师交流，及时配合学校教育。每一位老师都要教育几十个孩子，特别是班主任，既要完成教学任务，又要对几十个孩子思想动态、精神面貌全方位掌控，付出了大量时间、精力和心血。老师根据多年的教学实践，对孩子在不同年龄段的心理状态有着比家长更多的经验和体会，更容易"对症下药"。因此在不过多打扰老师的情况下，加强交流，配合学校教育，积极参加家长会，并认真了解和领会老师的教学方法和教育理念，形成 1 + 1 > 2 的教育合力，就是一个很好的途径。在学校提倡的小组团队学习法和构建乐观和谐、自主自强班级，培养自主学习能力教育思路下，进一步了解了孩子现阶段的状态，理清了下一步配合学校教育孩子的方向。

十几年走来，越来越感到教育孩子是一门博大精深的学问，也是我们为人父母的一项长期课程，离不开与学校老师密切的配合，我们也在陪伴孩子成长的过程中不断地学习，也不断地收获。"路漫漫其修远兮，吾将上下而求索。"我相信，只要我们为人父母者，不断地完善自我，言传身教，积极地向孩子传递正能量，她一定会成长为一个心态积极向上、力争优秀、对社会有益的人。

（济宁市第十三中学 2012 级 1 班耿珑滇家长）

等待花开，关注孩子的每一个开始

黄 霞

　　前苏联教育家苏霍姆林斯基有一次在花房发现一个小姑娘采摘了那朵全校师生都极为喜爱的蓝色的"快乐之花"时，他没有立即指责孩子，而是在耐心地等待，并温和地询问其摘花的理由。当知道孩子摘花是送给病重的祖母时，他让孩子又采了三朵，一朵送给孩子自己，因为孩子有一颗善良的心，另外两朵送给孩子的父母，因为他们教育出了一个善良的人。因为等待，苏霍姆林斯基认识了一个好学生，也让我们明白了一个教育的道理：如果把孩子比喻成一朵花，家长和教育者要有耐心等待它美丽绽放，而这等待的过程却很漫长，我们常常为了最终理想中的那个结果而忽略了生命中一路走来的风景。等待，是共同度过生命中的每一天；等待，需要家长的坚持和耐心。

　　也许是职业的原因，总希望自己的孩子能在学习上出类拔萃，但孩子在小学二年级之前的表现却并不是太让人满意，但我发现孩子有一颗不服输的上进心，这让我的等待充满信心。进入三年级以来，我惊喜地发现我的儿子仲成思变得更加优秀了，快乐、自信、上进心也更强了，等待终于让我嗅到了一丝花香。细数与孩子一起成长的这段时光，就是孩子花开的过程，等待花开，从点滴做起；等待花开，细心呵护孩子生命中的每一个开始。

教育从交流开始

　　《哈佛才子》里有一句话："当父母学会如何用语言向孩子表达对他们发自内心的理解与接受时，父母往往就掌握了一项非常有用的工具，可以产生令人惊讶的效果。"可见，在教育孩子的过程中注重与孩子交流至关重要。很多孩子随着年龄的增加与家长交流的也会越来越少，缺乏交流，就不能随时把握孩子的心理动向，丧失教育孩子的最佳契机。如我，每天接孩子时都会利用这个时间与孩子交流，一般都会问两个问题，一是今天上哪些课？了解孩子上课情况，目的是希望孩子说出在课堂上的成功表现和遇到的困惑。对于他的成功之处，表达出我的喜悦，对于他的困惑，我们一起讨论，帮助解决，并鼓励他遇到困惑时及时去问老师或同学。其次问孩子班里或学校发生了哪些有趣的事？目的是培养他的集体荣誉感，了解孩子在与同学交往中遇到的烦恼并及时引导。这样的交流成为我们娘俩之间一道亮丽的风景，每天的上学及放学的路上因此充满了欢声笑语。看着别的家长投过来的羡慕的目光，我想告诉他们，交流就从做孩子最好的朋友开始。

习惯从细节开始

著名教育学家马卡连科说："教育必须从细节开始。"古人说，成大事者不拘小节，但我要说，成大事者更要注重细节。细节，常常发生在不经意间，但聚沙成塔，集腋成裘，日积月累，小细节也会演变成习惯。这种习惯可以是一种陋习，也可以是一种修养。好的习惯不仅让孩子受益终生，也会让家长从教育孩子的繁重任务中得以解脱。如果一味地靠家长陪着孩子学习，随着年级的升高，你就会越来越感到力不从心，那时再选择放手，孩子很可能就已经丧失了独立行走的能力。如果此时出现了较大的成绩落差，无论是对孩子还是对家长，打击的力度都是可想而知的。每天晚上我们都会面对检查孩子的作业这项任务。我在帮孩子检查作业和背诵时，一般是先让他自己检查一遍；课文自己先背诵一遍，错误让他自己发现，如果是他没有发现，我找到了就会适当处罚。让孩子养成细心及对自己负责的习惯，我也从一遍遍的纠正中解脱出来了，家长孩子都觉得轻松，学习也就收到事半功倍的效果。

进步从赏识开始

苏霍姆林斯基说过："请记住，成功的欢乐是一种巨大的情绪力量，它可以促进儿童好好学习的愿望。请你注意无论如何不要使这种内在的力量消失，缺少这种力量，教育上的任何巧妙措施都是无济于事的。"人人都渴望被赏识，孩子更是如此，赏识可以让孩子越来越好，抱怨只能使孩子越变越差。孩子的进步或许就是从我们一个赏识的眼神开始。上学期期末考试的前一天，我发现孩子自己一个人待在房间里看着什么，一问，原来是他借了同学买的资料来看，这使我非常高兴，我在很多公开的场合表扬了他这一点，别人赏识的目光在孩子幼小的心灵里或许就已经转变成了其前进的动力。考试结束后，孩子的成绩果然取得了一些进步，可见，点滴的赏识的确能促进孩子的进步。

兴趣从自觉开始

陶行知说过："生活、工作、学习倘使都能自动，则教育之收效定能事半功倍。所以我们特别注意自动力之培养，使它关注于全部的生活工作学习之中。自动是自觉的行动，而不是自发的行动。自觉的行动，需要适当的培养而后可以实现。"兴趣是最好的老师，自觉就是保持兴趣的关键。如何让孩子在枯燥中寻找乐趣，就需要我们帮助他由被动转向自觉。在数学学习上，我一直很注意培养孩子探究的兴趣，平时让他多做一些"聪明小屋"一类的题目，刚开始他也不愿做，后来有几次考试，他发现试卷中有类似的题目，他做对了，他便开始主动要求做这一类试题。有时我故意装作不懂，让他当一下小老师，孩子的兴趣就更浓了。阅读兴趣对于语文的学习至关重要，刚开始我没有刻意地要求他读哪一类的书，只要他想读就买，然后再适时引导，让孩子学会自觉阅读，在让他读某一本书之前，先多次铺垫，调动他主动阅读的积极性。比如，最近我给他买了文言版的《西游记》，这之前通过与他一起回忆《西游记》的故事，评论《西游记》的人物，阅读的自觉性和积极性已经被调动起来。

成功从体验开始

苏霍姆林斯基说："不能把小孩子的精神世界变成单纯学习知识。如果我们力求使儿童的全部精神力量都专注到功课上去，他的生活就会变得不堪忍受。"孩子不仅应该是一个学生，而且首先应该是一个有多方面兴趣、要求和愿望的人。在孩子成长的过程中，不仅需要体验成功的喜悦，更要让孩子体验到失败的滋味。孩子渴望成功欲望的强烈源于他体验到的成功喜悦的多少。帮助孩子体验到成功的喜悦对于他的成长至为重要。儿子最近一年先后参加了阳光少年海选、竞选班长、经典诵读、书法比赛等活动，在这些活动中他不仅体验到了成功的喜悦，更重要的是知道了通向成功路上要付出的东西。每次听到他说考试又超越了哪位同学，我就和他一起分享成功的喜悦。听到他考试失利的消息，我不责备，让他先自己总结出原因，让他体验到失败的滋味。因为体验强于说教。

英国作家萨克雷说："播种行为，可以收获习惯；播种习惯，可以收获性格；播种性格，可以收获命运。"教育孩子就是一个不断播种的过程，更是一

个慢养的过程。慢养并不是时间上的慢，而是说教育孩子不要太担忧、太着急。不求一时的速度与效率，不以当下的表现评断孩子，尊重每个孩子的差异。慢养，可以让孩子发现最好的自己。

　　每个孩子都是一朵花，只是一年四季开放的时间不同。当有的花在春天开放时，你不要急，也许你家的花是在夏天开；如果到了秋天还没有开，你也不要着急踩他两脚，说不定你家的这棵是腊梅，开放时会更动人。教育是慢的艺术，是等待的艺术，教育永远不可能是一蹴而就的。唯有耐心地等待、坚守，我们才能看到花开的美丽。

（济宁市霍家街小学四年级七班仲成思家长）

家校共建，构筑孩子健康成长的蓝天

武玉华

女儿九岁了，在教育孩子的道路上，从兴奋、快乐、焦虑，到现在的心态日趋平和，让身为父母的我们充分体会到了孩子成长路上的各种滋味。

刚上学时，女儿懵懵懂懂，作业记不全，需要家长在旁边读题、辅导，一二年级时耗费了我们很大的精力。但是正如老师跟我们说的那样，教育孩子就像金字塔，倒立的金字塔，开始费劲，后来省劲；而正立的金字塔，开始虽然省心了，后来会非常费力。很欣慰，我们选择了倒立的金字塔教育。从三年级开始，孩子的学习自理能力明显提高。每天放学回家，不用别人督促，自觉开始写作业，虽然有时仍需要家长辅导，但大部分时间已经能够独立完成作业了。同时女儿还养成了良好的阅读习惯，没事的时候总爱抱着书看，把学习当作有意思的事情去做，对学校生活津津乐道，总有说不完的话题。

孩子的成长离不开家庭教育、学校教育、社会环境和其他因素的共同影响，其中家庭教育和学校教育在孩子的成长过程中起着尤为重要的作用。家庭教育是孩子健康成长的基础，孩子呱呱坠地，良好的家庭环境犹如肥沃的土壤，滋育孩子苗壮成长。身在孟子故里，孟母三迁的故事耳熟能详，可见中华民族自古就有着优良的家教传统。而学校教育在孩子的教育中起着主导作用，系统正规的学校教育是每个孩子健康成长不可或缺的一部分。家庭教育和学校教育是两个相对独立但又相辅相成的组成部分，只有家庭教育和学校教育从信念、教育目的、手段和方式方法上方向一致，家长和学校分工合作、相互配合，才能给孩子的健康成长营造一片积极向上的天地。

孩子就像一棵小树苗，要想苗壮成长，需要家长细心的呵护，需要不断向其灌输正确的人生观、价值观和世界观。在孩子的世界里，没有善恶美丑，有的只是对世界的好奇，此时家长的引导至关重要。女儿小时候常常生病，为她打针的护士是一位腿有残疾的小姑娘，她见护士阿姨走路一颠一颠的，觉着好玩，就去模仿。面对孩子无心的模仿，我没有急于纠正，而是问她那样走路舒不舒服？她说不舒服，很累。于是我便告诉她护士阿姨每天都那样走路肯定更

不舒服，自己本身已经很辛苦了，如果别人再去刻意模仿她，心里会不会很难过呢？女儿听懂了我的话，从那以后再也没有模仿护士阿姨走路。相信每一位家长都希望自己的孩子是一个诚实、善良、对人真诚、有爱心的人，那就多往孩子这张白纸上描绘绚丽的彩虹吧，让爱充满孩子的心田。

家长是孩子的第一位老师，也是影响孩子终生的老师。家长的素质、修养、言行举止无不潜移默化地影响着孩子。平时经常会听到有的家长抱怨：孩子贪玩或爱看电视，不好好学习，催促多次都不听，很是头疼。其实大多数时候不能怪孩子，试想如果此时家长不是在看电视就是在说笑闲聊，没有给孩子营造出一个好的学习环境，那么一味地责怪孩子不听话是不合情理的。伴随着孩子的不断长大，我常常反省自己，尤其是在我对孩子提出要求的时候，我常常会想我自己做到了吗？面对工作，我兢兢业业，因为我想通过行动告诉孩子，好好工作是我的责任，我必须做好。所以当我要求孩子好好学习的时候，她会认为我的要求是合理的，因为我和她一样在努力。因为工作的关系，我常常需要参加考试，每当我埋头苦读的时候，女儿如果想找我玩，我都会很认真地对她说我在学习，我必须好好学习，才能确保考试能够顺利通过。言传身教下，女儿也养成了认真对待学习的态度，平时认真完成作业，考试前认真复习，积极备考。

孩子成长的过程，其实也是家长不断自我提升和完善的过程，作为家长应该与孩子一同成长。当今时代，信息日新月异，知识不断更新，家长也应紧跟时代的步伐，与孩子一起学习，才能满足孩子成长的需求，做一名称职的家庭教师。

第一次意识到自己的知识落伍是在孩子学拼音时。面对孩子课本上的直接认读音节 zhi chi shi ri yi yu，我百思不得其解，怎么可以这样？后来又遇到了课文里的词语"丁冬"，怎么会没有口字旁？与女儿争辩半天，最后在字典上找到了答案，女儿说得没错，现在不用加"口"字旁，字典上已经找不到"叮咚"了。从那以后我再也不敢用惯性思维来辅导孩子学习了，每当遇到不确定的情况，我都是先问老师在课堂是怎么讲的，听完女儿的解释仍不确定的就赶紧查辅导资料。通过辅导孩子，我也收获颇丰，认识了很多原来读不准音的字，学到了很多新的知识。在共同学习的日子里，女儿有时也充当我的小老师，每当此时，她就特别有成就感，学习的冲劲也就更浓了。学习总是枯燥的，孩子难免会有厌烦的时候，这时家长应该尽量陪孩子一起学习。我经常陪女儿背书，每当碰到女儿背书背不过的时候，我会和她比赛一起背，通过游戏竞争增加学习的趣味性，效果往往事半功倍。良好的家庭教育给了孩子一个优质的成长环境，而学校教育就是孩子成长中的阳光和雨露，给孩子厚积薄发的力量和展翅飞翔的翅膀。

学校作为规范专业的教学基地，为实现学校教育与家庭教育的有机结合，最好能给予家长更多的机会和渠道参与到学校教育当中去，家校配合，方显教育合力的强大。

用真诚的心架起一座沟通的桥梁。平时，家长与老师接触的时间非常有限，很多家长遇到老师常常会满腹问题，恨不得把孩子在学校的表现问个遍，可最终说出口的仅仅是孩子在学校表现怎么样？有没有调皮捣蛋？老师往往无法有针对性的回答，只能大概地介绍一下情况，这往往是因为老师与家长之间沟通不足造成的。作为老师应该尽可能地了解孩子的不同表现，发现孩子的优点，经常向家长汇报孩子的进步，让孩子在学校和家庭中都能得到充分的肯定。作为家长，应该积极配合老师的工作，及时向老师汇报孩子的情况，了解孩子的表现，真诚地与老师建立良好的互动关系。

目前学校一般都建立了"家长委员会"，学校应当充分发挥家长会员会的作用，建立由校长、教务工作人员、老师、家长等组成的家校教育体系，定期开展家校互动活动，让家长能够有计划、有步骤的参与到学校教育当中去。建立健全完善的家校沟通机制，定期召开家长会、经验交流会，让家长及时了解孩子在学校的表现，以便家长发现教育中存在的问题，提供机会促进家长之间互相交流，介绍好的经验做法，协助学校进一步做好学生教育工作。当学校有活动安排时，家长应积极配合学校的工作安排，合理安排时间，发挥各自的优势，确保活动的有序开展。

鼓励家长走进校园，共同参与到学校教育中来。学校可以定期或不定期开展"家长开放日"，让更多的家长走进校园，走进课堂，亲身感受孩子在校园的学习生活状况，提高家校同步教育的积极性。组织趣味横生的亲子运动会或亲子实践活动，让家长和孩子都为对方优秀的表现而自豪，提高家长和孩子的自豪感和荣誉感。女儿的学校曾举办过"图书义卖"活动，现场非常火爆，孩子们既是卖家也是买家，无论是卖出书还是买进书，通过一番讨价还价，让孩子们体验到了生活中的另外一番滋味。很多家长也参与其中，互相分享读书的快乐，亲情在活动中不断得到升华。

建立定期家访制度。家访是学校和家庭联系的重要渠道，老师应认真做好每个学生的家访工作，尽可能全面地了解学生的家庭状况，做好学生档案整理工作，以便对学生有的放矢实施教育。当然，随着信息时代的发展，老师可以通过电话家访、网络家访实现对学生家庭的访谈，以提高工作效率。

　　家校共建工作，需要老师细致耐心的工作和与家长充分的沟通交流，取得家长对学校教育工作的深入了解和对学校工作的理解与配合，进而弥补教学工作中存在的不足，改进教学方式方法，提升教学水平。总之，只有重视家校共建工作，有计划、有目的地开展家校共建工作，才能开创教育天地更好的明天！

（济宁市济东第二小学四年级三班徐嘉奕家长）

如何培养孩子的好文采

黄向荣

  莎士比亚曾说过："书籍是全世界的营养品。生活里没有书籍，就好像没有阳光；智慧里没有书籍，就好像鸟儿没有翅膀。"让孩子学会阅读，首先要养成阅读习惯，这种习惯不需要别人强制，也不需要自己警觉就能自然而然进行阅读。然而，在现实生活中，家长却往往忽视了对孩子们阅读习惯的培养，孩子在阅读实践中由于没有及时得到指正和指导，造成阅读障碍，想象力也就越来越差。当家长老是抱怨孩子不会写作时，就应意识到让孩子养成良好的阅读习惯是多么重要，这也是提高写作水平的前提。

  我们发现孩子的作文水平还不错时，是在孩子三年级的下学期，当时读着她的作文，感觉语言是那么流畅、鲜活、生动，对事物的观察是那么细致，对生活是那么的热爱，心中不免有些惊叹。

  孩子说话比较晚，记得孩子出生十个月时才会喊爸爸妈妈，一岁四个月时才会说几个简单词语，而且发音还不怎么清楚，当时有点着急。同事介绍经验，说她的女儿说话也比较晚，但等她能说话时，开口就能讲整句的话。请教妙法，答，给孩子读故事。有时给孩子讲民间传统故事，有时给孩子读故事。孩子喜欢的故事，就反复地讲。我如法炮制，记得有一年秋天，孩子捡起地上的落叶，对我说："妈妈，你看，秋天到了，树叶黄了，从树上飘落下来了。"当时听了非常惊讶，这是给她讲过的故事里面的话，孩子竟然会运用，她当时只有四岁。可见书籍丰富了孩子的语言世界，今后更要坚持给孩子讲故事，让孩子养成读书的好习惯。从小引导孩子喜欢看书，帮助孩子选好书，让她养成经常读书的好习惯，这也是做家长的责任。

  当孩子会使用拼音后，我们就给她买带拼音的故事书，让她自己看，但有时她仍让我们给她讲故事。随着认识的字越来越多，孩子逐渐会自己找故事书看了。小时候是每到睡觉的时候便缠着给她讲故事，现在则是睡前必看书，养成了睡前阅读的习惯。所以一到节假日，我们一家三口最常去的地方就是书店，逢有书市必去，连逛带买。我们为孩子建立了一个专属书架，孩子能自己将图书进行

分类整理。孩子看书多，且范围广，但并不是杂乱无章。为了增加孩子读课外书的兴趣，我们也会和孩子一起读，一起讨论书中的人物。书籍让女儿早早领略到了大千世界的精彩，学到了很多同龄人不知道的知识。

看书成了孩子从小到大最大的乐趣，她也因此养成了手不释卷的习惯。不过有些时候她看书到了废寝忘食的程度，甚至不分时间、地点、场合。记得有一次，已经是晚上九点多了，第二天还要早起上学。我让孩子去洗澡，喊了几遍，终于放下了手中的书。可是半个小时过去了，孩子还没有洗完，结果一看在卫生间看书呢，让我哭笑不得。

俗话说："学会唐诗三百首，不会作诗也会吟。"三年级，孩子刚开始写作文时，大量的内容模仿了相关作文书上的内容，逐渐地，模仿减少，原创内容增多，阅读所学到的知识自然地转化为自己的知识。女儿上四年级时，作文有大量模仿成分，虽然运用了平时积累的写作方法，但是有些内容生搬硬套，我就提醒孩子，平时阅读的内容只能作为参考，写作文要写出自己的心声和感受，完全用别人的东西，则是抄袭，考试要判为零分的。可是孩子大部分时间都在学习，缺乏生活实践，很难写出自己的东西。看到孩子为难的样子，我也不断寻找原因，不断反思。孩子的事情都是家长包办，几乎没有让孩子干过家务活，平时因为工作忙，也很少带孩子去游玩，所以遇到这类写生活记事、写景的作文，孩子为难很正常。

如何才能写出自己的东西呢？作文是一门写作的艺术，艺术来源于生活的积累，是生活的提炼，生活的升华。所以我会尽可能抽时间带她去欣赏大自然，蓝蓝的天空，变化多姿的白云，璀璨的晚霞，绿绿的草地……带孩子去呼吸新鲜空气，走向自然，回归自然，体验自然、亲近自然。并在平时的生活中注意锻炼她独立生活的能力，如自己洗衣服、整理衣物等，通过这些事让她有实践经验，体验生活。除此之外，在平时生活中教孩子观察、思考发生在身边的事情，总之就是从生活中来，到生活中去。女儿的习作水平有了很大提高，不再是干枯的文字累积，而是能写出具有真情实感，实实在在的内容了。

良好的阅读习惯，是打开通往知识之门的钥匙，是满足孩子求知欲和好奇心的工具，也是家长送给孩子受益终生的礼物。但习惯的培养不是一朝一夕的事，需有一个长期培养的过程。所以，家长要培养孩子读书的习惯，不要急于求成，要有耐心和恒心，在孩子心灵上播下读书的种子。除此之外，我们还要激发孩子热爱生活的兴致，积极去体验生活，让孩子们的生活永远充满爱的阳光，拥有积极向上的人生态度。

（济宁市运河实验小学学生家长）

教育心得浅谈

盛 峰

孩子是父母的希望和寄托，每位家长都希望孩子成龙成凤，有所作为。作为父母，我们如何才能培养出一个优秀的孩子呢？在教育孩子的过程中，我总结了一些自己的粗浅看法，与大家一起分享、交流学习。

培养孩子专心学习的习惯

培养孩子专心学习，就得培养做事情快捷、集中精力、绝不磨蹭拖拉的好习惯。爱玩是孩子的天性，他们常常边写作业边玩，这时家长要告诉孩子，作业就要认真仔细地做，玩就要痛痛快快地玩。作为家长，我们要让孩子知道，边玩边做作业，并不能减少作业量，也不会玩得更多，而且作业没完成，玩也玩不痛快。只有尽快、认真地完成作业，才有可能痛痛快快地玩。为了改掉孩子磨蹭拖拉的坏毛病，我会先询问她的作业是什么，大体估计用时多少，然后给她规定一个稍微宽裕的时间，让她在规定的时间内写完这项作业。如果她按时完成就奖励1颗星，等集齐10颗星，就可以满足她一个合理的要求。要注意的是时间的限制既不能太宽松，也不能太苛刻。太宽松了起不到应有的作用，太苛刻了孩子玩不成就会灰心没有兴趣。在这样时间比较宽裕而且又有奖励的前提下，孩子就会专心认真地写作业。按时完成以后，我就适当夸奖一下，激发孩子动力。久而久之，孩子就养成了精力集中、做事不再拖拉磨蹭的好习惯。

按时独立完成作业，适时表扬鼓励

好学生必须有学习责任感，主要表现就是按时独立完成学习任务。如果孩子自制力差，还没养成习惯，一时难以做到，这就要求父母给予督促和指导。当孩子遇到难题时，我们要加以适当的引导，鼓励她自己去克服困难，找到答

案，家长决不能包办代替。孩子要掌握知识、发展智力、培养不怕困难的坚毅精神，只有通过独立思考才能做到，同时让孩子在解决难题的过程中，体会到付出的艰辛、收获的喜悦。学习是件辛苦的事，如果只是让孩子一味的苦读，尝不到一点成功的甜蜜，时间长了，势必会厌倦。所以，我们对孩子的点滴进步，都要给予适当的表扬和鼓励。

记得孩子二年级的时候，老师要求写一段描写秋天的短文，孩子写的是："秋天到了，树叶都落了，小草也黄了，松树的叶子还是绿的。"虽然这样写没什么问题，但给人的感觉太单调、生硬，于是我就引导孩子发散思维，"秋天到了，树叶变成什么颜色的呢？好看吗？""金黄色，很漂亮。""为什么松树的叶子还是绿的呢？这说明什么呢？""小松树很坚强，不怕寒冷。""对呀，把你刚才说的这些写上，你觉得是不是很好？"在这样的引导下，孩子眼中的秋天变成了——"秋天到了，金黄色的树叶都落了，地上像铺了一层金子。坚强的小松树不怕寒冷，仍然穿着绿衣裳。"看到孩子截然不同的两段短文，趁机好好表扬了她一番。这样，孩子在解决难题的同时收获了家长的鼓励表扬，增加了孩子学习的信心和兴趣。

掌握正确的复习方法，温故知新

复习是为了防止遗忘，使所学知识得到巩固。通过复习可以加深理解，做到"温故而知新"。这个课后复习，不是说一定要孩子看书复习，家长在同孩子聊天、散步、检查作业时都可以进行。放学回家的路上，我就会问她："今天学的什么内容呢？长方体的表面积吗？正方体的表面积跟长方体的表面积，计算方法一样吗？""《中山访友》讲的是什么事呀，妈妈上小学的时候没有学过，你能给我讲讲吗？"这样在一问一答的轻松环境中就复习了所学的内容，既达到了复习的目的，孩子也不会厌烦不满。

孩子的作业每天都要检查，在检查的过程中发现错误时，我就与她一起分析原因，针对不同的原因，采取不同的方法来解决。如果是没有理解题意，不是简单地告诉她这道题目该如何列式如何计算，而是会告诉她解题思路，应该怎样做，为什么这样做。"授人以鱼不如授人以渔"，鱼是目的，钓鱼是方法，如果想永远有鱼吃，就要学会钓鱼的方法。对于有些难度的题目而孩子又能正确解答的，我就假装不会做，让孩子充当小老师讲解一下，这时孩子就会满心欢喜地告诉你她的想法。这样做既起到了复习的作用，又了解了孩子思考问题的过程，同时也让孩子有成就感，增加了学习兴趣。

养成广泛阅读的习惯

不论是科普读物、文学作品还是历史故事等书籍，只要孩子喜欢读就让他多读。孩子的学习需要一个广泛的基础，读的书越多，知识面就越广，思维就越清晰活跃，学习新知识就会变得越容易。因此，父母要多给孩子买些课外书，引导孩子认真阅读，养成广泛阅读的习惯，让孩子接触更多的课外知识，积累更多的词语，锻炼孩子的阅读理解能力，提高孩子的阅读兴趣。如果孩子不喜欢读书，家长可以陪孩子一起读，或者家长自己读些孩子感兴趣的故事，然后讲给孩子听，孩子对故事有兴趣的话，他就会想要自己阅读，这样就激发了孩子读书的欲望，孩子有可能喜欢上读书。

学习之余，我家孩子常常会自己一个人沉浸在书海中，与书中的人物一起体会着，感受着，时而欢笑，时而悲伤。看过书以后她同我分享心得，我认真仔细地倾听，适时发表自己的看法，同时分享孩子的快乐，这样孩子就会觉得读书是件快乐的事，更喜欢读书。

教育孩子要有颗感恩的心、善良的心

孩子只有先成"人"，才能再成"才"，不是吗？只有富有爱心的人，才会懂得去爱父母，爱周围的人。只有心怀善良、感恩，孩子的心中才会充满美好。在日常生活中，我会告诉孩子，不要觉得任何人为你付出都是应该的，无论是同学、老师、父母，还是素不相识的路人，只要他们帮助过你，都要心存感激。生日那天，当我打开孩子自己制作的 PPT 文件，看到"我十岁了，每次都是您为我过生日。今天是您的生日，我想对您说：'妈妈，我爱您!'"时，当我看到孩子用自己积攒的零花钱买的三支康乃馨时，我的心被幸福、欣慰填得满满的……

不过，每个孩子的教育方式应该因人而异、因势利导，不能一概而论。孩子是祖国的未来，是家长的希望，希望我们做父母的，能在孩子身上多花些心思，给孩子创造一个适合的空间，让每一个孩子都能快乐学习，健康成长。

（济宁市洸河路小学五年级一班刘茜雅家长）

"我们只有一个孩子"

仲 勇

"天晴朗，那花儿朵朵绽放。闻花香，我想起年幼时光。我的家，那甜蜜好似枫糖……我今天，陪爸爸，带着全家去玩耍……我快要，长大了，别再叫我小朋友……爸爸说，你们是甜蜜的负担。"赵薇的歌曲《拨浪鼓》带着童趣和乡土风味，给我们展现了一个情切意浓、其乐融融的家庭生活画面。"孩子就是全世界"体现得淋漓尽致。

著名作家、思想家茨威格说过："世界上最辉煌最宏伟的事业就是使一个人站起来。"家庭教育的最终目的应该是帮助孩子用自己的双脚站在世界上。随着人们的生活水平越来越高，对下一代教育质量的关注成为家庭中的头等大事。新时代要求我们把孩子培养成为人格健全、心理健康、思维敏捷的人。只有这样，孩子才能成为适应时代和促进时代发展的人，成为社会和民族的有用之材。

作为孩子的家长、学生的老师，对在当今社会环境下，如何教育孩子成为适应时代发展的人，深有感触。家庭教育中，家长的道德文化素质、家庭教育理念、家庭教育方法等都直接影响着孩子的成长。鲁迅先生就曾认为教育培养的"新人"应当是有"自立能力"的，"是一个独立的人"。集家长与教师的教育经验于一体，我认为在家庭教育中，应关注以下几个方面：

"像狐狸一样爱孩子"——让孩子独立

《狐狸与孩子》的故事不少家长都听说过。狐狸的法则"爱孩子就要让孩子独立"。孩子从呱呱坠地的那天起，带给我们无限的欢乐，同时，也倾注了父母无微不至的爱。父母的爱是天职，但怎样爱孩子却值得思考。计划生育政策造就了数量众多的"小皇帝""小公主"，"421"的抚养机制培养了"小皇帝""小公主"的脾气秉性。可以说，溺爱几乎充斥着每个家庭。孩子被父母人为地延长了"婴儿喂养期"，很多孩子害怕走出家庭、害怕承担责任，他们拒绝长大，一直身着"童装"。这样的孩子往往不能更好地运用人类的生存法则，最有可能被社会所淘汰。所以，家长在爱孩子和为孩子创造"幸福童年"时，一定要抛弃溺爱心理，注意培养孩子的主动发展和适应社会环境的能力。孩子成长需要一定的空间，家长应放手让孩子去做他们该做和能做的事。当孩子的独立性得到锻炼后，他就会很有信心处理事情，家长也能放心地让他去经受考验。这就跟把动物放归山林之前，需要训练它们的捕食能力一样。"像狐狸一样爱孩子"是基于现实的社会发展对每个家长提出的理性要求。

"晒干的金鱼"——让孩子敢于梦想

有位家长抱怨孩子没有同情心，非常残忍，把十几条金鱼放在太阳下晒成了鱼干。后来孩子难过地告诉老师："妈妈告诉我，人不晒太阳会缺钙。可小鱼晒了太阳它就会死。"原来如此，孩子是因为想让金鱼补充钙质而想到了这个办法。这是多么伟大的一个奇思妙想，可家长却误会了他。

苏霍姆林斯基说过："孩子们不仅用智慧，而且用整个心灵来感知世界。""孵小鸡"成就了爱迪生；"苹果落地"成全了牛顿；"奶奶烧水"造就了蒸汽机……一个个异想天开成为推动人类社会发展的动力。理解和倾听孩子，孩子的行为在他们看来是有理的，理解是走进孩子心灵的通途。千万别再呵斥孩子的"让小鸡学游泳""让小鸭学爬树""月亮像镰刀"的荒诞不经，你的呵斥有可能扼杀孩子天生的灵感，使本可能成为爱迪生、牛顿、爱因斯坦、钱学森、华罗庚的一个个孩子"泯然众人矣"。蹲下身子，你才能发现孩子眼中的世界，你才会走进孩子的心灵，孩子们也才能以自己的道理、经验感受着属于他们的那片蓝天、那片土地。

"习惯成就一生"——让孩子养成好习惯

有这样一则故事：一个小男孩，从小就看见爸爸总是在看书，他也学着爸爸的样子看书，久而久之，他就喜欢上看书了，后来他大学毕业了，买了好多书给爸爸。爸爸却说："孩子，你留着自己看吧，爸爸不识字。"这个男孩惊呆了："爸爸，那你每天都在那儿看书啊?""我是让你养成看书的好习惯。"男孩泪流满面。

孔子说"少成若天性，习惯成自然"。著名教育家叶圣陶先生说："什么是教育？简单一句话，就是要养成习惯。"父母是孩子的第一任老师，

培养孩子的好习惯，不能急于求成。按照美国科学家的研究，一个习惯的养成需要 21 天。正所谓"冰冻三尺非一日之寒"。培养孩子的好习惯，就是培养孩子的独立、责任心、毅力、自信、诚信、善待他人等好品质，这需要一点一滴的积累，需要漫长岁月的积淀。同时，言传不如身教，在培养孩子某种好习惯的过程中，家长的表率作用很重要，正所谓"榜样的力量是无穷的"。

"播下一个行动，收获一种习惯；播下一种习惯，收获一种性格；播下一种性格，收获一种命运。"养成好的习惯，就如同为梦想插上翅膀，它将为人生的成功打下坚定的基石。

"打一个巴掌，给一个蜜枣"——让孩子懂得批评与表扬

"无论多么聪明的牛，都不会比一个发育健全的人，哪怕是稍明事理的儿童，更敏感和智慧。"孩子的心灵精巧细腻，哪怕再愚笨的孩子，也有"聪明的牛"所不可比拟的思维、情感世界。因此，家长在表扬或批评孩子的时候，千万不能忽略了孩子心灵的感受。行为主义心理学认为，惩罚会削弱人的某种行为，而奖励则会强化某种行为。因此，不适宜的批评和表扬，会对孩子的精神造成某种影响甚至伤害，有可能留下终生难复的印迹，损害孩子人生的光彩与美丽。

心理学表明，经常表扬赞美孩子，对培养他们的良好品德和行为，树立自信心具有很重要的激励作用。表扬的"蜜枣作用"会促使孩子养成积极向上的良好心理品质。表扬孩子时，如果对孩子多一些拥抱、抚摸，甚至是亲昵地拍打几下，孩子在对外交往以及智力、情感上都会更健康，表扬的效果会更好，正所谓"好孩子是夸出来的"。

批评和惩罚对孩子的不良言行能够起到一定的抑制作用，但批评和惩罚是把双刃剑，如果使用不当，会伤害孩子的自尊心，激起孩子的逆反心理。家长应该清楚，孩子是必须要犯错误的，对于每个年龄段的孩子，都要允许他犯那个年龄段的错误，如果不犯错误，他就失去了通过犯错的体验去学习、应对和成长的机会。因此，心平气和、实事求是的指导，才是家庭教育应有的外部表现。在这里，家长们可以借鉴 18 世纪法国著名教育家卢梭提出了一个著名的教育法则——自然惩罚法则。当孩子犯了错误时，父母不应对孩子进行过多的指责，而应该让孩子自己承担错误直接造成的后果，给孩子以心理惩罚，使孩子在承受后果的同时感受心情的不愉快甚至是痛苦，从而让孩子能够正确认识

自己的错误，进而自觉改正错误。

推动摇篮的手，就是推动世界的手。家庭教育是一门科学，必须遵循正确的教育原则，运用科学的方法，才能达到预期的效果。对子女既要有爱，又要严格要求。正如高尔基所说："爱护子女这是母鸡都会做的事情。可是，要关心教育他们，就是国家的一件大事了。"

（济宁市任城区接庄中学）

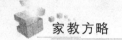

他在丛中笑

————家校合作学生成长案例

孔 君

2013 年 9 月 2 日，是个值得一生纪念的日子。这一天，已届不惑之年的我来到了新的学校——济宁七中，见到了新的学生——初一四班 25 名学生。天空湛蓝，绿树荫荫，崭新的学校，崭新的班级，预示着生命要再次飞跃。

走进了初一四班教室。孩子们一双双灵动的眼睛齐刷刷地看着我。我走上讲台，习惯性地扫视一圈，然后用了藤野先生似的开场白："我就是你们的班主任，我叫……"孩子们极认真地听我介绍"管班理念"，只有后门处一男生在低头摆弄着笔玩。我咳了一声，顿了顿，继续讲要求，但这招并未奏效，他充耳不闻，依旧如是。我心里掠过一丝不快，这家伙准是个难缠的孩子。我又顿了顿，随即提高了声音："课上一定要集中精力，不得做小——动——作——"我故意将"小动作"三字拉长，并朝他看去，学生们顺着我的眼光都回过头去看他，他的同位捅了他一下，他这才回过神来，看了看同学们，目光淡然，神色平静，竟毫无羞愧之意。"这是个刺儿头，以后麻烦大了。"我心里飘过一丝阴影，哀叹道。他的名字理所当然被我第一个记住——刘增方。

刘增方似乎无家人照看，脸上总是脏兮兮的，汗水冲得脸上的灰尘一块灰一块白的，额头上、手上常有墨水痕迹，衣衫不整，似乎多年未洗过也从没换过。我见后总是把他领到洗手间，让他洗干净再进教室学习。

军训第一天，我就发现，他的步伐不协调，总是慢或快。老被教官训斥或单练，他只管低着头听，但事后依旧如此。我知道，这是注意力不集中的缘故，我反复喊集中注意力，一喊则齐，不喊则又"垮"下来。教官也注意到了问题所在，不断提醒孩子们集中精力。就这样，在军训汇报评比中，我班获得了第一名，我看到刘增方脸上也洋溢着笑容。我想，这孩子挨的训最多，大概是尝到了"苦尽甘来"的滋味了吧。

第四天军训中，我正在备课，忽有几个学生跑进办公室，气喘吁吁地说："老师，老师，快去操场，同学打架了!"我大惊，边跑边问："谁打的架? 拉开了没有?"随即两个男生推着打架的孩子来到我的面前,原来是刘增方和侯伟翔,只见刘增方脸颊上有几道血印子,而侯伟翔脖子上则有几道抓痕。原因是侯伟翔笑话另一个男生张翔宇,张翔宇倒没觉得什么,刘增方打抱不平,两人就打在一起。我问刘增方:"人家没说你,说的是玩笑话,没有出格,张翔宇都不觉得难堪,你瞎逞什么能?"他只是一个劲儿地说:"他讲脏话。"问遍同学也没有听到侯伟翔说脏话,我当时就觉得这里面肯定有文章,便单独留下刘增方谈话,换了个话题缓和一下他的精神,用湿巾给他擦拭着脸上的隐隐血迹以及灰渍,一边问他:"你家谁照看你上学?"他说:"只有爸爸一人。""你妈妈呢?""在鱼台教小学。"我心里顿时一紧:"多长时间见妈妈?""一周或两周。""你爸爸给你做饭吃吗?""不做,我买着吃,或在同学家吃。""在哪个同学家吃?"果不出所料,他常在张翔宇家里吃饭,打架动机找到了。"你爸爸知道你在同学家吃饭吗?""不知道。"这孩子的问题症结找到了,我松了一口气,爱怜地对他说:"以后不要去同学家吃饭了,没有饭吃就跟老师一块吃,反正老师也是一人吃饭,有你做伴不孤独啊!""是,老师。"在他离开办公室的时候,他的眼角隐隐闪着泪光。

我略一沉思,便拨通了刘增方爸爸的电话,先肯定孩子的优点,比如正直、善良、聪明之类,接着说孩子的不良表现,然后询问孩子在家的情况。情况如刘增方所说,孩子并未瞒我。通过沟通,其父知道了孩子吃饭的情况,连说自己太大意了,以后要保证好孩子的吃饭问题。其实岂止是吃饭问题呢,最重要的是孩子得到父爱了!

正式上课后,刘增方又有了新的"表现",不听课,做小动作,脚下垃圾、墨水遍地,作业完不成,常忘带课本,常不知老师所提的问题……典型的"差生"表现,屡被批评却无一点儿效果,令各科老师头疼不已。

我明白这孩子生活习惯、学习习惯虽然很差,但他想改变自己,却无能为力,找不到出路。一味批评会让他更加自卑,只会加速把他推向"差生"的深渊,使他破罐子破摔。"救救孩子!"我仿佛听到了鲁迅先生的呐喊,一刹那,我感觉到为人师责任的重大,"决不放弃一个孩子""绝不使一个孩子掉队"!

为了增强他的自信,让他感觉到老师还是"在意"他、"赞赏"他的,我暗地派他去打扫卫生死角,然后在班里公开表扬,并借机将他调到前排位置,周围都是学习较好、上课安静的同学。在语文课上,我有意夸大他的回答,发现他渐渐地敢于举手回答问题,敢于参与辩论了。这样,由语文课开始,逐渐辐射到其他学科,孩子的眼睛开始有光泽了。

应学校要求,班里开展"手拉手"活动。借此机会,我安排责任心最强的

班长"拉"他，他平时也最服班长，因此，他在各个方面都有了进步。虽然有时坏习惯还会偶发，但恶性事件没有了，违纪行为明显少了，老师们也反映说这孩子收敛多了。

我深知，要改变一个人的习惯是艰难的，仅靠学校的力量是难以彻底完成的。因此，必须和家长一起教育孩子，形成合力，才能从根本上重塑孩子的好习惯。学校每周要求填写的《家校周联系卡》，根据孩子一周的表现写"班主任温馨提示"，每周五放学前发给学生，让学生带回家让父母填写"家长周末寄语"，周一返校时交给班主任。我充分利用这一科学有效的家校联系方式，诗意地有针对性地填写"班主任温馨提示"。第一周我写道："人不怕犯错，最怕不知错。聪明、正直而又善良的你，必当知道自己的缺点，何须老师多说？老师期待你能知错，更能改错。"周一回来，刘增方笑眯眯地交给我《家校周联系卡》，并说："我的缺点都写在随笔（注：随笔是我的语文作业之一）里，老师监督我改正！"多么求上进的孩子！他认为老师没有告他的状，给足了他"面子"，因此下决心改正。第二周，我在《家校周联系卡》中写道："你是本周全班进步最明显的孩子，上课安静了许多，安静则思，所以你常有妙答。一个安静的孩子，是不会丢三落四，一会儿忘带课本，一会儿忘带作业之类事情的……"第八周："本周你的成绩逐步上升，作业完成质量渐高，愿你能'撑一支长篙，向学习更深处漫溯'。这支长篙便是课堂笔记。"家长则回应："看到你能稳下心来学习，爸爸喝开水都觉得甜！作业完成效率高，也能帮我做点家务了。孩子，贵在坚持，听老师的话，一辈子不吃亏！"

就这样，我依托《家校周联系卡》，和家长筑起一道彩虹桥。在这道"彩虹桥"上，家长和学校一起努力，见证了学生一点一滴的进步。

（济宁市第七中学）

在家庭教育中培养孩子积极向上的动力

董立斌

对于孩子的教育，我也处于不断地学习、探索和反思中，希望自己能够与孩子一起成长。每个孩子都有向善向上的本性，要激发孩子的这种本性，使孩子具有并保持积极向上的不竭动力。

身教重于言教，家长是孩子努力上进的榜样

父母是孩子的第一任老师，家庭是孩子的第一所学校，父母的言谈举止、道德品质以及家庭的和睦无不潜移默化地影响着孩子的成长。人们常说："孩子是家长的镜子。"家长的一举一动都是孩子学习的榜样，平时我在工作中认真努力，执教省公开课受到省专家的高度评价；执教区教学能手课获得课堂教学第一名；执教市级基本功课获得一等奖。参与多项省市级教研课题和校本课程编写，完成了汉语言文学专业的本科自学，并获得优异成绩。在这些成绩取得的背后，是多少个夜晚伏案静思，多少个凌晨早起学习，这一幕幕的场景，伴随着孩子的童年时光，在无形中教育影响着孩子，要想取得成绩，就必须刻苦努力，脚踏实地，只有这样，才能得到进步和成功。

志当存高远，让孩子拥有远大的理想

有人说：诺贝尔奖永远颁给怀有理想的人们。因为，理想是人类心中的明灯，只有在理想的感召下，人们才会走向进步与文明，才会不断攀登新的高度。然而，作为一代独生子女的青少年们，心目中理想的旗帜是什么？青少年们倘若失去了自己的理想与信念，他的人生价值也许会无所依附，他的心灵便会因为空虚而倍感无聊，没有理想与信念的生活如夜海行舟，因少了明灯而难达彼岸。因此，要帮助孩子树立远大的理想，鼓励孩子向着自己的目标不断努力。当孩子有了明确的奋斗目标，他会义无反顾地向着目标奋

进。平时，我特意把《名人传记》《走下圣坛的周恩来》《拿破仑传》等书籍放在孩子触手可及的地方，让孩子有机会能够阅读。通过阅读，孩子懂得了任何人在成功道路上都没有捷径可走，靠的是勤奋和努力。而每个人在成功的道路上都不会是一帆风顺的，会经历很多困难和挫折，但是只要凭借顽强的毅力不断努力，就会有进步。通过阅读这些书籍，进一步坚定了孩子上进的信心和决心。

自尊自爱，尊重和欣赏是孩子前进的动力

"自尊"包括对获得信心、能力、本领、成就、独立和自由等方面的愿望。让孩子学会接纳自己，家长要"协助当事人了解自己并接纳自己"。

"来自他人的尊重"包括：威望、承认、接受、关心、地位、名誉和赏识。弗兰克·戈布尔说："一个具有足够自尊的人总是更有信心，更有能力，也更有效率。然而，当他缺乏自尊时，他就感到自卑、无望，从而可能导致绝望和神经质行为。"

"我身边的人有多爱我？他们接受我，认为我重要吗？"每个人都关心这样的问题，孩子更在乎。家长、老师、同伴对他们的态度和评语，直接影响孩子对自己价值的衡量。家长的行为语言尤为重要。用欣赏的目光看孩子，倾听孩子说话，摸摸孩子的头，对孩子说"妈妈爱你""妈妈很喜欢和你在一起""和你在一起妈妈觉得很开心"。有父母宽厚的爱铺垫着，孩子的自尊就不会落到最低点，更不会被摔得粉碎。在家里，有什么事情需要决策的时候，我也总是让孩子参与，让他具有家庭责任感。当孩子的朋友来访时，我总是热情接待，让孩子感受到来自家庭的重视。

赏识孩子，用自信点燃孩子努力上进的热情

积极的自我认知是促进个人发展的不二法门。良好的心理预期不仅会激发孩子的个人潜能，而且能降低干扰因素，消除自我怀疑和对失败的恐惧，从而促进孩子的良好表现。因此要想得到好的结果，家长就要学会对孩子真心地欣赏，以帮助孩子建立积极的自我认知，进而激发孩子去释放自己的潜能。只有以欣赏的眼光去看待人与人之间的关系，人与人之间才能充满勃勃生机，形成良性互动。孩子对自己优点的认识来自周围人的评价，而家长的评语在孩子心目中的分量最重。家长对孩子的赞许和鼓励是孩子动力的源泉和自信的基石。

如果家长善于发现孩子的优点，孩子就容易保持这些优点。如果家长能够挖掘孩子的特长，孩子就能获得新的优点。

我家孩子小时候学习国画，暑假里练得最为勤奋，经常自觉练习，有时练得汗流浃背，竟然浑然不觉。每次看到，我总是真诚地夸奖孩子："你真了不起，天气这么热，你居然能够坚持这么长时间练习，真让人佩服！"孩子听了以后练画的热情更高了。终于通过努力，孩子取得了艺术等级考试十级的成绩。这是孩子刻苦努力的结果，更为孩子以后的生活平添一份自信。在有别人在场的情况下，家长的赞扬更是对孩子的巨大鼓舞，积极的正面肯定，能使孩子感受到父母发自内心的爱和喜悦，给孩子带来愉快的心理感受，强化其正面的表现，促使其努力更加完美。

总之，一位优秀的家长，他一定生活在孩子的内心世界中，一定会用自己无私的爱为孩子搭建不断进取的桥梁，并且与孩子的心灵成长以及人格发展一路同行。

（济宁市枣店阁小学）

执子之手　共育辉煌

刘久花

学校是学生成长的重要环境，它是培养社会人才的摇篮，它在学生的健康成长及思想行为方面起到了正确的引导作用。家庭则是未成年人的第一课堂，家长是孩子的第一任教师。家庭成员尤其是家长的人格形象对孩子的成长有着直接的、持久的、潜移默化的影响。因此，重视校园教育与家庭教育的链接是十分重要的，学校教育与家庭教育是相辅相成密不可分的。

著名教育家苏霍姆林斯基说："最完备的教育是学校与家庭的结合。"随着社会的发展，家庭教育的缺失是个不争的事实，来自家庭教育与学校教育的脱节，给学校德育教育造成了严重的困惑。因此如何争取家长的理解、支持和主动参与，帮助家长提高教育能力，是当前学校德育教育面临的富有挑战的新课题。

在平时的教育教学工作中，努力创新多种家庭参与途径，增强家校共育的实效性。

让家长走进课堂感受学生生活

为了让家长更多更全面地了解学生的在校生活，我们学校每学期都要举办家长开放日活动，这种开放式的沟通可以让家校零距离接触，增强学校、教师、家长之间的沟通。让家长走进校园，走进课堂，了解学校的管理与发展趋势，了解课堂教学和课改动向，从而更好地配合学校，共同关注每一个孩子的健康成长。

家长委员会，顾名思义就是由家长代表成立的组织，作为与学校沟通的桥梁，关注学生的教育。家长委员会是增进学校与学生、家长之间沟通的桥梁。我们班的家委会定时组织家长在校外值勤，共同做好保障学生的安全工作，避免发生交通伤害事故，在班级文化方面出谋献策，共创育人环境。

用活动让学生和家长动起来

随着互联网的普及，上网聊天已成为学生家长生活中一个不可缺少的部分，利用互联网丰富的信息资源和方便快捷的功能加强与家长的沟通。这个平台，不仅是教师与家长沟通的平台，也是家长们相互交流督促的平台。作业情况如何？生活小主人当得怎么样？学业方面激情激趣有什么措施？你家孩子英语成绩如何？你家的孩子在读哪本课外书？每天看家长们聊得热火朝天，我常常暗地里高兴。当家长们询问自己孩子在学校的表现，请教一些教育孩子的方法时，我总是及时将学生一些好的表现告诉家长，对于表现不尽如人意的地方，及时提出忠告，并给出一些参考性的意见。解决了班主任进行传统家访的时间矛盾，实现了随时在线家访。

学校每学期都要开展以家长、学生为主体的丰富多彩的活动，如"亲子运动会"、中高年级"亲子读书"活动。例如我们班级在"亲子阅读"活动中，我把《爱的教育》作为共同阅读书目，设计了共同探讨的几个问题，打印成表格，由孩子和父母合作完成，让孩子和家长在亲子共读中深深地体会到阅读给人带来的快乐，体会到家长给学生做榜样的重要作用。"家长就是孩子的镜子"，这是一个朴素而又颠扑不破的真理。

把爱心送到学生家中

家访是维系师生关系的纽带，是沟通师生心灵的桥梁。学生的内心世界是丰富多彩的，他们需要得到别人的关心和帮助。作为班主任，必须躬身走进学生家庭。家访不是向家长告状，也不是例行公事。而是有的放矢地去接近他们，帮助他们，关心他们，鼓励他们。对于他们的优点要大力表扬，对于他们的缺点要委婉指出，指明前进的道路怎么走，这样的家访会让师生关系更和谐、更融洽，使学生更容易接受老师的意见。

去年9月我刚接过一个新班级，对于班主任来说，工作是十分繁忙的，一切都要从头开始，认识学生、熟悉学生特点、制定班级公约、竞选班干部……这时一个学生周末在家手臂骨折了，需要住院一周，并且在家休养一个月。她不能像同学一样在操场上尽情地游戏，她也无法到校和同学一起学习新知识，也不能再继续熟悉新老师了，这些对于她来说都是损失。周末来临，我打电话联系她的家长，说带几个同学到她家去看看孩子，给她补补课，家长很是感

动，一再说感谢的话。通过班级 QQ 群，我联系了几个平时和她十分要好的同学连同家长一行人，买了些水果和一个花篮如约去了她家。她的家人都很感动，热情接待了我们，孩子们见面后问长问短，还争着给她补课，这次家访不仅增强了孩子们之间的友谊，还让家长和老师的关系更和谐。回来后，学生把我的这次看望活动当成写作素材，写得有声有色，可谓不枉此行。

孩子们快乐成长，是我们共同的愿望。孩子是老师和家长的纽带，我们的心是相通的，因为我们有着共同的目标——一切为了孩子。父母是孩子的启蒙老师，家庭教育对孩子的成长起着举足轻重的作用，老师是孩子成长的引路人，对于孩子的成长有着深刻的影响。只有将家庭、学校、社会融为一体，才能更好地培养孩子全面发展，成为有用之才。只有寻求探索出最佳的教育方法，形成家校教育的合力，努力使我们的下一代健康、快乐地成长。

一切为了孩子，是我们共同的心愿。执子之手，共育未来，让家校合力的道路越走越宽，真正达到家校携手共同培养孩子的目标。

（济宁市东门大街小学）

走过四季，陪儿子一同成长

刘 飞

冬季里，锻炼其体魄

1999 年 12 月 28 日卯时，附属医院热闹的产房里，迎来了一个与众不同的小生命。没有呱呱坠地时的哭声，安静得令人窒息，青紫的皮肤像极了高原反应——原来，婴儿已经缺氧窒息。秩序井然的产房顿时忙乱起来，"上产钳、用力拍打、人工呼吸……"呼吸通透的瞬间，哭声响彻医院的上空。正因为此，不安的我们甚是担忧：会不会痴傻？以后会不会引发后遗症？医生就一句话："我们能做的都做了。"于是，输氧，全天候的输氧；高压氧，每天去做高压氧。终于，命，保住了。然而今后……谁也不敢想！心有忐忑，战战兢兢。

也因为此，我们心中只有最简单的愿望：儿子健康快乐成长就是人生的幸福。于是，以后的每一个冬天，冰天雪地是一家人锻炼身体、磨炼意志的最佳时间，到楼前小河上去溜冰，打陀螺。在白雪飘舞，滴水成冰的夜晚徒步前行，一路洒下的欢声笑语能把冰雪融化，累并快乐着。越是滴水成冰、寒气蚀骨的天气，越能锻炼出强壮的身体，磨炼出坚强的意志。这样的天气里，穿上单薄的棉衣，走出室外。鼻吸嘴呼，调整好呼吸，告诉儿子：冬天我们有"不怕冷的衣服"，抵御寒冷的最好的方法就是"运动，不停地运动"，任何形式的运动。步行，滑雪，溜冰，最简单也最有价值。

随着年龄的增长，瘦小的儿子逐渐强壮起来，有时还会赤膊秀一秀结实的肱二头肌。儿子身体健康让我们拥有了最简单的快乐。

春天，文明其精神

春暖花开的季节最适合接受生命的教育。

杨柳抽穗，迎春花洒出浓郁的金黄。看天色大好，凉风习习。拾起早已备好的风筝线圈，跨上千里足（自行车），飞驰而上，直驱运河长堤。

开春了，那儿有肥沃湿润的土地，有满堤飘香的槐花，有哗哗作响的杨树林，有大片大片新绿的田野，还有儿子最喜爱的昆虫哥们儿。拿起相机，拍下树干上上下下忙碌的蚂蚁触角相碰的瞬间，圣甲虫埋头苦干的身影，西瓜虫蜷成黑色圆球的精彩。泥土，绿色，飞动的翅膀，生命在春天萌生，涌动着生机与欢乐。"有人认为植物、动物和人的生命都是神圣的，只有人帮助处于危急中的生命，他才可能是美丽的。"

走进自然认识生命、珍惜生命、尊重生命、享受生命，用童心与爱心感悟生命的精彩。接受一切丑陋的怪异的冷僻的生命存在，珍视每一个弱小的生命。当每一片花瓣都能带给我们新奇，每一棵小草都能触碰出美妙的乐曲时，我们就拥有了珍惜生命、尊重生命、享受生命的能力。"我们没有权利要求一切生来完美明净，生命的美好从来都在苦难中锻造光辉。生命教育中只有首先直面生命之真，我们才可能坦然地穿越生命的泥沼与苦难，怀着奔向阳光的坚定信念，朝向生命的澄澈，艰难却笃实地缓缓进发。"这样一种大教育的观念培养的是一种更为真实坚韧的生命价值观。

我们尊重世间一切的生命，更要尊重孩子。给他一个自由的空间，培养专注的习惯，对孩子，我们是"有所不为"：不去干涉孩子玩乐的自由，让他放飞思想，以自己的方式感受世界带来的乐趣。作为独立存在于世间的个体，他有属于自己的喜好、爱憎，我们尊重他的选择。周末，当很多孩子奔波于各个补习班的时候，他却专注于花草树木间的飞虫走蚁，甚至一小块土坷垃都能让他跪在泥地上很长时间并乐此不疲。轻轻地走过去，给他撑起一把太阳伞，遮出一片荫凉。和他一起俯下身子看世界，感受泥土世界的博大美好。让孩子专注于自己的喜好，不去盲目地跟从，应该是培养独立思考独立的人的最好的方法吧！

夏日，丰富其视野

"不到长城非好汉，屈指行程二万。"艳阳下，登泰山极顶，玉皇顶上揽蓝天白云，看天高云阔。风雨中，手拉手爬黄山，莲花峰上看烟雨迷蒙，云起云落。庐山牯岭镇上，穿行于茂林修竹青苔石壁之间，领略历史风云变幻。滕王高阁，观闲云潭影，听槛外长江空自流！

自信始于征服。一路披荆斩棘用意志杀开一条血路，终于可以登高远眺，一览众山之小，俯视辛苦攀登的芸芸众生，自信满满：我征服了高山，征服了自然。原来我也可以如此优秀。

每一处风景即是一本好书，每一次远足都是人生的收获。假日里和三五亲友，携儿带女去日照三浴冲浪，捡贝壳，堆沙雕；和邻家的哥哥去青岛极地世界看海豚表演，参加啤酒节狂欢；和姐姐一家去厦门听鼓浪屿的琴声，吹日光岩的海风。不仅享受着"风景这边独好"，而且旅途中的争吵、欢笑、宽容、忍让，也成为人生路上熠熠生辉的珍珠，丰满了孩子的人格。

且行且思，旅行的世界尽显做人的风采。

秋季里，淡泊其心态

"远处蔚蓝天空下，涌动着金色的麦浪。"当秋风吹走夏日的燥热，温情地送来收获的味道。金黄、浓紫、碧蓝，一年中最浓艳的色彩刺激着人们的眼神。欢呼、高唱，丰收的喜悦金子一般洒满心田。

骄傲，掩饰不住的骄傲。又一次考试结束，成绩公布。看儿子举手投足间、轻飞的眉角、舞动的面颊都在诉说着欢喜。"低调，低调，淡定，淡定。""优异的成绩固然可喜，可是人的一生不止于成绩。"一盆冷水泼下去，欢喜和躁动消去一半。生活中还有磨难、挫折甚至更高的荣誉，面对这一切的心态比优异的成绩更重要。"磨难和挫折无论落到谁头上，谁都得受着，而且都受得了……"这是一则人生寓言中的一句，也是通用于生活的不变法则。

所以，很多人没有倒在困难的脚下，却在荣誉面前失去了理智。冰心说：冠冕，是暂时的光辉，是永久的束缚。所以当收获的欣喜占据心灵，抬头看一看天空飘荡的白云，优游自在，宠辱不惊，淡泊乐观。那是面对成功的最好姿态。"那些已经过去的美绩，一转眼间就会在人们的记忆里消失。"

成功、荣誉只属于过去。

告诫儿子：活在当下。高调做事，低调为人，人生会更精彩。

（济宁第十四中学）

以"情"激"情"

——唤醒后进生的良性情感

郭丽娜

有经验的中学教师都了解，初中阶段的教育难度最大的是后进生。这和初中生年龄段的特点有关。这个年龄段的学生大都在 12 ~ 16 岁左右，由于生长发育迅速，神经活动的兴奋与抑制的不平衡，控制自己情绪和支配自己行为的能力不够强，在心理上处于半幼稚、半成熟状态，对这个年龄段的学生如果教育不当，很容易形成品德方面的障碍。因此人们称这个时期为"人生的危险期"。

后进生的成因是多面的、复杂的和长期的，只有找到了病源，从源头挖起，才能"药到病除"。班主任应本着理解的原则，摸清其犯错的原因和动机，想办法接触他的同学和交往的朋友，还可采用通电话、家访等多种形式与家长联系，从侧面了解其学习生活背景、家庭教育背景、人际关系背景、心理发展过程、成长经历等等，为开展教育工作奠定了良好的基础。

家庭原因

父母是孩子的第一任老师，父母的言行将直接影响着孩子。但有的家长热衷于赌博、嗜酒，甚至游手好闲，这些都不利于孩子的健康成长。有的父母性格暴躁，教育子女没有耐心，动不动就大打出手；有的父母文化水平低下，子女认为不值得听取；有的父母见识面狭窄，难以教育"见多识广"的子女；有的父母整天忙于工作，对于新事物的接受较慢、较少；而青少年的特点就是接受新事物快，思想新潮。因此，两代人之间的沟通存在着许多障碍。而做父母的对孩子情况则知之甚少，甚至认为只要有钱给他们用就行了。"这么好的生活条件，我们以前想都不敢想，他们还有什么不满足的呢？"但却不知道其实他们最需要的是心灵的沟通。

很多家庭的普遍现象是家长都忙于生计，孩子由爷爷或奶奶代为养育，而老人则一味溺爱，对孩子缺乏严格的管理。有的虽在家，却疏于管理教育孩子，甚至放纵其行为。有些家庭是父母离异或由其他原因造成的单亲家庭，对孩子的关心不够。从对后进生的家庭背景资料分析来看，父母疏于管教和对孩子关心不够是形成后进生的重要原因。

学校原因

"冰冻三尺，非一日之寒。"后进生的出现和社会影响、家庭教育密切相关。但是，学校教育工作的疏忽或失误，班级和学校的管理不当，也是一个不容忽视的原因之一。

学生在学习上屡遭挫折后，他们是很需要得到同情和帮助的，但如果教师缺乏应有的耐心，挖苦、讥讽、责骂他们，必然会使学生怀疑自己的学习能力，几经挫折，失去信心。仅有的一点兴趣也消失了，厌学情绪自然也就乘虚而入了，学习上的困难者很快就变成学习上的落后者。时间一长，在他们的意识中就会出现偏离集体的倾向，在行为上就会出现失控的现象，最终发展成具有"粗野情感和厚脸皮性格的人"，甚至会以各种反常的行为与班集体抗衡，少数的后进生就会到社会上寻找自己的"地位"，这也是发展的必然趋势。

每个学生都有自己的兴趣、特长和爱好，后进生也不例外。但如果班主任因他是后进生，便觉得他是"成事不足，败事有余"，不让他参加一些活动，不让他的特长得到充分的发挥，甚至于处处鄙视他。那么，久而久之，后进生就会错误地认为自己什么都不行，丧失了对自我价值的肯定，以至于对个人、对集体完全失去信心。在特定的诱惑面前，甚至会失去理智而无法控制自己，来个"破罐子破摔"，从此一蹶不起。

有些学校为了加强管理，制定了各种各样的制度，如学校一日常规量化管理等，这些制度的实施表面上管理效果好了，但却把学生管死了，有时班级因为某个同学扣了分，实际上是扣了班主任的津贴，因而班主任便狠狠地把这个学生训一顿，解决问题单一化，伤害了学生的自尊，不利于学生的成长。有的学校为了升学率，对后进生另眼相待，要不劝其不要参加考试，要不就分个重点班，这对在差班的同学是一种无形的伤害，使得这些后进生们更加不想学习，继而无事生非，各个方面全面滑坡，越来越差。

社会原因

不少青少年个人主义思想严重，在公德方面存在知行错位的现象。社会中恋爱、婚姻道德观念混乱，婚外恋、婚外性行为日益增多，家庭责任感淡漠，重幼轻老现象严重地影响了青少年的价值取向。另外，贪污腐败现象也使青少年失去了正确的价值观，滋长了好逸恶劳的恶习。

培养子女的投入是巨大的，有的家长因此觉得不划算，甚至觉得子女早一点赚钱自己也可早一点享福，或是把钱挪作他用，有的家长舍得建豪华的房子，却舍不得花钱给孩子读书，这样的家长在乡村并不少见。这样的错误观念造成青少年无心学习。

影视、计算机及网络的普及，给部分青少年虚拟情感走向极端创造了可能。商家为了商业利润竭尽了手段，吸引人们消费，暴力、色情等不良内容也使得青少年容易往不健康的方向发展。

在长期的青少年教育工作的过程中，专家们认为社会对青少年的健康成长有着不利影响的主要方面有：媒体宣传不适当内容对未成年人的人生观形成的影响问题；未成年人走上不良道路后的教育问题；未成年人遭受暴力侵害欠缺法律支持及社会支持等，这些都是我们值得关注的问题。

爱的教育

苏霍姆林斯基曾感叹："从我手里经过的学生成千上万，奇怪的是，留给我印象最深的并不是无可挑剔的模范生，而是别具特点、与众不同的孩子。"教育的这种反差告诉我们，对后进生这样一个"与众不同"的特殊群体，教育者必须正确认识他们、研究他们，将浓浓的师爱洒向他们，让这些迟开的"花朵"沐浴阳光雨露，健康成长。

陶行知先生曾说过："谁不爱学生，谁就不能教育好学生。"苏霍姆林斯基也强调，对那些因受家庭乃至社会环境条件不良影响而表现异样的孩子，要以"朋友和志同道合者那样"的态度和方式对他，因为只有对学生发自内心真挚的爱，才能给他们以鼓舞，才能使他们感到无比的温暖，才能点燃学生追求上进、成为优秀生的希望之火。在教育转化工作中，教师应晓之以理，动之以情，提高后进生的道德觉悟和上进心。培养后进生的是非观念，必须坚持正面诱导，以理服人，切忌简单粗暴，以势压人。教育实践告诉我们，爱是一种最有效的教育手段，教师情感可以温暖一颗冰冷的心，可以使浪子回头。当学生体验到老师对自己的一片爱心和殷切期望时，他们就会变得"亲其师而信其道"。

我们班的王某是一个坐不住的孩子。这不，自习课上，他的老毛病又犯了，不但不动手写练习，还使劲摇晃前排同学的椅子，嬉笑着。当我走到他身边，他才意识到我一直在看着他。他大概是觉得我肯定会批评他，便来了个先发制人："你看着我干什么？我又没讲话！"真是此地无银三百两。班上同学的目光开始往这边偷看。这是一个在"战场"上"刀枪不入"的学生，自控能力差，特别爱和老师顶嘴，而且歪理一套一套的。他摆了个准备在全班同学面前表现"英雄主义"的姿态，等着我生气，等着我斥责他。骂学生是件容易的事情，然而，骂学生并不可能把学生变成自己希望的样子，反而严重地伤害了师生之间的感情，浪费了宝贵的时间，而自己体验到的也将是一种懊恼和难受的情绪。

我告诉自己不要生气。只是站在他面前看着他。他停顿了一下，低下头，开始打开本子。然而，我还没有来得及为自己的胜利略感得意的时候，耐心便再次受到挑战。"我的笔呢？"他嚷道，"谁拿了我的笔？喂！借支笔给我。老师，我没有笔。"他已经不止一次这样在课堂上说同样的话了，没有笔就可以不写练习，这就是他的逻辑。我无法不生气了，因为几天之前，我才送过他一支笔。"你出来！"我把他带到了教室外面，我严厉地望着他，心里却有些虚。我已经不知道该怎么样对他晓之以理、动之以情了。大道理早就讲过了，高帽子也给他戴过了，站在他的角度也给他分析过了，和他制订过计划，也常单独辅导他……各种想法在我脑子里转着，突然，我想到教学楼墙上那句名言警句。我尝试着换一个新的角度来和他谈话，我问他："你知道自己为什么要来读书吗？""学习知识。"他低声说。"那你为什么要学习知识？""……""你过来，"我攀了他的肩把他带到教学楼前面，让他抬头看，"为中华之崛起而读书！这句话是谁说的？知道吗？""不知道。"这时候他态度已经不再尖锐。我给他讲了少年周恩来的故事，我没想到他的眼神破天荒的认真。为什么在近代史上我们国家总是受欺负？为什么曾经华人会被与狗相提并论？为什么日本鬼子会在我们的国土上烧杀抢掠？为什么美国敢炸我们的大使馆？为什么……落后就要挨打啊！我一口气说了很多，说得有些激动，因为那正是我内心的情感，我最不忍翻阅的就是中国那些屈辱的历史。爱国主义情感是我们一生中不可或缺的情感，我们生于斯长于斯，为她的崛起而努力学习、为她的富强而努力工作不应该是我们应尽的历史责任吗？

"你想过你为什么而读书吗？当你每天坐在这而什么都没有学到的时候，你不觉得心慌吗？"我再问他时，他默然无语。那天，和他交谈过之后，我陷入沉思，我感到了自己心中沉睡了的民族激情被唤醒。对学生说的，我做到了吗？我自己又应该如何度过每一天呢？第二天在做练习时，当他第一次主动举手问问题时，我心里有说不出的高兴。我没有料到，我突发的灵感在他身上得到回应和触动。感受到自己的思想在学生心中产生共鸣，我也尝到了一种愉快的情感体验。我并不敢说一次谈话就能使一个思想后进的学生马上转变，但我看到了不管多淘气、多难教的学生，他的情感世界里都有积极向上的一面，只不过是他们对"尊严、信念、自我价值"等概念理解不正确或不透彻。他们需要教育者帮助他们建立积极的良性情感，唤醒他们内心深处对真、善、美的追求。

其实帮助学生净化情感的过程，也正是我们净化自身的过程。我想，我们仅有耐心是不够的，情感教育需要用情感来指引，作为教育者，我们自己首先应该具有正确、积极的良性情感，这其中包括自尊、自信、责任感、面对挫折时的坚韧不拔，能正确调节我们自己的情绪。

以"情"激"情"，关爱呵护每一个渴望温暖的心灵。

（济宁市第七中学）

家校联合从新生开始

黄亚飞

　　我所任教的唐口镇中心中学是一所农村寄宿制初级中学，我们学校所在的乡镇村庄比较多又比较分散，家校距离很远且交通不便，学生入学年龄小，文化基础比较薄弱。这些现实存在的问题使得新生的教育管理难度相当大。在从教的十年时间里，尤其是最近三年我一直担任初一班主任的工作，对农村学生的教育感触很深。

　　针对以上情况，我们学校提出制度规范行为、家校联合促进的工作思路，一方面在学校内实行级部负责制，所有领导到一线负责，制度规范行为，并通过表格对工作进行制度化、精细化、清晰化，让所有的工作按部就班进行，实现教育管理工作二十四小时无缝对接。另一方面加强家校合作，建立家长委员会，制定各种家校联系的流程制度和具体实施办法，促进学生全面发展。

保障新生入学，给家长一颗定心丸

　　每年的新生入学都是一件大事，现在生活条件好了，每个家庭就一个孩子，孩子的问题放在了首位，很多家长首先最关心的就是孩子学校的环境和条件，尤其是孩子吃住的问题。新生入学前，所有部门的工作都围绕新生进行，后勤处负责安排教学设备，维修好各种电器、门窗、床铺，对食堂进行整改，保证让学生吃得满意、住得温暖、让家长放心。

　　初一级部负责调配教师及班主任，做到新老教师的合理搭配，尤其重视班主任的选拔，加强一线教学力量。我们初一级部还专门编写各种具有实用性的年级文件，比如《初一新生家长须知》《初一新生入学工作须知》《初一新生安全注意事项》《初一新生学习注意事项》《班主任工作手册》《教师家访手册》《初一家校联合工作流程》等各种规章制度表格，并专门制作班级和级部工作信息台张贴各种信息表格，真正做到制度规范行为。

　　通过前期的准备工作，无论是在后勤生活还是一线教学上，都给家长服下

定心丸，让家长放心，也为后期的家校合作工作打下良好的基础。

听取家长建议，完善管理工作

初一新生刚刚离开家长，独自来到新的学校进行学习及生活，难免会有些不知所措，肯定会出现各种各样的情况，甚至有的学生开始以装病、哭闹等各种理由来逃避上学。在上学年我带的班级中，有的学生甚至为了不住校装精神病，甚至有的同学以退学要挟家长，这个时候家校联合就非常重要。所以我们每年在开学时都要先召开一次开学家长会，发放《初一新生家长须知》，和家长共同学习交流，把新生常见的问题先与家长进行交流，提出我们的思路和措施，听取家长们的建议，做初步的家庭情况调查，了解一些学生的基本情况，做到心中有数。我们学校每年都要拿出一周的时间，对学生进行军训及生活指导，上午进行军训，培养学生的团队及吃苦耐劳的精神，下午进行内务整理及生活指导，培养学生独立自主的能力，做到能自己整理内务，熟悉学校环境，能独立完成生活上的一些操作，中间休息时间，再开展一些有趣的集体活动，比如拉歌、趣味赛跑、智慧接力等，让学生爱上自己的新学校，乐于在新学校中学习，收到了很好的效果。

在这个过程中，我们欢迎家长对我们的工作进行监督，比如到学校食堂参观，到学生宿舍查看，当家长看到孩子们吃上可口的饭菜，住上舒适的床铺，迈着整齐的步伐，精神饱满的开始新的学习的时候，脸上都乐开了花。

共同培养学生良好的品德

现在很多新生都有一些坏习惯，一是现在很多家庭都有电脑，由于农村家长文化水平比较低又忙于工作挣钱，很难顾及到学生，学生上网痴迷的情况比较严重，甚至接触一些不良网站学到很多坏东西；二是农村整体文明素质不高，受外界环境浸染，语言不文明，张嘴就骂人；三是浪费粮食情况严重，虽然是农村，但现在也都是一个孩子，也没有几个家长愿意让孩子下田劳动，没有"谁知盘中餐，粒粒皆辛苦"的感受，馒头咬一口就扔，鸡蛋都不吃，专吃方便面等垃圾食品。

像这样普遍的情况，在我们的《初一新生家长须知》中也是重点内容，我们要求家长要以身作则，加强对孩子上网的监督，做文明人讲文明话，为此我们初一级部开设了情感教育及偏差行为课堂以及浪费现场展示，并邀请家长委员会成员对孩子们进行现场教育，讲述劳动的辛苦，对学生进行品德教育，并对进步的同学进行积极鼓励表扬，取得了很好的效果。

共同培养学生安全意识

"学生安全大于天"，学生的安全教育工作是每个学校的首要任务，更需要家校联合，虽然每个学期老师们都会不断对学生进行安全教育，但是每年媒体还是都会大量报道一些学生出现的安全事故。我以前所带的学生中，就有一位学生冬天下河滑冰溺水身亡，还有一位骑电动车被撞身亡，这两件事一直刺痛着我。

仔细分析这些安全事故，大部分是在校外发生，也就是说家长对学生校外的安全意识比较薄弱，学生一旦离开老师的监督，原来的教导就抛之脑后。所以新生开学以后，我们一直在努力做安全教育工作，加强与家长的联系沟通，强化学生家长的安全意识，强调校外安全的重要性，并接受家长对我们管理工作的建议，先后开展了"消防安全讲座""女生宿舍管理工作会议""男生宿舍管理工作会议"，并通过多媒体播放现实生活当中的实例对学生进行现场教育，使安全教育工作常态化进行，时时刻刻提醒学生安全的重要性，不仅要入耳还要入心。班主任老师更是坚守岗位，和学生吃住在一起，遇有突发事件，学生可以在最短的时间内找到值班班主任解决问题。每次放学后，总是送走最后一名学生，班主任老师们才离开学校。

共同培养学生良好的学习习惯

初一新生刚开学，就要面对比小学既复杂又繁多的课程，很多学生是无法正确应对的。我们年级在刚开学，就开始对学生进行学习方法指导，讲解一些学习方法和注意事项，这个时候我们年级编写的《初一新生学习注意事项》就起了很大的作用，组织学生进行集体学习，让学生一开始就要准备好，用正确的方法，向正确的方向前进。同时我们也在不断改进我们的教学方式，以前的填鸭式教学模式已经不能适应现在的教学，学案导学及启发式教学等一些比较新颖的模式开始逐步走进课堂，先进的多媒体教学设备也使学生的学习内容得到很大的扩展和延伸。

在学校内一些同学可以比较认真的完成作业，但在家中就开始有懈怠的情况，作业不能及时保质保量完成，甚至抄袭其他同学作业，家长不在就偷偷上

网或去不该去的地方玩耍。针对这样的情况，我们年级采用校讯通、家庭作业本、班级 QQ 等多种形式，将学生的作业和平日表现发送到家长手机上面或写在家庭作业记录本上，让家长及时了解和掌握孩子的情况，并让家长签字并反馈学生在家表现情况，加强对学生的监督。

有的放矢，积极进行家访工作

我们初一级部始终把家访作为一项重要的任务来抓，家访目的在于与家长交流情况，交换意见，真正了解学生的家庭教育情况，结合学生实际共同研究教育学生的内容和方法。首先应该明确家访目的，真情送家长，温暖给学生，尤其是针对后进生和特殊群体学生的家访更要注意方式方法，家访是一门学问，也是一门艺术。为此我们编写了《教师家访手册》，针对不同家庭环境的学生给出不同的指导建议，给教师的家访工作指明了方向。只有真正进行家访时，才体会到了其他方式所不能达到的效果，只有我们获得了第一手资料才能更好地对学生（特困生和特殊家庭学生）进行帮助和有的放矢的教育。作为农村学校，家长的文化水平可以说差距非常大，特殊家庭和困难家庭也非常多，很多家长都忙于外出打工挣钱，很少能顾及孩子的学习，村庄交通不便又很分散，这对我们的家访工作是一个很大的考验。尽管如此，老师们还是持之以恒的做好这项工作。

以上是对我们学校寄宿制新生进行家校联合管理的一些经验总结，当然还有很多不足的地方，在今后的工作中我们还要继续努力，不断探索更好的管理模式。

（济宁市中区唐口镇中心中学）

家庭教育初探

乔同心

我是一位老师，亦是一位学生的家长，当我的孩子一天天长大，从幼儿园到小学再到初中，对家庭教育也有了越来越深的体会。

家庭教育是一门学问，要引起高度重视

我教学多年的经验告诉我，学习优秀的孩子的家长更注重教育。一般学习优秀的孩子的家长往往更主动与老师沟通，了解学生的情况。而学习差的孩子的家长，往往是班主任主动与他们联系，反映孩子在校的情况。我曾经看过家庭教育专家刘称莲女士写的《陪孩子走过小学六年》和《陪孩子走过高中三年》这两本书，她以自身的经历，向我们详细讲述了如何培养教育孩子成长成才的过程。我读后很受感动，也深受启发，在培养我的女儿上，也更加用心和注重方式方法。我还曾看过陕西榆林一位母亲的家庭教育经验介绍，她的一对儿女，女儿18岁，儿子16岁，同年分别被北大、清华大学录取。她其中提到，她听说当地有位老师的两个孩子都考上了清华大学，非常羡慕，她和丈夫几经打听找到了这位老师的家，向他请教教子的方法。很多人听到往往只是羡慕，而她和她的丈夫却专门登门拜访请教，这就是家庭教育的差距。有人说：我的孩子，从来没管过，又懂事学习又好。也有人这样夸别人的孩子。当然，我不否认这种情况，但是，我认为有的自说者往往有自夸的成分，夸赞者可能只看到了表面现象，并不了解促成孩子学习好的深层原因。我认为，大多数优秀的孩子往往都有一个良好的家庭教育环境。

有的家长问我，怎样抓好孩子的学习？我说，多和学习好的学生的家长交流，看她们如何帮助孩子学习，并向他们推荐刘称莲女士的书、蔡笑晚先生写的《我的职业是父亲》等一些现代优秀教子书。目的是想告诉他们，对照一下，在孩子身上是否像他们一样用心，家庭教育是一门学问，需要用心学习摸索。谁在孩子身上用心多，谁在家庭教育上注意得早，谁的家庭教育方法更适

合孩子，谁的孩子可能就更优秀。疏于家庭教育，甚至对孩子放任不管，不但孩子难以成材，还有可能走上歧途。

家长是孩子的榜样，注意从我做起

孩子是家长的一面镜子，孩子的行为往往就是家长的缩影。因此，孩子成不成器，与家长的平时行为习惯有很大关系。优秀孩子的家庭，家长们在孩子面前往往很注意，平时不看电视，少外出应酬，多在家陪孩子学习，认真检查孩子的作业，有的甚至和孩子一起看书学习。在孩子面前，不说脏话，不论人非，甚至以前存在的一些不良习惯也因为孩子而改掉了。夫妻俩在孩子面前构建的是一个温馨的家庭环境。但是，有些人认为，这样大人就太累了。其实，抚养孩子本来就是一件很辛苦的事情，既想让孩子优秀、成才，又不想付出，天上哪有掉馅饼的事情。而有的家长，不注意给孩子做好榜样，但在管理孩子的学习上却要求特别严格，不是说教、批评就是打骂。这样很容易使孩子产生逆反心理，甚至产生对立情绪。自身做不好，对孩子关心体贴不够，说话自然就没分量。更有甚者，有的个别家长，缺乏家庭责任感，整天在外喝酒、赌博，不归家。这样的家庭就很难培养出优秀的孩子。"上梁不正，下梁歪""善良之家出孝子"都是流传了千百年的教育古训。所以，对待自己的孩子，我们自己要努力做好，相信优秀的父母更能培养出优秀的孩子。

在学习成长的道路上，父母要用心呵护陪伴

常言说："天道酬勤。"最好的学习方法就是勤奋。不用学习就会的孩子是真正的天才，其实天才也需要不断地学习，否则就会变成王安石笔下的方仲永。大凡优秀的孩子在学习成长的道路上都是非常辛苦的，从小学、到初中、高中，甚至到大学，他们一路要学习掌握那么多的知识、技能，在众多的孩子中，成为佼佼者，没有辛苦，哪有甘甜。现在我们都强调素质教育，其实，素质教育并不是不用学习就能坐享其成的教育，素质教育是指一种以提高受教育者诸方面素质为目标的教育模式，它重视人的思想道德素质、能力培养、个性发展、身体健康和心理健康教育等，而这些方面的发展，同样离不开孩子的不断努力。

造就勤奋学习的孩子，需要父母的陪伴呵护。因为勤奋就意味着辛苦，

对于弱小的孩子来说，可能因为学习辛苦而产生心理畏惧，失去学习兴趣，转移爱好目标。因此，父母在其勤奋学习时，要及时为其提供心理支持、解放学习压力、消除身心疲惫、激发学习动力、锤炼意志品格等。现在，在小学和初中，老师往往都要求家长为学生作业签字，其实，签字不是目的，督促孩子认真完成作业，了解掌握孩子的学习情况才是目的。当发现孩子的作业不认真时，要及时批评教育，不能得过且过；当发现孩子的知识点掌握不好时，要及时帮助其学懂弄通，不能采取光提要求的"懒汉做法"，并且经年都要如此。当孩子学习至深夜时，不能因为我们在外工作劳累，就对孩子放任不管，父母必须有一人陪伴孩子，给孩子热一杯牛奶，孩子作业完成后，照顾其赶快上床睡觉。或许有人说，这样太呵护孩子了，不利于培养锻炼孩子的自理能力。其实，对于懂事的孩子，应给予更多的关心和照顾；对于懒散自理能力差的孩子，才应给予更多的生活锻炼。另外，还要当好孩子的辅导员。帮助他们制订合理的学习计划，和他们共同探讨学习的方法，指导孩子如何与老师、同学交流相处，建立良好的关系，指导孩子如何应对考前压力、学生恋爱等一些问题。可能有的父母说，我们的文化程度低，辅导、指导不了孩子的学习，但是，现在有很多的家长就和孩子一同学习，家长学习除了为了辅导孩子的功课外，还有助于拉近与孩子的距离，更深层次的了解孩子。有人说，农村的孩子平时没人管，照样考上大学，比城市的孩子听话、争气。当然农村的孩子往往更知道父母的辛苦，很多学生学习非常努力。但是，我认为，总体上书香门第的孩子比一般家庭的孩子平均文化水平要高，城市学校比农村学校的升学率要高。

加强与孩子沟通交流，做孩子的知心人

很多父母都觉得孩子越大，越不听话。尤其是青春叛逆期，常惹人生气，批评不得，打骂不得，简直让大人头疼。这个时候，家长要明白，我们现在面对的不再是唯命是从的乖宝宝，而是开始有思想、要独立的个体，要求平等、被接纳是他们的心理愿望。因此这个时候，大人不要在孩子面前以妄自尊大、万事皆晓的态度来管教孩子，要学会与孩子愉快地沟通交流。首先要以赏识的眼光来看待孩子。孩子发表个人的见解，对正确的观点要积极地表扬；对不正确的观点，要耐心地循循善诱地解释说明。如果孩子依然不能信服，那么就留作以后再来探讨，毕竟孩子有自己的思想就是在成长进步。其次是要饶有兴趣地聆听孩子的讲话。孩子愿意跟你讲话，说明孩子信

任你，喜欢你，也是你深入了解孩子内心世界的好机会，我们要抱着很有兴趣的态度认真地听，对他喜欢讲的话题，要适时地提问。三是经常站在孩子的角度想一想。尤其与孩子发生矛盾时，不要总认为自己是对的，想一想孩子为什么这样想，这样做？还可以找到同龄的其他孩子来了解一下他们的看法，或许会找到解决的办法。四是培养与孩子共同的兴趣。孩子爱打球，不妨家长也爱打球；孩子爱画画，不妨家长也爱画画；孩子爱旅游，不妨家长也爱旅游等。与孩子有了共同的话题，在发展共同的爱好中，加深彼此的沟通交流，不但孩子受家长的影响教育大，而且家长还更能体会到由孩子带来的甜蜜幸福。

注重孩子的全面发展，安排好学习外的生活

在孩子的健康成长过程中，学习只是其中的一个方面，还有身体健康、心理健康、环境适应、实践能力等许许多多的方面。因此，我们在抓好孩子学习的同时，还要注意安排好孩子学习外的生活，让孩子德、智、体、美全面发展，鼓励孩子参加学校组织的一些活动。这些活动，因为学校组织比较严密、正规，所以很让家长省心。鼓励孩子参加一些社会实践活动，让孩子不断接触了解社会，积累社会阅历。让孩子学习一些特长技能，挖掘孩子的潜力，提高孩子的自信心。安排孩子出去旅游、参观和社交等活动，扩大视野、提高辨别力、学会与人交往等。这些活动，不但有利于促进孩子的身心健康，而且还有利于激发孩子学习的热情使孩子保持旺盛的学习精力。

加强家校联系，形成教育最大合力

教育孩子，不是单方面的事情，需要学校、家庭共同合作。因此，家长一定要注意加强与学校的联系。一方面，家长要积极配合好学校，学校的一些规定，家长要积极督促孩子认真遵守。例如，学校规定学生不准穿奇装异服，不准留长发、染发，不准带手机，上课不迟到，家长认真检查学生的作业等。另一方面，家长要加强与老师尤其是班主任的沟通交流。及时了解学生在校的情况，反馈孩子在家中的情况，对在教育管理孩子中出现的一些问题，要主动向老师请教。不过，由于老师平时比较忙，因此并非与老师沟通交流越多越好，关键是弄清孩子的情况，找到解决问题的方法。另外，在与老师沟通交流时，

家长需要注意掌握一些技巧。例如,与老师沟通交流之前,先想好要说的话,不要漫无目的,长篇大论。不见得每个任课老师都找,认为孩子哪门功课存在问题,就去找哪科老师。跟老师沟通交流,切忌指导老师的教学等。希望通过家校联手,把孩子培养得更出色,更优秀。

(济宁市第十五中学)

慢慢读"懂"孩子

田秀真

曾经看过一篇文章，题目是《牵一只蜗牛去散步》，记得当时感觉好奇怪，这跟教育孩子有什么关系，仔细阅读后才明白其中的道理。其实，教育孩子就像牵着一只蜗牛在散步，虽然过程很缓慢，但是孩子却在不知不觉中向我们展示了生命中最纯美的一面。孩子的目光是率真的，孩子的视角是独特的，家长不妨放慢脚步，把自己主观的想法放在一边，陪着孩子静静体味生活，倾听孩子内心的声音，同时给自己留一点时间沉淀、思考。要知道孩子成长的过程也是我们不断修正自己、提高自己的过程。

自从孩子升入一年级，感觉自己比孩子还紧张，一个多月下来，感触颇多，下面与大家共同分享。

第一，父母要努力营造和谐民主的家庭氛围。俯下身来倾听孩子的心声，多一点理解和宽容，少一点求全责备，多一点耐心和鼓励，少一点急功近利。与孩子一起学习，共同成长，帮助孩子解决成长中的困惑与烦恼。要经常表达出你对孩子的关心，让孩子充分释放情绪，变得从容、快乐，也要善于与孩子分享快乐。

第二，身教胜过言传。家教不能光靠嘴皮子，家长身教胜过言传。孩子看到的永远是行动，如果光有语言（言传），没有行动（身教），这样的教育对孩子是没有说服力的，起不到理想效果。教育孩子，我们要先做好自己，给孩子做榜样。如果我们想要改变孩子的某个弱点或不良习惯，一定要记住"教育无痕"四个字，不要对孩子进行说教，说教太多孩子听不懂，还易产生情绪，听懂也拒绝接受。我家孩子就是这样，你越说不让做的事情，她越想试试。那好，在安全范围内你可以让孩子一试，让她自己发现这样做是行不通的，这样做要比你在那里说教管用得多，孩子也顺利体验了一把。

我们要忽略掉孩子不好的一面，善于发现孩子好的一面并给予最大的关注，扬长避短，孩子的缺点和不良习惯将慢慢改变。或许你会说，孩子都有缺点和优点，难道对缺点都视为不见吗？不是视为不见而是装作没看见，尤其作为妈妈更要有一颗包容的心，多多赞赏孩子的优点，优点越多，缺点就会越来越少。相反，你越是强调孩子的缺点，就相当于强化缺点，将来你会发现孩子缺点并没有减少，到那时你更生气了，更是指责不断，这就进入一个恶性循环，得不偿失。

第三，适度的陪伴有必要。总以为孩子的学前教育做得不错，拼音和数学也都学过，独立完成作业不成问题。可是总不尽如人意，孩子做作业不是拖拉，就是马虎，问题到底出在哪里呢？我不断反思，也看过一些育儿书籍，才发现孩子孤僻、怯懦、注意力不集中等问题都是一些表象，本质是安全感问题。由于断奶期没做好，孩子至今睡觉还要拿着我当时的那件衣服，我也试着给她找替代物，但总不成功，咨询心理专家，建议顺其自然。那就只好先建立良好的安全感吧，于是她做作业时我一边看自己的书，一边纠正她的坐姿和书写姿势，碰到不认识的字我再告诉她，有不会的题慢慢引导，这样感觉孩子做作业好多了，也能集中精神写作业了。有时候写得好，做得认真，我就夸夸她，充分运用"赏识教育"，等孩子的自信心培养好了，就会独立的。每个孩子都是不同的，应根据实际情况因材施教才科学。

第四，培养良好的学习兴趣，养成良好的学习习惯。爱玩是孩子的天性，贪玩并不奇怪，对这一点，我们不要惊慌，要动脑筋把玩与学习兴趣联系起来，在游戏中与活动中发现问题，引发兴趣，并和孩子一起解决。比如，认字，看到广告纸我们可以让孩子念念，有不会的回家查查字典。还有曹老师做的那个剪贴报，都是很好的方式，我发现孩子认字的积极性很高，昨天还兴奋地跟我说："妈妈，我自己能读下来一篇故事了。"我顺势说："那以后睡觉时你给妈妈讲故事吧？""行！"孩子很爽快地答应了。真应了那句话，好孩子都是哄出来。对孩子的一点小小的进步，家长要给予及时的赞赏，孩子就会越来越进步的，自己也有信心。一味的指责、数落、训斥甚至打骂都会给孩子的心理带来极大的伤害，孩子失去学习的乐趣也在所难免。学习的形式多种多样，家长要根据自己孩子的特点有针对性地进行。

一种良好的学习习惯可以使一个人受益终身，可是一种好习惯的养成不是一朝一夕的事情，更不是孩子能自己去养成的。家长一定当好监督员。

第五，学习切勿急于求成，成绩不代表一切。一次成绩没考好，就否定了孩子，甚至指责孩子，这是最不可取的。我是性格比较急躁的人，看到孩子的成绩不好气得七窍都要生烟了，尤其看到马虎不用心错的题，更是生气。可细细一想真是后悔，孩子才刚入学一个月，还没适应过来，我怎么那么着急呢，这样只会让孩子对上学充满恐惧感，甚至出现厌学情绪，这是很危险的。作为

家长要赢得起，输得起。当孩子考得不理想时不要一味地指责孩子，要帮孩子找原因，看看是哪方面的问题。若是因粗心做错了，要严肃告诉孩子这是不可原谅的，希望孩子在学习时多多注意些，并努力改正。要是因某些知识点或概念模糊做错了，是可以原谅的。要和孩子一起把模糊的知识点或概念弄清楚，把错的地方改正过来。为此，我们建立了错题本，这样下次考试的时候重点复习这里，再遇到类似的题就可以避免不再重复犯错。

要正确引导孩子认真对待每次考试。告诉孩子考试的目的并不是看分数，而是看他哪些地方掌握得不好。学得不好的地方多加练习，把它学好，弄懂，抓牢就行了。相信孩子一定行。告诉孩子希望他每次都进步一点点。及时发现孩子在试卷中的闪光点并加以赞扬、鼓励，增加孩子的自信心。说到底小学还是培养学习兴趣、养成良好的学习习惯的时期，成绩不能代表全部，家长也不要纠结于一次的成绩，只要孩子对学习有兴趣，注意方法，成绩总会提高的。

第六，发现优点，忽略缺点，培养孩子的自信心。家长首先看到事情积极的一面，给孩子鼓励，带给孩子的感受是"我是能干的、进步的、我很好"。家长看到事件消极的一面，否定孩子，带给孩子的感受是"我是差劲的"。善于发现优点和进步的家长，孩子的优点会越来越多，进步越来越大。总是盯着缺点和不足的家长，孩子的缺点会越来越多。要让孩子的优点越来越多，最好的办法就是发现孩子的优点，并给予肯定。不是"夸奖"是"肯定"，"夸奖"是对孩子的评价，夸的太多反而对孩子有负面影响，"肯定"不是对孩子的评价，是表示你看到了孩子的优点或者做出的成绩，你客观的描述事实即可，不需要加上你的评价。每个孩子都喜欢被肯定，一个孩子面对肯定，会越来越有信心，发展得越来越好。如果面对否定和指责，就会沮丧和挫败，甚至破罐子破摔。

家长一定要懂得尊重、理解、欣赏，信任自己的孩子，不要老拿自己的孩子与别的孩子比，给孩子一些尊严与自信。拥有知识的人不一定能走远，而一个拥有自信的人一定走得更远。

第七，和孩子做朋友，成为孩子的朋友。知道孩子喜欢玩什么，喜欢吃什么，喜欢听什么歌，找一些适合孩子的清新、活泼的儿歌，和孩子一起听，一起唱。多看一些书籍，有选择地记下来，外出游玩或接送孩子时，可以讲给孩子听。家长若时常拥有一颗童心，用孩子的眼光看待周围的人和事，就能看清孩子眼中的世界，读懂孩子的心声，从而真正理解孩子，宽容孩子。久而久之，你就会走进孩子的内心世界，贴近孩子，得到孩子的信任。孩子会把你当做他亲密无间的好朋友。会向你敞开心扉，把只有属于他一人的小秘密告诉你。不要用家长的权威压制孩子，与孩子相互理解，相互沟通，相互信任，和孩子站在同一起跑线上，要善于换位思考，如果我是孩子，我将会怎样。

家长不仅要放下权威，还要放低姿态（这是好多家长做不到的）。要勇于在孩子面前说："我错啦！对不起，请原谅。"要诚实，要敢于对孩子说："我不会，我仔细想想，我查查资料，一会告诉你。"或者告诉孩子要他问问老师，仔细听老师讲解，回来讲给你听。当孩子讲给你听时要虚心接受，并及时赞扬鼓励一下。

第八，教孩子学会微笑，学会坚强，微笑面对人生。告诉孩子有些东西不是他想拥有就能拥有的。教孩子正确看待个人得失，看待输赢。得失，输赢并不重要，重要的是参与的过程，过程往往比结果更重要。你会从中收获很多，学到很多。你所收获得往往比得失、输赢多得多。在将来的漫漫人生道路上会遇到许多困难与挫折，只有经过不懈努力，持之以恒，勇于面对，辛勤付出才能收获丰厚的果实。

第九，要让孩子学会感恩，懂得感恩。拥有一颗感恩的心。感谢老师，家人，朋友，感谢所有曾经关心，帮助过他的人。让孩子学会善待他人，宽容他人。拥有一颗平和，宽容的心，这样孩子在漫漫人生路上才会收获许多美丽的风景，从而成为快乐的人。让孩子懂得并学会与他人团结协作，从中分享与他人团结协作的快乐，看到团队精神巨大的力量。让孩子懂得珍惜生命，珍爱生活，珍爱自己。怀着感恩的心去关怀和帮助需要帮助的人。

伸出你的手，和孩子一起走过他的孩提时代和青春岁月。

（济宁市济东第一小学一年级四班学生家长）

读《希腊神话》有感

张衍洁

　　暑假里，酷热无比。如何消夏，让人发愁。我的爱好是读书，俗话说，心静自然凉。正好案头有一本《希腊神话》故事集，是我儿子上小学时看的，读了几篇，大受裨益，才知道美丽的神话如此感人，很多故事不仅惊心动魄，而且具有现实的教育意义。

成功绝非易事，须经千难万险

　　《希腊神话》塑造了很多个性鲜明的英雄形象，他们个个神通广大，所向无敌，殊不知英雄的背后，却经历了无数的艰难曲折。以奥德修斯的漂流为例，特洛伊战争结束后，那些在战场上和归途中幸免于难的英雄先后回到了故乡。只有伊塔刻国国王奥德修斯还没有回来，要回到故乡谈何容易，须经过汪洋大海，一路上，除了狂风巨浪，还要斗巨人，杀海妖，历经千难万险，面临九死一生，最后终于回到了故乡。神话英雄成功尚且不易，何况凡夫俗子。我们来看看一位现实中的小英雄，他就是刚刚荣获"全国优秀少先队员"称号的邹城市"轮椅少年"徐辰杰。他是一位身残志坚、自强不息的好少年，其成功的取得，来之不易，历尽坎坷。每天上学，老人用电动车把他送到学校，下午再接回家。无论刮风下雨，酷暑严寒，每天都如此。在学校里，和同学们一起背诵古诗词，上课时维持课堂纪律，下课时经常为同学排忧解难，是老师的得力助手。他比一般的同学付出得要多，收获了更多的掌声和荣誉。现在家长望子成龙望女成凤的心情非常迫切。平时希望孩子考个好成绩，上个好点的学校，将来找个好工作，如果没有平时的努力，一切希望都有可能成为泡影。在学习上当然不会遇到像奥德修斯那样的险阻，但也会遇到各种各样的挫折和困难，如一道道难题，与同学发生矛盾，这时一定鼓励孩子们重视困难，化解矛盾，在挫折面前不能低头和退缩。教育孩子平时的学习一定要刻苦努力，养成吃苦耐劳的好习惯，培养克难攻坚的精神，形成坚韧不拔的意志，让他们明白，没有付出，没有汗水，就绝对没有成功的喜悦。

信心，走向成功的基石

奥德修斯要回到故乡，面临着很多困难和危险，海上的风险，妖魔的威胁，但他始终抱着一个念头，我一定要回到故乡！英雄赫拉克勒斯接受了国王交给他的十项战斗任务，赫拉克勒斯不惧怕危险，他始终抱着一个念头，我一定要完成任务！最终，两位英雄都取得了成功。当然成功的取得需要付出艰辛的努力，但还必须有自信心和坚定的意志。我们来看看一位文学少年，她就是济宁市十三中的学生宋和煦，是一位阳光自信的女孩。十二岁的她，就写了四百多篇文章。2013 年 7 月，在《中学生》杂志主办的全国中学生新作文大赛中，被评为"叶圣陶杯"全国十佳小作家。宋和煦家庭条件比较优越，从小受到了良好的家庭教育，妈妈在电视台工作，很注重对女儿的早期教育，培养了孩子的阅读和写作兴趣，同时也培养了孩子的强烈的自信心。请想一想，如果没有深厚的文学功底，没有强烈的自信，她怎么能摘取如此高的荣誉和奖章？在比赛中，在演讲中，她显得那么从容镇定，不慌不忙，好像对成功有十分的把握。有些学生很想取得优异的成绩，也付出了一定的努力，但成绩还是没有上去，结果心灰意冷，认为自己不行，脑子笨，根本比不上别人，接下来就是自暴自弃，无所事事，这是显著的意志薄弱和缺乏自信心的表现。而那些意志坚强的学生，无论遇到多大的困难都百折不挠，对前途充满信心，最后战胜重重困难取得成功。自信心不是天生就有的，家长和老师要善于培养学生的自信心，磨炼他们的意志，使他们一步步走向成功。

固执和任性，成功的绊脚石

太阳神阿波罗有个儿子叫法厄同，非常任性，父亲要送给他一件礼物，他非要父亲带翼的太阳车不可。此车只能由太阳神本人驾驶，别人一驾驶可能会失控。法厄同执意要试一试，结果太阳车失去控制，炙热的火焰烧焦了大地，森林草原都被烧毁，法厄同也葬身火海，酿成惨剧。父亲也悔之晚矣。现在任性的孩子为数不少，任性的孩子最大的特点就是不听劝阻，只要自己想做某件事，从不考虑后果而执意去做，其结果可能留下深刻的教训。我们再来看看一个光屁股男孩的表现。今年夏天特别热，一个八岁男孩，光着屁股在科技馆游玩，引起大家的不满。都八岁了，浑身上下一丝不挂，确实很难看。爸妈让他穿上衣服他也不听，嗷嗷叫着嫌热，工作人员在一旁劝说，小孩竟恼羞成怒，语出惊人："我要炸了你们的馆子。"场面一时相当混乱。无奈之下竟有人拨打了110，警察来了也没办法。最后他妈出绝招用几百块钱哄好了。孩子的这种毛病不是与生俱来的，而是家长的溺爱造成的。现在的独生子女较多，家长不愿让孩子受委屈，只要孩子想要的就给，长期一味的娇生惯养造成孩子这种性格。有的孩子有不良的兴趣爱好，如网络游戏等，这就要求家长对孩子的要求要严格，不能有求必应，事事如愿。应培养良好的兴趣爱好，发展有益特长，孩子如有任性的表现，家长一定要沉住气，耐心地教导，使孩子走向健康的轨道。

（济宁市市中区喻屯镇第二中学）

兖州区
YAN ZHOU QU

因为有你，便是春天

刘 瑞

一天，儿子无意间翻看我的日记。他大声地念道："看着浩浩喜欢，我就在公园门口买了两只小鸡。儿子学着小鸡叫，那样子真可爱。他把盛玩具的纸箱倒空，自己学着小鸡的样子钻进去。呵呵！"然后，儿子哈哈大笑，转过头对我说："妈妈，你真爱我！"儿子，我们之间的爱，千言万语，怎能用一句"我爱你"说得清楚。如今，你已经长成十四岁的小伙子，我很幸福，因为有你，家里永远是春天。

回想过去，仿佛就在昨天。一幕一幕浮现在眼前。

与子同乐

下雨天，我们打着伞，你抱着最喜爱的毛绒玩具，一起看雨、听雨、摸雨，雨滴滴落在我们的脸上、手上、衣服上。下雪天，打雪仗。小区旁、少陵公园、人民乐园、楼顶上，我们堆雪人。还记得在白茫茫的泗河滩上我们打滚，踩着雪"咯吱咯吱"，好像在用灵活的双脚弹奏着大自然的钢琴。我的生活也因为有了你而变得丰富多彩，我的天空永远都是蓝天、白云和阳光。

我们都希望孩子健康快乐地成长。每天我关心他是否健康，是否快乐？孩子放学回家，我都会高兴地问他，今天最开心的事情是什么？发生了哪些不愉快的事情……时间久了，他不等你询问，就滔滔不绝把每天发生的事情主动向你诉说。和孩子的这种沟通，使我知道了他最喜欢的好朋友是谁，最欣赏的老师是谁，最近爱看的图书是什么……母子间的顺畅交流，让我走进了他的内心世界，成为他最知心最信任的朋友。

与子斗智

儿子喜欢书法，但学习书法的路走得并不平坦。最初兴致勃勃，一段时间后开始打退堂鼓，遇到困难就不想去学。早上起来他纠缠我说："妈妈，学书法一点不好玩；妈妈，老师要求太严了。"晚上休息时，又哀求我说："妈妈，我就这一周不去了，下周按时去，行吗?!"面对孩子含泪的目光我十分纠结，没有马上做出回答，而是说："你这个问题好难回答，让我想想，好吗?"后来孩子赌气去学，每次回来字写得潦草，衣服上涂满墨汁，小脸上横一道竖一道，像京剧中的大花脸。我哭笑不得，我知道他是在做无声的抗争，与我斗智。对此，我反而冷静下来，寻找合适的教育方法。经过思考采取了以下措施：我们一起去欣赏他朋友的书法佳作，并启发他，如果你努力了，也会写出如此优美的作品；我们全家去博物馆参观书画展，领略书法大家的风采，让他知道书法是中国独有的一门艺术，是国粹，需要传承和发展，你要有这样的使命；我在杂志上看到一篇文章，内容是介绍一个学书法的孩子由厌学到乐学的故事，推荐给他看。他看后偷偷地笑，我乘机开导他，成功的路是由一块块绊脚石、信心、耐心和着辛勤的汗水铺成的，不要惧怕挫折和失败，书山有路勤为径，学海无涯苦作舟。还记得那次跨越吗？你站在五米的高空，面对一米二的断桥，你鼓足勇气抬腿一个跨步，稳稳地跨过断桥站在另一端木板上，那需要多大的勇气啊！你就把学习书法当作跨越断桥，只要勇敢面对，困难就会迎刃而解。我拿来他人的满分作文试卷，告诉他：文章写得好再加上字写得好能得满分，能提高自己在班级考试中的名次。他表示愿意继续努力练习书法，把字写得越来越好。

通过练习书法，他的钢笔字也有很大进步。字的结构合理，大小匀称，笔画流畅，考试时卷面整洁，作文分数有了很大提高。他写的"天道酬勤""宁静致远"等书法作品悬挂在教室里，受到老师和同学的好评。他尝到了学习书法的甜头，也就更卖力的进行书法练习了。

后来的一件事，更坚定了他学习书法的决心。学了一年，赶上等级考试。对于要不要参加考试，他有些犹豫。我鼓励他，即使没有通过也不会影响什么，就当一次锻炼了。结果他顺利通过了软笔书法五级考试，接下来的两年时间，他又顺利通过了软笔书法七级和十级考试，学习书法的兴趣更浓了。

学习书法还有许多意外的收获，他结识了许多新朋友，享受到了成功的喜悦，学习上更刻苦了，思考问题更细致了，做事更有耐心，也更有韧劲了。

孩子练习书法，不仅能掌握一种技能，还为家庭增添了一份乐趣，何乐而不为呢！

共迎挑战

作为家长，都很在乎孩子的学习成绩。我们不仅重视学习的结果，还要关注学习的过程，尤其要关注孩子情绪波动和心理变化这个晴雨表。并据此做出准确的判断，选用科学艺术的方法和技巧，因材施教。

初二期末考试，儿子成绩不错。他学习效率高，每天自觉主动地将所学知识复习，周末也能系统复习。今年下学期儿子升入初三，将面临人生中第一次重大挑战——中考。第一次月考成绩公布后，他成绩退步了，对此很不满意。他把自己关在屋里大哭，喊他吃饭，迟迟不肯出来，吃饭时一句话也不说，吃了一点，又躲进了屋子里，从那以后笑声消失了，话语也少了。面对这种情绪的变化，我像他在学习书法遇到挑战时一样，理性对待成绩，冷静思考对策，选取最适合儿子的教育策略，循循善诱。我没有一味地批评指责他，而是先安慰他，等他的心情平静下来之后，我们一起分析原因，找出不足之处加以改正，优点继续发扬。升入初三后新增化学这门功课，儿子入门慢，没掌握学好化学的方法，再加上上学期考得好，不免有骄傲情绪，导致化学成绩很不理想。应了那句俗语"骄傲自满必翻车""骄傲使人落后"。我鼓励孩子鼓起勇气，不向困难低头。困难是弹簧，你弱他就强；世上无难事，只怕有心人；今天没做好，明天会更好；失败是成功之母；勇敢的孩子才是爸妈心中的太阳。孩子听了破涕为笑，攥着拳头，瞪大眼睛一字一顿地说："妈妈，我要努力了，你看我的行动吧!"从此以后孩子学习更踏实了。认真听好每一节课，合理安排复习时间，及时总结，建立纠错本，虚心向老师同学请教，不让每一道难题过夜。课余时间尽量多阅读，扩大知识面。我在给孩子的一封信中写到："亲爱的儿子，你永远要记住，外面的世界很精彩，只要比别人付出更多，就能比别人走得更远。当你停下来休息时，记得别人还在奔跑。儿子，你在万千孩子中，不是最优秀的，但是在我眼里，任何时候你都是最棒的，因为我看到了你的全力以赴。儿子，你叫马东浩，妈妈的十字绣'徐悲鸿的《奔马图》'，寄寓了对你的厚望。儿子，我希望你写一幅'马到成功'四个大字，我要把它装裱起来，挂在你的书房时刻鼓励你学习。你一定要理解妈妈的良苦用心!"

共闯难关

作为家长，我们不仅要关心孩子的学习，更关注孩子在面对困难时的

勇气。

我们一起骑自行车六十多里去济宁看车展，随旅游团去北京、云台山、青岛、济南等地游玩，一起打篮球、一起做游戏……孩子身心得到了锻炼，思维更敏捷，视野更开阔，知识面更广。

人生的道路漫长而曲折，孩子成长需要家长的关爱、理解和支持，父母的教育也将伴随着孩子大半生。作为家长也要继续学习，建立学习型家庭，才能适应不断变化的新形势。让孩子健康，让孩子进步，让孩子幸福快乐是我们最大的心愿。

孩子带给我们的有争吵，有纠结，有挫折，但更多的是爱，是温暖，是希望。因为有他，虽累犹甜；因为有他，我的天空才会更加灿烂；因为有他，家庭永远如人间四月天那般温暖。

（兖州市第十五中学）

莫让孩子的家庭作业成负担

牛俊杰

辅导孩子写作业，现在已成了许多家长的"功课"。我们常讲"孩子的好成绩是靠自己学出来的，不是靠老师和家长教出来的"，这是建立在孩子有很强的学习能力的基础上。但这种能力不是孩子与生俱来的，而是通过老师的教育，家长的辅导培养出来的。然而小学生学习有依赖性、自控力比较差，这就需要家长的督促，那么家长该怎样辅导孩子写作业呢？

为孩子创造一个安静的学习环境

孩子的注意力是很容易受到影响的。要让孩子安心学习，家长首先自己要安静下来，家长可以读读书，看看报，做一些不出声、不惹孩子发生兴趣的事，为孩子创造一个安静的学习环境。年幼的孩子还不懂得学习是怎么回事，他们只会仿效父母，从父母那里知道应该怎样学习。父母的言行是孩子学习的对象，我们的一举一动都能对孩子产生潜移默化的影响。

在我们家，电视除了周末孩子看一会儿，平时我们都有意识地不看电视。家长不能一边要求孩子认真写作业、认真学习，一边自己对着电视看得津津有味。孩子写作业时就会想："爸爸妈妈都可以看电视，我为什么不可以？我好可怜呀，每天都要写作业。"所以，在我们家，孩子在写作业时，我们基本都是在看书，也算是培养孩子的阅读兴趣。

另外，不要中途干扰孩子。"今天在学校表现好不好？有没有受老师表扬（或批评）？""肚子饿了吗？要不要吃点东西？""做几道了？还有几道？""快做，不要玩。""几道题，也要做半天，真没出息。"……以上种种行为都会使孩子无法集中注意力，思考问题的思路也是总被打断。孩子不能静下心来读书学习，就不能提高写作业的速度、不能保证作业的质量。

培养孩子良好的书写习惯

从孩子小学低年级起，就要养成良好的书写习惯。首先，要注意孩子书写的姿势，正确的握笔也是非常重要的。刚开始儿子就是握笔、书写的姿势不正确，才导致写的字不好看，书写速度慢。后来他爸每天监督、纠正，要求孩子以练字为主，一笔一画书写，注意字的间架结构，不许连笔、书写潦草、笔画不到位，错的字要反复重写。经过一段时间的训练，孩子书写水平有了很大的提高。

其次，家长检查作业时，要重点检查字迹是否清楚，字体是否端正，卷面是否整洁等。如果孩子做作业只是为了应付老师或家长的检查的话，他往往不会有那么好的耐心，不可能认真地将每一个字写得工整，而是会写得"龙飞凤舞"。孩子做的作业很工整，字迹清楚，就证明他做作业时心情比较平静、态度认真。

不陪孩子写作业

儿子刚上学时，我就陪着他写作业。一发现问题，比如字写错、写歪了，我就一边帮着他涂擦，一边批评他。过了一段时间，我发现陪孩子写作业很不好，很容易让孩子养成坏习惯。一看到孩子磨蹭或不认真，大人就会告诉他要抓紧时间，要认真写。天天陪孩子写作业，这些话差不多就会天天说，开始时孩子还会在意，时间长了他也就无所谓了。这个时候，大人再怎么说教，孩子也是听不进去的，坏习惯也是改不了的。我们办公室有个同事，从孩子上学起就开始陪着写作业。结果就是：没有妈妈陪，孩子就不写作业。妈妈下班回来要做饭，要干家务，等开始写作业已经晚上八点了。小学时天天晚上作业陪到十点。上中学后，陪到十一点、十二点。在一起聊天，她跟我们说：千万要记得不要陪孩子写作业！

口头作业不能忽视

口头作业一般是朗读课文，孩子往往不重视。老师要求读三遍，他就叽里咕噜地读一遍，最后一句话的话音还没落，就听见他喊："读完啦，签字！"时间久了，就严重阻碍了孩子朗读能力的发展。作为一名语文老师，我认为应该这样辅导孩子的口头作业：在指导孩子读课文时，应做到不丢字，不添字，不错字。丢字、添字、错字是孩子读书时没看准字的表现，表现出孩子的盲目和随意，这就要加强把课文朗读能力的训练。可以用复读机播放课文朗读的磁带，让孩子反复跟读，一定要注意语调的抑扬顿挫和起伏变化。

读书时，只要孩子有了进步，哪怕只是声音放大了一点儿，家长都要及时充分地肯定，多说一些"你读得真好听""今天读书很有进步""你简直是个小播音员"之类的话。充满鼓励的话语不仅是对孩子进步的肯定，还能激发孩子做好一件事情的决心和信心。

多鼓励少指责

"怎么不会做，是不是上课又没听讲。""你真笨，这么简单都不会。"……这些是在辅导孩子作业时经常能听到的声音。其实家长应正视孩子的能力，当孩子不会做作业时，不要一味责怪、埋怨，而应当鼓励孩子克服学习上的困难，训斥和打骂只能使孩子丧失对学习的信心和兴趣。

关于这一点，其实我做得并不好，目前正在不断改正中。特别是孩子刚开学时，每天回家看他的作业，看着看着就冒火。有一次，儿子看完动画片《大耳朵图图》以后，说了一句话："妈妈，你的头发要是能冒火，就和图图的妈妈一样了。"为此我也经常反思自己，也和我先生一起探讨，觉得给孩子辅导作业时，还是要多鼓励少批评。要不然，孩子就会感觉只要一写作业，妈妈就发脾气，非常厉害地批评我。久而久之，这会给孩子写作业带来压力和心理负担，让孩子讨厌写作业，惧怕写作业，使孩子丧失学习的信心和兴趣。

从去年寒假开始，我们就尝试着放手，让他自己去做。这样，孩子压力也小了，我们自己也轻松了，和孩子之间冲突也少了。碰到孩子做错题来问时，我就告诉他："你自己再去读几遍题，动动脑筋，妈妈觉得这道题你能做出来，妈妈相信你。如果读完题，还不会做，妈妈再讲好不好？"这时，孩子会高高兴兴地说："好！"一般情况下，有90%的题他都能自己做出来。这时，孩子就很高兴，很有成就感。现在给儿子辅导作业，我很少批评他。辅导作业时自己心情好了，孩子心情也好了，孩子反而进步了。所以，作为爸爸妈妈的我们，要对孩子多鼓励少批评。不能因为写作业，整天对孩子横眉冷对，长此以往，孩子就抗拒和我们沟通，再长大一点，因为和父母关系紧张，造就一名问题少年，得不偿失。

总体来说，家长辅导孩子作业时要扮演好"三种角色"：一是习惯的培养者，二是思想的引领者，三是学习的帮助者。千万不要让家庭作业成为家长和孩子的共同负担。

（兖州市第九中学）

让孩子像花儿一样绽放

姚冬举

记得俄国著名文学家列夫·托尔斯泰在《安娜·卡列妮娜》开篇曾说过这样一句话："幸福的家庭都是相似的，不幸的家庭各有各的不幸。"就孩子的教育和成长来说，我们是否可以说"优秀的孩子是相似的，不优秀的孩子各有各的不足"？从多年前风靡全国的《卡尔·威特的教育》《哈佛女孩刘亦婷》，到今天的中国狼爸、美国虎妈，无不在昭示人们重新思考这个历久弥新的话题：到底怎样才能把自己的孩子培养成一个更优秀的孩子？

温馨的爱巢，让幸福的种子快乐萌发

有人说，家是温馨、宁静、安全的港湾；也有人说，家是清新、甜蜜、丰润的田园；还有人说，家是远方游子漫长日夜心灵的牵挂，是温暖的源泉。更有人说，家是一首浪漫的歌，吟唱的是家人甜蜜的爱；是一个美丽的梦，描绘的是家人的和睦和幸福；是一栋温暖的草屋，让每一个家人在这里倾情释怀，享受生命的璀璨。

家是每一个孩子生命开始的地方，就像一粒种子萌芽的温床。家庭是否和谐温馨，土壤是否肥沃滋润，都关乎一个幼小生命能否顺利萌芽、茁壮成长。

一项调查显示，父母经常吵架的孩子比离异家庭孩子的心理问题更多。专家告诫，让孩子生活得有安全感是为人父母最起码的责任，大人不要认为感情是两个人的事，便相互攻击、谩骂，这对孩子心理造成的负面影响将终生难以弥补。主持此项调查的哈尔滨医科大学医学心理学教授王丽敏说，经常面对家庭"战火"的孩子，容易陷入人际交往障碍，焦虑、多疑，对未来生活缺乏信心，尤其易对婚姻产生恐惧感。有些这种家庭长大的孩子为此表示："不想重复父母的悲剧，长大坚决不结婚"。

所以，夫妻间如有矛盾需要解决，应首先考虑孩子的心理感受，尽量控制情绪，不要随意发泄。退一步讲，如果非吵不可，也应避开子女换个环境，或让孩子暂时离开。而且千万不要冷战，因为那样会给孩子带来更大的心理伤害，容易让孩子不知所措，甚至会形成孤僻自卑的性格。下面就是一个典型的案例。

初二学生小桦在学校不能合群，总是独自来往，有时不愿去上学。有天下午在教室里用小刀割自己手腕，被老师送来心理治疗。在了解了小桦的成长经历后发现，小桦的父母从她母亲怀孕起就经常吵闹，她父亲是个很冲动的人，常常发火，吵完后又很快平息。父母吵架习以为常，婴幼儿期常因父母吵架而频繁噩梦，并且一直尿床至12岁。

小桦从小在不安的环境中长大，父母的吵架严重地影响了她的心理，心灵长期被紧张、恐惧、不安折磨着，造成了胆怯、懦弱、自卑的性格，总觉得自己不如别人，别人是不会喜欢自己的，在同学面前低人一等，久而久之形成内向抑郁的性格，日渐疏远同学。到了青春期，由于人际关系的困扰，最终导致精神崩溃。

所以，营造一个和谐温馨的环境，是每一位父母的职责所在，抽空多陪陪孩子，聊天、玩游戏、散步、一起看书等等，多激励孩子，多带孩子走进大自然，还可以在周末让孩子带同学来家玩。这样不仅增进了与孩子之间的感情，营造了温馨融洽的家庭氛围，而且获得了用多少金钱都无法买到的家教财富。

良好的习惯，为希望的幼芽备足养料

教育是什么？就是要养成良好的习惯（叶圣陶语）。著名心理学家威廉·詹姆士也说："播下一个行动，收获一种习惯；播下一种习惯，收获一种性格；播下一种性格，收获一种命运。"法国作家培根说得更为直截了当："习惯是人生的主宰，人们应该努力追求好的习惯。"

家庭，是人生的第一课堂；父母，是孩子的第一任老师。孩子，在这里生活、成长；习惯，在这里养成；教育，从这里开始；情感、是非、好坏、善恶和信念，在这里奠定。所以父母应该规范自己的生活习惯，包括作息、衣着、用餐、言谈举止、卫生、守时等，潜移默化地影响孩子，做孩子的好榜样，让孩子感受到怎样做才是规范的。良好的习惯表现在诸多日常生活的细节上，认真做事、节约环保、勤于动手、坚持阅读……这些良好的生活习惯，都需要在平时逐渐养成。

我们每个家长都想把自己的孩子培养成优秀的人才，那么家庭教育中应培

养孩子哪些重要的生活习惯呢？

养成自己的事自己做的习惯。让孩子做一些力所能及的家务，如洗自己的衣服、烧水煮饭等，让他意识到自己是家庭成员中的一分子。

养成关心他人的习惯。父母如果在生活中以身作则，处处注意以爱的心态对待家人及他人，对待生活，对待周围的一切，当好孩子的榜样。久而久之，爱心会在孩子心里落地生根。

养成做事条理的习惯。日常生活有规律、学习用具要有规律地收拾好，书包或书桌抽屉里要有一定的次序等等。

养成遵守诚信，说到做到的习惯。答应孩子的事一定办，不必和孩子谈条件。引导孩子学会控制自己看电视、玩电脑的时间。

养成喜爱读书的习惯。"腹有诗书气自华，最是书香能致远。"一个多读书的人，其视野必然开阔，其志向必然高远，其追求必然执着。

试想，一个处处为他人打算的人，他收获的不正是快乐和幸福吗？一个喜欢读书、善于思考的人，他年轻的生命不正洒满金色的阳光吗？他的前途和未来还用你来担心吗？

一位同事曾告诉我说：他朋友的孩子今年刚上高一，第一次月考成绩退步很大，两口子整天愁得饭吃不香、觉睡不着。所以，在这里特别一提的是，对于绝大多数同学来说，学习成绩的好坏，虽然与智力因素有关，但与非智力因素的关系更加密切。而在信心、意志、习惯、兴趣、性格等主要非智力因素中，习惯又占有重要地位。古今中外在学术上有所建树的人，无一不具有良好的学习习惯。如上课积极配合老师，听课专心致志，边听边记，勤于思考，遇事多问"为什么"；当天学的知识当天"清"；善于总结归纳，每周知识进行"周结"；不把老师布置的作业当成一种负担；独立思考，从不抄袭别人的答案；对每天的每个时间段都有具体的学习计划，并能坚持执行；少闲谈，多读书；做每一件事，都力求完美（比如擦黑板和拖地，从不马虎）；常与老师、家长沟通；勇敢地说出自己的想法，特别是敢于把自己的目标公之于众；每天早晨起来后对自己的一天做个计划，每天晚上总结一下自己一天里所做的事；经常反思自己所做的一切等等。

我们做父母的，如果给孩子一个美好的童年，使孩子从小养成一个良好的习惯，就会使孩子多一份自信，就会使孩子多一份创造美好生活的能力，就会使孩子有一个积极的人生，就会给孩子多一份成功的机会。

优秀的品行，使直立的茎秆顶天立地

　　"教子弟求显荣，不如教子弟立品行。"热爱集体、团结友爱、学会宽容、做事踏实、公正无私、吃苦耐劳、乐观向上，这些都是我们要培养孩子的重要的道德品质。要告诉孩子：对你不好的人，你不要太介怀，在你一生中，没有人有义务要对你好，除了爸爸和妈妈。对你好的人，你一定要珍惜、感恩。但是，许多家长在子女道德教育方面问题多多，要么一味溺爱、娇宠、庇护；要么任其飞扬跋扈，放任自流；要么终日训斥打骂等等。到头来，培养出来的孩子就如同鲁迅先生说的"在门内门前是暴君，是霸王，但到外面，便如失去了网的蜘蛛一般，立刻毫无能力"，或"如暂出樊笼的小禽，它绝不会飞鸣，也不会跳跃"。"勿以恶小而为之，勿以善小而不为"，李天一案不正给我们为人父母者更多深刻的启示吗？

　　由此可见，培养孩子高尚的道德情操，贵在从家教做起，从点滴小事养成。但有些家长在品德培养上与学校方面存在着许多对立的地方，比如学校里老师教"不打人，不吵架"，家长却教孩子"人善被人欺，当今社会，别人骂你一句，你就骂他两句"，学校老师教育孩子助人为乐，家里家长教"不关你的事，别管"。

　　要知道，优秀的品行，一是孩子立足社会，顶天立地的基础。

真诚携手，让最美的笑靥在阳光下绽放

　　有的父母认为病要大夫看，孩子要老师教。有不少父母以为把孩子送进学校交给老师就一了百了了，孩子如果出现了什么问题，他们也首先想到去找老师并指责教育存在的不足。这些家长认为教育主要是学校的事情，孩子的学习和思想归老师管，家长只要配合老师，管好孩子的吃、穿、住，满足孩子的物质需求就可以了，而没有认识到家校携手，共育良才才是双方的共同使命。

　　曾听上初二的女儿回家告诉我说，今天我班陈同学因为又没完成作业，他的爸爸被我们班主任请来了，他爸在走廊对我班两个同学说："没写完作业不很正常吗？我……我上学的时候也经常写不完作业。"好在这位爸爸只是对两个同学说的，家长如果当着儿子的面对老师讲，结果又如何呢？其实，这类现象并不少见。有的家长因为老师批评了孩子，到学校找老师闹事。有的家长开

完家长会，回家要么不由分说，一顿痛打，要么劈头盖脸地训斥孩子。学校开家长会本来是希望通过家长的协助对孩子进行教育的，反而公开激化了孩子、家长与老师的矛盾。所以说，真诚携手，相互支持、理解和配合，才能让孩子最美的笑靥在阳光下绚烂绽放。

有人说："生命的姿态，如同花的妩媚；生命的品质，如同花的芬芳。花儿有一百个理由如生命般高贵，生命就有一百个理由如花绚烂。"那么，我们的每一个孩子一定都是绽放在父母的心头的花朵，而且一定是最美丽的那一朵。

（兖州市第十五中学）

因材施教，让孩子多一点自信

张永平

伟大的诗人泰戈尔曾说过："自信是煤，成功就是熊熊燃烧的烈火。"是的，只要有了自信就能成功。

镭的发现者居里夫人，当初穿着沾满灰尘和油污的工作服，翻动矿石，搅动冶炼锅从堆积如山的铀料中寻觅镭的踪迹时，条件非常艰苦，但她信心百倍，永不放弃。成功之后她对朋友们说："无论做什么事情，我们都应该有恒心，有信心。"由此可见，事业的成功固然由多种因素促成，但自信是成功的基石。人，只有自信，才能自强不息，才能为自己的愿望或理想而努力奋斗；只有自信，才能在艰难的事业中保持必胜的信念，才能有勇气攀登科学高峰。一个充满自信心的学生在学习道路上就会敢于探索，勇于进取，充分发挥自己的主动性、积极性与创造性，从而有效地进行学习。即使面对考试失败，他也毫不气馁。

所以，自信心在孩子的成长过程中所起的作用是无法估量的。它是敦促孩子走向成功的重要因素，也是激发孩子求知、探索的动力之源。如果孩子缺乏自信心，就难以产生探索事物的主动性和积极性。可见，帮助孩子树立信心是多么的重要。

父母是孩子的第一任老师，他们的言行对孩子有着直接的影响。他们的一句鼓励能让孩子信心百倍，勇往直前。但是，有的家长"望子成龙""望女成凤"心切，在鼓励孩子方面是那么的吝啬。相反，"不争气""不听话""考试成绩不好"……这些唠叨、负面的言语，倒常挂在父母的嘴边。这也正是孩子否定自我的主要原由。

案例一：充分了解孩子，树立孩子的自信心

邻居家王英成绩不太好，人也不太机灵，可是她爸爸妈妈对她的期望却很高。周末、寒暑假花钱让她补数学补语文……补习班的老师每天都给学生留许

多作业。可是大部分题目小英子都不会做，每次她"卡壳"的时候爸爸妈妈都非常生气，狠狠地批评她。他们为了小英子付出了那么多，为什么她就这么不争气呢？渐渐地，小英子对写作业越来越恐惧，放学回家后她总是不停地看表，一到写作业时间就开始紧张。

原因分析：这就是忽略学生的个体差异，只拿分数作为衡量孩子的唯一标准，在教育的时候忘记"因材施教"古训的典型案例。小英子的父母不顾女儿本身的水平，硬是花许多钱让她去上补习班，以为这样对孩子就好。他们拿高于小英子水平的任务来要求她完成，这样不仅不会提高小英子的学习成绩，反而会打击她的信心。如果家长不能正视孩子的水平，一味地拔苗助长，只会事与愿违。让孩子处于适合她的学习环境中，给她布置恰当的作业，才最有利于提高她的学习，保护孩子的自信心。

案例二：希望变失望

去年，我所带的五（一）班，有一个叫张旭的男生。有一次在他的日记中写道："今天我很高兴，提前完成了作业。于是蹦蹦跳跳地去告诉爸爸妈妈，希望得到他们的表扬。爸爸妈妈听后其实心里挺高兴的，但是他们一点儿也没表现出来，而是板着脸严厉地说：'本来按时完成作业就是学生的天职，你好不容易做到一次还得意！你看看你哪个同学做作业不比你快？'一句话就像泼了我一盆冷水，刚才的高兴劲儿消失得无影无踪，我耷拉着脑袋又回到自己的小房间。我难道永远都比不过别人了吗？我的努力有用吗？"之后有一段时间，张旭同学的成绩明显下滑。

原因分析：学习是需要信心的，只有孩子相信自己有能力时，他们才会去采取行动。可是我们的家长和老师却很少给孩子信心。我们从小就知道"谦虚使人进步，骄傲使人落后"，所以在教育孩子时，对表扬总是很吝啬。即使他们真的做得不错，我们也会不时地给他泼点冷水。我们的目的是为了让孩子更加努力，可这样培养出的孩子却是非常缺乏自信心。试想一下，张旭在得到爸爸妈妈这样的反应后，他还有劲头努力学习吗？为什么我们的孩子创造力要比外国孩子差，一个很重要的原因就是我们的孩子从不敢尝试去创新，他们不相信自己有这个能力，自然也不会去做了。所以不要怕自己的孩子骄傲，适当的自我膨胀是必要的，那样孩子的学习动机才能被调动起来。

孩子的信心、他们对自己的看法主要是通过他人的评价形成的，其中家长的评价尤其关键。如果你的孩子自信不足，做家长的就要好好检讨一下自己的教育方式了，是不是自己打击了孩子脆弱的心灵？

因此家长要让孩子了解自己的优点和长处，使孩子看到希望，相信自己的能力，激发他的进取精神，保护和巩固他的自信心。切忌经常把孩子的弱点与其他孩子的优点相比，这会使孩子感到自己一无是处。

我们给予孩子的一切帮助，都应该是以培养自信和能力为出发点的，切不可大包大揽，一切代办。家长更不能包办孩子的一切，该放手时就放手。让孩子到大风大浪里去经风雨、见世面，让孩子到有人群的地方去演说，鼓励孩子多参加社会活动，这有助于培养孩子的自信心。

做好自己，成为快乐自信的父母

孩子在家庭中生活和成长，父母自身的状况对子女的发展具有潜移默化的影响。开朗的父母会养育出开朗的孩子，内向的父母可能会养育出内向的孩子，自私吝啬的父母则难以培养出宽容仁爱的孩子。要把孩子教育好，首先父母自身必须成为一个好的榜样。

想培养孩子的自信心，父母自己首先要成为快乐自信的人。自信的父母信任孩子，能放心地让孩子经受挫折；自信的父母相信自己，懂得放手让孩子自己做决定；自信的父母乐观快乐，会常常看到孩子的成长和进步。成为快乐自信的父母，才是培养孩子自信心的关键所在！

最后，我要说，"知子莫过于父母"，孩子的能力父母最清楚。因此，家长必须客观地估计自己的孩子，对孩子期望值不要过高。因为能力和期望值之间有一种辩证关系：能力越强，期望值越低，越容易得到满足，越容易获得幸福感；能力越低，期望值越高，越不容易得到满足，越没有幸福感。

（兖州市小孟镇中心小学）

做好孩子的"家庭教师"

韩旭红

随着社会的进步和时代的发展，良好的家庭教育对孩子的健康成长有着深刻的意义。教育孩子是一项长期的、繁琐的工程，如果没有爱心、责任心作为动力，是无法坚持下去的。孩子从进入学校的第一天开始，家长也开始了"家庭教师"的生活。

每天我关心的是孩子身体是否健康，是否快乐。早上起床如果孩子给自己一个笑容，那么这一天都会很快乐。孩子放学回家，我都会笑眯眯地问孩子，你今天过得怎么样？孩子就会告诉我，她今天发生的愉快和不愉快的事。当她害怕和老师交流的时候，我告诉她，老师会把你当成自己的孩子一样对待的。能够让孩子健康快乐生活，是我们做父母的理想和期望。

做孩子的良师益友

要想做孩子的良师益友，首先是要学会沟通，学会如何培养亲子间的感情。同时，更要学会尊重孩子的意见，走进孩子的内心世界，随时了解他们的心声，成为他们最知心的朋友，为他们创造一个健康快乐的童年。

要经常与孩子像朋友一样交流，倾听，在不违反原则的前提下，让她做自己喜欢的事，这些都是让孩子把你当成贴心朋友的有效做法。另外，孩子会提出许多问题让家长解答，家长一定要认真思考，妥善回答，如果让孩子失望了，他会逐渐关闭沟通之门。

我的孩子有不足之处，其中最突出的就是胆子有点小，因此我必须想方设法培养和锻炼她。我经常鼓励她和不同的小朋友玩，鼓励她在人前大胆说话，她的每一点进步，我都及时给予表扬和鼓励，一步步地诱导她，从她表现好的方面着手，给她自信和勇气。所有能锻炼她的大小场合，我都尽最大的努力让她去体验。虽然还不能与其他胆大的孩子比，但比起过去来大有进步。我的孩子在万千孩子中不是最优秀的，但是在我眼里，她就是最棒的！试想，如果连自己的父母都不能肯定自己的孩子，那孩子怎么可能自信呢？

加强与班主任及老师的沟通和联系

主动向班主任及老师介绍孩子的情况。比如我们在每学年刚开始时就向班主任重点介绍：孩子胆小、老实，请老师给予关注。之后，经常向班主任及老师了解情况，将孩子的点滴进步向班主任及老师汇报，这样便于和班主任及时沟通。孩子是否能顺利成长，家长和老师是关键，家长是否能与老师沟通更是尤为重要。我相信我的孩子在优秀老师的培养下，一定能成为大方、聪明、优秀的好孩子。

在学习上，家长必须帮助孩子提高对家庭作业的认识。要让孩子明白，每天保质保量地按时完成作业是她作为学生应尽的职责，就像爸爸妈妈每天上班时都要尽心尽职地完成本职工作一样，做作业没有任何可以讨价还价的余地。要让孩子明白做作业是学习的延续和拓展，是巩固知识和提高学习成绩的必不可少的重要手段。

但有时候孩子学习兴趣低落、学习自觉性较差，在做作业时难免会产生应付老师和家长的想法，能拖就拖，能不做就尽量逃避。在这时候我们父母更应当从培养和提高孩子的学习兴趣入手，要想办法改变孩子对学习的消极态度，让孩子能够养成爱学习、主动学习的好习惯，顺利完成学习任务。

学习要注意劳逸结合。如果孩子连续思考问题的时间较长而得不到休息，大脑就会疲劳，就会出现大脑运转速度缓慢的情况，这时孩子的学习效率就会下降，错误率也会增高。这时如果让孩子适当的休息，疲劳得以解除后其学习效率反而会提高。一般来说，他们连续做作业的时间不宜超过1小时。

先复习后写作业。作业的目的是要让学生正确地理解、熟练地记忆所学的生词、语法、定义、定理和公式等，更好地巩固所学的知识。孩子完成作业的好坏是建立在知识掌握的基础之上的，如果课堂知识没掌握、所学的内容没有消化和理解，作业自然就做不好。因此为了顺利地完成作业，可以要求孩子在做作业前先看书和参考资料，复习完了之后再动笔写作业，而不要图省事，回到家马上就写作业。

坚持每天认真检查孩子作业。孩子的家庭作业，我每天都认真检查。坚持每天认真检查孩子作业可以随时了解孩子的学习情况，还可以有效地督促孩子的学习。孩子的自制能力差，有些时候是无法管好自己的，如果家长能够坚持每天认真检查孩子作业，就会使孩子有压力感，可能会因此而更加努力地

学习。

适当帮助孩子辅导作业。有时孩子学习上的"欠账"太多，很多作业根本就不会做，做作业时会有大大小小的"拦路虎"挡在前面，写作业的畏难情绪十分严重，稍微遇到点困难就会产生烦躁感。对于这种情况，家长更应当耐心的帮助和辅导她们的家庭作业。还要注意帮助孩子掌握科学的学习方法，培养良好的学习习惯。

成长的道路很漫长而且很不平坦，我们应该给孩子们加倍的温暖和关爱，才能使他们茁壮健康地成长。

（兖州市小孟镇太平小学）

关于家校合作的感受与思考

苏 丹 陈衍福

家校合作，这是一个长期讨论的话题，每位家长教师面对不同的环境都会有不同的认识，都值得去学习和借鉴。家校合作，有利于促进家庭和学校的教育目的达成一致，使得教师和家长在对学生的了解上达成了共识，有利于形成教育内容的互补。

家庭和学校的教育内容侧重点不一样，学校教学脱离生活方面可以在与家庭教育的结合中得到修正。这样才能使学生把课堂所学运用于生活实践，使书本上死的知识在生活中运用起来。此外，家校合作有利于形成强大的教育合力。避免社会环境中一些不健康、不利于青少年身心发展的东西乘虚而入，影响青少年的健康成长。

农村小学家校合作存在的问题

目前，农村小学家校合作中存在的问题比较多，主要有以下几个。

家校合作形式化，家长对家校合作认识程度不高。在调查中，一部分家长反映，家校合作的形式比较单调，缺乏创新，家长兴趣不高。家校合作的沟通方式应当是多渠道、全方位的。但大部分农村小学家校合作的方式仅仅有书面通知、电话联系、家长会这三种，而且在平时都没有很好的落实。

家校合作所涉及的内容应是相当广泛的，所有与学生成长、教育相关的各个领域都应包含其中。但在农村，教师与家长沟通的内容基本只局限于学生的成绩，对学生的品德、修养、审美、心理层面考虑甚少。

家校合作的过程应是家长与教师相互交流、配合支持、平等协作的过程。然而在农村，家长与教师之间的交流通常是单向的，主动权常常掌握在教师手中，家长极少有机会向学校传达自己的思想和看法，双方互动较少，从而降低了家校合作应有的作用。在家校合作的过程中，家长不要对老师的工作一味地赞同，要提出自己对教育孩子的好的方法。

影响农村小学家校合作的主要因素

　　落后的农村生产力和较低的发展水平抑制了农民对教育的需求，绝大部分农村人把主要精力用在改善生活条件上，没有过多的时间关注孩子全面健康发展，也无法与教师保持长期有效地合作关系。

　　很多学校管理不够规范，导致以"会"代"校"现象频繁。究其原因，一是怕烦。学校平时疲于应付教育教学及学校管理工作，没有时间和精力来规范开办家长学校。不少学校虽有家长学校工作计划，有教学内容记载，但不少都是纸上谈兵、应付上级检查而已，实际都是通过召开学生家长会代替家长学校工作。二是难办。农村中小学家长外出打工的多，学校开办家长学校或开家长会，来的都是学生的爷爷奶奶，其中不少都是文盲。有的家长素质较低，学校召开家长会他们想来就来，想走就走。隔代教育和严重的"代沟"导致家长学校教学效果难以保证，这也打消了学校规范举办家长学校的积极性。

　　来自家庭方面的因素。首先是家长的受教育程度，是影响家校合作的主要因素。在农村，由于长期受落后的教育状况的影响，农村家长的文化程度普遍不高。调查数据显示，农村中小学学生家长文化层次在专科以上的占 1.15%，高中占 9.75%，初中以下占 89.1%。这就导致了家长对家校合作缺乏深刻的认识，给家校合作带来了严重的阻碍。其次是家长思想意识上的错误，阻碍家校合作。部分家长缺乏参与学校教育的意识，没有认识到参与"家校合作"是自己的权利和义务，他们把教育孩子的责任完全抛给了学校，只关心子女的学习成绩，在其他方面却置若罔闻，最终间接阻碍家校合作的正常进行。

　　留守儿童数量增多，不利于家校合作的开展。对兖州市小孟镇桑园小学调查的结果显示该校共有在校学生 408 人，其中父母均在外务工的留守儿童就有121 人，占在校学生总数的 29.6%。个别班级的留守儿童率高达 34%。而该小学一线教师总数只有 22 人，与留守儿童数的比例约为 1:5，庞大的留守儿童队伍仅靠学校老师来关爱显然力不从心。

提高农村地区家校合作有效性的措施

　　师生关系是一种特殊的人际关系，教学过程中学生会有意无意地隐蔽一些个性的东西，而家庭生活却是孩子个性自然形成和展示的空间。同时，孩子在长期与父母的交往中，其智力水平的高低都会有较为充分的表现，父母因其特殊的身份和情感，对孩子会有深入、细致的了解。只有学校和家长充分沟通，才能全面深入的了解学生。

对学生的要求，广义地讲是成为什么样的人，狭义的则是具体学科学习的目标。在这一方面，理解的角度也有所差别，常常会出现彼此脱节，甚至矛盾的情况。家校结合，使得教师和家长在对学生的了解上达成共识，为更好地教育孩子提供了保障。

在学校和家庭的联系过程中，学校要采用多种联系形式，积极创设联系的良机。学校、老师可以定期或不定期地举行一些家长会、报告会、座谈会，向家长汇报学校教育教学的工作情况及工作计划，向家长提出教育的具体要求，听取家长的意见，同个别学生家长交流其子女的一些教育问题。同时，我们也要尽量避免单纯只请家长"校访"来解决学生教育问题，而不去多方面、多途径地了解情况，这样的联系形式太过于单调，不能深入彻底地教育好学生。

人们常说"金无足赤，人无完人"，教师在和家长交流时，也应以一分为二的观点看待学生，既要看到学生的不足，又要注意到他们的闪光点。向家长反映问题时，不要只抓住学生的短处，一味地指责学生的缺点，批评学生，而是要把学生的情况作全面客观的分析，肯定他们的优点，正确对待他们的缺点，与家长一起找出教育学生的最佳途径。一味地批评学生，只会给家长难堪，让家长片面地看到孩子的不足，从而使家长在教育孩子的方式上进入歧途，给孩子成长带来负面影响。

教育有着连续性，学生身心发展也存在阶段性和不稳定性。就学生某一方面的教育问题来说，学校和家庭取得了联系，采取了行动，但还要注意这并不是教育的终止，而是要做好再次联系的准备。"学生犯了错改正得怎么样，学生对待学习的兴趣是否依旧很高，小孩还内向吗？下一步我们该怎样去教育孩子？"等等，这些都可以成为再次联系的内容。教师和家长把学生的情况相互作及时反馈，学校和家庭才能有目的、有计划、有步骤、有重点地把握学生动态，及时调整教育方法和教育内容，对孩子进行正确的引导。学校教育与家庭教育的良性结合，其优点不胜枚举。

总之，学校教育与家庭教育必须互相配合，缺少或忽略任何一方，都不利于孩子的健康成长，处理好二者之间的联系，既能给教师全面了解学生的机会，采取最佳的教育策略，又能让家长经常获悉孩子学习生活的动态，做好教育准备。长此以往，学校、家庭才能共同教育好孩子，让他们健康、茁壮地成长。

（兖州市小孟镇桑园小学）

Q 曲阜市
QU FU SHI

我的 "56 号教室"

张凌云

去年暑假，领导委以重任，让我做初一新生的班主任。参加教学工作近二十年，因种种原因，虽没当过班主任，却深知班主任工作的重要与繁琐，因而颇感惴惴。不做是不做，做就要做好。古人云：工欲善其事，必先利其器。既然毫无底气，那就赶紧向专家、权威、成功的先行者们好好学习。

那段时间，我翻看了不少相关书籍，像《我的重点班》《素质教育在美国》《英才是怎样炼成的》等等。但给我启发最大的，还是美国教师雷夫·艾斯奎斯的《成功无捷径——第 56 教室的奇迹》。

雷夫是美国最有趣、最有影响力的教师之一。25 年来，他一直在霍巴特丛林小学担任五年级的老师。雷夫几乎将他的所有精力都投入到了他所在的班级——第 56 号教室，他每天在校工作时间十多个小时，每周都有两个通宵工作的日子，假日中的每一天都在无偿地教学生……

其中最有借鉴意义的，还是他趣味盎然而又富有实效的班级管理措施，他几乎在班内创造出了人类社会的缩影，可谓一个浩大而繁琐的工程。面对如此具有魔力的班级管理模式，我实在找不出拒绝的理由，于是，我反复琢磨文中用笔不多的相关内容，加以自己创造及想象，想方设法运用到我的班级管理之中。

经过一年来的实验、摸索，有过成功的喜悦，更有失败的反思。历经了多次改革变动后，我自己的 "56 号教室" 总算基本成型。

首先制定适合本班实际情况的《量化管理细则》。结合学校规定，根据各种班级常见情况，分课堂、纪律、考勤、卫生、食宿、日日清、周周清、工资、家务等类别，按班级、小组、个人三种量化实体量化赋分。各个项目，做得好的加分，不好的减分。如 1 周内全勤，加 2 分；周末在家做家务，每半小时加 1 分；迟到、未穿校服等减 1 分……

每个学生的得分包括集体得分、个人得分两部分。这样既能发挥团队作用，又不至于抹杀个人的主观能动性。

　　其次是遵循"组间同质、组内异质"的原则，给学生均衡分组。小组是考核量化的主要实体，为了让学生互相管理，互相督促，关于学习、日日清、卫生、食宿的很多量化规则都是针对小组的，所以一定要遵循"组间同质、组内异质"的原则，给学生均衡分组。并想办法通过各种方式让小组内团结而又形成凝聚力，通过制定合理有效的量化制度，激发各小组间良性、有序的竞争。

　　三是结合学生的意愿，给班内每个学生安排一份职务。根据班级管理的要求，把班级各种工作做出明确的分工。大到班长，小到开关管理员、校服管理员，每种工作根据工作量的多少量化赋分，赋分均为周薪。如班长：8 分；组长：7 分；课代表：6 分；管理员：5 分。想多挣量化分的学生，可以申请做兼职，做兼职周薪增加 2 分。

　　职务安排好后，公示《岗位培训细则》，做好职务培训，让学生明确自己到底该做什么、怎么做。有了量化制度的激励，学生挣分的积极性很高，不仅我安排的各种职务得以顺利分配，还人人抢着做兼职，没有兼职岗位创造兼职也要做。这样就做到了人人有事做、事事有人做，甚至人人怕没事做、人人怕事做得少。

　　四是建立完善的量化算分流程。制定好各种表格备用，除学校统一下发使用的"班级日常管理表"外，我班特有的表格还有"周量化赋分表""月量化总分表""食宿量化得分表"等。量化算分的任务则主要由值日班长、量化班长、组长分工合作完成。

　　每天，各种班级管理者，包括老师、班委、课代表、管理员，会对班级、小组或个人，在课堂表现、纪律、卫生、考勤等方面有量化分的加减，这些有的是课代表记录，有的记在黑板一侧，但大多是由值日班长记录在"班级日常管理表"中。一天结束后，值日班长把表格交给量化班长保存。

　　周末量化，班长汇集起上周所有的管理表，统计出每个学生的得分情况，登记在小组的"周量化赋分表"相应位置，然后把表格交给小组组长，由小组组长继续计算日日清、周周清、工资、家务等其他方面的得分。为避嫌，组长算的并不是本组的，也不是两个小组互相交换，而是各小组间循环计算。

　　得分算出，个人核对无误后签字，由量化班长、量化员输入电脑留存。一个月后，算出小组 6 人月平均得分，排出小组名次，在教室内张榜公示。

　　五是为增加趣味性、刺激性，选用合适的"代用币"等额兑换量化分。经过多方面的考虑，我选择银行练功券作为我班的量化券。1 分量化分能换 1 元量化券。这种代用币不仅有 1 元、2 元、5 元、10 元、50 元、100 元不等的面额，其大小、图案、质地也与人民币近似，而且从网站能很便宜地买到。

练功券的缺点就是有些学生通过种种渠道也能得到。为了避免假币干扰市场，我把班级量化券都加盖我的个人私章，用以防伪。

如果量化券都发到学生手中没有回收渠道，一是容易丢失破损，再就是所需量化券总额会无限增大，增加成本。因此，我在班内设置了班级银行，有专门的银行行长负责存储量化券。量化券以 50 元为最小存储单位，月息百分之二，存单可以和量化券一起用来流通。这就保证了大多数量化券都在我手中，留在学生手中的只有很少一部分，班级所需量化券总额也就能有效控制了。另外，还培养了学生的理财能力。

在班内，有严格规定：量化券可以借贷，但绝不允许用真币买卖，违者罚款 100 元——量化券。

六是建立小组座区月轮换制度，以量化分选座区，既好排位置，也体现量化分的重要性。量化分最主要的作用是小组集体购买座区，和个人租用桌椅。我班一共有 11 个小组，也就有 11 个座区。开学伊始，每个小组都既给自己的小组起了响亮的名字，也给自己的座区起了好听的地名。不管小组的位置怎么换，座区的名字是固定不变的。每块座区，根据位置的优劣，都对应着不同数量的量化券。

学生挣的量化券首先用于购买座区。每个月初，根据公示的上个月小组量化得分情况，班级的座区管理员，会让每个小组按照量化得分名次，依次选择下月的座区。

最好的座区，如"风暴中心"，小组每人需付 90 元，最差的"唐人街"，也要付 60 元。得分最高的小组虽然有选择权，但有的小组也舍不得花太多量化券买最好的位置，会自愿选择其他座区。小组得分越低选择权越小，座区位置也越差。富余量化券多的小组，也可以提前预买下个月的座区，下个月无论得分高低，也无座区好差之忧了。这样的排位方式公开公平，还杜绝了学生家长托熟人找关系要求调位置的情况。

除座区外，班内的桌椅，也不是免费的，每个月需要 40 元的租用费，是个人另付，这样每个学生每月至少需要上交 100 元。这是经过几个月的数据积累才确定的，所以恰到好处，既不会少的起不到激励作用，也不会多的让大多数学生都坐在地板上。

因此，每个月都只有几个行为习惯最差的孩子，因为迟到、交头接耳、不交作业等各种原因被扣分，一不留神财政出现了赤字，到交座区桌椅费的时候只能找其他同学借贷以解燃眉之急。个别孩子人缘不好或积习难改，量化券总挣不够，有借无还，最终借贷无门，只能被没收桌椅，坐在地板上听课了！若

量化券短缺导致桌椅被搬走，就可以申请破产，破产后有工资翻倍等补救措施。

七是为更好地激励学生多挣量化券，给他们提供了多姿多彩的量化券消费途径。对大多数学生来说，只要表现正常，挣够基本的 100 元可谓轻而易举。因此如果没有合理而有意义的消费途径，学生挣量化券的积极性不会太高。因此，我给学生提供了多类别的消费途径，如利用班费购买新奇美观的创意文具，新奇的益智玩具等，供学生用量化券购买。

根据班级财力、学生所得量化券的数量情况，文具定价高出进价数倍甚至数十倍的销售价格。我一般按照文具进价的 30 倍左右定价，也就是说 1 元的文具，需用 30 元量化券购买。

这些文具、玩具，很有吸引力，多是从网上淘到的，物美而价廉。有些孩子量化券短缺，无法在班里购买，却又艳羡不已，就到实体商店到处找，却怎么也找不到，若还想要的话，只能铆足劲挣量化券了！

去年一年，我组织了多次需要用量化券才能购买的集体活动。

10 月 11 日，全体去少昊陵，因为是第一次集体活动，开学时间又短，学生手里量化券都不多，所以我十分大方地免费赠送了。从那以后，所有活动都要用量化券来购买了；

11 月 26 日，在学校走廊上组织了跳蚤市场，摆摊者每人须交量化券 20 元，不交钱的只能买不能卖；

12 月 21 日，下了当年的第一场雪，交出 20 元量化券的同学在学校思乐池附近痛痛快快的打起了雪仗，不交钱的看教室；

3 月 24 日，交 50 元量化券的同学包车去邹城博物馆、铁山公园，不交钱的继续看教室……

这些丰富多彩的集体活动，增加了班级凝聚力，丰富了学生的阅历，增长了学生的见识，也让量化券囊中羞涩的孩子急的牙痒痒，却只能干瞪眼……

开办班级超市，增加班费收入，维护量化制度的良性运转。每个班级，学校每个学期有 200 元的班费支出，但在我的"56 号教室"，这点钱是远远不够的。而像雷夫老师那么高尚，我自认也做不到，他为了班级、学生，不仅花光所有收入，还为此做好几份兼职，最终积劳成疾，差点送了命！因此虽然我也有意无意地为班级花过一些钱，但数量多了我也负担不起。因此，我开源节流，用多种方法增加班费收入，以维护量化制度的良性运转，其中最主要一条就是开办班级超市。

我货比三家，购进学生常用的一些文具，并把进价、售价、利润公示给学生。每周三中午，班级售货员到办公室取一定数目的文具，课间面向全班同学售卖（为不影响学习，每周只在周三下午课间开业）。每件文具所加利润很少，主要是方便凑整收钱，有的甚至零利润，因此比学生在校外买要便宜许多。

班级超市为同学们省了不少钱，增加了班级情趣，每周还能给班级带来 10 元至 20 元不等的班费收入，可谓一举多得。

当学生手中富余的量化券足够多时，班委就可以用班费在班级超市以进价购进文具，供同学们用量化券兑换。至于购进多少、购进哪些、兑换比例多少，由班委根据班费的数量协商决定。

有了这些合理有趣的班级管理量化制度，学生的在校生活充满激情和乐趣。他们轻松快乐的学习、兴致盎然的生活、自动自发的管理、健康有序的竞争，使班风学风积极向上，同学关系、师生关系、老师与家长的关系，都十分融洽。我也坐收渔翁之利，从繁杂的班级工作中脱身出来，能把更多的时间用于教学工作中去。

作为一个新手班主任，在班级管理方面，需要向雷夫老师的"56 号教室"学习的地方还有很多。"拿来主义"当然多多益善，但更要运用自己的创新思维、潜心钻研、打破窠臼、多想办法，才能使班级管理制度跟自己的班级更巧妙地结合在一起，达到无为而治的最高境界。

（曲阜市实验中学）

诵读让教育更诗意

林艳彬

《礼记·经解》中说，"其为人也，温柔敦厚诗教也"。上学期接班之初，我决心用自己的实践，来验证这句话。因此，结合我校的校本教材《百诗百联》，引导学生诵读古诗词。我虽然不是语文老师，但我很喜欢古诗词诵读，可说是自己的一点爱好吧，也恰好以此来影响和带动学生。一个学期以来，我们不仅把诵读带到了课堂上，也带到了校园里，带到了沂河边。

诵读初体验，月光下诵读《春江花月夜》

本学期之初，我就有个想法，等到有月亮的晚上，把大家集合到办公楼前的思乐池边共同诵读《春江花月夜》，该有多美啊！一翻日历，农历二月十四日，应该有月亮。因为这首诗我们在上学期已经背会了，所以不用太多的准备，我给大家一说，超乎我的意料，大家都很期待。

晨读时，我又一说，大家热情更高了，原本申请不上晚自习的同学也要求来。我很高兴地答应了，没想到大家对这次活动热情这么高。晚上7点左右，月色朦胧，但更美了。回到教室给同学们一说，大家更兴奋了，恨不能当时就去，考虑到还要做作业，我们决定到8点10分左右再去，这样诵读完就可以不用回教室，直接回宿舍。学生写作业的空当，我草拟了几句导言，又征求了语文课代表李艳华的意见，决定让唐澳和张一涵两个人一块读导言后，又联系录音。经过一系列的准备和短暂的排练，同学们在我的统一指挥下开始正式诵读，胡老师用手机录下，整个过程7分钟左右，大家声音洪亮，热情高涨，优雅的古筝曲《春江花月夜》配着朦胧的月光和静静开放的花儿，真的是美轮美奂。整个活动圆满成功，美中不足的是，同学们的热情调动起来后，由于时间的原因，没能满足同学的个人诵读要求。

在班会上解读《弟子规》时，我结合班里存在的乱传话导致同学之间发生矛盾的不良现象，运用《弟子规》"信"中这方面的内容，又联系《论语》里面孔子的两段话"子曰：不当于之言而与之言谓之失言……"和"子曰：由，诲汝，知之乎……"做了深刻解读，大家对后一句很熟，特别是结合现实领悟这句话更快。

通过这两件事，以及刚开始的练字时间每天解读一首古诗，配合《十大名曲》诵读，使我再次深刻的感到，对于我们祖国的传统文化，孩子们很喜欢，应该对他们多一些引导，"诗教"的效果一定能达到。

"心灵相约，沂河之春"诗会

有了这个想法，又与实习班主任商量好，决定带领全班同学去大沂河春游，主题就是"心灵相约，沂河之春"。我们去那儿诵读春天的诗，我们的古诗已经快背完了，正好利用这个机会，复习一下，诵读描写春光、春景的诗。

周五下午放学前把春游的事告诉了大家，并提了要求和注意事项，同学们都很高兴。万事俱备只欠东风，大家也都很期待，盼望着，盼望着……

虽然已经准备了很长时间，但我心里还是不踏实，毕竟带着五六十个孩子出去，万一出点差错，我真是负不起这个责任，有压力，也有些忐忑，情绪一直不安定。为此，值班时就在平台上发短信告知家长今天春游，然后又邀请家长委员会成员前往。可是一打电话，几位家长都不能去。幸好，临时邀请的两位家长有时间同去，给了我莫大的鼓励。

春游一路很顺利，气氛活跃，在万仞宫墙前我们合影留念。到达大成桥西侧的树荫下时已经 11 点左右了，大家临时改变程序，先吃饭，一起分享带来的美食。饭后，让大家按小组坐成圆圈，先进行古诗诵读，背描写春光春景的诗。然后是艺术节节目彩排，先是诗伴舞《把酒问月》；接下来是课本剧《花木兰》；最后是顾思恒的歌曲《倔强》，唱得很棒。

13：40 左右，节目进行完了，我们打点行装、捡拾垃圾，准备返回。大家站好队，准备照合影前，我们一起共读班级誓词，共同宣誓，大家声音洪亮，气氛昂扬，真是觉得"心意相连"。

本次活动以及回来后发生的一系列事情，也证明了同学们正以自己的行动践行的班级誓言。"诗教"已初见成效，但以后的路还很漫长。

（曲阜市实验中学）

家教中"爱"的艺术

魏志强

父母爱孩子，天经地义。然而，如何把握爱的"度"却大有学问，作为家长很容易走向两个极端，要么无原则地顺从、满足、放纵孩子，要么包办式地管制、苛刻、约束孩子，这都不是正确爱孩子的方式，那么怎样的爱才是恰到好处的爱呢？

让我们先来看一个故事。

故事的主人公是一位妈妈和她的女儿。在一个暑假中女孩得了一种比较严重的急性病，经过打吊瓶、吃西药等一系列紧急治疗后，女孩的病情总算是稳定下来了，接下来的巩固治疗只好一边上学一边进行。因为女孩一直以来都非常优秀，她不想耽误功课，更不想让别人把自己从年级前几名的队伍中挤出来。巩固治疗主要以吃中药为主，但女孩上的却是寄宿制学校，因此，女孩的妈妈便每天在家把药熬好装在保温瓶里送到学校，让女儿喝下。

半年多的时间里，从周一至周五的早晨，早读即将结束的时候，女孩的妈妈总会准时来到学校，让女儿趁热把药喝下。于是，走廊里很快就会弥漫着一股幽幽的中草药味。这药味让人闻起来有一种沁人心脾的香，那淡淡的药香很亲切，很温馨，就像妈妈脸上的微笑一样。

带着这个问题，我与女孩进行了一次对话。

"这药喝起来苦吗？"

"苦！"

"有过再也不喝这种药的念头吗？"

"有过。"

"为什么又坚持喝了呢？并且一坚持就是这么长时间，有半年多了吧？"

"从暑假生病到现在已有半年多了，一开始真的很抵触这个苦苦的东西。"

"那妈妈是怎样做的？"

"妈妈总是开导我、劝慰我，特别是我病情反复、心情不好的时候，妈妈的鼓励给了我很大的信心和力量，妈妈总是要我乐观一些、坚强一些。"

"你认为妈妈够乐观够坚强吗？"

"妈妈很乐观，平时她脸上总是带着微笑，微笑着很早起来熬药，微笑着在风雨中骑自行车来送药，微笑着看着我把药喝下，微笑着目送我回教室，然后微笑着回家，微笑着干各种家务活……妈妈也很坚强，我生病以来，妈妈带我四处求医问药，检查病情，精心照料我的生活，但她从未喊过累，从未抱怨过什么，总是那么微笑着坚持着。或许正是因为就着妈妈的微笑吧，那药喝起来才不那么苦了。"

"看病要花不少钱吧，家里负担得起吗？"

"如果不是偶然间看到爸爸抽屉里的账簿，我到现在也许还不知道，为了给我看病，爸爸已经开始借钱了，可爸爸妈妈从不在我面前说起这事，妈妈总是说不用担心钱，其实我家刚盖完房子，借了不少钱。"

"可怜天下父母心呀！能想象妈妈每天早起为你熬药、送药的情景吗？"

"不仅能想象，而且我亲眼见到过。那是寒假中的一个早上，我还在睡梦中，隐隐约约听到有脚步声，睁开眼一看，是妈妈在为我熬药。"

"那时有几点钟？"

"大概有五点多钟吧，妈妈说熬药要用文火慢慢地熬效果才好，火急了不行。我问妈妈是否每天都起这么早，妈妈却笑笑说：'天还早着呢，你快睡一会儿吧，熬好了我喊你。'妈妈的脚以前从未冻过，可是今年冬天妈妈的脚却冻了，肿得老高。"

女孩说着，眼中充满了泪水。

"想对妈妈说点什么吗？"

"在这里，我想对妈妈说一声：妈妈您辛苦了！请原谅女儿以前的不懂事，我会倍加珍惜自己的身体，我会学会坚强，学会独立，学会乐观，千言万语也不能表达我对您的爱与感激。最后，我要说一句：'妈妈我爱您！'"

"我想妈妈一定会为有你这样的女儿感到骄傲和自豪的，同时也祝你早日彻底康复。"

我们的谈话就这样结束了，现在女孩的妈妈仍旧在每周周一至周五的早上同一个时间来给女孩送药，仍旧面带微笑，走廊里依旧会在那时飘着一股淡淡的药香，而女孩也依旧那么优秀，或许她认为这是回报父母的最好方式吧。

后来的故事是，女孩以优异的成绩被一所重点高中录取。

看完这个故事，我想大家对怎样爱孩子肯定有了一个比较正确认识，文中的妈妈对孩子的爱是无声的，却是有效的，她没有喋喋不休地唠叨，也没有因孩子有病而过分地溺爱孩子。其实，爱孩子是家长的本能，但艺术地爱孩子却

是人的技能。也就是说，爱孩子不能盲目地爱，而是要讲究分寸、讲究方法、讲究策略。

家长对孩子不能做到严格要求就会使对孩子的管理松散、涣散、零散。应当让孩子明白，犯了错误不仅要道歉承认错，更要改正错误，还要接受相应的处罚，在这一点上，家长不能念糊涂经，必须奖惩分明。当然处罚孩子的出发点必须是好的，不能把孩子当做自己的出气筒，处罚孩子的方式必须是正确的，作为家长，要做到"以菩萨心肠行霹雳手段"才行。

要善于发现问题孩子身上的闪光点，发现优点及时表扬。要想尽一切办法去表扬鼓励孩子。要允许问题孩子有反复，不要灰心，不要失去信心。要有耐心，持之以恒，对问题孩子要反复抓，抓反复。对问题孩子抱着"不放纵"与"不为难"的态度。发现孩子严重违纪事情，应及时进行教育。坚持对孩子进行正面说服、疏导教育，动之以情，晓之以理，对犯错误的孩子不歧视、不挖苦、不打击、不体罚，满腔热情地帮助他们改正错误，不简单粗暴。多与老师交流沟通，要密切与老师保持联系，共同担负起教育孩子的责任。不要老把孩子和别的优秀孩子比来比去，要用发展的、纵向的眼光来看孩子的进步，只要孩子在进步就是好的。

在社会发展日趋多元化的今天，孩子更易受到各种各样的心理困扰。由于孩子正处于半独立半依赖、半成熟半幼稚的成长时期，有其特殊的心理矛盾，有成人难以理解的困惑与苦恼。他们的许多心理冲突，或被自我掩盖，或被成人忽视，以至于不少孩子感到孤立无助，只好隐抑在心灵深处，备受煎熬，甚至诱发各种心理障碍乃至心理疾病。严峻的现实提醒着我们，不能只关心孩子成绩而忽视他们健康心理素质的培养。作为家长，要想做好孩子的德育工作，就必须要关注孩子的心理健康，只有这样，才会有成功的德育教育。

作为家长要学会用高尚的品格感化孩子，用丰富多彩的知识吸引孩子，用真挚的情感打动孩子。家长以身作则，率先垂范的作风会在潜移默化中熏陶孩子，孩子自然而然的也会形成良好的行为习惯。

总之，教育孩子是一门艺术，艺术之树需要用爱心去培育，"阳春布德泽，万物生光辉"，我们今日的德育之雨定会浇灌出明日德育的璀璨之花！

（曲阜市防山镇中学）

爱心，童心和"偏心"

陈志伟

爱心篇

我觉得我的运气非常好，每教一批学生，他们都对我特别好。经常有人问我："你为什么能这么容易得到学生的信任和爱戴呢？"我总是不假思索地回答："一个真正的教师要有一颗全身心爱学生的心！"离开了爱心，一切教育皆是妄谈。

教师要有对学生发自肺腑的真挚的爱。我不喜欢那种在学生面前表现出"威然不可侵犯的派头"的老师，也不喜欢在学生面前一脸的高深莫测，不苟言笑的"师道尊严"的老师。有些老师总是喜欢居高临下，在教育学生的方式方法上，单纯简单，习惯于发号施令，严格的监督和训斥惩罚，总以"师者"自居："你是我的学生，我是你的老师，我让你听，你就得无条件地去服从。你不听我的话，就是不尊敬老师！"其实小学生也是人，是独立的个体，是应该得到尊重的。老师蹲下来同他们在同一个高度上谈话，同这些可爱的孩子脸对脸、目光对视着谈话，这样的老师才更能让孩子接受，孩子也会喜爱与这样的老师沟通交流。当这些可爱的孩子不小心做错了事时，你能够蹲下身来，以一个大朋友的身份帮他分析，耐心地告诉他错在哪里，应该怎么做才对。他感受到的不再是恐慌与不安，而是尊重、关怀与期望，我想这个小孩一定会感激于你的宽容并会把你的话牢记心中的。

因此很多时候，放下架子蹲下身来，就能与你的学生架起平等交流的桥梁。当他们有疑虑、有烦恼时，开心或不开心时，他们都会乐于向你倾诉，这样更容易形成和谐美满的师生之情。我喜欢走近学生，拉着他们的小手问：老师的这节课听懂了吗？今天天气比较冷，穿的衣服少吗？学生的生日到了，写一句祝福语递到他们的手中；课外与学生一起评论当前最火的网络歌曲、小说甚至于电脑游戏……当我们这些大人自然而然地献真心于学生时，你所获得的

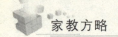

回报就不仅仅是学生对你的尊重了……

教师还要有一双敏锐的眼睛，善于发现和走进学生的情感世界。我有一个学生叫文佳，上课时我发现她一直在偷偷地抹眼泪，一副心神不宁的样子。课下，我抚摸着她的额头，问她是不是身体不舒服。她哭着对我说："昨天晚上，爸爸妈妈大吵了一架，爸爸把妈妈的头发拽下了不少，妈妈拿着菜刀和爸爸拼命，嚷着要离婚。"她心里很害怕失去爸爸妈妈，我对她说："这是大人之间的事，他们是大人会很理智地去解决的，你是个小孩不要想这么多，回家多劝劝爸爸妈妈，在校认认真真地上课，有些事不会像你想的那么糟的。相信老师，也要相信爸爸妈妈对你的爱。"

看着她离去的背影，回想着孩子的诉说，我内心难以平静。沉思良久我决定瞒着文佳去她的家。到了她家，看到一屋子狼藉，她父母尴尬地看着我。我对他们说了孩子在学校的表现。又真诚地对他们讲："孩子的心灵是纯洁美好的，需要大人的精心呵护。要使孩子身心健康地发展，必须要有一个和谐美满的家庭，父母间有矛盾冲突也应避开孩子冷静处理，以免孩子受到不良的影响。"

第二天一大早，她就跑来对我说："老师，我的爸爸妈妈和好了。谢谢你，老师！"我欣慰地笑了。孩子们的快乐，对于我来讲就是最大的幸福。

童心篇

一个深受孩子衷心爱戴的老师，一定是一位拥有童心的"孩子王"。这种童心不是装模作样的低下身子去"平易近人"，而是一种真诚平等的朋友间的真挚感情。李镇西老师写过这样的一段话："虽然随着岁月的流逝，我们不可避免地会在年龄上与学生拉开距离，但我们应努力使自己与学生的思想感情保持和谐一致，甚至在某种意义上尽可能让自己具有儿童般的情感，儿童般的兴趣，儿童般的思维，儿童般的纯真。我们必须学会变成小孩子，才配做小孩子的先生。"这就是说让每一个做老师的，都要变成"儿童"，培养和孩子们相同的爱好，用他们小孩子的思维去思考问题，去理解问题，只有这样才能真正走进学生的内心深处。

老师的工作就是想方设法教好自己的学生。付出就总会有收获，这也许是上天对于我们这些做老师的格外垂青吧！拥有一颗单纯的"童心"，不去解人情，不去瞧脸色，教起学生来反而更可以心无旁骛。你的"成绩"有了，也许啥都有了……

工作二十多年来，我一直抱着"学生第一"的原则去思考、去做事。当今教育，"应试"教育甚于洪水，老师自由支配的时间不多，戴着镣铐跳舞，很沉重也很痛苦。所以说，我们这些当老师的，更要有一颗纯洁的童心，走进孩子们中间去寻找作为老师的那份幸福和快乐。小孩子是自然可爱的，他们可爱的面庞、纯良的心地、嫩声嫩气的童声，是上帝赋予每一个孩子的心灵净土。

拥有这颗童心，使我深深地爱着我的每一位学生，不论是优秀生，还是差生；拥有这颗童心，使我不止一次和学生一起打闹，一起欢笑，甚至于一起流泪；拥有这颗童心，让我自然而然地走进了学生的情感世界，也让这些孩子不知不觉的融入到我的世界里。

"偏心"篇

教师对学生的爱，应该是无私的，这种纯净的爱，一定会赢得学生爱的回报的。爱，有时候也需要方法！

大教育家苏霍姆林斯基曾意味深长地说过："正像医生细心地研究病人的机体，找出疾病的根源，以便着手进行治疗一样，教师也应当深思熟虑地、仔细耐心地研究儿童的智力发展、情感发展和道德发展的情况，找出儿童在学习上感到困难的原因，采取一些能够照顾个人特点和个别困难的教育措施。"

曾经年少时，作为学生的我最不喜欢的老师是偏心眼的老师。可如今的我却大行其道……学生不止一次地对我讲："老师，你偏向文琼，你偏心晓雨，你还偏向孔欣（班级倒数第三的学生）……"我淡然一笑问道："何出此言呢？""你拿你家的好书给她们看……""你还喜欢孔欣这样的大笨蛋，单独给他布置作业……"我就说："好呀，哪个同学像文琼那样爱读书、爱学习，老师当然就偏向他；哪个学生像孔欣那样，虽然基础差，但有上进心，老师也可以偏心呀！"一旦比着看、比着学的班风形成，何愁学生教不好，何愁学生的成绩上不去呢？

我崇尚阅读，我也像韩兴娥老师那样，无限相信书籍的力量。通过阅读而激发起来的人的思维，好比是整理得很好的土地，只要把知识的种子撒播上去，它就会发芽、成长、收获……学生阅读越丰富，他学习起来就越容易。

阅读是人生获得幸福的基础。农村的孩子一般不大喜欢看课外书籍，这与父母有很大的关系。这些父母认为学好课本就行了，连课本都学不会还看什么课外书。为此，我专门打印了一份与家长的约定书：A. 家长要以身作则，由己及人，只有自己爱看书，才能培养出爱看书的孩子；B. 作为父母应顺应孩子的心理特点，选择孩子爱看的书，使孩子对书产生好感；C. 不宜对孩子的阅读过程管得太死。他们喜欢的阅读方式是一会儿翻翻这本，一会儿翻翻那本，对此，家长不必过多地去管他。只要是孩子愿意把一本书拿在手上津津有味地翻看，家长就应该感到心满意足。好习惯是慢慢养成的……我又通过家访的形式与个别的家长做工作、讲道理，让他们明白：少看电视就会多看书；多看电视就会少看书，以至于不看书。

榜样的力量是无穷的。我的小徒弟文琼近一年已经被我指导着看了不下500万字的图书了，由此为了得到我的"偏向"而努力读书被我吸收的小弟子已有十人了，他们最少的也已经看了300多万字的图书了。现在，全班同学读书已蔚然成风。从一个个顽童到腹有诗书，我作为一名教师，感到很欣慰，很自豪，这也应是一位语文老师责无旁贷的责任。我的小徒弟阳阳这样写道：我的语文老师，不仅是我的好朋友，好老师，也是我的"好爸爸"。为师者，当足矣！

我想，作为一位教师，如果每一天都能够和他的可爱的学生们幸福地生活在一起，那么他必定是个幸福的老师，一定会有一个幸福的人生。做到这些，其实很简单：爱你的学生就像爱你的孩子一样就可以了……

（曲阜市时庄街道第二中学）

做一位合格的家长

——家庭教育之我见

武　斌

儿童是祖国的未来，民族的希望。他们能否健康幸福的成长，成为社会的栋梁、新世纪的主人，不仅要靠学校、靠社会，更要靠每一个家庭。家庭是人生的第一所学校，孩子从呱呱落地时起，便开始了家庭生活，在家庭这个摇篮中成长、成熟，走向社会、走向成功。父母是孩子的第一任教师，更是一生施教的良师益友。

随着社会的发展，科技的进步，竞争的日趋激烈，家庭教育越来越受到广大家长的重视。每一个家长都希望孩子成才，孩子要成才，就必须好好学习。很多家长都非常关心孩子的学习，但主要是关心孩子的学习结果，即学习成绩，却不知道该怎样科学地帮助孩子学习。埃德加·富尔在《学会生存》一书中指出："未来的文盲不再是不识字的人，而是没有学会学习的人。"因此，教孩子"学会学习"，即掌握科学的学习方法，形成良好的学习习惯，成为一个成功的学习者，是我们家长指导孩子学习的关键。

让孩子爱学习

没有兴趣的学习，不会是成功的学习。激发孩子的学习兴趣，让孩子爱学习，是成功学习的基础。"善学者，事半而功倍。"孩子学习兴趣的养成，则如同父母撒在孩子心田里的一粒小小的火种，要小心呵护这小小的火苗，要"拱"着它一点点燃起来，旺起来，最后成为熊熊烈火。

学习若能给孩子带来快乐，那么孩子一定会喜欢学习，年龄越小的孩子，学习越是以直接兴趣为主。例如，有的孩子喜欢画画，可能是他乐意用五彩的蜡笔在纸上涂抹，看着五彩的线条在纸上延伸、扩展，他的思维、想象也跟着任意遨游、旋转；也可能是因为老师经常表扬他。

那么，怎样才能使学习变为快乐的事呢？

首先是力求学习活动的形象化、多样化、趣味化。可以把难以记忆的内容

变成朗朗上口的儿歌、顺口溜，使枯燥的记忆变成有趣的活动。

其次是多表扬，少批评。要善于发现孩子的优点。家长应帮助孩子理解学习的内容。当孩子遇到不懂的问题时，父母应和孩子一起学习，共同探讨。

优秀家长的经验证明，学习目的的教育应该联系孩子的思想和实际，坚持耐心细致的正面教育，通过生动形象的事例，采用多种多样的形式，把学习目的与生活目的联系起来，这样才能收到良好的效果。例如，孩子学写字了，让他写写全家人的名字；孩子练习作文，让他写信给外地打工的爸爸或好朋友；孩子学习"春天"这篇课文，让他在周围寻找春天；孩子学了加减乘除，让他帮家里算账、记账等等。孩子的间接兴趣有利于激发长久的学习兴趣。

孩子具有好奇、好问、好动的特点，我们大人应充分利用它来激发孩子的学习兴趣。有的孩子把闹钟拆开，有的孩子不停地问为什么。家长不应把这看成淘气、捣乱，对孩子批评乃至训斥，这只会挫伤孩子求知的积极性。父母要学会尊重、保护和正确引导孩子的好奇心。

教孩子会学习

孩子在家里的学习活动有很多，要复习当天的学习内容、完成老师布置的作业、预习明天的学习内容，还要根据自己的兴趣爱好或家长的安排学习其他东西。对于这些活动，家长要和孩子一起，根据活动的特点，制定出一份切实可行、孩子也能认可的学习计划。有了这份计划后，可使孩子能够进行有序的学习。

计划制定后，要督促孩子执行学习计划、严格按照计划进行学习，每天坚持不懈，让孩子在做完一件事后再做另外的事情，千万不能让学习计划形同虚设。在计划的执行过程中，发现孩子的进步，及时予以表扬，使其体验成功的喜悦。遇到困难时，鼓励孩子战胜它，必要时要给予帮助。按照学习计划学习，他们的注意力就会集中到当时要做的事情上去。

教会孩子做读书笔记和摘要是家长辅导孩子学习的一个好方法。首先要给孩子准备一个他喜欢的笔记本，然后给孩子提出要求，每看完自己喜欢的文章或感兴趣的消息，就写出读书笔记或摘要。读书笔记和摘要要写出文章的主要观点或自己认为最精彩的部分，也可以将其中的好句子和段落摘抄下来。

看文章时如果遇到生字、生词，让孩子自己查字（词）典。开始时父母可与孩子共同阅读一篇文章，找出文章的中心思想。之后逐渐让孩子独立完成阅读。

对孩子的阅读内容，父母不必限制太死。让孩子凭他的兴趣自己选择，父母可进行推荐。只要孩子能坚持下去，就会发现孩子在资料积累、阅读能力、归纳能力和表达能力上都会有明显的进步，而且孩子还学会了自己学习。辅导孩子学习变得事半功倍。

孩子做错题是常有的事，帮助孩子学会纠正错误是引导其学会学习的好方法。给孩子准备一个本子，孩子每次作业或考试出现错误，就让他把题目抄在本子上，然后按正确的方法重做一遍。之后分析错误原因，是不会审题还是粗心大意，是没有掌握这部分内容，还是不会正确分析，用红笔将错误的类型醒目标出。过一段时间，与孩子一起整理错题。从错误入手，就可以有的放矢地辅导孩子了。

在子女教育的过程中，家长起着主导作用，决定着家庭教育的目的和内容、教育的态度和方法，从而也决定着教育的效果。亲爱的朋友们，让我们一起走进家庭教育，去了解它、认识它，承担起做父母的责任，做一个合格的家长。

（曲阜市小雪街道中心小学）

S 泗水县
SI SHUI XIAN

做孩子心中的灯塔

岳慧琳

毕淑敏曾写过一篇文章《孩子，我为什么打你》，里面流露出一位母亲对孩子成长的无奈、迷茫、担忧……读后让人感慨万千。今天，我要写的是"做孩子心中的灯塔"。作为一位母亲，在二十多年养育孩子的过程中，我付出了泪水、痛苦、辛劳，也收获了满足、欢乐、幸福，并从中总结出了养育孩子的几点心得。

养成良好的习惯

细节决定成败，性格决定命运。那么性格是如何养成的呢？是习惯，是一次次地重复。家庭是习惯的学校，父母是习惯的老师，父母的教育方向首先要放在孩子的习惯培养上。比如生活习惯的培养，父母要求孩子讲卫生，父母必须先做到讲卫生，按时刷牙、洗脸。久而久之，孩子就会养成良好的卫生习惯。反之，有的父母要求孩子晚上不许看电视，回屋做作业，但做父母的却在客厅内兴致勃勃地看电视，孩子能静心做作业吗？内心能不抱怨吗？如果在孩子做作业的同时，父母也在看报、读书，既为孩子做出了榜样，又为家庭营造了一个温馨而安静的学习环境，所以说孩子的良好习惯都是父母帮助养成的。有的父母看见人家的孩子一放学就写作业，学习成绩还那么优秀，心里羡慕不已，便拿自己的孩子和别人的孩子相比，可为什么和别人孩子的父母比一比呢？别人孩子的这些良好习惯也都是在父母的潜移默化中养成的，他们的父母为此花费了多少心血啊！羡慕别人孩子的父母，不如反思一下家庭教育的重心是不是放在了培养孩子的良好习惯上。

培养健康的人格

什么是健康的人格？我认为健康的人格应该是正直、善良、积极乐观、自立、自强。"人之初，性本善。"就是说一个人生下来本质就是善良的，但是社会这个大染缸让他学会了自私、冷漠。在孩子的成长过程中，父母是孩子的路标，是孩子的灯塔，父母应该给他光明，给他正义，给他爱心。而善良的优秀品质是可以"遗传"的，父母孝敬孩子的爷爷奶奶，孩子也会去模仿，也会去孝敬他们的父母；父母与人为善，乐善好施，孩子也会乐善好施。"勿以善小而不为，勿以恶小而为之。"一个不知感恩的人，是素质不全面的人。拥有一颗感恩的心，就会发现生活如此美好。让孩子学会感恩他所拥有的一切，那么，快乐就会伴随他美丽的一生。

让孩子学会自立、自强。现在的孩子多是独生子女，在家里有爸爸妈妈、爷爷奶奶等大人疼着、惯着，衣来伸手，饭来张口，"自立"都谈不上，还谈什么"自强"？针对这种情况，"放手"是最好的办法，家长要学会放手，更要舍得放手。总有一天，孩子要长大、要高飞，父母手中的这根线老是牵着、绊着，孩子怎么能飞高？

让孩子学会积极乐观、勇敢地面对人生路上的各种挫折，也是一种健康人格的表现。现在的孩子都是在表扬声中长大的，父母和老师的评价永远是"棒棒棒"！当然，提倡对孩子多表扬，但批评也不能少。没有批评的教育不是成功的教育，没有受过挫折教育的孩子永远长不大。我们的孩子成长路上会受到委屈、打击、挫折，他能扛得起吗？人生不总是一帆风顺，磨难和挫折会坚实他的人生。现在有人提出"抗挫折教育"，我认为提得很好，我们的教育缺少的就是抗挫折教育。笑对人生的各种磨难，不仅是一种积极健康的人格，也是一种大智慧、大胸襟。经得起折腾，保持平和的心态，这是成大事所必需的。

制定切实的目标

一个没有目标的人生就像一只没有航标的大船，不知驶向哪里。制定切实的目标，让自己的人生一步一步走向成功是很重要的。"志当存高远。"但不能高不可及，做事的时候，期望值不要太高，让孩子有畏惧之心。要让目标由易到难，先让孩子品尝到成功的喜悦，后来的目标才会有信心和力量一步步达成。当然，并不是说让你什么都不敢想，什么都不敢做。"一屋不扫，何以扫天下。"有了切实的目标，还要从小事做起，一件小事看上去是不起眼，但却有可能决定一个人的命运。无数成功者的经历表明：能做大事的人常常是那些不厌其烦做小事的人。"不积跬步，无以至千里。不积小流，无以成江海。""千里之行，始于足下。"踏踏实实走好每一步，认认真真做好每件事，才能走出一个绚丽的人生。

人生有目标，做事有计划，对中学生来说尤其重要。可以引导他们多读传记，引导他们制定切实的目标，有了目标就有了内心的发动机。如果孩子的愿望是正确的、积极向上的、切实可行的，父母就应当给予鼓励，帮孩子制订计划，一步步地实现目标。让孩子怀揣梦想一路前行，有梦想的人生才是有希望的人生。

青春期撞上更年期

前段时间，看了一部名叫《青春期撞上更年期》的电视剧。剧中的年轻人和父母的关系就像一根上紧了弦，时时处于紧张而对立的状态。我想说的是，二十岁左右的孩子和更年期的父母就像两颗定时炸弹，不一定什么时候就会烟雾四起。在他们各自的眼里，对方的一切做法都是错误的、不可理喻的，这当然也是一个"代沟"的问题。现代心理学研究发现，人在 10 岁以前，对父母是一个崇拜阶段；10 岁以前是很好教育的，因为孩子把父母当英雄。但是 10 岁到 20 岁就进入到一个轻视父母的阶段；20 岁到 30 岁开始对父母有一点理解；30 岁到 40 岁对父母有一点爱心。人到 40 岁以后，才能深刻理解父母，才会相信平平淡淡才是真。知道了这一点，更年期的父母就会对孩子多一些理解和宽容。21 世纪的父母要和孩子一起成长、一起学习，不能因为你是父母，就永远是对的，孩子需要成长，父母也需要成长。要学会和孩子进行心灵上的沟通，不能总是以威严和说教的面孔出现。

如今，留守儿童成为社会现象，父母与孩子缺少天长日久的相处，心灵上缺少沟通，再加上爷爷奶奶对孩子的宠爱，导致孩子身上出现很多坏习惯，父母教育孩子就更难了。所以，孩子还是由父母自己带，不仅加深了亲情，而且还能培养孩子良好的习惯。因此，儿童时期正确的教育引导是非常重要的。

有人说，做什么也不要做父母，父母永远是孩子的"债主"，只要活着，就永远还不完孩子的债。但是，既然我们选择了做父母，那就好好来疼爱孩子，教育孩子，让他们成为一个正直、善良、无私、博爱、有上进心的人。父母永远是孩子人生路上的灯塔，让我们的光芒更温暖、更明亮地照亮孩子们前进的道路吧！

（泗水县济河街道孙家庄小学）

谈家庭教育

渠祥瑞

孩子成才是每个家长的愿望，每个老师也希望自己的学生能有大建树。孩子能否成才与很多因素有关，我认为与后天努力和家庭教育有很大关系。那怎样才能做好家庭教育呢？

选择良好的教育环境

古时"孟母三迁"的故事让我们感叹，对于孩子来说有一个利于成长的环境是多么重要。"近朱者赤，近墨者黑"，经常与友善的人交往，你就会变得性格温和，经常与诚实的人交流，你就会把诚信放心中。网络资源是个学习的好途径，但里面也充斥着垃圾和危险，小孩子缺少辨别是非的能力，很容易受到不良影响。对五六年级的孩子来说，这也是一个对世界观和人生观产生深层次认识的阶段。有一群优秀的朋友能促进成长，而认识坏孩子则很容易使其接受不良的影响。因此，家长要让孩子接触美的事物，积极引导真善美，传递正能量。在教育环境无法改变的情况下，我们可以优化精神环境，作为教师要把培养学生良好的道德放到第一位。而父母作为孩子人生的第一位老师，更要注重发现孩子的闪光点，用自己美好的言行来教育孩子。

注意对孩子的鼓励和批评

有人说："孩子的成长中需要鼓励这艘大船。"是的，孩子对于家长的评价会十分在意。很多时候一个很小的鼓励，及时地一句"你真棒"，也会使得孩子感觉暖暖的。我记得六年级有篇课文叫作《唯一的听众》，里面提到一位少年开始拉小提琴时十分吃力，在别人看来就像锯床腿一样难听，少年十分沮丧。但是他遇到了一位老妇人，她自称耳聋，并且向少年表达出想成为听众的想法，虽然她听不见，但是她认为少年拉得一定很好，正是有了老人的鼓励少年才发奋图强，后来成了音乐家。而这位老人的真实身份是一位音乐学院的教授，正是这位老人的鼓励给了少年信心，才使得少年走向成功。所以生活中，我们不妨多给孩子鼓励，当孩子取得进步时，及时给他们肯定，让他们体会成功的乐趣。当然生活中不能光有鼓励，若整天生活在蜜罐中就不会知道生活中还有艰辛。光有赞美，会使孩子洋洋得意，傲慢自大，所以孩子也需要批评。当孩子犯错时，我们指出错误，严厉地批评也是对孩子的爱。只有这样，人生的航船才不会偏离航道。

不要忽视对孩子能力的培养

如今，判断学生优秀与否的重要方式是看学生的成绩，因此往往忽视了对于孩子其他能力的培养，很多孩子成为了高分低能儿，成为考试机器。我们在教育孩子时要培养孩子的动手能力，要重视孩子的表达能力。很多中国孩子缺乏创造力，动手能力不高，很多事情需要依赖大人。我们要让孩子拥有独立生存的能力，让他们做力所能及的事。让他们勇于尝试，在活动中锻炼自己的能力，不要怕吃苦，只有这样孩子才会进步。在学校中也可以多开展一些社会实践活动，这样的活动有利于孩子的成长和身心发展。

重视学生的心理辅导和交流

不同阶段的孩子在与人交流方面会有不同的思维及处事方式。遇到事情时，有的孩子能积极勇敢地面对，有的会畏惧逃避，此时应该与孩子多交流，想办法让他们走出困境。当有的孩子因为考试不及格而苦恼的时候，家长不应该一味地苛责，而应该帮忙找原因。如果光斥责，可能让孩子的压力更大，我们应该把压力疏导出去，让孩子接受阳光和雨露的滋润。平时多与孩子沟通交流会让孩子的世界更加美好。

成长路漫漫，在这条道路上会有酸甜苦涩，这需要他们自己去品尝，而每位家长都希望看到孩子健康快乐地成长，这就需要我们多付出，对孩子多一点鼓励，多一点关爱，让孩子追寻着自己的梦想去闯，沐浴在温暖的阳光下健康地成长。

（泗水县圣水峪前峪小学）

微山县
WEI SHAN XIAN

做好子女的第一任"老师"

朱思建

父母是子女的第一任老师，在孩子成长的过程中不可替代。我十分重视对女儿的素质教育，尽力配合学校的各项工作，力争把孩子培养成全面发展的创新型人才。鼓励孩子参加各种有益活动和社会实践，使孩子在这些活动中经受锻炼，体验喜悦和挫折，从而使孩子的身心素质得到全面发展与提高。

我的女儿最先就读于赵庙中心小学，在上学的这几年间，学校和微山县教体局先后举办了"小学生日记评比选优"活动、"中华经典"读书活动、"汉字听写"比赛、"手拉手共进生"活动以及美术作品展览、演讲、朗诵比赛、作文竞赛、小制作展览、到街道上为孤寡老人做好事、迎"六·一"文艺节目等活动，我均鼓励她重在参与，不要考虑是否取得名次。从二年级开始，她担任班干部。到五年级时，又当选为大队长，我鼓励支持她尽力干好班里和少先队的工作，不要小看这些锻炼表达能力和组织能力的机会。在家里，自己整理房间，洗袜子、刷鞋、刷碗、帮助父母洗菜做饭（学包饺子）等。我们还给她配备了许多体育器材，和她父亲带着她参加户外活动，学游泳、滑旱冰、玩冰车、跳绳、打羽毛球、乒乓球等，带她去观看师范学生举行的队列比赛、歌咏比赛、文艺演出、演讲、辩论、知识竞赛等，让她开阔眼界，从中受益。我鼓励孩子参加这些活动和实践的动机，既不是为了应试拿高分，也不是为了比赛拿名次，而是期望利用这些机会，让她了解社会、体味人生，从而培养她的同情心和社会责任感，让她拥有坦荡的心境，积极健康的生活态度，拥有广泛的爱好和较为扎实的知识基础，获得较强的语言文字表达能力、创新能力和自理能力。

家庭生活中，我们很注重言传身教，以自己勤奋敬业的工作态度和锐意进取的精神风貌影响孩子。让她懂得只有自尊、自立、自信、自强才能在激烈的社会竞争中脱颖而出，有所作为。

家长的身教比言教对孩子有着更为巨大的、深刻的、持久的感染力和影响力，父母待人处事的原则和方法处处在为孩子引路导航。我身为中学教师，教学、行政两副担子一肩挑，工作相当繁重。但我注意严格要求自己，力争做一名好教师、好党员。因此，我上的体育课是深受学生欢迎的课程之一，我也成为深受学生爱戴的教师之一，我所负责的政教工作也得到了全校师生的首肯和好评。我的做人原则和工作态度使孩子耳濡目染、熏陶其中。我告诉她："做人要诚实、公道，尤其是不能贪占别人便宜。"有几次上街买菜，带的钱不够，摊主说不要紧，下次路过再给钱也行。我始终记着这些事，并都再次付够了人家的钱。和左邻右舍相处时，我注意责己严、待人宽，告诉她，弹琴时尽量开小些声音，不要在楼板上蹦跳，要相互体谅。在备课程、学外语过程中我的认真钻研、一丝不苟的求知精神，使她惊叹不已："没想到，我妈下这么大的工夫！"我告诉她："世界上怕就怕'认真'二字，只有认真，才能拥有真才实学。"

重视给孩子营造一个良好的家庭环境，以利于她的成长。我们家三口人，全都是书迷，家里到处摆放着书报杂志、笔墨纸砚随处可看，随手可写，而且给孩子购买了各类图书。诸如《少年版东周列国》《科学知识童话》《看不见的生物世界》《神奇的小实验》《中外侦探大全》《侦探推理故事》《福尔摩斯探案全集》《莎士比亚剧作选》《科学家丛书》《古代小说故事》《趣味语文丛书》《中国少年儿童百科全书》《英语童话读物》《新编三字经》《新编弟子规》以及订阅的《奥秘》《连环画报》《少年科学画报》《儿童漫画》《家庭》《中国电视报》《中国少年报》等报纸杂志。她还拥有几百册中外名著，人物传记等连环画以及许多知识性的玩具。每当电视中有"人与自然""科技博览""正大综艺""人生AB剧""第二起跑线""大风车"和革命历史题材影片展播以及中央一台黄金时间电视连续剧更是每场必看，甚至全家围坐观看。（我们从不限制孩子看电视，因为她已养成了专心致志、又快又好地完成作业的习惯。）对于孩子在思考中随口提出的问题，我们总是耐心地解答，自己一时解释不清的，就和她一起翻辞典甚至是辞海，看地图，问其他老师等。就这样，生活中到处都有她的课堂，到处都有她的老师，她在不知不觉中增长了见识，培养了能力。每逢双休日和周五晚上，我还鼓励她多和大院里的小朋友到操场做游戏，或到我家来玩耍娱乐，让她感到家庭的温暖与快乐，让她的朋友感到来我家玩是件愉快的事。

重视与孩子心灵上的沟通，根据儿童生理心理特征，循循善诱、因势利导，效果显著。我们经常和她一起聊天，喜欢倾听她讲述学校里发生的各种故事以及她有什么烦恼或碰到什么难题等，并帮她分析问题和制定解决方案。比如考试后和她一起分析试卷，找出答错的原因是不会、粗心，还是审题不细？

尤其是在如何看待分数与名次的问题上更是帮助她解开思想认识中的死结。她在学习方面总想拿到年级第一，但有一次没拿上，许多天都闷闷不乐。我就跟她讲："有争第一的进取心是好的追求，但不能这样苛求自己，因为考试成绩是由许多因素决定的，每个人不可能在事实上总是拿第一。再说，有强劲的竞争对手也是好事，对手越多越强，越能促使你看到自己的差距，越能互相促进和鞭策，你应当和对手同学做好朋友。"后来，她果真想通了也这样做了。还有一次考试时，她的作文跑了题，语文成绩只得了80多分（第一次降到90分以下），她难过地哭了，我劝她说："这次跑了题当然是坏事，但也是好事，它能促使你在今后注意仔细审题，不再重蹈覆辙。妈在上小学时有一次算数只得了42分，原因是我在做四则混合运算时忘记了先乘除后加减，打那以后，我永远地记住了这个法则并刨根问底弄明白了它的算理，你看，这不是坏事变好事吗？分数和名次是次要的，学到真知才是第一位的。"听完我的话，她破涕为笑，以后写作文，再没跑过题。

孩子的思维特点有其特殊性。因此，作为家长应根据孩子的心理特征和思维方式去理解体会他们的思路和意图，特别是当他们干了所谓的"蠢事"或闯了祸时，更应如此。如果简单粗暴地施以斥责打骂，不仅于事无补，还会扼杀孩子创造性思维的萌芽。对此，我深有体会，一次，我家要做糖醋鱼，可偏偏糖罐里的白糖已板结成一大坨，怎么也砸不开，我就在糖罐口蒙上了厚厚的湿毛巾，并对她说："过一会，白糖自己就松散开了。"之后我就去忙别的了，过了一段时间，当我掀开毛巾时，却发现白糖已变成了半罐糖糊糊了。我看看糖罐，又看看她那紧张害怕的脸，什么都明白了。于是我笑着对她说："小雪，是不是你嫌白糖松散得慢，就给它倒了点水想让糖快点化开？"她点了点头，我又说："你的想法有道理，要是化冻肉这个办法就行，但这个办法用在白糖上就不行了。妈妈蒙上湿毛巾是为了让板结的白糖吸入些潮气自己慢慢松散，而你一倒上水它就融化成糖糊糊了。以后再冒出类似的主意，先问问大人行不行，可别蛮干了啊！"她也笑了，摸清孩子的思路是处理一切问题的前提，发现他们思维误区的同时给予因势利导，让孩子既知其然又知其所以然，让她的思维的火花迸发得更为耀眼灿烂，在"闯祸"的同时也学到了知识和方法，让她能以一个良好的心态去面对自己成长中的变化和复杂的社会环境。

（微山县赵庙镇第一中学）

我的孩子我做主

罗　栋

　　"我的孩子我做主"。乍听好像是我会为孩子准备好一切，让孩子坐享其成。其实恰恰相反，从孩子出生到现在我都一直在用心而严格地教育着她。

　　湘齐是一个古灵精怪的小姑娘，家里经常是笑料不断，智慧的较量不断。平常她可以和我像朋友一样打打闹闹，可以顶嘴只有她说的有道理。她调皮时可以喊我帅哥、老虎爸爸，我也从不会因为我是爸爸而强迫她做不喜欢的事。从幼儿园到现在她学过拉丁舞、葫芦丝，后来都因为她自己不喜欢而放弃，也曾想让她坚持下去，可看到她态度那样坚决，也就不再勉强。其实不管是大人还是孩子都要为自己的行为负责。进入小学两年没报班，我希望她拿定主意，决定学，就不能再半途而废。三年级上学期她终于决定要学画画，而且保证绝不半途而废，这也是一件值得高兴的事，最起码她明白不能随随便便想干什么就干什么，要为自己的言行负责。

　　孩子良好的行为习惯、学习习惯的养成，是父母非常在意的事，我也不例外。希望她能自主学习，有很强的自理能力，不要事事依赖大人。记得有一次湘齐说："爸爸你多好呀，每天干家务都是重复的，不像我们每天都是学新知识，理解不了老师还会不高兴。"我笑着说："那咱俩换一换，我去上学，你来干家务。""那肯定不行，老师不会同意的，还是自己干自己的事。""湘齐只要你上课好好听讲，用心记下老师的话，没有什么能难倒你。""真的吗?""是真的。"这次谈话以后孩子好长时间，也没有抱怨过学习累。适当的时候给孩子点鼓励真的很重要，自信心有了，认真听讲有了，想学习不好都难。

　　进入三年级后，作业有点多，有时中午吃饭的时间都有作业。湘齐又开始抱怨了："爸爸，小鸟多美呀，自由自在地飞来飞去，不用上学不用写作业。""你不用羡慕小鸟，爸爸给你请长假，永远不用上学，想怎么玩就怎么玩，比小鸟更自由，就是没朋友和你玩，因为他们都在学校上学。"听了我的话，湘齐说："那我还是上学吧。"有时她使性子不写作业，我幸灾乐祸地说："不写作业好，不写作业妙，想到明天有人要挨批评了，可真是开心呀!"要不了多大一会儿，她会自己乖乖地写完作业。这个学期，每天放学后，不等我催，她会自主完成作业自己检查，我只负责签字从不检查错对。这样的结果是因为我的口头禅："能一遍做好的事，就不要因为不认真而做第二遍，既浪费时间又不开心，自己找罪受。"遇到不会的题她圈出来，最后我再给她讲解。

湘齐每天有两项家庭作业：左手练字和学成语，左手练字的好处我不说很多人都知道，当孩子左手和右手写字一样好时，除了骄傲还有对老师深深地感激；每天学五个成语，会读会写会造句能正确理解意思，当孩子妙语连珠时心中也是充满成就感；每天的阅读也必不可少。这三件事已成为雷打不动的习惯。

我从不注重孩子的考试成绩，只注重她有没有认真细心地做每一件事，注重她有没有良好的心理素质。让湘齐快乐学习、快乐成长一直都是我的追求。孩子成长的道路上要学得东西太多了，不仅仅是知识，优秀品质的培养同样重要。如果一个人才高八斗、学富五车，而为人处世待人接物却有问题，必定会生活得很累，更不要说有所作为了。记得湘齐三岁左右，我和她一起看一个古装电视剧，有一个情节是一个贪财的人为了三百两银子，帮别人干了一件坏事，结果被人灭了口，家里的母亲哭瞎了眼睛，盼着儿子归来……从那时起"占小便宜吃大亏，天上不会掉馅饼。"也成了陪伴湘齐的口头禅。

"我的孩子我做主"。准确地说，应该是我的孩子让健康快乐成长做主。湘齐四岁时，有一次和她正坐在街边吃凉皮，"爸爸你看——"顺着女儿手指的方向，我看见了一个头发花白的小矮人，赶紧让孩子放下了手，告诉她随便指点别人是不礼貌的。女儿好奇地问："为什么他已老了，还只有那么高？""因为他小时候挑食不好好吃饭，所以才没长高。"女儿点点头，等她再大一点她会明白那样的人是侏儒，但这一刻我要女儿明白的是对人的尊重，让善良在她心中生根发芽。只要用心，生活中处处都是培养孩子良好品质的机会，这是我的个人看法，我也一直这样做着。

每个孩子的性格不同，成长空间不同，在各方面的培养，是要见仁见智、因材施教的，但最终目的只有一个：希望孩子心地善良、坚强勇敢、敢作敢当，将来有所作为。

（微山县马坡镇第一中学学生家长）

唤醒儿子的"好胜心"

宋 波

　　争强好胜和个人的能力、行为风格以及教养有关，这其中有些是可控的，有些则不可控。在小学阶段，相对可控的是个人能力和教养。个人能力是指和学校学习相关的技能和知识，可以通过辅导和个人努力得到提高。父母在教养中，如果强调和其他高水平的人（同学）在同一纬度上进行比较，可以强化孩子的赶超意识。这两个的前提需要孩子的个人认知能力和教养支持，如果大人什么都不在乎、实质性帮助少，以及贬低可比事件的价值，那孩子也没有动力去竞争。还有一个就是行事风格，与教养支持有关。纯粹的争强好胜是不存在的，必须和个人的能力结合，且和同学的可比性高，符合学校的教育期望。小学三年级之前的一些考试稳定性很差，只要不是持续的最后几名，就不用在乎。按成才期望进行教育就可以，但肯定地说，随意发展和依靠孩子自觉是不可取的。

　　儿子上小学时，用他自己的话来说，属于好孩子之列。有时我们问他成绩怎么样，他的回答总是"很好"。考试完了，拿回成绩单一看，几乎都是全优。因为没有具体分数，我们也无法将他和其他孩子比较。偶尔问问老师，老师也只是说"好"或者"可以"。似乎孩子满足了，家长也可以无忧了。其实，儿子在班上从来没冒过尖，但他对此好像无所谓，从来没追求过名次，也从来不主动和好同学比。这使我很担心。难道他不想当第一名吗？一般孩子都有很强的好胜心，难道他没有吗？

　　但是，五六年级时发生的一件事，让我发现儿子的好胜心其实是很强的。一次回老家，他发现六七岁的表弟居然会下象棋，战胜了家里的大人，得到了不少赞扬。这使儿子心里很不是滋味，也开始学起了象棋，并决心要超过表弟。他一有空就拉着别人对弈，还借回了象棋书钻研，结果半年后他再回老家，表弟已不是他的对手了。看来，儿子是有好胜心的，那为什么在学习上却表现不明显呢？

　　我仔细分析发现，他所处的学习环境缺乏竞争氛围。现在小学不主张排名次，也不公布具体分数，加上老师对孩子缺乏必要的激励，使孩子缺乏比较和参照，难以认识自己和别人的差距，对自己在班里的实际位置和状况也不能具体了解，自以为已经很不错了，孩子当然不可能产生竞争和好胜心理。

其次，家长的不当"赏识"也会削弱孩子的好胜心。有时，为了鼓励孩子，帮孩子树立自信，孩子取得一定成绩时就夸奖孩子聪明，使孩子产生一种错觉，认为自己已经很不错、很聪明了，即使不用功也没事，导致孩子性情浮躁，缺少踏实认真的精神。

扪心自问，我也存在着对孩子赏识不当的倾向。等认识到这个问题时，儿子已经小学毕业了。

为了培养儿子的竞争意识，让环境带给他一些压力，我们让儿子上了初中住宿班。我想，当他看到别人都在学习时，他应该有紧迫感吧？果然，住宿班晚上集中上自习，在那种学习气氛浓厚的环境中，儿子的学习自觉性果然增强了。

进入初中后，班级和学校都要排名次了。记得第一学期期中考试，儿子在班上排第9名。据老师说，考这个成绩是不容易的，还给儿子发了成绩优秀的奖状。儿子当然也喜滋滋地。我冷静地对儿子说："考第9名你就高兴了，要是考第1名，那感觉肯定会更好！"儿子说："那当然！""你可千万别自我满足，在班上只能居第9，那在全年级是多少名呢？古人说'法乎其上得其中，法乎其中得其下'，你的眼睛一定要盯着前三名，这样你才有可能进步，否则就要倒退。"儿子点点头。我又问他："名次排在你前面的男生有哪些呢？"他想了一会儿，说出了好几个名字。我很是替他惋惜，说："人家为什么能考得比你好呢？他们也是人，也不比你聪明多少，如果你再努力一些，学习态度更踏实认真一些，我想你应该不会比他们差。你说是不是？"他辩解道："人家小学基础比我扎实。""基础是可以补起来的，再说，你现在认真地学，就是为将来打好基础，不然将来又说基础没打好，后悔也来不及了。"

我要求他找一两个比自己成绩好一点的同学作为追赶目标，超越之后再确定新的追赶目标。儿子同意了。

由于学校经常排名次，让孩子常常处于一种比较之中，再加上我有意识地引导他和别的同学比，渐渐地，他的竞争意识被激发出来了。每次考试之前，他都有自己的目标，要达到多少名以内，要超过谁谁谁。我对儿子说："好强是好事，但切不可有嫉妒心理，要多和好同学交朋友，学习他们的优点，靠自己的努力赶上别人，这才是良好的竞争心态。"

我认为，培养孩子适当的好胜心是非常必要的。一个孩子，只要自己一心

向好的同学看齐，有了强烈的好胜心、竞争心，就拥有了一种内在力量。这种力量可以变成勤奋的态度和上进的精神，变成自觉自愿搞好学习的内在动力。具有这种性格的孩子，一般都是能出类拔萃的。

有一些教育专家认为学校应该减轻学生的压力，不应该公布学生的分数，以保护学生的隐私。这固然没错，但我认为，学校应培养学生一定的竞争意识和承受压力的能力。现在的社会是竞争的社会，是个压力很大的社会，只有从小让孩子具有这种意识和能力，将来才能适应社会，才能更好地生存和发展。纵观社会上的那些成功者，无不是具有一定竞争意识和好胜心的人。这种心理如果能正常发展，它就是一种进取心，一种不服输的精神。

当然，任何事情都要有个度的把握。在培养孩子竞争意识的同时，也要防止孩子过分偏激，过分好强，出现变味的好胜心和嫉妒心。有些学生因为严重的嫉妒心理做出一些不理智的事，如北京一位高中女生因不能忍受另一女生比她优秀的现实，竟然向同学脸上泼了硫酸，导致两个人的人生都毁于一旦，两个家庭都痛苦不堪。这样的例子是很多的。

怎样把握好这个度呢？这只能靠我们细心观察孩子的心理发展，给予耐心而正确的引导了。我认为，在鼓励孩子竞争的同时，首先要培养孩子宽广的胸怀，学会为别人取得的成绩而高兴。当别人进步时，自己的超越才是真正有价值的。第二，让孩子把焦点放在自己的行动上，努力去超越，而不要期待别人失败以抬高自己。第三，对孩子的要求要切合实际，要在他的能力范围之内。打个比方吧，一个孩子实际的跳高水平最多只能达到 2 米，你却要求他一定要达到 3 米，他已经很努力了但还是达不到，结果只能是灰心丧气，失去信心。

在我的引导下，儿子现在和班上成绩最优秀的男生做了好朋友。据他观察，那位男同学有一个很大的优点，那就是不服输、不甘心落后。儿子受到他的影响，竞争意识进一步增强了。儿子一步步超越了一些原来比他强的同学，他的下一个目标就是要超越这位成绩最优秀的朋友。

（微山县昭阳希望小学学生家长）

守住孩子成长的方向

刘庆军

教育是门艺术，也是科学。心在哪儿收获就在哪儿。希望学生在课堂上能生龙活虎，争先恐后参与其中，提高学习的效率，恐怕是每一位教师梦寐以求的愿望和持之以恒的追求。不同的教师有不同的策略，面对不同的学生，打造高效课堂，呈现自己独特的教育风格，让学生学有所得，学以致用，在学习获得知识与成长的同时，也致力于教师自己的专业发展，提升理论与实际的契合点和柔韧度，拓宽视野的广度、专业的深度、技术的硬度，做一位有职业幸福感的老师。

"现在的学生越来越难管，厌学，不止这些，一点自信也没有，真是没招了。"一位同事无意中的一句话，引起了我的沉思。这位老师的话可能会引起同行的普遍认同，或与他有些许的同感，不可否认，我也是一样。但是，我们不能一味地把责任和过错统统叠加到学生身上。如果老师真正走进学生心里，学生不仅会喜欢老师的课，还会喜欢老师这个人，甚至于喜欢老师的一切，并且还会以老师为榜样，学习、模仿老师的一切。记得前不久，我安排学生给我写一封信，要求是跟我学习的一年里，所感所悟所得，尤其在教学中存在的一些问题，多提建议，少说好话。因为他们马上就要毕业，收齐作业后，我便认真看阅。真是不看不知道，一看吓一跳，我的心瞬间被一种莫名其妙的东西包围着，说不出，但能清清楚楚地感受到。孩子们很诚恳，有许多问题是我教学中存在但未曾注意且忽略掉的。一位学生这样说；"老师，您知道么？您刚带我课时，我还以为您不会笑，很严肃，不敢与您接近，上课也不敢举手回答问题，其实有些问题我会。可就仅仅几天，我就改变了对您的看法，您并不是不苟言笑，是我'误判'您了。从此我在心里对您有了更深地了解，但是，我只是把我最初的那个印象埋在心里，从没跟您说过。今天，正好您让我们给您写封信，我就想起这个最初的'阴影'，才敢给您说出来。"看到这，我很感动，不是因为信写得好，感动的是为这位学生终于大胆说出了自己深藏心中的秘密，感谢这封信，才使我有机会得以了解这第一印象有多么重要，尤其是老师

对他曾经所产生的影响。一位学生写道："老师我给您提一个建议，您不要生气，第五单元是辩论会，您知道吗？我们都做了准备，收集了很多材料。我们就等着开辩论会了，可到最后，您只是找了几位同学说，很扫我们大家的兴。您不知道我们心里有多难受，老师我希望您公平一些好吗？"另一个孩子直接写："提问时，老师您不要只提问那几个学生。"看着这一封封活泼可爱充满生机和炽热情怀的信，我反省着自己，反省着教学中的一切。有时，当学生出现问题或学习困倦时，问题不一定出现在学生身上，恰恰可能就是我们的教学方法、教育理念有问题。

看看自己做的笔记，感慨良多。教育是爱的事业，可爱心既能造就未来，也能葬送未来；爱是一把万能的钥匙，她能开启任何学生的心灵之门，使你真正融入学生的情感世界。当你与学生做到了心心相印，息息相通，你的教育也就成功了一大半。每一位教师就像牵着一只只小蜗牛，每只小蜗牛都要爬过一段漫长的、长满荆棘、布满坎坷的遥远路途，在这段路途中小蜗牛也会累、会烦、会厌倦、会哭鼻子，甚至会放弃。而那些牵着蜗牛的我们，或许应该静下心来，放慢脚步，给小蜗牛一点喘息的时间，让它喝饱水，伸伸小懒腰，打个小盹，然后再让他们精力充沛地继续上路。尊重选择恰恰使选择者萌发出强烈的内在的责任感，使之真正清楚学习是他自己的事情，这样他才有可能不断地反省自我、修正自我、完善自我。举个例子，在教学中，我们都曾遇到过学生有时没有及时完成家庭作业的现象或写错字的情景，怎么办？罚还是训斥？罚写十遍，不合适。试想，如果学生的心里只是在数着写字的遍数，或者对老师的做法充满了怨恨，是写不好的。训斥也不可取，容易挫伤学生的积极性。而我的做法是不罚也不训斥，自己找时间做完、会写，至于几遍不做要求，但有一点，在明天的课上能默写出来就行。只要学生认识到不足，给他们一个台阶。一个善解人意的台阶就等于一粒真诚的种子，而这些种子一定会有翠绿的春天。

当今，做一位合格的学生家长，也是极为不易的。所有的家长都是望子成龙、望女成凤，希望孩子出人头地、出类拔萃、卓尔不群。邻居家有一个孩子小明，学习成绩中等，虽然贪玩点但是品行并不坏。在老师和同学眼里，也是个相当不错的学生。他有一个爱好，就是写字，虽然写得并不太好。有一天，小明高高兴兴地跑回家，手里拿着他认为相当"成功的作品"，急切地对妈妈说："妈妈！您看我今天写的字好看吗？"接着他妈妈回了一句："好看什么，还没有你爸爸写得好呢？"一句话，小明由原先的兴高采烈立刻万分沮丧。其实，孩子当时可能只是想得到妈妈的一句夸奖，或者妈妈的一个微笑就足以了，没想到却泼了一盆凉水，当头一棒。

生活中，我们也会有这样那样的过于言激的行为。说者无心听者有意，对别人的伤害，尤其是对一个尚待成长的孩子，那是可想而知的。比如上面的案例，当孩子问他妈妈时，完全可以换一种方式回答，即使她写得不怎么好看，甚至还不如从前，也要用满怀欣赏的目光说："很好！进步了。你看整篇多么到位！"即使孩子说出不如爸爸时，妈妈也可说："虽然这些字还没有你爸爸写得好，但是比起以前，你进步了，好多了。何况你爸爸在你这个年龄写字东倒西歪，根本不如你，你比他强多了。宝贝加油！有信心吗？超过你爸爸。"如果孩子听到的是这样的话，那就如春风化雨，滋润着孩子的心田——以雪的方式进行灌溉，多鼓励，多赏识。正如一段话所写：如果孩子生活在谴责和批评中，他便学会挑剔和指责；如果孩子生活在蔑视和敌意中，他便学会侮辱和攻击；如果孩子生活在紧张和恐惧中，他便学会焦虑和不安；如果孩子生活在表扬和鼓励中，他便学会自强和自信；如果孩子生活在爱中，他便学会爱。

特级教师肖远骑老师曾介绍了这样一位家长，他是个植物学家。一天，孩子问老师一种植物是什么。老师不知道就说回去问你爸爸。爸爸说，我也不知道，让我查查吧。然后修书一封给老师，告诉他那是什么植物，并说："由您告诉孩子我觉得更好，我要让孩子懂得，你的老师知识比你父亲更多。由此，孩子懂得，您的形象在他的心目中会更伟大。"这样的家长用温情与鼓励，以他的宽容和对教育的准确理解，融洽了师生关系以及家长和学校的关系。

孩子的学习成长主阵地在学校，但也离不开社会生活，更离不开来自家庭的教育。只要教师放下身架，与学生平等倾听交流，真诚帮助，潜心研教爱心育人，坚定信念、坚守课堂、坚持研究、坚信未来，教育的百花园里一定会姹紫嫣红、芬芳四溢。

（微山县微山岛乡沟南小学）

孩子，老师陪你一起走

张明香

去年，因为工作需要，我来到一个偏僻的村庄任教。学校条件虽差，但既然来了，就想做出点成绩。于是，为了给学生留下良好的第一印象，我使出浑身解数精心备课。课堂上学生反应也特别好，可是，当我提问一位女同学时，她却怎么问都不开口。这时，一个学生说："老师，你别管她，她有病。""有病？"想到这里，我随嘴问了一句："你有什么病？"听到这话，她立刻哭了起来。我正在纳闷，刚才说话的那位学生又喊了一句："她脑子有病，以前的老师从不让她回答问题。"

这句话说出来，教室里立刻炸开了锅，学生们七嘴八舌地议论起来。有的说："她本来就有病，我很少看见她笑过。"有的说："她智商低，要不为什么每次考试都不及格？"还有的说："她从来都不主动和我们玩。"……一时间，教室里出现了失控状态。而那女生哭得更厉害，口口声声说要回家。怎么办？没想到这节课会出现如此失控的局面，我只得一个个安抚他们才勉强控制住局面。

在以后的课堂上，这个女孩自然成了我关注的对象，我发现她连头都不愿意抬了，就是偶尔抬头目光与我交汇时，也是充满了敌意。起初，我试图用鼓励的方法来激起她的学习兴趣。可没有成功。难道一句"你有什么病"刺痛了她的心？我为此深深地自责。通过了解我知道了她叫彭化杏，是一个性格孤僻的学生。很自然地，这个女孩成了我家访的第一个学生。

在班内其他学生的带领下，我好不容易找到了她家，可是，她家大门紧锁。我又来到了她奶奶家的住处，这是个特别简陋的小院，老两口外加三个孩子，家里最能接触点新鲜事物的东西就是那台电视机。爷爷言语不多，奶奶还算健谈。通过家访，我知道她长期跟奶奶住，爸妈在湖里养鱼。孩子在家就很少说话，更不要说出去玩了。因为对父母没有感情，所以也不愿意听父母的教导，结果最后形成了叛逆心理，性格也随之变得孤僻起来。我对自己说，既然找到了"病根"，我就要让这女孩变个样子。

以后的日子，我更加关注她。经过一段时间的观察，我发现她在班里没有一个好朋友，每到下课总习惯一个人坐在花坛边发呆。我曾尝试接近她，可每次还没等我靠近，她就离开了。怎么办？每到下课，我都坐在她习惯坐的地方等她。慢慢地，她不再排斥我了，但还是不理我。有时候我听到她会小声地和那些花草讲话。我明白，她是渴望交流啊。于是，我对她说，以后，老师就是这里的花了。渐渐地，她终于能和我说几句了。

看着孩子的这一变化，我喜出望外。但是我知道"孩子的性格和才能，归根结底受到家庭、父母，特别是母亲的影响最深"。孩子长大成人以后，社会成了锻炼他们的容器。但是，在一个人的身上留下不可磨灭的印记的却是家庭。良好的家庭氛围可令学生性格活泼、开朗、大方，而不良的家庭氛围可令学生胆怯、多疑自私、嫉妒、孤独。家庭氛围的好坏是形成学生心理、行为规范的重要因素。

于是，我决定再去她家里一趟，把孩子在学校的情况说给他们听，同时，我还带了一件法宝——我用手机拍下来的一些这个女孩在学校里做的事情，让他们看看自己的孩子在学校的情况，我相信，这些足以能触动他们的心。

这一次，还是爷爷奶奶在，我打电话，让她父母回家。听着、看着自己孩子的情况，她妈妈的眼眶湿润了，紧接着泪水夺眶而出。爸爸的表情也变得严肃起来了。她妈妈说："从来没有人让我们这么了解我的孩子，我只知道她性格内向、老实，不会惹是生非。学习不好，我一直认为是天资愚笨，从小就想着能混到初中毕业就行，因此没有真正去管过她的事情。现在看来是我错了。老师，您说怎么办，我们一定配合……"听着她母亲的话，我心里很欣慰。于是，我把从网上搜集来的一些关于孤僻孩子的资料拿给他们看。针对他们家的情况，我和他的父母共同制定了计划。

首先要做的一点就是：我建议父母和孩子应该进行一次深层次的交流。作为父母不仅要关心孩子的衣食住行，更要关心孩子的内心和精神世界。对孩子的内心世界的忽视和冷漠会导致很多心理问题和品德问题。作为家长应多与子女进行思想交流，以把握子女的思想脉搏。家长还要有意识地培养孩子的分享意识和乐观向上的精神。让孩子学会为他人的胜利鼓掌，从内心体验他人成功的喜悦之情。只有让孩子保持这种乐观豁达、积极向上的精神状态才能使他们真实面时自己、他人和社会，才有可能使他们远离或走出性格孤僻的陷阱。父母还应提高休闲的水平和质量，多安排一些时间给孩子，与孩子多交往。我们这里虽然条件差，但是还是可以多带孩子多去公园、动物园，使孩子多感受一些生活中丰富多彩的内容，帮助他们辨别是非真假，有意识地让他们增加一些生活阅历，为孩子多接触社会创造条件，从而增强其社交能力。家长要设法创造条件为孩子提供与小伙伴交往的时间和空间，周末和节假日让子女邀请小伙

伴来家中玩，鼓励孩子利用空闲时间与同学小伙伴进行电话交流，或主动到四邻八舍走动。通过这些，扩大交往的范围，学会与各种人交往的经验，消除一个人独处的寂寞。

从她家里回来，我又召开了一次班会。我知道，彭化杏的手工做得很好，在这次班会上我给班里同学布置了一个比较难的手工作业，结果，好多同学都在那里抓耳挠腮。我知道时机已经成熟，于是我把目光投向了这个女孩，其他同学也看到只有彭化杏在那里毫不费力地做着自己的手工。在我的示意下，同学们都涌到了她面前并且很热情地请她帮忙。这个女孩好像受了很大的宠爱，激动的表情溢于言表。我趁热打铁，问："孩子们，你们喜欢做手工吗？想学更多的手工吗？"孩子们很高兴的答道："想！""以后，我们该怎么做？""跟彭化杏学。""多和彭化杏一起玩。"……学生们又一次炸开了锅，说了好多自己的想法。我知道，这对于帮助这个女孩走出孤僻将是一个好的开端。接下来的日子，也验证了我的猜测，孩子们一到下课，就会三五成群地去找她玩，这个女孩也开始尝试和他们去玩耍。我及时地对此进行鼓励，并主动帮助她融入到集体当中。一段时间下来，彭化杏变得随和了，朋友也多了起来。课堂上，我把简单的问题留给她，她开始敢于作答，有时候竟能主动举手回答问题。体育课上，她能跑过所有的女同学，这也令我和同学们感到惊讶！我知道，这孩子肯定还有许多奇迹等待着我们去见证！此后，每隔两三天我都会找孩子谈心，隔三五天我都会和家长进行一次电话联系。没过多久，她竟然主动找我聊天，而家长也会跑到学校来看看，和我聊聊。我相信我能看到她彻底走出孤僻的那一天。为了更好地帮助孩子走出孤僻，我向校长说明了情况，校长拿来学校的相机让我随时记录下来她点滴进步。

期末考试前，我拿着相机，拿着记录孩子生活的东西，又一次来到了她家。这一次是女孩带我来的，而且是到的她自己的家，妈妈正在给孩子洗衣服。一见面，我就问："怎么还没下湖？"妈妈说："老师，我一直都没给您说，自从上次见面，我们两口子也达成了协议，钱可以少赚些，但孩子却不能再耽误了，所以，我就专职在家照顾孩子，好好弥补我们对这孩子的亏欠。"当我又一次拿出那些影像资料时，母亲仍旧泪眼婆娑："谢谢您，老师，我们会更努力的……"

我知道，这个孩子以后的路还很漫长。而我作为一名老师，还会碰到各种各样的学生，面临各色各样的问题。但我坚信：要想孩子有个良好的教育效果，这个责任不单单是老师的，也不单单是家长的，这是需要家长同老师共同努力来实现的。只要家长和老师建立良好的沟通，相信没有什么问题是不能解决的。

（微山县张楼镇北丁小学）

笑对学生美丽的错误

张美玲

我从事教育工作已有二十个春秋了。回首这些年的从教之路，作为一名平凡的小学教师，没有什么轰轰烈烈的壮举，更没有值得称道的大作为。可是平淡的教育教学生涯却赋予我宝贵的精神财富和生活阅历。热爱教育事业，从事教育教学工作是我人生一大乐趣。多年的讲坛上，留下了一个个感人的教育教学故事，许多都已随着时间流逝而淡忘，但也有一些仍然深深地烙在我的脑海中。

张正同学是我在三年级时新接手的学生，单亲家庭，父母离异。爸爸长期在外打工，跟着年迈的爷爷奶奶生活，长期被娇惯，每天都有零花钱，这些钱都用在零食上，而学习上常常缺这少那的。生活自理、自主能力较差，缺乏自制力，性格倔强、固执，有逆反心理，虚荣心较强；学习缺乏主动性，缺乏毅力，不能按时完成作业，学习不刻苦；有依赖和惰性心理，聪明但不爱多动脑；上课只能安静坐上几分钟，然后就和周围的同学说话，扰乱课堂纪律；经常为一点小事就和同学大打出手。最严重的是有一次他趁老师不在宿舍，从老师包里拿走了120元钱。我得知这件事后，悄悄地把他喊到一个屋子里经过耐心的询问，他主动把钱从书包里拿了出来。我把这件事向他奶奶说明情况并提出要求：只许教育不许打骂他。孩子出现这种情况与他奶奶常常给他零花钱有很大关系，一旦没有钱花了就想法弄到钱。我和他奶奶共同给他做思想工作，并且鼓励他："我们相信你是一个好孩子，也许是因为没有学习用品而又没有钱买才去拿别人的，如果学习上缺少什么可以向老师要，我会支持你的学习，但以后不要再拿别人的东西了。"孩子也是有尊严的，每个人都会犯错误，但重要的不是孩子犯错误，而是我们成年人用何种态度来教育孩子、处理问题。我们的态度如一把双刃剑，可以割破孩子的心，留下无法愈合的伤疤，也可以从中掘出生命的新水源。孩子做错了事，我就对孩子说，你认为你做得对吗？孩子一旦认识到错了，我就接着对孩子说，人没有不犯错误的，只要认识到自己错了，就是进步，关键是以后不要再犯类似的错误。教育孩子怎样做人，为

了给他一次知错就改的机会，这件事就成了我们的秘密，我没把这件事告诉其他任何人。

家庭是人生的第一所学校，父母是孩子的第一任老师。家庭教育作为孩子通向社会的第一座桥梁，对孩子的个性、品质和健康成长起着极其重要的作用。小学生正处于人生的关键时期，所走的每一步对他们以后的人生发展有着至关重要的作用。有位教育家曾说过："父母教育孩子的最基本的形式就是与孩子谈话。我深信世界上最好的教育，是在和父母的谈话中不知不觉地获得的。"可见，沟通在家校教育中起到举足轻重的作用。人与人之间都需要通过沟通与交流的方式增进了解，加深感情，对于天真无邪的孩子们来说，他们幼小心灵的成长变化是无时无刻的，因此更需要得到长辈的关心和帮助。而良好的沟通将在成人与孩子之间架设起一道心与心相通、情与情交融的桥梁。有利于与孩子之间建立更深厚的感情基础，帮助我们及时发现和了解孩子存在的心理问题，这不但对孩子的心身发育非常有利，同时也使我们能够成为与他们分享快乐、共同成长的朋友和知心人。

沟通要保持平等关系、沟通要相互信任、长辈对孩子的信任是对他们最大的鼓励。只有建立在信任基础上的沟通，才是最容易被接受的沟通，从而产生"知无不言，言无不尽"的效果。沟通交流要保持经常性。交流就是一种心灵上的沟通，情感上的互动。通过交流更加了解他，而让他也通过沟通更加体谅我们。因此，要把沟通当作像关心自己的孩子吃饭、睡觉一样平常的事情去做，而不要搞突击性和临时性。他有所变化时，更要及时进行沟通和了解，及时发现问题、解决问题。要把握沟通时语言使用的分寸，多赞美、少批评，教育孩子最有效的方法是鼓励或者欣赏，"好孩子是夸出来的。"平时简单的一句话，却是"一语千钧"的教育名言。张正只要有点进步我就及时表扬他，哪怕他拾到一块橡皮我要大张旗鼓地表扬他，让同学们感到他是一个好孩子，让他感到自己是一个好孩子，对自己有信心，能体验到自身的价值。

作为老师，首先应"捧出一颗爱心"。对他真诚关心，热情爱护，尊重他，不歧视，不挖苦，真诚地跟他交朋友，用博大的爱心，激起他感情的浪花，取得他的尊敬和信任，打开他心灵的大门，帮助他树立信心，弃旧图新。针对他经常犯错误、出问题的方面，我则耐心指导，认真帮助他分析错误原因，让他自己找出错误所在。同时，没有放松对他的教育，用爱心去关怀爱护，用爱心去严格要求，使他真正理解老师对他的关爱，有利于形成他良好的行为规范。

针对张正惰性强的缺点，要着重激发他热爱生活、热爱学习的热情。虽然学习上懒惰但是他是一个爱劳动的孩子，只要为班里做一点好事我就当着全班同学的面表扬他，也许他被老师和同学数落惯了，每次表扬他都特别高兴，信心十足的样子，让他感自己不比别人差。我最大限度地激发他的学习兴趣，帮助他养成良好的学习习惯。在日常学习中，制定切实可行的奋斗目标，也就是要对他提出难度低一点，跳一跳就能摘到果子的问题，使他也能体会到战胜困难获取成功的喜悦。此外，学校、家庭双管齐下，我经常与其爷爷奶奶联系，了解他在家的情况，和家长配合共同对他进行耐心细致地教育和帮助。让他们勤于和孩子交流沟通。并让他的爷爷奶奶一定要改变对孩子的教育态度，与老师更好地配合，严格管教孩子。如在生活上和学习上满足他，但不随便给他零花钱，让他在家里干些力所能及的家务，从干家务中让他体会长辈的辛劳和快乐，让他学会自理，学会生活，懂得生活的艰辛和不易。

功夫不负有心人，张正再也没有拿过别人的东西，并且经常在别人有困难时帮助别人，变得性格开朗，积极进取，学习积极，热爱劳动，成绩也逐渐提高，现在已是班里的优秀生。在他成长的道路上我也看到了自己的成功，看到了我的收获。

每个孩子都是一个宝藏，在他们身上，都潜藏着智慧和才能有待开发。教师的最大智慧，是对每一位学生潜能的挖掘，给他们提供展示才能的平台，健康快乐地成长。做父母的也要有一个神圣的职责，就是帮孩子开发"真棒"之处，哪怕是深藏不露、点点滴滴。不是所有的种子都能发芽，但只要播下去了，就会有发芽的可能；不是所有的花朵都会结果，但只要开花了，就会有结果的希望；不是所有的辛苦都能带来收获，但如果不付出辛苦，就永远得不到硕果。

（微山县鲁桥镇下集小学）

Z邹城市

ZOU CHENG SHI

从点滴做起，让孩子快乐学习

姜召秀

我的孩子在 2011 年高考中，以裸分 694 分、济宁市理科第一名的成绩，被北京大学光华管理学院录取。作为一名家长，也是一名从教 20 多年的教师，将孩子在成长过程中如何与学校配合，加强孩子的思想教育、行为习惯的培养，指导形成有效的学习方法，营造学习环境方面的做法写出来，希望能够给其他家长一些启迪和帮助。

树立正确的教育理念，使孩子轻松愉快学习

古代军事家孙武说过：攻心为上，攻城为下。有了健康的学习心态，在漫长而艰辛的十几年的学习过程中，学生就不觉得辛苦，自觉主动地去学，从中感受学习的愉快，享受进步的幸福。为了让孩子轻松学习，我们的做法是：从孩子上小学起，我们就管住自己的好奇心，不直接问孩子的成绩、名次，而只是要求她在班级或者学校，找到学习的目标，向他学习，努力缩短差距即可。一直到高中我们都坚持这样做。

哪有家长不关心自己孩子的成绩？但作为家长要淡化急功近利的思想，孩子本身就对学生成绩都十分敏感，有很大压力。家长作为成年人，抗压能力强，要经常给孩子减压，给孩子一片晴朗的天空，这样孩子就不会为每次的考试成绩而患得患失，心理负担也会减轻。经常告诉孩子，只要付出辛勤的汗水，哪怕过程中有波折，但最终结果一定是好的。就拿高三全市第一次摸底考试来说，这次是进入高中以来最差的一次，653 分，校级 18 名，离高考还三个月，面对孩子的这样的成绩和状态，我们心里惴惴不安。在分析原因时，孩子说数学、物理有两道题会做，但因为粗心失分。我们就告诉她，会做不得分，并不说明你会，考试做题能力，也是一种能力，会而不失分，要从细心、步骤上锻炼！之后，孩子在考试中注意了这些，成绩稳步前进，往后的摸底考试，分别是 668 分、674 分、682 分，至高考时的 694 分。

不向孩子询问成绩，但并非不知道。因为有时孩子会主动说，或者向老师询问，事实上每次考试，我们都会做到心中有数。这样做，就是要向孩子传递"重过程，不重结果"的理念，让她知道平时重视学习，付出努力，即使结果不理想，家长也不会埋怨。

培养良好的学习习惯，使学生主动自觉学习

良好的习惯，是开启成功的钥匙。自主学习是最重要的学习习惯。从小学开始，我们就注重培养孩子良好的学习、生活习惯，使孩子养成做事不拖拉，今日事今日毕，课前预习、课上专心听讲、课下及时复习，各环节缺一不可的学习习惯。比如在吃饭前，一定要把老师布置的作业做完，中学阶段作业量大了，也要先完成当天的作业，才可有自主的时间，这是习惯的培养，也是责任心的养成。2001年，我们家曾经赁房一年多，条件比较简陋，把孩子接回家，我做饭，孩子写作业，基本上作业做完，也该吃饭了。孩子一般不午休，吃完后就看会作文书、童话书，或者放影碟，看《大头儿子和小头爸爸》《狮子王》等。这一年租房的生活对孩子的学习习惯的养成帮助很大。

现在的孩子都比较喜欢上网，有很多孩子甚至有了网瘾，对孩子的学习、成长造成了很大伤害。我们家是孩子上初中时才装的宽带，孩子一开始也比较喜欢上网，为了正确引导，我们给孩子讲明，网络主要是学习工具，用于帮助学习，娱乐是辅助，使用要控制在适当的时间内。身教重于言教，五年多来，我们从没在孩子面前开过电脑。所以孩子在中学阶段，除了上网查资料，也只有周末看两个小时的喜剧片，看着看着自己哈哈大笑，紧张的心情一扫而光。并且孩子对网络的利与弊有较深刻的认识，在2008年邹城市举办的"彩虹杯""文明上网"征文中，孩子写的《地狱、天堂一步之遥》，获得了中学生征文比赛一等奖。文中写道："涉世之初，远方的诱惑总是太美，而近处的东西总是太奇。面对生动有趣的游戏画面，我们总想成为游戏的主角。于是，网络便被一群不懂世事的人，演绎成了一场与SARS同等厉害的瘟疫。唯一的不同，网络侵害的，不只是人的肉体，更是人的灵魂。"

家校紧密配合，培养孩子优良的素质

亲其师，信其道。一个学生同时面对的各学科教师，老师的风格、知识、

态度存在差异，在所难免。我就告诫孩子要欣赏自己的老师，学会适应老师，配合好老师的授课。因为老师面对的是全班学生，不可能因你而改变，所以要学会适应，长大了才能适应社会。

记得小学时，孩子回家说因为错了两个字，被罚站了一节课，疼她的姥姥要去找老师，我们坚决制止了。并告诉孩子，老师的批评鞭策是再正常不过的事，要学会虚心接受。可以这样说，孩子十多年的学习中，我们从没抱怨过老师的教育行为，只有尊重支持老师，老师的热情才会释放。反之，别人说不得、碰不得，那只会束缚老师的手脚。学校里的学习生活，占大部分时间，班级更是生活学习的主体，要教育孩子学会与同学和睦相处，经营好同学间的关系。所以，我平时教育孩子，对待同学要大度，不要斤斤计较，要多发现优点，多包容，不要吹毛求疵。如果和同学有不愉快时，要知道"会怪的怪自己，不会怪的怪别人"，只有和同学关系融洽、和谐，才会有好的心情学习。

家庭环境对孩子的学习同样非常重要。一个在宽松、快乐的家庭氛围中长大的孩子，性格往往活泼开朗、充满阳光。而在紧张的家庭氛围中长大的孩子性格却多内向极端、不关心人。所以家里的环境应尽量温馨、安静，少受外界干扰。我们的几点做法：1. 尽量不在孩子面前吵架；2. 不要在孩子面前口不择言；3. 在教育孩子时观点要一致；4. 不要在家打牌、打麻将或玩电脑，如果那样，孩子就会感到心理不平衡；5. 看电视要把音量放小。

掌握科学学习方法，提高孩子的学习成绩

面对知识，不仅"学会"，还要"会学"。孩子在长期的学习中，形成了自己的一些方法。首先做到课前预习、课上专心听讲、课下及时复习，预习从精，复习从简，这些环节缺一不可。其次保证休息时间，提高学习效率。每天要有八小时左右的睡眠，就是到了高三阶段，也能保证七个半小时，这样白天上课就会很有精神，不容易走神。抓住课堂时光，利用不得不坐在教室里的时间解决关键的问题。三是建立改错本，错误也是一笔宝贵的财富，要对错题总结归纳，记录下来，不要一错再错，避免同一个地方跌倒多次，也是对知识体系的巩固。实际上，解决错题的过程，就是不断进步的过程。四是善于总结归纳，每科都应该准备一个记录本。对难点、易混淆知识点的总结归纳，写写自己独到的见解，毕竟自己的理解才能更好地加深记忆。对好的思路，精彩的解题步骤的总结归纳，这些都是瞬间的灵感，不记录下来就容易流失。五是多和家长交流、沟通。家长的阅历、经验、某一方面的知识，都有孩子值得学习的

地方。在交流中，孩子会获得指导、知识，这对学习成长、做综合科大有帮助。六是提高记忆能力，一切智慧的根源都在于记忆。知识在学习后的几天内遗忘的速度非常快，但过了一星期后遗忘速度便趋缓了。因此记忆的关键便在最容易遗忘的那几天里，要及时巩固复习。

快乐学习，快乐考试，高昂的精神，可以催人向上。既然有些事情总要面对，我们就不要逃避，为什么不做最好的自己呢？让每一天都充实无悔地度过，走好过程中的每一步，到了考试时心境就会变得很坦然。要时刻懂的：无悔地付出，平静地收获。

（邹城市高级职业技术学校）

做好孩子的"隐形教师"

唐桂菊

孩子上清华已两个月了，回想教育孩子的过程，是有一些体会的。如果对其他家长有些思考借鉴价值，也是很令人高兴的事。

父母要尽好"隐形教师"的责任

人的一生，都要经历从呱呱坠地、牙牙学语，到小学、中学、大学，再到走上社会、成家立业。作为"过来人"的父母，当初的经历、感悟，成败、得失，甚至是遗憾、后悔，对今天的孩子往往有宝贵的思考和指导价值。好比陌生道路的"行者"，走过的人往往能给有价值的意见。

人说，"父母是孩子的第一任教师"，其实也是终生教师。只不过，这个教师不像学校里的教师有正式的"头衔"，有大家心目中共同勾勒的"教师形象"。这个教师往往是"隐形的"，但作用却丝毫不比常规意义的"教师"小。从行为习惯，到课业学习、品质修养，都无处不在，发挥着默默而又巨大的作用。

"放任自流型"父母——失职的"园丁"

"工作太忙""经常出差""晚上有应酬""家里事多"……往往是这类家长推卸教育子女责任的"挡箭牌"。有的还自我安慰"树大自直"。（要知道，树大自歪的也不少。）这就像是个懒惰、失职的"园丁"，结果花园里往往是杂草横行、树木枝杈丛生。

"有老师管就行了!"是另一种类型的"挡箭牌"，来自于似乎"完全信任"老师的家长。但教师替代不了父母的角色、影响。在学校，老师忙于知识教学，每班学生又多，老师的时间精力有限，对孩子个人的综合指导也有限。只有家长尽好自己"隐形教师"的责任，才能合力帮助孩子在成长的道路上走得又稳又好。

"老母鸡型""直升机型""除草机型"父母
——溺爱，剥夺孩子成长的机会

"老母鸡型"父母老想把孩子紧紧护在自己的"羽翼"之下；"直升机型"父母时刻准备在孩子遇到问题时"垂直空降"；"锄草机型"父母看似更有"前瞻性"，冲在孩子成长道路前面，把一切障碍全部提前清除。这样无微不至的爱，让人感受到父母对子女发自内心深处真挚的爱，确实令人感动。但这种爱负面影响也不容小觑，在"老母鸡"温暖、安全"羽翼"下成长起来的孩子目光短浅、胸无大志，做事畏首畏尾；头顶时刻有"直升机"盘旋的孩子独立性差，依赖性强，遇事就抬头找"直升机"；"锄草机型"父母就更甚一步，孩子连遇到问题的机会都没有——心急的父母已提前把前面的道路打扫干净。可是，温室里的花朵经不起风雨，巢里的小鹰永远不能搏击长空。对于孩子，不经历一些问题、困难、挫折甚至失败的磨砺，他又怎能一步步成长，一步步提高呢？心急的父母实际上剥夺了孩子经历问题、解决问题并在这个过程中成长、提高的机会。这种爱是溺爱。

"隐形教师型"父母——理性的"真爱"

看过一个电视节目，节目组让一个家庭中 5 岁的孩子第一次独自到两条街外的商店去买东西。大人详细交代路径、强调安全，经过一番鼓励，孩子上路了。一路上，孩子走走停停，在路边的长椅上坐坐，在花坛旁看看蝴蝶……母亲和摄像师在后面远远地跟着。我觉得，这位母亲就是生活中父母的角色——给孩子自己的空间，让他自己去生活、去体验。但父母绝不是"甩手掌柜"，要默默地"隐身"在孩子身边，随时清楚地掌握孩子的学习、交友、娱乐等各方面的情况，及时、适时地指导，但又绝不代办、包办。尽到了父母的责任，也做到父母的关注、指导永远在孩子身边，却自然不着痕迹。

要教育好孩子，父母先要自己"做好"

经常见到这样的父母：自己每天喝酒打牌，却要求孩子勤学苦学；自己牢骚满腹，怨天尤人，却要求孩子阳光乐观，积极向上；自己做事拖拖拉拉、得过且过，却要求孩子雷厉风行，学习高标准严要求。这样的要求既不公平，也不现实。"孩子是父母的一面镜子"，孩子身上的一些缺点、不良习惯，往往都有父母的影子，都是父母长期"身教"的结果。所以，看到孩子的缺点、过错，父母不该着急、生气，甚至是暴跳如雷，应该先用孩子这面"镜子"照照自己，看看"根"是不是在自己身上，自己的"榜样"做的对不对？再看一下自己对孩子的了解、关注够不够？指导及时不及时？这样一想，多半就会心平气和，能更好地解决问题。

在我们家，要求孩子做到的，我们两个人一定先做到、做好。其中有一点做得比较好的就是孩子学习、做功课的时候，家里不开电视。多数时候，孩子做功课，我们看书。到高三孩子晚上学习比较晚的时候，我们总有一个人一直陪着，虽然帮不上什么忙，但对孩子来说是一种精神支持。

指导孩子养成良好的学习习惯

有的孩子平时看起来学习并不刻苦，甚至很爱玩，但学习成绩总是名列前茅。而另一些孩子学习很用功，经常挑灯夜战，但成绩总是位居中游甚至不理想。因此前一类孩子常常被解读为"聪明"。实际上，只要有意识地指导、帮助孩子掌握方法，提高效率，合理安排时间，孩子可以一样"聪明"。

凡事预则立，不预则废。有计划地学习，让孩子的学习、生活节奏分明。学习时聚精会神，全身心投入，提高效率。休息时彻底放松，为紧张的学习养精蓄锐。久而久之，就会变成孩子自觉的行为，成为好的学习习惯。这样学习，高效又相对轻松，容易提高成绩。相反，漫无目的地学习，在时间上并不少用，看起来忙碌疲惫，实际上精神松垮，难出成绩。

指导孩子多花点时间在"精做"与"整理"上

关于"精做"：有些典型题目做完后，可以多想一想，这个题目考察的是哪些主干内容，用到了哪些思维方法，与之前题目有没有相似之处。有时候一些难度大点的题目是一眼望不到底的，这更需要孩子静下心来多花点时间把题研究透彻，必要的时候可以向同学老师请教。正所谓"做题的收获在题后"，这个"题后"就是解题后的总结思考。从表面上看，这样做一道题花的时间会比较多，但这是在通过思考将知识融会贯通、举一反三，以后再解类似的题目就会驾轻就熟，花得总时间就会远远少于其他人。这样的办法似拙实巧，是一种"大巧"。

关于整理：这是一个把知识归纳系统的过程，整理方法得当，事半功倍，能够达到做再多作业也不会达到的效果。举例来说，在整理时可以构建孩子各学科的"知识树"。先由中心内容构成"主干"，然后发散开，把各个零散相

关的小部分变成"分枝"，整合到"主干"上去，将各知识点就位。这样结构清晰，考点间的关系清楚。对这一学科既有整体的把握，又有具体的落实。开始时可以借助目录和讲课的顺序来帮助理清头绪，随着知识的增多，还要不断地"添枝加叶"。在这个过程中多用一点时间思考、归纳、总结，收益会非常大。

指导孩子劳逸结合，提高效率

孩子在高一时，晚上 10 点左右休息，高二延长到 10 点半，高三到 11 点，除了过年以外基本没有熬过夜。中午坚持午休。这样休息时间充足效率才高，很多内容在课堂上就可以完成，课下也就不用花费太多的时间，形成时间利用上的良性循环。我们不建议过分"见缝插针"地利用零散时间。虽然也知道有的孩子在课间、饭前饭后等点滴的时间里，记一两个单词，看一两段阅读等也很有收获。但是我们认为这只是一种表面上的算法，虽增加了学习时间，但牺牲的效率却是无形的。

在学习时间安排上，有一个著名的公式：$8-1>8$，意思是从 8 小时中拿出 1 个小时来进行体育锻炼、娱乐或休息，表面上只学习了 7 个小时，但由于精力充沛，效率高，收获往往会远大于连续不断地学习 8 个小时。比起整天忙忙碌碌、打"疲劳战术"的孩子来说，少用一点时间，换来的却是轻松和高效。何乐不为呢？

总之，为人父、为人母，怀有对子女的挚爱之心，尽好"隐形教师"的责任，就会帮孩子在成长的道路上走得又稳又好。

（邹城市兖矿第二中学）

我的两颗"金点子"

仲维柯

谈起儿子，心中不由平添几分欣慰和自豪。小学由五年级跳级到七年级，中考以全镇第一名的成绩升入邹城市第一中学。而今，15岁的儿子在邹城一中读高二，成绩较为优异。也许有人会说，你真幸运，有个聪明儿子……我想说，孩子的成功与家长科学教育密不可分。我们做家长的，只有多观察孩子的一言一行，多琢磨出几个金点子，适时点拨，方能成功育子。

让儿子珍惜花季

小学五年级那会儿，儿子放学后总是呼朋引伴满世界里野，有时连作业都不能按时完成。一段时间后，他的成绩一落千丈，由原先的前两名下降到中游。对此，妻子忧心忡忡，寝食难安。我劝慰道：莫怕，孩子还小，找机会引导。

真就那么巧，机会说来还就来了。

那年，夏秋雨水不遂人愿。农历五六月间，雨水调和，夏苗长势喜人；六七月间，正值庄稼开花传粉紧要当口，连续二十多天干旱无雨，绝大多数农作物因传粉失败而未结果。中秋过后，秋雨绵绵，无果实的庄稼贪婪地吸吮着地里的养分疯长。那年的收成真是伤透了庄稼人的心。

一个周末，我把儿子带到野外，让他目睹一下那满眼里"不着一粟"的庄稼。

"儿子，这满地里的庄稼长得这么好，为什么还说今年是个'荒年'呢？"我问。

"因为这庄稼上没结果实，光长秸秆不结果！"儿子很有见识地回答着。

"这里地肥水足，且庄稼的枝干粗壮，为什么不结果实呢？"我又追问了一句。

"因为在开花传粉季节，遇上干旱。"儿子很得意。

"是呀，这坡庄稼从播种到收获，农民不知要付出多少汗水，就是没有抓住花季，一切都是徒劳。人的一生是否也有花季呢？在花季里无所事事，到头来也像这庄稼一样，即便枝杆粗大，也终无收获。"

儿子静静地听着，若有所思地看着周围地里那光秃秃的庄稼。

"儿子，今天你就以这'无果的庄稼'为话题，写上一段话，晚上交给我。"

当天晚上，我迫不及待地打开了儿子交上来的"感悟"。

"爸爸，我明白了。我正处在人生的花季，如果不认真学习，就如同那不结果的庄稼。青少年时期，是人生的黄金时代，迷人的花季，若抓不住这个时期，那只能'白了少年头，空悲切'了。学习科学文化，犹如我们开花传粉。知识越丰博，人生之果越硕大。"

看完后，我提笔在他的文末批语道："人的一生最宝贵的是青少年时期，也就是你这个时期，它决定着你的前途命运。倘若在这个时期不学无术，一天天混日子，就等于在你的花季来了一场'大旱'，其结果只能是那'光杆的庄稼'！"

让儿子对"早恋"说"不"

在一次家长会后，儿子的班主任郑重告诉我："种种迹象表明，你儿子早恋了。"回家后我没有将这事儿告诉妻子——儿子上高一了，正是儿童向成人的过渡期，其生理、心理会发生较大变化，对异性产生的关注和懵懵懂懂的"爱"很正常，但是若任其发展，不加节制，也确实对其成长不利。

如何让儿子发自内心拒绝"早恋"呢？我陷入了深思。

暑假期间，我将儿子带回农村老家过几天。

一个午后，我带着儿子到田间散步。田里的玉米翁翁郁郁，有儿子个头那么高了，叶间孕育的小玉米棒拇指大小，静静地吸收着营养。

这时，我和儿子在一地头停下了脚步——那地头凌乱地放着许多被拔掉废弃的鲜玉米棵，这些被废弃的玉米棵比地里长着的多出了长长的"天缨"（处玉米顶部，内有花粉，花粉传到叶间长成的玉米棒上，玉米棒方可结粒）。

"儿子，这好端端的玉米棵，为什么被拔掉呢？"

儿子不解，疑惑地看着我。

再次丢弃鲜玉米棵的一位老大爷热情地向儿子解释："这叫'早熟棵'。你看，这叶间玉米棒才拇指这么大，它就长出了天缨。好端端的天缨花粉白白洒到玉米叶子上、泥土上，没有任何作用。这样的玉米棵是不会结出玉米棒子来的！唉！人活一辈，庄稼一季，早出天缨，就这样白白走这一遭，可惜呐！"

"儿子，拿上这早熟玉米棵，做个纪念吧。"

回去的路上，儿子默不做声，轻轻抚摩着那天缨，像在思考着什么问题。

回家后，我语重心长地说："青年学生结交异性朋友很正常。爱，也很正常，都是很美的，不是什么洪水猛兽，可是，要去正确处理。今天看到这'早熟玉米棵'以'颗粒无收'为代价，这不是悲剧吗？青年学生还年轻，守着那份朦朦胧胧的爱，把主要精力用到学习上，为成就一番宏伟事业奠定基础，这才是正道。以短暂而苦涩的'早恋'为代价葬送自己的前途，值吗？"

儿子将那天缨默默地夹在他那本精致的日记本里，沉思良久。

我知道，"早熟课"，在儿子心中起作用了。

（邹城市郭里中学）

与孩子一起成长

贾庆格

　　我的女儿今年 10 岁，读小学五年级。与同龄的孩子相比，她没有骄人的成绩，也没有耀眼的光坏，甚至平凡无奇。与天底下千千万万个家长一样，初为人父人母的我们，也曾有过望女成凤的期望，在孩子的教育问题上也走过不少弯路，但活生生的现实使我们逐渐明白，让孩子拥有一个天真烂漫的童年，健康快乐地成长比什么都重要。从那时候开始，我们放下所有的祈愿，与孩子一起成长，一同感悟生命，一起经历风雨。一路同行中，我们学会了平等、学会了宽容、学会了理解，孩子学会了尊重、学会了感恩、学会了善待。几年下来，家长越来越轻松，孩子越来越自信，在家校的共同努力下，孩子健康快乐地成长着。

　　作为家长，如何营造学习的氛围，当好称职的老师，是需要认真思考的。我们不能一边看着电视，一边玩着游戏，却要求孩子在那里心无旁骛地认真学习。学习要有良好的学习氛围，特别对于缺乏自制能力的孩子来说。自从女儿入学以来，我们很少看电视，平时的上网也是以学习、工作和检索资料为主。在我们家里经常看到的情景是：一家人吃过饭，女儿做作业，爸爸读书，妈妈看报。当女儿遇到了难题，我们大多不直接把答案告诉她，而是提供解题的思路去启发她。当大人也解决不了时就一起查资料或互相讨论。安静舒适的学习氛围，家长孜孜不倦的求知精神，给孩子带来了潜移默化的影响，起到了春风化雨、润物无声的效果。

　　注重言传身教，以身作则。孩子具有敏锐的观察力，也极具模仿力，因此，父母是孩子最好的老师。家长的一言一行，一举一动，都对其性格、品德的形成发展有着潜移默化的影响。在女儿面前，我们很注意自己的言行，和睦相处，互相信任，互相体谅，即使有矛盾也总能坐下商量解决，尽量不当着女儿的面吵架，制造不和谐的家庭音符。同时，要求女儿做到的，首先家长必须先做好，对女儿的承诺必须及时兑现，实在是因故延误，也必须向女儿作出合理的解释和道歉。因此，女儿也十分在意我们对她提出的要求和她对我们作出的承诺,家长和孩子建立了良好的信任关系,使孩子逐渐养成了诚实守信的良好品德。

坚持鼓励教育。好孩子是夸出来的,多给孩子欣赏的目光,有利于培养孩子良好的道德品质和行为习惯,有利于增强孩子的自信。每个孩子有每个孩子的优点和长处,就像世界上永远找不出两片相同的树叶一样。因此,千万不要把你的孩子和别的孩子相比,那样非但达不到希望的结果,还会挫伤了孩子的自信,得不偿失。多欣赏孩子,就会看到孩子优点,一个孩子只能和自身去比较,只要在原有基础上进步了,哪怕只进步一点点,都应该去表扬她,激发她的潜能和兴趣。有一天女儿放学回家告诉我们,她今天美术课上做的手工受表扬了。尽管是很小的一件事情,我们也表达出惊喜并给予鼓励,同时和她一起分析为什么能受到表扬,和她一起分享成功的快乐。今年国庆假期,学校布置了五篇作文,为了帮助孩子表达出真情实感,我们全家到济南九顶塔民俗风情园玩了一天。孩子很高兴,也觉得过得很有意义,可是回来写作文的时候,就有点想应付了。当看着她匆匆忙忙写出来的作文时,尽管有点生气,但还是很温和地对孩子说:"这不是你的水平,我相信你能写得更好。"听了我的话,孩子马上觉得不好意思了,主动要求重写。后来我们一起回忆经历的美好瞬间,探讨了几个不同的写作思路。孩子充满热情地重新写了一篇,质量自然大幅提高。通过这一件事情,孩子既高质量地完成了作业,也找回了写作的自信。

经常换位思考,不轻易责怪孩子。女儿读一二年级时,拼音学得不够牢固,口算速度也比较慢,做题比较磨蹭,渐渐对数学失去了兴趣。当时我们虽然很着急,但却没有责备她,也没有额外布置课外题来强迫她学习,更没有规定她考试非得考多高的分数。而是从培养良好的学习习惯入手,提醒她上课要认真听,放学后首先要把作业独立完成,不要依赖父母的辅导。就这样一步一步,潜移默化,使她的数学成绩逐渐提高。

当孩子成绩不好时,不要轻易责怪孩子。因为经常责怪孩子,会出现两种结果:一是她已经习以为常了,觉得你的责怪没什么大不了;二是会因为胆小而惧怕你,使她对你提心吊胆。如果经常责怪,她就会报喜不报忧,家长就了解不到孩子的真实情况,这样教育起来就会被动。当孩子成绩不好时,我们会冷静分析,找出她失分的原因,然后耐心地指出她在学习中存在的问题,帮助她提高认识,改正不足,迎头赶上。

注重与孩子交流,帮助克服缺点。家长应从细微处发现孩子的优点和缺点,帮助孩子发挥优势、弥补不足。发现孩子的变化及时表扬,鼓励进步,同时也要做到防微杜渐,防患于未然。我们非常注重与女儿的交流,每天都与女

儿聊一聊学校发生的事，从她的讲述中就发现她的进步或问题，有进步及时表扬，有错误及时提出批评并帮助改正，但需把握好表扬与批评的尺度。平日里，我们一般不用金钱作为奖励条件，而是奖励给她学习用品或有意义的书籍。

充分尊重孩子的天性，发展个性。好奇心、丰富的想象力和争强好胜是孩子成长的三大要素。因为小学生天性好玩，在这方面就要保证孩子有充裕的机动时间去玩和放松，去做自己喜欢的事。家长不要给孩子布置大量的课外作业和太多的培训班，使孩子没有时间去做自己喜欢的事，从而阻碍了孩子的个性发展。女儿四五岁的时候，我们有意识地培养她音乐方面的兴趣，一开始学习电子琴，后来又改成钢琴，随着难度的加深，孩子越来越抵触，甚至厌烦，到这个阶段，往往是孩子很累，家长很烦。经过几次痛苦的抉择之后，我和她妈妈果断地将钢琴课停掉了。尽管音乐很美好，但音乐毕竟不是孩子的全部，停掉了钢琴课，孩子可以有更多的时间和精力做自己喜欢的事情，何乐而不为呢？在没有了钢琴的日子里，孩子逐渐地喜欢上阅读。从最初的简单的童谣到由小动物构成的童话故事再到简单的人物故事。现在，孩子接触的多以长篇小说为主了。长期的积累使孩子阅读能力逐渐增强。长篇小说她已经看过《假如给我三天光明》《简·爱》、杨红樱的《笑猫日记》系列、沈石溪的《动物小说》等作品。对于其中闪耀的坚强、乐观、人性、善良、母爱等思想内涵也有了深刻的理解，分析起来更是有自己独到的见解。每当这时，我们就趁势鼓励她，把自己的所思所想都记录下来，和大家一起分享。女儿也很乐意这样做，写作水平有了很大的提高。孩子的习作《我带大家游长城》《妈妈的爱》《难忘的六一节》先后被老师推荐发表在《兖矿新闻》报上。现在孩子的房间里已经摆满了她看过的各种书籍，阅读已经成为一种习惯、一种自觉、一种需要。另外，女儿喜欢看电视，我们就在双休日晚上和她一起看动画片，看《动物世界》，看《超级演说家》，全家人一边看、一边交流。看着孩子越来越有思想、有见解，我们感到无比欣慰。

教育专家徐国静老师说，如果家庭教育仅限于如何培养儿童，而忽略真正需要提高的是父母素质，那么这样的家庭教育很难取得预期的效果。父母的教育理念落后，怎能拥有一个良好的家庭教育氛围，又怎能培养出身心健康的下一代呢？为人父母者往往会发出这样的感叹：孩子越大，就越不了解他！是呀，孩子小的时候，你处处以一个长者的身份指挥着孩子的一言一行，并不曾真正体会孩子的感受。当孩子渐渐长大，你将会和孩子越走越远，代沟也随之产生，从而难以把正确的思想和经验传递给孩子，导致教育的失败。但如果父母从一开始就能做到和孩子一起成长，用孩子的眼光看孩子，时刻保持一颗童心，那么，随着孩子的成长，你会发现，在孩子慢慢读懂这个世界的同时，你也慢慢地读懂了孩子这本"书"，走进了孩子的心灵世界。这时，你距离成功的父母也就越来越近了。

（邹城市兖矿第一小学学生家长）

欣赏孩子，陪孩子成长

王　恒　徐　燕

在十几年养育孩子的过程中，我们越来越感觉到，欣赏孩子，陪伴孩子成长才是教育孩子的王道。

早期教育：注重于智能教育

近年来，孩子的早期教育成了一个社会话题。"不能让孩子输在起跑线上"，成为诸多家长的共识，各种辅导班、提高班应运而生，升学的压力已经提前到了幼儿园，孩子们学完钢琴学舞蹈，放下奥数学英语。可以说现在的家长没有不重视孩子早期教育的了。那么，我们应当给孩子怎样的早期教育呢？

多年前我曾经读过一本家教名著《卡尔·威特的教育》。这是一本关于早期教育和开发智力的书，作者卡尔·威特认为：对于孩子的成长来说最重要的是教育不是天赋，孩子最终成为天才还是庸才，不取决于天赋，关键取决于他从出生到五六岁时的教育。

受这本书的启发，在孩子的学前和小学阶段，我们就从各个方面挖掘他的潜能，包括语言、音乐、与人交往、体育锻炼等，在家里多跟孩子语言交流，开发孩子的语言和思维能力。孩子上了大班，感觉到孩子节奏感较强，我们又让他学了电子琴、竹笛、长笛等器乐，并在 2004 年的全国首届"五十六个民族才艺大赛"上荣获少儿组竹笛银奖。2008 年，竹笛、长笛都获得省教研室认定颁发的十级证书。

我说的早期教育，并不局限于孩子的智力开发，还要通过引导，给孩子一个正确的是非观，让他知道哪些是好人，哪些事是坏事，怎样做才是对的。这才是早期教育的重点。在陪伴孩子成长的过程中，家长要善于发现教育契机，不放过任何一个教育孩子的机会，更重要的是家长要以身作则，因为空泛的说教，孩子有时听不懂，有时则是听不进去。比如，我们常常教育孩子要仁爱、要善良，要有同情心，在带着孩子外出玩耍的时候，碰到乞讨的人，我们一定要拿一块钱让孩子捐出去。时间久了，孩子再看到残疾人或乞讨的人，就会主动问我们有没有零钱，孩子的同情心、怜悯心和善良的心地也就这样养成了。

帮助孩子确立规则意识，也应当是早期教育中不容忽视的。这种规则可以理解为是一种规矩，尊敬师长，友爱同学等，是孩子今后人际关系的基础。这些传统规则，家长都要通过言传身教的形式教育孩子，经常给孩子提供与小朋友交往的机会，让他了解集体生活，告诉他怎样与小朋友相处，遇到矛盾如何与别的孩子沟通等等。

现在的社会很浮躁，很多家长片面追求孩子的智力发展，恨不能让自己的孩子成为小超人，不顾孩子的兴趣、条件和潜能，盲目给孩子请专业老师辅导、补课，这些都可能让孩子产生逆反心理，甚至伤害孩子的心灵。

一位记者采访一位刚获得诺贝尔奖的科学家，问："教授，在你成长的经历中，哪个阶段对你的影响最大？"教授回答："是幼儿园，在那里我学会了合作，学会了整理自己的东西，学会了与人相处。"教授的话再一次印证了一个事实：早期的教育，非智力方面的教育比智能教育更重要。

习惯养成：身教重于言教

英国作家萨克雷说过："播种行为，收获习惯；播种习惯，收获性格；播种性格，收获命运。"俗话说："三岁看大，八岁看老。"正是因为这些道理，我们小学教育的目标开始着重培养学生的良好的行为习惯。

孩子的习惯养成内容很多，包括生活习惯、语言习惯、动作行为习惯、学习习惯、卫生习惯等，每个习惯的标准在《中小学日常行为规范》里面都作了明确规定。

有的家长可能很委屈："我可是整天教育呀，就是不见效果！"其实，家长首先反思一下，除了絮絮叨叨地说教，你给孩子做榜样了吗？我认为父母的躬身示范，胜过千言万语。家长要善于抓住每天生活的各个环节，尤其是细节上，做出表率，用无声的语言影响孩子。比如，要培养孩子养成良好的卫生习惯，父母先要做到饭前便后洗手，不乱扔垃圾，不随地吐痰擤鼻涕。那么，孩子在父母的影响下，良好的卫生习惯很快就会形成。

还有，孩子判断是非的能力差，易受外界影响，所以家长一旦发现孩子有不良的言行，绝不能因年龄小而姑息，要及时矫正，防微杜渐。否则，坏习惯就会乘虚而入。

良好的习惯不是朝夕间就可以养成的。常言说得好，一个行为动作坚持做，21天就可变成习惯。这就要求家长不能操之过急，对孩子要有耐心。

在孩子的习惯培养方面最让家长头痛的恐怕就是孩子的"坐不住"，注意力不集中。这还是个习惯问题，解决的办法最好是家长要指导学生集中精力做好一件事，要用有趣的方法引导孩子学习和写作业，每做一件事，最好给孩子规定好时间，限时完成。

爱上学习：兴趣 + 引领

怎样才能吊起孩子学习的胃口，让他们爱上学习呢？我认为最好的办法还是"兴趣 + 引领"。

培养孩子的读书兴趣，可以从讲故事开始，故事的情节足以让孩子们产生兴趣。带孩子逛书店也是一个很好的方法，逛书店一定给他买各类故事书，尤其买那些有拼音、带插图的彩页书。此外，家长也要养成读书的习惯，努力给孩子做个榜样，可以在沙发、茶几、床头等孩子经常接触的地方放上书，方便孩子随时随地阅读，既培养了孩子的读书习惯，也在阅读中增长了知识。

孩子博览群书是出于他的阅读兴趣，在他们的意识里并没有要提高某个学科成绩，但读书多了，孩子的文学修养一定有提高，至少语文的阅读和写作能力会有大幅地提高，"书读百遍，其意自见"。即便做理科试题，孩子的审题能力、把握文意的能力自然也要强得多。况且，孩子的阅读，我们也不能非常功利地理解为就是为了应付考试、提高成绩。孩子的人文素养，儒雅的风范、文雅的谈吐对今后的成人、成才都很有意义。当然，我们也要随时监督孩子的读书情况，可以广泛涉猎，但绝不能看不利于成长的书籍。

在孩子学习的问题上，除了培养他们的学习兴趣，还应当加强与孩子在学习上的交流，及时了解孩子在学习方面的心理困惑，尽可能地给他们提供一个好的学习环境。除了教育孩子懂得学习的重要性之外，更重要的是鼓励孩子发现并总结适合自己的学习方法。毕竟在学校，老师要面对五六十个学生，很难做到因材施教。因此，家长要随时关心学生在校的表现，留意在家完成作业的情况，及时和班主任、任课教师沟通，接送学生的路上，饭前饭后，经常和孩子交流上课和学习的感受。当孩子完成作业有困难，或某个章节没听懂，要让孩子自己去发现问题，总结原因，鼓励他找到解决的方法。

尤其是考试后，一定要指导孩子总结得失，写出考试总结。根据我的经验，孩子在学习上有困难，只要不是主观原因，那么问题可能在于基本概念没弄懂。因此，家长一定要指导孩子吃透教材，只有弄懂了基本概念，公式定理才能应用自如。

人格和心理教育：孩子的人生更美好

孩子是个多面体，在培养过程中，不能只注重身体是否健康，头脑是否聪明，人格的培养更重要。这不仅关系到孩子身体的发育，而且决定着孩子今后的人生走向。现在的孩子大都是独生子女，是家庭的中心，容易养成任性、以自我为中心的人格缺陷。家长要从小教育孩子正确地认识自己，如何对待竞争对手，学会控制自己的情绪，帮助他们正视现实，勇于面对失败与挑战，让他们坚信，一切都会过去，风雨过后一定有彩虹。

作为家长，培养孩子良好的心理素质和健康的情绪同样重要。尤其到了初三、高三，升学的压力加大，一些孩子吃不好、睡不好，这时最需要家长的呵护，一定要根据孩子的学习能力制定恰当的目标，让孩子明白，成绩的上下波动很正常，稳定的考前情绪是成功的另一半。

赏识孩子：让他在自信中成长

我们没有理由不欣赏孩子，欣赏孩子就是爱他，信任他，鼓励他，包容他。陪伴孩子成长的过程就是鼓励和赏识孩子的过程。在陪伴孩子的过程中，不论事情多么糟，我们只有关爱，只有帮助，只有鼓励。这样，才便于养成孩子活泼、开朗、坚定、自信、自尊的性格。

当孩子取得点滴进步的时候，家长要及时鼓励，一起分享孩子成功的喜悦。只要我们的孩子今天比昨天有进步就应该得到表扬和鼓励，让孩子感受到进步的喜悦，培养他们的自信心和上进心。

卡尔·威特说："哪怕天下所有的人都看不起你的孩子，做父母的也要眼含热泪地欣赏他、拥抱他、赞美他，每个孩子的生命都是为了得到父母的赏识才来到人间的，你的孩子是世界上最优秀的！"

实践证明，用"赏识教育法"教育出来的孩子，他们的潜能都能得到最充分的发挥，他们的缺点都在不知不觉中变小、消失，他们往往信心十足，独立性强，自信让他们在学业和事业上更容易成功。

　　没有教不好的孩子，只有不称职的家长。我们期待自己的孩子成人成才，我们渴望他们幸福快乐。那就让我们用爱心、智慧呵护孩子，欣赏孩子，陪伴他们健康成长。

（邹城市第一中学）

让孩子在正确的表扬和鼓励中健康成长

石宜明

俗话说得好:"良言一句三冬暖,恶言一声暑天寒。"其实无论是大人还是孩子都喜欢受到表扬和鼓励,尤其是孩子,鼓励会使他们更加健康地成长。因此,作为父母要懂得如何表扬和鼓励孩子。

"不是因为孩子优秀才受夸奖,而是夸奖会使孩子更加优秀。"好孩子是夸出来的,赞美会使孩子更快乐。心理学、教育学研究表明,孩子特别希望得到父母、老师、同学的表扬和鼓励,年龄越小这种愿望越强烈,因为大家的赞美,或者是一个微笑、一个手势都会让孩子充满信心和勇气,甚至可以改变他的人生。

在美国大沙头诺必塔小学有一个调皮捣蛋的学生罗杰·罗尔斯,因为他的校长皮尔·保罗对他说了一句:"我一看你修长的小拇指就知道,将来你一定会是纽约州的州长。"这一句普通的话语改变了他的人生。当年,年幼的小罗尔斯出生于美国纽约声名狼藉的大沙头贫民窟,因为从小就受到了不良影响,读小学时经常逃学、打架、偷窃。一天,当他又从窗台上跳下企图逃学时,被校长皮尔·保罗逮个正着。出乎意料的是,校长不但没有批评他,反而诚恳地说了上面的那句话并给予他语重心长的引导和鼓励。他记下了校长的话并坚信这是真实的。从那天起,"纽约州州长"就像一面旗帜在他心里高高飘扬。罗尔斯的衣服不再沾满泥土,罗尔斯的语言不再难听,罗尔斯的行动不再拖沓。在此后的40多年间,他没有一天不按州长的身份要求自己。51岁那年,他终于成了纽约州的州长。这个故事充分说明鼓励可以给孩子战胜困难的自信和勇气,让他懂得树立目标并为之奋斗,直到取得最终的成功。

拿破仑说过:"人性最深切的需要就是渴望别人的欣赏。"卡耐基也曾指出:"使一个人发挥最大能力的方法是赞美和鼓励。"的确,赞美和肯定可以拉近子女与父母心灵的距离,和孩子成为无话不谈的知心朋友。父母是孩子的第一任老师,一定要学会倾听,学会对孩子进行表扬和鼓励。你尊重信任孩子,孩子才会觉得你是他最值得信赖的人,在孩子心目中你的位置是无可替代的,

这样孩子才会真诚地接受你的观点，你的教诲、你的人生历程，便于让你将好的一面及时展现在孩子面前，给孩子以潜移默化的正面影响，促进孩子的健康成长。

我在对孩子的教育过程中，曾经因为不懂科学教育而走过一些弯路。开始的时候对孩子的要求过高，达不到目标便认为孩子没有尽力，便多次进行严厉的批评，越批评孩子在学习上越没有自信，越没有自信成绩就越差，最终形成了一种怪圈。慢慢地我发现这种欲速则不达的做法是十分错误的，作为父母都是"望子成龙""望女成凤"，但有时却是适得其反，达不到预期的效果，这都是没有帮助孩子树立学习和生活的信心所致。实践证明，任何一个孩子都不想在否定中长大，他们对表扬和鼓励的渴望远远超过了对物质、娱乐等方面的追求。后来，我掌握了对孩子科学表扬和鼓励的诀窍，那就是对孩子适时适度的激励，努力使孩子养成良好的学习和生活习惯，力促孩子德智体美劳全面发展。

目前，我的女儿已经进入六年级。六年来连续当选为班长，酷爱学习，积极参加学校、班级组织的各项活动，每次表现都比较出色。现在孩子是少先大队大队长、值日校长，连年被评为三好学生、优秀学生干部、感恩之星等，多次获得书法、绘画一等奖。我也深深地懂得了表扬和鼓励的重要意义，近年来我每天和女儿说得最多的一句话就是："孩子，继续努力，你在爸爸妈妈的心中永远是最棒的！"

当然，孩子的健康成长需要表扬和鼓励，但并非无原则地一味赞美，甚至是犯了错误还要牵强附会地去表扬。那样不但不能帮助孩子树立自信心，而且会让孩子觉得父母在嘲笑他，感受不到父母的真诚，觉得父母是虚伪的，会造成孩子在内心深处对父母的不信任。有这样一个例子，一个孩子在一次考试中考得成绩非常不理想，但是家长为了不给孩子增添心理压力，就对孩子说："没有关系，你这次考的成绩还是比较好的。"你认为这样的表扬和肯定能收到好的效果吗？答案是否定的。因为这种鼓励孩子不会接受，而会让孩子更反感。要客观的帮助孩子分析存在的问题及原因，委婉地对孩子说："你这次考试成绩非常不理想，说明你的能力没有得到正常的发挥，也说明你用在学习上的时间和精力还不够，如果你今后再努力些，一定会考出更加优异的成绩。"这样既暗示了孩子学习需要辛勤付出，又不会让孩子灰心，便于调动孩子新的学习积极性，使孩子乐于接受，并且会努力学习。

其实不管孩子是否优秀，父母都要以一颗平常心对待孩子，把他当成一个平凡的孩子，采取科学的方法，发自内心地表扬和鼓励，这样孩子的内心才不会受到伤害。因此，对孩子的表扬和鼓励要注意方法和技巧，不能信口开河漫无目的，甚至是盲目的赞赏。尤其是对犯了错的孩子，语言更要委婉含蓄，要理解孩子的感受，保护孩子的自尊心，留有改正不足、奋起直追的空间。

此外，作为父母，对孩子的表扬要善于抢抓时机，要明白、具体、准确、实事求是、客观真实地表达出赞赏的内容。要让孩子明白什么地方做得好，优点是什么，当表扬越具体，孩子也就越清楚什么是好的行为，明白自己今后努力的方向。比如孩子把屋子收拾得干干净净，就不要用"很棒""很好""很乖"等含糊其辞的话语敷衍似地赞赏孩子，而应该夸奖说："现在这屋子收拾得不仅干净而且整齐有序，在这样的屋子里生活真幸福，谢谢你，我聪明能干的孩子!"这样孩子不仅知道了自己是因为什么得到了表扬和鼓励，也更能够调动孩子今后参与家务劳动的积极性，养成良好的劳动习惯。然而在现实生活中，有很多家长总是善于抓孩子的"小辫子"，对孩子所做的好事却总是视而不见，这在很大程度上挫伤了孩子进取的积极性，不利于孩子的成长。

总之，表扬和鼓励可以放松孩子的心灵，消除孩子的心理压力，一次正确的引导和鼓励胜过十次批评、指责甚至打骂。作为父母，要充分了解孩子的成长规律和科学的育子方法，勇敢地伸出自己的大拇指，适时适度地赞赏孩子，让孩子在表扬和鼓励中学会自信，学会感恩，学会爱，学会战胜学习和生活中的困难。

别吝啬我们的赞美，让孩子在表扬和鼓励中健康快乐地成长吧!

（邹城市田黄中学）

春风化雨，润物无声

方 丽

我参加工作以来，一直从事班主任工作，为做好学生教育工作，争取家长的配合，我经常进行家访。家访是学校与家庭共同教育好孩子的一道不可或缺的桥梁。在家访过程中，教师与家长相互交流学生的学习、生活以及思想动态，探讨家庭教育的心得，加深了教师与家长的感情，促进了学生的全面发展。

案例访谈

焦润华，是我们班比较优秀的学生。记得第一次看见他时，给我的印象就是一个眼睛不大，不爱说话，表情憨厚的孩子。但一次提问，却让我对他刮目相看。四年级的一堂语文课上，我不经意地问到了我国古典四大名著，全班同学面面相觑，没有一个举手回答的。当我正感慨孩子们读书实在太少的时候，一只手慢慢地举了起来，他很流利地说出了我国古典名著及作者名字和各自生活的朝代。顿时，我对这个小男孩充满了好奇。从此，我开始关注他，课间在同学们的玩耍、吵闹中，总会看到他在旁若无人地看书，好像那完全是他一个人的世界。后来，我了解到他读得书特别多。从他的数学老师那里，我了解到焦润华是一个思考异于常人的孩子，有些题目他都会用到预习学过的知识解答。我决定先对他进行家访。令我吃惊的是焦润华的父母都是普普通通的农民，而他们朴实的话语，更让我感慨，这样普通的家庭能培养出了这么优秀的孩子！

家访过程中，和焦润华父母的交谈让我受益匪浅。那么，作为家长应该怎样做好家教工作呢？

赞美孩子，帮其树立自信

在焦润华父母的印象中，他们很少指责孩子，孩子从小到大从没有过挫败感，做什么事情都很有自信心。父母要多给孩子鼓励和赞美，当孩子遇到困难或失败的时候也要赞美，不是赞美结果，而是赞美过程，赞美孩子付出的努力，这样孩子就不会产生畏难心理。当孩子出现差错时，为了避免指责成为负面影响，父母可帮助孩子分析出错原因，赞美孩子的付出，鼓励孩子主动找到解决问题的金钥匙。

焦润华的父亲有多年吸烟、喝酒的习惯，但是从孩子懂事之后，他毅然实施三戒——戒烟、戒酒、戒麻将。又在邮局订了几种杂志报纸，买来了一大堆名人传记和教育专著，将大部分业余时间用来读书。孩子那么酷爱读书，也是深受父亲的影响。这让我感受到了父亲在教育孩子方面上的良苦用心，同时也让我体会到了一种以身作则的坚定父爱。

随着孩子年龄的增长，孩子多多少少都有叛逆心理，对家长的劝诫全然不顾，甚至产生抵触情绪。此时，父母可利用信函或日记传达想法及心情。让情绪激动的孩子坦然接受，静下心来，平静地思考。家长可以从自身的失败经验说起，然后再进入主题，这样孩子较能接受父母的劝诫。劝诫孩子时尽量不要说"别做什么"，而要说"可不可以这样做"，换个说法，孩子更易于接受。

在焦润华的家里，我看到他的卧室墙上有一张表，上面写着 6:30 读书，7:00 吃饭，7:20 上学，12:00 吃饭，12:20 做作业，13:00 午休……这些是家长引导孩子自己制定的时间表。从这张时间表上，我看到了孩子把做作业、看书、做家务、运动等等安排得井井有条，看到了他每天都有计划的学习，生活得很充实。

家教心得

我在农村从事教育工作已经六个年头了，发现大多数的家长还是比较关心孩子的学习，但是在平时的接触中，还有些家长在教育孩子方面做得不足。

关注学习态度，培养学习能力

平时很少有学生家长主动打电话或到学校来询问孩子的情况，可每次考完试后，就有不少家长打电话问孩子的成绩，考得好的学生家长很高兴，考得不好的家长很失望。对于这种现象，我认为成绩不能代表孩子的全部，家长们更应该关心的是孩子平时的学习状态。如果家长从小要求孩子，只要学习态度端正，努力了就好，考多少分不要太在意，那学生在考试上就没什么压力，所以很少有发挥失常的时候。考 100 分也好，80 分也好，家长不要有太大的反应。

要让孩子知道人生处处是考场，从容面对，考出自己的真实水平就好。所以，家长们更应该在平时多关注一下孩子学习的态度，而不应该仅凭某一次的成绩来衡量孩子的学习能力。有句话说得好：人生就像一场旅行，不必在意目的地，要在乎的是沿途的风景和看风景的心情。

经常看到有家长手把手地教孩子如何做作业。在初学时可以，但是家长要学会适时放手。一件事，孩子去做，可能只打 50 分，家长会不满意，如果直接纠正孩子的错误，甚至代替孩子做了，那这件事情做出来的效果可以打 90 分。但家长是否意识到这 90 分，是你的 90 分，孩子仍然是 50 分。如果，你让他做，用他能接受的方式指点一下，这一次可能只是 40 分，下一次就有可能是 60 分，再下一次可能就是 85 分，甚至比家长做得更好。所以，聪明的家长会向孩子示弱，把机会让给孩子，并及时鼓励、肯定孩子。孩子只有在一次次的实践和思考中，才会不断长大，从而变得独立、自强。

培养孩子自信，呵护孩子自尊

在学校门口经常听到接送孩子的家长们聊天，"你的孩子成绩怎样？""唉，别提了，学习太笨了"诸如此类的话。我认为在教育孩子方面，家长容易走进一个误区：不注意发现孩子的优点，却强调孩子的错误。当孩子做对了的时候，父母要及时肯定、表扬孩子。家长们平时在同朋友谈话，谈到孩子的时候，要学会充分肯定孩子身上的优点，孩子如果听到，他们表面上可能不在意，而实际上却很希望得到肯定，一旦得到肯定，孩子们会继续坚持，做得越来越好，会按照父母描述地优秀孩子的样子，规范自己的言行。当孩子出现错误的时候，家长应就事论事地分析，不啰唆，不翻旧账，引导孩子正确面对，改正错误。切忌在公众面前训斥孩子，让孩子觉得很没面子。家长们要懂得赏识孩子，培养孩子的自信心，呵护孩子的自尊心。

改掉粗心马虎，培养良好习惯

我在与家长交流时，常听见有家长这样说自己的孩子，这次考试，我家孩子错的题目好多都会，就是粗心。在这里，我想谈一谈小时候的经历，记的上小学的时候，我的数学成绩经常得 100 分，有一次却得了 99 分，我怀着惴惴不安的心情回到家里，把试卷给妈妈看，告诉妈妈由于我的粗心，算错了一道题。紧接着妈妈表情严肃地告诉我：粗心，就是不用心，学得不扎实的表现，你不能为自己没有考好找借口。妈妈的话让我刻骨铭心，从那以后，我认真听课，细心做题，正常情况下均能考高分，成绩稳定。为了孩子健康成长，老师、家长要携起手来，培养孩子做事细心、沉稳、脚踏实地，逐步养成用心思考、做事认真的好习惯。

父母身体力行，教育孩子守信

任何时候，家长都不要欺骗孩子，答应孩子的事情一定要做到。父母经常说一些不能兑现的话，等于是教孩子言而不信。虽然做父母的一时能哄得过孩子，但是过后孩子就渐渐不会再相信父母的话。这样一来，就很难再教育好自己的孩子了。为此家长一方面要言而有信，另一方面要给孩子多讲《曾子杀猪》《崔枢还珠》《季布一诺》等诚信故事，让孩子耳濡目染，从小就开始做一个诚实守信的人。

在家庭教育方面，我深刻体会到，作为教师，我们既要坚持正面教育，注重心灵沟通，又要积极与家长交流，形成教育合力，传递正能量。家校联合，才能促进孩子健康成长。

（邹城市香城镇莫亭小学）

给孩子点颜色看看

——让七彩虹伴孩子成长

王绍光　刘书传

随着孩子一天天长大，作为父母的我们在忙忙碌碌的日子里，忽视了生活原本的色彩，丢失了教育孩子的本色，我们的教育好像不受控制似的，斑斓的色彩正在消失，期望的天空里并没有出现七彩虹。

直到有一天，在一本书上看到了这么一句话：不懂得孩子，就培养不好孩子！给予不一定就有收获，只有做到用心的付出，才会有意想不到的惊喜。

正是这句话，好似阴云密布的天空透出了一缕阳光，阴霾顿时散去，七彩虹重新展现在我的天空。孩子这张白纸如果让他们随心所欲的涂鸦，不一定就能出彩，如果父母能伸出双手，拿起我们的爱心画笔，与孩子一道挥洒生活的色彩，肯定能创作属于我们的美丽画卷。

接下来，就让我们给孩子点颜色看看吧。

给孩子红色愿景

"蓬生麻中，不扶自直。"给孩子红色愿景，就是要给孩子创设一个适合他成长的大方向，不是空泛的"好好学"和"有出息"。而是给孩子描绘出具体的未来愿景，借此作为孩子成长的蓝图，让孩子知道自己的责任和义务，清楚自己的现在和将来，明白勇敢的担当就是最好的品质。父母在对待孩子上，应时时指向该愿景，事事瞄准愿景。同时，以身作则，在对待本职工作和其他事务上，也应像要求孩子一样有自己的愿景，并为之奋斗。

全家总动员，给孩子、给自己以红色愿景，给整个家庭注入源源不断的快乐和力量。孩子成长在其间，耳濡目染，浑然天成。反之，家庭愿景不明朗，家族成员得过且过，孩子生活在没有愿景的氛围里，失去了前进的方向，也会磨灭奋斗的希望。

给孩子橙色目标

"欲穷千里，更上层楼。"给孩子橙色目标，就是要在孩子学习过程中的每一阶段，给孩子设立下一次要到达的地方。学习成绩的好坏固然有各种原因，但不能一味把考不好的原因归结于孩子。当孩子的成绩已尘埃落定时，父母所要做的就是给孩子设定下一次的赶超目标。因为再怎么抱怨，也无法改变成绩单上的分数，哪怕那个数字多么让你难堪。所以，为孩子设立下一次的目标才是进步的开始。每一次考试后帮助孩子分析得失原因，制订下一次赶超目标和措施，让橙色目标伴随着孩子成长脚印，一步一步前行。

给孩子黄色警告

"千里之堤，溃于蚁穴。"给孩子黄色警告，就是必须让他们对自己的错误或不适言行付出代价。教育不是不要惩罚，相反，教育需要必要的惩罚。教会孩子得体说话，当孩子的语言产生了不和谐的"符号"，父母不能任之蔓延，必须加以规劝、警告，禁止重现。孩子的举止带上了超前的"痕迹"，父母不能听之任之，一定要予以纠正、明示。孩子就像一棵小树，在成长的过程中难免会有"疯长"的枝枝权权，父母就要充当好园丁的角色，及时修剪好那些多余的枝丫，给小树主干的成长供应必需的营养。孩子又像是一位独自出行的探险家，无法避免的会出现走错路的时候，此时的父母就是向导，在他偏离方向的时刻，适时引导他走向正确的道路。

给孩子绿色空间

"不以规矩，不成方圆。"给孩子绿色空间，就是要给孩子发展的空间，包括物质的和心灵的。保持正能量的家庭空间，装点上进、激励人的书房空间，坚持家庭阅读的绿色空间……这个空间不是无限的、自由的，而是有限的、受到约束的，尽管孩子的发展是不确定的，我们的爱也是取之不尽的，可终归我们要抑制住对孩子私欲的无限满足，要有节制，有选择。只有让孩子明白有可为、有不可为，才算是给了孩子一个绿色的发展空间。

给孩子青色鼓励

"结交相知，骨肉必亲。"给孩子青色鼓励，也是给孩子一个同家长平等交流的平台。要做父母，更要做孩子的朋友，学着站在孩子的角度，蹲下来考虑孩子的问题，更加能够理解孩子、公平对待孩子，做朋友要怀着平等的心态，为人父母也要如此。走进孩子的世界，学着和他们一起成长，在孩子的喜怒哀乐里体味孩子，感同身受，以朋友的名义鼓励孩子。反之，一味地呵斥只能换来孩子的抵触，甚至是反抗。

给孩子蓝色理想

"百尺竿头，更进一步。"给孩子蓝色理想，其实只是给孩子安上梦想的翅膀。父母不要替孩子安排"梦想"，而是要"给孩子走向梦想的力量"。成功的道路上不可能总是一路阳光。当风雨来临，面对停滞不前，甚至退缩的孩子，我们要迎上去，告诉他，恐惧的乌云和闪电是暂时的，蓝色的晴空就在前方不远处，他的蓝色理想在等着他。反之，没有方向的努力就像是茫茫大海中失去方向的船只，没有了灯塔的指引，注定是无谓的游弋。

给孩子紫色心境

"驽马十驾，功在不舍。"给孩子紫色心境，就是要浇筑孩子强大的内心。生活中的挫折有时候会让孩子胆怯，学习中的困难也许让孩子逃遁，这不是孩子的本色，渴望认可的他在选择时出了错，彷徨的心临阵逃脱。教会孩子等待，教会孩子在耐心等待中寻找希望的曙光。贵有恒，只要坚持，就有希望。

给孩子红色愿景，让光明围绕他；给孩子橙色目标，让动力伴随他；给孩子黄色惩罚，让成长锻炼他；给孩子绿色空间，让发展带动他；给孩子青色鼓励，让激励追逐他；给孩子蓝色理想，让能力成全他；给孩子紫色心境，让强大辅佐他！生活需要七色阳光，孩子的成长同样需要七色阳光，让我们行动起来，勾勒未来的七彩虹送给孩子吧！

（邹城市鲍店煤矿学校）

Y

鱼台县
YU TAI XIAN

给孩子一张"起航"的帆

翟宏野

孩子的成长倾注了家长无数的心血与关爱，孩子的成长也带给家庭数不清的欢声笑语。每个父母都爱自己的孩子，望子成龙、望女成凤是每个家长的愿望。教育孩子我认为重在沟通和交流，而不是只关心孩子吃饱穿暖考高分。现在的社会大环境也比较复杂，要想孩子将来健康成长，就要在他幼小的心灵上种上良性发展的种子。让这粒种子在和孩子的交流沟通中慢慢萌芽，直至枝繁叶茂。每个孩子的天性和特点都不一样，在他们的成长过程中给予宽松自由的环境，倾注我们的耐心和爱心，坦诚相待、以身作则、刚柔并济，让孩子在爱的滋养中快乐学习、健康成长。

解开束缚，因材施教

每位家长都希望孩子表现卓越，成绩优异。但我认为，让孩子健康快乐，有良好的心态更重要。生命旅行是单程票，我们都希望看到最美的风景，所以有很多家长会把自己没有实现的愿望强加于孩子身上，希望孩子去实现自己的夙愿，实现自己的梦想。但每个孩子对事物都有自己的喜好和认知，家长可以改变孩子的行为但不一定能改变他们的内心和性格，所以要根据孩子的特点因材施教，从他们感兴趣的一件事、一个人出发，动之以情晓之以理，引导他，督促他，鼓励他。记得在上幼儿园大班的时候，我给女儿报了舞蹈班，可是我女儿并不喜欢跳舞，每次去送她我都很头痛，女儿不开心我也很郁闷，认为自己不会教育孩子。我那时就犯了一个错误，把自己的意志强加于女儿身上。认为自己身材不好，也没什么气质，就满心希望女儿长大了能像我期望的那样，最后却事与愿违。后来我发现女儿很喜欢画画写字，就试着让她写、画，女儿的天赋得以展露出来，并且一直坚持了下来。

现在女儿在书法和画画方面都小有成就。女儿不单单只学绘画和书法，在临摹大家的字帖中也学到了很多宝贵的知识。例如唐宋诗词，经典名句，一些

成语故事和典故。我们把好多知识点贯穿在她的书法绘画中以故事的形式讲给女儿听，事实证明女儿这两方面的特长在她的学习中起着互相促进的作用。有的家长因为孩子的学习成绩不理想，不和孩子沟通直接转学，他们想当然的认为教学条件好的学校就一定能将孩子教育成才，结果孩子在一个新的环境里面对陌生的老师和同学很难适应，再加上课本和课程安排的不同步，本来成绩还不错因为转学的缘故反而落下了一截，孩子跟不上课就会有厌学情绪，事情的结果与初衷适得其反。

儿童时代，孩子要尽情地玩，多接触一些新鲜的事物。少年时代，孩子要广泛涉猎，多学习一些科学知识，了解孩子的兴趣后要给他创造有利的环境和氛围。给孩子一片天，也解放了自己，科学地引导，全面地提高孩子的学识和本领。

在现今社会环境下，学习成绩总会是每位家长关心的指标，但帮助孩子对事物有一个正确的认知，正确对待成绩和能力更重要。给孩子一个宽松的学习环境，让孩子们有充分的自由和能力去学习知识、掌握知识、运用知识，把学习知识作为一种快乐和了解社会、走向社会的本领。给孩子一张"起航"的帆。

明确态度，家长要以身作则

随着孩子的长大，他们对于社会的认知会随时发生变化，产生不同的观点，但家长要自始至终给孩子一个清晰的态度，那就是是非分明、认知明确、判断准确。还是我举的上面的例子，有的家长给孩子转去知名度高一点的学校无疑是一种正确的选择，但是你首先要了解孩子的学习情况和课程安排，了解孩子的性格和适应能力，征求孩子的意见，让孩子对自身有充分的认识。同时还要量力而行，在孩子还没有事先准备的情况下自作主张给孩子安排好一切，不仅孩子不能适应新的环境，就连家长都不能适应，将来孩子效仿你的做法就不难理解了。经济的压力和工作的统筹安排可能让你顾此失彼，更不用说给孩子好的教育环境了。

孩子对于事物的认知会有一定的局限性，会产生自己的观点和认识，产生一定的依赖性或偏向性，同时也会有许多预见不足的地方。例如：在重阳节，同学们组织去敬老院看望老人，这是一个传颂中华传统美德、锻炼个人能力的机会，但更重要的是考虑学生们活动的过程、组织、安全等方面的问题，确保活动中不发生任何安全问题，这对于孩子来说可能会考虑不周，需要家长的提醒和引导，增强他们处理事件的能力和水平。

明确认识，刚柔并济，多鼓励

学生阶段最重要的职责和任务是学习，无论什么都不能干扰和影响孩子的学习。随着孩子年龄的增长，受家庭背景等的影响，可能在生活环境、家庭、老师、同学等之间会有攀比行为产生。作为家长，要时刻给孩子明确一种认识，现在的任务就是学习，而且要凭借孩子接触知识快、记得牢的特点多学、多记，做好知识积累。作为孩子，要把握好课上的 45 分钟，牢记老师的重点讲解和强调，做好每一道错题的记录，知道错的原因和正确的解题思路，记牢重要知识点，做一位有心、有脑，会学习、爱学习的好学生。

明确观点，家长适时放手

人的一生很短暂，孩子的童年就应该是丰富多彩，无拘无束的。但少年、青年是一段增长知识、提高能力、储备才能的黄金时期，会随着年龄的增长、知识技能的累积以及对人生不同的认识和观点，从而对事物产生不同的态度和处理方式。对此，家长要始终树立一种正确的人生观和认知观，让孩子有一个良好的心态和价值取向，引导孩子向真善美发展。

前段时间，有个朋友的孩子不愿意上学，上课时间不听课，甚至发展到私自外出，寻找自己认识社会的"机会"。为了给孩子一个正确的引导，孩子父母多方努力、思想焦虑。对此事，我思想上也是很矛盾，要不要作为一个事例向孩子讲述，讲述后会不会有其他影响，但是最后我还是向孩子讲述了此事。因为这个孩子和我的孩子也认识，平时也有些接触，我也想试探一下自己孩子认识事物的能力。很欣慰，孩子有一个明确的态度，认为学生阶段还是要自我量力，认真学习，增长本领。这下我们达成了共识，也借机再向孩子讲一些处事的道理，取得了很好的效果。

每一个家长都希望自己的孩子成功，在漫漫人生道路上拥有希望，就像无边大海里的灯塔。如果有一张好帆带动推进，就可能让孩子在成功路上事半功倍。

（鱼台县实验中学瞿雨欣家长）

教女心得

蔡凤娟

女儿是在我和他们身边长大的，一有时间，我就陪孩子玩耍、听音乐、讲故事，我和女儿的关系比较亲密，但对女儿还是很严格的。都说是严父慈母，而我们家却是严母慈父。女儿比较听我的话，这也源自于她"怕"我的缘故，即我在她面前比较有威信。只要我说不行的事，哭也没用；犯了错误，就要主动承认错误，并接受相应的惩罚。因此，女儿的是非观念很明确。

培养孩子阅读的习惯

《好妈妈胜过好老师》的作者尹建莉老师说得好："爱上阅读的孩子就是被魔棒点中的孩子。"在女儿不会说话时，我就教她认字。虽然不会说，但是她会用手指。指对了，就及时给予奖励，夸一夸，或是亲一亲，女儿也会高兴地笑出声来。等孩子认的字比较多了，父母或"保姆"（女儿的姥姥和奶奶）就可以和孩子一起读书了。先让孩子指，大人读；等读熟了再反过来，大人指，孩子读。等女儿能讲一段话的时候，让她把看的故事讲出来，讲得好，奖励她热烈的掌声，既增加了女儿的阅读兴趣，又锻炼了她的口语表达能力。等女儿上幼儿园的时候，一有时间我就开始带她到书店去看书，看到自己非常喜欢的书会毫不犹豫地买回家，反复细读。直到现在，女儿都非常喜欢读书，做完作业就不由自主地翻开书看。自从女儿学会了网购，买的书就更多了。

培养孩子的自理能力

从女儿会用小勺子吃饭开始，我就刻意让她干一些力所能及的事情。干不好，不批评；干得好，要表扬。现在，女儿的衣服都是自己洗，鞋子自己刷。有时，还会帮我刷刷碗、擦擦窗台、拖拖地等。当然我也会给她一定的奖励，抱一抱、亲一亲，或给点儿零花钱等。

我还教女儿自己理财。从小学开始，她的压岁钱都是自己掌管。后来，随着年龄的增长，她除了压岁钱，还有为我"打工"挣的钱；考得成绩好了，还有奖学金。她的存款越来越多，不过，女儿从来不乱花钱，现在买衣服都不用我给她掏钱了。

培养良好的学习习惯

自从女儿上幼儿园开始，我就注意培养孩子的学习习惯。每天都要问她在学校的表现，给予相应的表扬或批评。我还和她的老师经常交流，以了解女儿在校的真实情况。老师布置的作业，我要求女儿按时或提前完成，做完了还要认真检查。我坚持每天给孩子检查作业，以了解孩子的学习情况。如果这次作业全对是有奖励的，如果错了不该错的题，也要受到相应的惩罚。我还给女儿准备了积累本和错题本，好词好句写在积累本上，语文错题和数学错题写在错题本上，这样方便及时复习，避免下次再犯同样的错误。由于在小学下的工夫大，等女儿上了初中以后，学习上基本不用管了。

让孩子接受点音乐教育

爱因斯坦曾说过："如果没有早期的音乐教育，我将一事无成。"让孩子早期接受点音乐教育是很重要的。孩子的爸爸喜欢葫芦丝等乐器，女儿受爸爸熏陶，在四岁时就模仿吹着玩，后来就一点一点地进步了，简谱也慢慢地认识了，节奏感越来越好。二年级开始，女儿经常上台演奏简单的乐曲，得到了学校老师表扬，她的自信心越来越强，葫芦丝很快达到了高级水平，也激发了学习文化课的动力。孩子吹葫芦丝，参加过省、市的比赛，拿过奖，全家人都特别高兴。我认为这些对孩子的智力开发、心理素质锻炼、自信心的提升等都起到了积极的作用。

帮助孩子树立梦想

干什么都要有目标，只有目标明确，才能持之以恒。从女儿懂事起，我就教育她：学习是为了自己，你学的东西都装到了你的脑子里，别人想偷都偷不走。女儿酷爱读书，她的梦想是当作家。我告诉她，只有努力学习，完成一个一个的小目标，才有可能实现你的梦想。女儿没有辜负我的期望，每次为自己

设立的目标（进步一点点）基本上都能实现。她自己也有成就感，自信心也越来越大。再加上对她的要求没有小学时那么严格了，思想包袱减轻了，所以，考场上发挥得也比以前好了。

多陪孩子，抓住时机表扬

其实这两点在上面已经提到了，我认为还有必要单独提出来。有不少家长说，你们的孩子不用管，学习还这么好，我们的孩子管也不行，咋回事？其实是家长在孩子小的时候陪孩子的时间少。在小学五六年级前，家长一定要挤时间多陪孩子，五六年级就可以少一些了，到了初中就可以更少一些了，孩子的各种习惯基本养成了。不少家长忙工作、做生意等等，认为教育孩子是老师的事，照顾孩子有爷爷奶奶，自己很少过问，这是绝对错误的思想。

还有就是多表扬，多鼓励！好孩子是夸出来的。在幼儿园、小学阶段，除了前面说的陪孩子看书外，我们经常陪孩子做游戏、散步，散步时大人孩子轮流讲故事、笑话等，并及时表扬和鼓励。初中阶段学习任务重、作业多，我们选择周末陪孩子打乒乓球，每天早晨半个小时，先学发球，后练习接球，只要有进步就表扬。现在每到周末，她都主动要求早起去打乒乓球，既锻炼了身体，又培养了一个爱好，还教育了孩子一个道理：学习任何一门技术，都要坚持，只有坚持才能进步，才能走向成功。

（鱼台县实验中学八年级 11 班梁思源家长）

炉火纯青未敢求　且把平凡化非凡

——我们怎样进行家庭教育

卢　强

　　"望子成龙，望女成凤。"每个家长都渴望自己的孩子长大成才，光耀门庭。孩子的成长离不开学校，也离不开家庭和社会。家庭教育对孩子一生成长的重要性是众所周知的，我们在平凡的家庭生活与教育中，也有一些粗浅体会，可以概括为"四个引导、四个注重"。

　　一是引导孩子及时完成书面作业，注重培养良好的学习习惯。每天坚持抽出一定时间温习功课，完成作业，并注意劳逸结合，学一会儿，玩一会儿，各科作业很轻松就做完了。为确保作业质量，我们进行细致检查，做错的题目要求重写，较难的题目与孩子一起进行探讨。

　　二是引导孩子对民风民俗进行直观了解，注重加强传统文化教育。比如为了让孩子对春节有更深的认识，我们积极引导她参与节日活动，亲身体验节日氛围，带着孩子走亲访友、拜年，与孩子一起买春联、贴福字，让她体会其中的快乐；一起逛街游玩，比赛套圈，观赏大街上的热闹景象；准备年夜饭时让孩子做一些力所能及的事，擀擀皮，学包饺子。让她感受到春节既是欢乐喜庆的节日，更是万家团圆的节日。

　　三是引导孩子学会感恩，注重培养孩子的爱心。遇到乞讨的人，鼓励她主动捐钱，引导她与自身幸福生活作对比，培养她爱心的同时让她学会感恩，珍惜美好生活。在超市买东西时，购物付款找回的零钱都引导她投进商场内摆放的爱心救助箱内，告诉她积少成多的道理，大家共同努力，都献出一点爱，就能帮助好多苦难的人。在日常生活中，教育她要乐于助人，从身边的小事做起，可以帮助亲人、邻居、朋友做些举手之劳的小事。

　　四是引导孩子感受大自然，注重培养观察能力和语言表达能力。我们一起去踏青，陪孩子去旅游，到西支河畔晒太阳、沐浴清风、放飞风筝，让孩子感知大自然，尽情享受童年的欢乐。无论是在家庭日常生活，还是外出旅游购物，都引导她多观察，并能够适当表达出来，什么时间、什么地点、什么人

物，发生了什么事情，鼓励她表达出来。

孩子的成长是一个漫长的过程，这个过程需要学校、家庭、社会等各个方面共同努力。我们非常感谢学校和老师付出的辛勤劳动，家长看在眼里，记在心里。只要我们家校共建，携手努力，相信孩子的未来一定是美好的。或许孩子的成绩达不到炉火纯青的地步，但我们有责任将他们培养成社会有用之才！或许我们做的这些点点滴滴都是平凡的，但我们对孩子、对社会所做的贡献将是非凡的！

（鱼台县实验中学七年级二班卢纯青家长）

J

嘉祥县
JIA XIANG XIAN

育子点滴

李雪美

　　为家庭培养一个好孩子，为社会培养一个人才，这是每一个母亲的心愿和责任。一个农民的喜悦是面对丰硕的秋收，一个母亲的喜悦是看到孩子的成才。谈到孩子的教育，每个做父母的都有一肚子的话要说，都有自己教育孩子的经验，其中有成功也有失败。虽然家庭情况不同，教育方式也各有千秋，但目的都是希望自己的孩子能快乐健康地成长。

　　很多父母认为，家庭教育就是开发孩子的智力，于是让孩子从两三岁开始背唐诗，四五岁学英语，上学后要请家教、上辅导班，成绩一定要名列前茅，将来一定要上名牌大学。我认为这是误区，父母的目光不能只盯在孩子暂时的成绩上，孩子要进行的是一场持久的人生接力赛，笑到最后的才是胜利者。只有解决了教育的目标问题，才能找到正确的指引方向，才能让孩子积蓄竞争力，打好持久战！

学步篇

　　"三翻六坐八爬"，这句俗语是说小孩子3个月会翻身，6个月会坐，8个月会爬。可惜，现在的孩子太"幸福"了，父母是放在手心怕摔了，含在嘴里怕化了。结果孩子一岁多会跑了还不会爬。我的孩子出世不久，丈夫就注意锻炼他的小胳膊小腿。在照百天照的时候，孩子就能趴着抬头看人了。孩子8个月时正好是学校暑假开学，我们一家三口住在学校宿舍，没有老人给照顾孩子。当时，我们县的教师工资极低，雇不起保姆。我和老公一边教学一边照看孩子，忙不过来时就把孩子放到校园的平地上不管了，任其爬行。一个月后，9个月的孩子竟能一气爬上4楼到教室找我，甚至从4楼倒爬到1楼。同事们看到后，辛酸地指责我和丈夫不负责任："没见过你们这样狠心的爹娘！"可喜的是，孩子不到10个月就会走路了，跟在大孩子的屁股后面玩耍。在我的记忆里，儿子从来没有因自己摔倒了、摔疼了而大哭大叫，连小哭小叫也没有

过。我猜想，在他那小小的脑袋瓜里应该有这样的概念：摔倒了是自己的错，应该忍着，没有哭的权利，需要做的就是自己爬起来。

养成篇

养成教育是影响孩子一辈子的教育，习惯可以主宰人的一生，孩子的一切应从习惯的培养开始。

儿子很小的时候，我就注意培养他"自己的事情自己做"的意识。两岁多时，我先让他学着洗自己的手绢和袜子，虽然每次洗完后，我都悄悄地给他再洗一遍，但是却培养了他"自己的事情自己做"的意识。有一次，同事告诉我，孩子在她家玩时，别的小朋友不小心弄脏了他的衣服，3岁的小儿撅着小嘴说："看，衣服脏了，回家还得我洗！"大人们被他逗笑了，不相信孩子的话是真的。孩子现在就要面临中考了，自己的卫生一直是他自己做。让孩子通过自己动手体会劳动的快乐和辛苦，从而体会到父母的辛劳。

树立良好的自信心，不仅是激发幼儿潜能的重要前提，更是建立完美人格的基础。童年时期的儿子非常胆小，不善言辞，缺乏自信心。他上幼儿园大班的时候，有一次我送他到教室，正好碰到老师在检查拼音字母背诵情况，老师把他叫到身边提问，只见孩子脸色煞白，一个字也回答不上来。其实他已经会背了，当时脑海一片空白的原因应该是心理素质差。所以，从那时起，我就有意识地找机会锻炼他。多让他和邻居、客人讲话，家中购买生活小用品的活也承包给他了。慢慢地，孩子语言表达能力强了，胆子也大了，自信心有了，学校举行的一些活动，如开学典礼、六一儿童节汇演、运动会开幕式等，他多次承担主持人的角色。

一个好的学习习惯，可以让孩子受益终生。现在的初中生写作文，很多是在记"流水账"或为了凑足字数，语言重复、内容空洞。可喜的是，孩子的作文多次被老师当作优秀范文在课堂上朗读。我想，这应该归功于他从四年级就养成的每晚睡前半小时的阅读。至今，他已读完了唐诗宋词、中国古典四大名著（青少年版）、中外战争故事及一些简单的外国文学作品。读书丰富了他的知识，开拓了他的视野，更陶冶了他的情操，潜移默化地提高了他的综合素质。

磨炼篇

现实生活中大多数成功的人，并不是学习最好的，也不是最聪明的人，而是能吃苦耐劳、有坚强毅力的人。我们生活在一个小乡镇，教育孩子的条件和城里没法比。城里的孩子周末和假期可以参加各种辅导班，他们能书善画、能歌善舞。乡下没有辅导班，长长的暑假被浪费掉了。为了丰富孩子的童年生活，也为了培养孩子吃苦耐劳的毅力，孩子7岁的时候，我和丈夫商量后把他送到离家50里地的县城练武术去了。武校规定一个月允许学生回家一次，吃住洗刷都要靠7岁的孩子自己来完成。武校习武的地方没有空调，有时候就在没有荫凉的院子里锻炼。孩子后来回忆的时候说地面很烫，在上面磕个鸡蛋能煎熟了，早晨5点钟就要起床跑5公里。孩子一直坚持了4个暑假，锻炼很刻苦，成绩也不错，和几位教练成了忘年之交。现在谈起这事，我真有点为我当时"残忍"的做法后悔，然而儿子却以那段时间的磨炼为幸福和骄傲。"不经历风雨怎能见彩虹，没有人能随随便便成功"已经成了他的口头禅。也许和他几年的锻炼有关系，不到13岁的儿子现在身高1米8，酷爱篮球，还参加了县里的篮球比赛。

相处篇

"父母之爱子，则为之计深远。"3岁的孩子对是非对错已经有了自己的判断，判断的能力形成，一方面通过他自己的体验，但最重要的是父母灌输给他的思想观念。父母的素质，几乎可以说对孩子的成长起着决定性的作用。

曾见到两个两三岁的孩子打架，有一个吃了点亏哭了，其母见状，大声呵斥："你真无能，去打回来。"我感到悲哀，这个孩子将来能健康成长吗？家长的这种教育继续下去，孩子能成为一个有爱心的人吗？他能学会和别人相处吗？长大了，会走上一条什么样的道路呢？记得儿子小的时候常抱怨我的一句话："妈妈，你不是我亲妈，我和别的孩子挣东西打架时，你从不向着我。你看亮亮的妈妈，多疼孩子！"可几年后，孩子懂事了，又常对我说："妈妈，我们不喜欢亮亮的妈妈，她太护孩子了，我们不愿和亮亮一起玩。"我笑着说"亮亮是无辜的，错在她妈妈，不是吗？"孩子想了想，说："嗯，有道理，我们仍然是亮亮的好朋友。"现在两个孩子由小时候的光腚伙伴已经成长为生活上互帮互助，学习上追赶超越的大小伙子了。所以教孩子学会宽容别人、体谅

别人，学会与人融洽相处，这样无论孩子今后遇到怎样的挫折，都会有真心朋友的鼓励、安慰，都会有一颗积极向上的心。

遗金篇

留给孩子财富，不如教孩子学会做人；留给孩子金银，不如教孩子学会淘金；留给孩子鱼吃，不如教孩子学会打鱼。

我和丈夫虽生来贫困，对钱却看得很淡，也从不乱花钱，对自己颇为苛刻，然而该花的钱绝不吝啬。同事、朋友有困难了，总是倾囊相助。父母年纪大了，好好孝敬他们，让父母有一个像样的晚年生活，更是责无旁贷。现在的家长时兴给孩子买各种保险或攒钱，为孩子上大学、找工作、结婚、买房子用，而我不认为给孩子攒钱是什么好事。我很喜欢板桥老先生的一句话："儿孙不如我，留钱做什么；儿孙比我强，留钱做什么。"当今离婚率高，我认为原因之一就是因为父母为他们打点的太周到了，财富来得太容易，轻易得来的东西是没有人会珍惜的。夫妻一言不合吵着要离婚的时候，家里的一桌一椅，所有的一切都不能使他们留恋，因为这些他们都没有付出，不值得留恋。而那些白手起家，两人一起创造小家庭的夫妇，对家里的任何一件事物都有着深厚的感情，为了这个创建不易的家，除非有什么大的原则分歧，否则不会轻易分手的。所以，我不会给儿子攒钱，我希望在他们自己辛辛苦苦建立的家庭里充满感情、信任和彼此的牵挂。

孝教篇

每个生命从呱呱坠地到长大成人，无时无刻不渗透着父母全身心的爱。按理，父母年老时，恪尽孝道也是天经地义的事。然而现实生活中，"尽孝"却往往被人们排在次要的位置。"养不教，父之过"，家庭是孩子成长的摇篮，是孝心教育的主阵地。想要拥有一个孝顺的孩子，就必须在家庭中让孩子从小体会"爱"的教育和"孝"的熏陶。孩子四五岁的时候，他的爷爷50多岁，按理说吃饭的时候全家人应该以孩子为中心，孩子吃的食物应该有点特殊，然而我们却人人平等。孩子的爷爷看不下去了，把自己碗里的肉夹给孩子，我坚决制止了。后来孩子的爷爷由于在老家帮孩子的婶婶干活，不小心从房顶摔下来，幸运的是捡了一条命，不幸的是老人双手神经受损，自己吃饭都困难。孩子的叔叔婶婶以不成立的理由拒绝赡养老人，面临中考的孩子却劝慰我们：

"爸妈,把爷爷接来吧,我的生活不用你们操心,并且周末我也可以替你们照顾爷爷。"我们还有什么话说呢?须知,您今天给自己的父母倒一杯水,将来您的孩子就可能端一碗汤,送到您的床前。如果孝敬变为传统,生活不是更美好吗?付出是快乐,选择孝敬父母,行动起来!

　　以上这些做法与思考,无论对与错,但结果我认为自己培养了一个优秀的孩子。时至今日,孩子即将步入高中大门,他已学会用自己的大脑去思考问题了。尽管有时想法偏激片面,可思想里已有许多熠熠的闪光点了。总而言之,教育孩子的方法很多,家长应该成为孩子人生路上的优秀导路人!为孩子健康成长创设更广阔的蓝天!

（嘉祥县金屯镇中学）

用心呵护　放手锤炼

黄自义

我的子女学习成绩都不错，女儿在 4 年前已升入一所知名大学，儿子读高二，成绩在班里名列前茅。女儿升入大学时还不满 17 岁，并且升学的分数还比较高；读大学时一直担任班长，并一直保持着不错的学业成绩，大四时获得省优秀学生称号，并被保研。许多人问我是怎样对子女进行家庭教育的？

教育孩子、品质为先

我认为，教育孩子不仅要注重其知识水平和能力的发展，更要注重其思想品质和个性品质的发展。具有良好的思想品质和个性品质，是一个人的立身之本。一个人，只有具有优良的思想品质和个性品质，才能选择正确的发展方向，拥有强大的发展动力，保持永久的发展势头。

一个人的思想品质和个性品质需要在成长过程中不断完善，因此，孩子品质的教育培养应贯穿于教育过程的始终，"树大自然直""儿大不由爷"都是不教育的托辞。思想品质和个性品质的培养教育形式多种多样，可视情况选择。如可以通过言传身教培养孩子助人为乐的思想、利用典型案例教育孩子树立正确的价值观、用摆事实讲道理的方式纠正孩子的错误思想等。从空间角度上说，思想品质和个性品质教育应是全方位的，单方面的教育不能使孩子形成完善的人格。在教育孩子方面，"先教其成人，再育其成才"是我基本的定位。我历来把德育教育放在教育孩子的首位，从小向他们灌输"做人，品为先"的思想，培养他们自力更生、吃苦耐劳的品质，与人为善的处事原则。

面对现实，扬长不避短

"十年树木，百年树人。"教育孩子是一个庞大的系统工程，需要十几年乃至几十年专注不懈的努力才能完成。因此，一开始就应根据孩子的实际情况规划出一个"蓝图",并在以后的工作中尽量按照预先的构想去做。有的家长恨铁不成钢,有的是盲目从众,不考虑孩子的实际情况,假期里让孩子参加多个辅导班,我认为这样的做法是不值得效仿的。我女儿小的时候显现出一些弱点:身体柔弱,胆子小,与同龄孩子发生争斗时常处于劣势。同时也表现出智力方面的某些优势:说话早,语言模仿能力较强。从那时起,我就确定了发挥她的长项,弥补她这些弱点中可以改变的成分,做到"扬长不避短",并一直沿着这一方向努力。当年的学籍管理没有现在这样严格,学生可以留级、跳级,升学成绩不理想的还可以复课重考。为使她的学业发展有时间上的保障,我有意让她提前两年入学,在小学阶段又跳过一级。进入初中,学校离家远了,有三四里地,为了提高她的身体素质,在初一初二整整两年时间里我坚持早上陪她步行上学,晚上陪她步行回家。从小学的后两年起,我和爱人有意培养她独立生活的能力,让她练习洗衣、洗碗,做些缝缝补补的针线活。这些锻炼,后来证明都是有用的。读高中时,学生每月只能回家一次,有的学生回家时为大包的脏衣服而不堪负重,我的孩子没有过;在大学生活中有的学生因为衣服划破、开线等问题或四处找人帮忙,或把本来有利用价值的破损衣服扔掉了事,我的孩子没有过。而且在这方面还帮了别人不少忙。她由一个身体孱弱、独立生活能力较差的弱小孩蜕变成能把学习和生活事务处理得井井有条、生活态度积极乐观的学生。女儿的成长,令我在付出之后有了沉甸甸的收获的喜悦。

勿以恶小而为之

培养教育孩子,无论从道德角度还是法律角度,父母都有不可推卸的责任。古人的"养不教,父之过"说的就是这个道理。在教育孩子的问题上,我不想犯"不教"的过错,坚守"勿以恶小而为之"的古训,在明显的是非面前表现得很"专横"。孩子4岁那年初夏,一天下午,天不热,一群儿童在大人看护下在街上玩耍,其中就有我的孩子。一个卖冰棍的吆喝着走近孩子们。起初有几个看护孩子的家长在孩子的央求下买了冰棍,另有几个家长看到这情况主动给孩子买了。我刚想领孩子离开,正巧我爱人走到跟前,看到孩子羡慕的表情,掏钱就要去买,我忙去制止。在我们二人争执的过程中,孩子立即加入爸爸的阵营,扯着我爱人的衣服往卖冰棍的方向拽。孩子的举动大大激发了爱人的"慈母"情怀,不顾我的反对,大义凛然地领着孩子去完成人民币换冰棍的交易。

最后的结局是，我把卖冰棍的呵斥跑了，孩子大哭起来。我顿时遭到几个家长和我爱人的口诛。我的孩子没有随便买零食的习惯，可能就是由于我的这种"专横"造成的。他们现在也许明白了，正是这种习惯，使他们的饮食更趋科学，避免了很多"垃圾食品"对身体的伤害。更重要的是，在我的引导教育下，他们收获了好的生活习惯和不乱花钱的行为习惯。

教育抓契机

教育孩子时，我不喜欢对他们唠唠叨叨说个不停，从内心不想对他们提出过于苛刻的要求。我认为这不仅会使他们产生逆反心理，而且限制了他们的自由发展。我禁止孩子做某件事时语气是坚决的，同样的几次要求提出后，在效果不明显的情况下，我就要另寻方法或契机。作为学生，迷恋网上游戏、上网时间过长对学习和身体的危害是巨大的。有一段时间，孩子玩网上游戏的次数越来越频繁，时间越来越长，我多次说教也没奏效。我对电脑操作不精通，对保存在电脑里的一些资料疏于管理。有一天，从电脑上寻找以前保存的资料时，发现已被删除，毫无疑问是他干的。我把他叫到电脑前，对他进行了暴风骤雨般的训斥，一方面是为我失去的资料，另一方面更是因为他不听教导，继续对电脑游戏痴迷。我拿出他最近的作业，历数他的几宗过错：一、为了自己玩游戏的方便，删除了我的有用资料；二、因为玩游戏，对待作业敷衍了事，影响了学习；三、不听父母劝说，一错再错。训得他不敢吭声，光站在那里抹眼泪。我抓住机会，对他约法三章：一、立即删除电脑上的全部游戏；二、除较长的假期外不得在电脑上玩游戏；三、除节假日外，不能在电脑上进行与学习无直接关系的活动。他无条件地全部接受。至此，问题得到解决。

放手锤炼，以身作则

"可怜天下父母心"。为人父母者，对子女都存有绵绵无尽的爱心，只是释放爱的方式有所不同。在这点上面，我的观点是：舍小取大，舍近取远。为了促使孩子锻炼身体，我曾用两年的时间陪她走在上学和放学的路上。当时，我任她所在班的班主任，两年时间里，她没有因为班主任子女的身份少扫一次地，少擦一次黑板，犯了错误少挨一次惩罚。一次，学校组织学生到4里地外的公路两旁粉刷杨树，干到很晚才回学校。她拖着疲惫的身体，拿着工具吃力地跟在队伍最后，同事们都劝我用自行车带上她走，我没那样做。一个同事甚至想把她抱到自己的自行车上，都被我拒绝。当时我认为，她走回去，与其他同学一样，接受了一次锻炼，对成长有好处，而坐自行车回去固然可以少受劳累之苦，但却不仅失去锻炼机会，还可能滋生优越感，对成长反而不利。

我把教育孩子的体会概括为8个字：用心呵护，放手锤炼。用心呵护就是对子女心存大爱，时时、事事、处处关心他们的成长；放手锤炼就是为了成长需要，舍得让他们经受狂风之吹、暴雨之淋、烈日之晒，接受自然和社会的磨砺。

另外，作为家长，不应该只习惯对孩子指手画脚，更应注重身教，特别是孩子小时候更是如此。我对我最近见到的一件事思虑了好久，心情感到很沉重。前些日子，上级分配给小学一批贫困生救助指标，有几个平时从来没问过学生学习情况和在校表现的家长慌忙托关系，求老师，争取得到贫困救助。据我所知，其中有几个家里并不贫困，他们的孩子口袋里零食不断。我对他们的行为非常费解，孩子成长的事他们不放在心上，为了区区几百元钱倒去挖空心思先得而后快，真不知道他们是怎么想的。我真想对他们大吼一声：住手吧，别让你们的市侩习气继续玷污你们的孩子！看到孩子令人担忧的成长现状，我们不应该只有抱怨，而应该反思自身的行为，是对这种现状起到了推波助澜的作用，还是起到了遏制的作用。

我生活阅历简单，知识水平和能力有限，因而在教育孩子上难有超乎常人的高明举动，更谈不上有什么经验。让我谈教育孩子的经验，我感觉压力不小，生怕做不好，不仅有负信任，而且贻害众人。这种压力促使我为此做了很多准备工作，我翻阅了多年的日记。以上所谈如果能对各位有所启示，将是对我所付出的褒奖；如果有所借鉴，我将倍感欣慰；如果有所帮助，我将倍感荣幸。

（嘉祥县黄垓乡中学）

孩子要"管理",不要"管制"

岳爱香

我曾看到一本书,书名是《千万别"管"孩子》,禁不住翻开看了一遍。家长都希望自己的孩子能生活在快乐、自由、健康、和谐的环境里,孩子还是要"管"的,不仅要管,还要花更大的精力、更多的心血、更多的时间。之所以采用这个书名,是用以引起家长对"管孩子"的方式、态度、目的等问题的思考。我们要"管理"孩子,而不是"管制"孩子,要正确地引导他们,让他们学会自己管理自己。我们可以做的只是给出行为的准则和方法,具体的交给孩子自己去做,做孩子的引路人。

我女儿鹿琳琳4岁上小学,9岁升入初中,12岁以优异的成绩升入嘉祥一中,15岁考入全国重点大学,19岁大学毕业,同年被中国科学院研究生院录取,24岁博士毕业,就业于中国科学院,是中科院最年轻的博士,28岁就晋升为副研究员,多项研究成果发表在国际一流期刊。

记得大四的下学期,接到了女儿发来的信息,她说接到了瑞典皇家理工学院的录取通知书,学费全免,她是唯一拿到奖学金的中国学生,每月7500克朗,她很想去瑞典留学,不过很难做出选择。因为不久前,刚收到美国一所大学研究生院的录取通知书。4月份,她又通过了国内研究生考试的复试,被中国科学院录取为硕士研究生。女儿一直有出国深造的强烈愿望,面对出国留学,还是在国内深造,她处在两难的选择之中。如何来引导她,帮助她理清思路,选择将来的成才之路呢?这使我陷入了深深的思考之中。

挖掘兴趣,养成良好的学习习惯

我从事了多年的教育教学工作,记得女儿进入小学一年级的时候,正好在我的班级,如何才能使她具备学习能力和创新能力,成为积极乐观、执著追求的成功者呢?孩提时代的女儿,有个爱问问题的习惯。比如当时我买了几只小鸡,她特别喜欢,每天都喂几次,可等过了一段时间,小鸡逐渐发生了变化,呈现出不同的形状，她就提出一些问题，并给小鸡起了一些特殊的名字。这个小鸡为什么不长个？是个"小鸡佬"，那个小鸡怎么老是仰着头转圈？像个"歪头"，还有"翻毛鸡"等等。我耐心地告诉她，动物也像人一样有先天的不足，所以形体不同。我不知道的就告诉她"等你长大了，学习了有关知识就知道了"，她非常高兴。要不失时机地对孩子进行教育，讨论一些知识性而又轻松的话题，从小开始注重培养孩子多方面的兴趣。

其次，培养孩子养成学习的好习惯。要想使孩子养成良好的学习习惯，最大的问题就是如何排除对孩子学习的干扰。虽然我们主张"寓教于乐"，但是两者毕竟无法完全统一。在我的教育下，作为小学低年级的学生，女儿已经能够按时早起，学习生活有规律，但是孩子的天性是贪玩，特别是电视上的动画节目更吸引孩子，有时看电视入了迷，叫她却不听，我生气把电视关了，这样在她幼小的心灵里就产生了抵触情绪，怎么办呢？面对这一问题，我适时地和她进行了交流，"你说为什么看电视呀？""你说得不错，但是你想过没有，看电视对你有什么影响吗？"渐渐地女儿的想法有了转变，是啊，看了这么多电视也没记住什么，却严重影响了学习。我抓住时机，和女儿规定了什么时间看电视，什么样的节目该看，什么样的不该看，要有选择性，看电视前必须完成作业等，排除了电视对学习的影响。

第三，培养孩子自己制订学习计划的习惯。从小学一年级开始就指导她制订一个初步的学习计划，比如学期目标在班级第几名，单科成绩多少分，每天什么时间起床，什么时间学习，星期天怎样过等，并督促她按计划去做。制订计划的习惯使孩子受益很大，直到现在，我女儿都坚持制订计划，近期干什么，下一步目标是什么，收到了很好的效果。

在大学生活紧张的情况下，女儿有张有弛，忙而不乱，有条不紊，取得了优异的成绩。如英语过六级，托福成绩在西安考区第一名，参加全国计算机编程大赛、全国大学生英语大赛获一等奖、省级数学建模比赛一等奖，还选修了日语课程。如果没有好的计划，很难想象几方面都能成功。在女儿养成良好的学习习惯，形成学习能力的过程中，时时刻刻有着我的影子，充满了我的心血和汗水，也饱含着我对孩子的关爱。

适时鼓励，培植自信

"一个人是否具有创造力，是一流人才和三流人才的分水岭。"女儿在上高中的时候，最爱看的一本书是《成功学》，她渴望成功，努力超越别人。在她升高中和大学的每一次考试前，她都问我同一个问题，"妈妈，我行吗？"我一次次地告诉她"你行，你能行""你不比别人差，别人能办到的，你一定能办到，别人办不到的，你也行"等鼓励的话，一遍遍地告诉她。当她考上高中的时候，她不敢相信地问我："妈妈，我真的考上了吗？""我聪明的女儿怎么考不上呢？"我适时地进行鼓励着。在孩子学习的过程中，经常遇到难题，作为家长不能包办代替。我有时遇到这样的情景：孩子手里拿着笔，伏在作业上，一副愁眉苦脸的样子，我知道她又遇到难题了，我装作没看见，过了好长时间，她还在那里思考，我走过去说："来，妈妈帮你看看。"我帮她理清思路，把解题方法告诉了她。"明白了吗？""明白了。"她点了点头，"那你再把解题方法给我重复一遍。"她果然记得很清楚，我很高兴。我知道，千万不能轻易地告诉她答案，让她经过深入的思考，才能培养创造能力。记得在上高中军训的时候，她的腿摔伤了，而且已经发炎。晚上，我一边给她擦伤口，抹着药水，一边鼓励她。不过我确实有些心疼，女儿毕竟只有 12 岁，又伤得那么重，很想让她请个假，在家里休息，但是我咬了咬牙，没有这么做，而是鼓励她一直坚持到军训结束。是的，在孩子遭遇磨难的时候，要帮助她度过去，在经受痛苦的过程中，磨炼她的意志，培养她超出常人的毅力，才能有创造性的成功。

自信是大多数成功人士所拥有的，怎样培养孩子的自信心呢？我记得在高一第一学期期中考试时，她考了全班第 13 名，期末考试时，考了个全班 24 名，这与入学时的全班第 8 名差远了，女儿苦恼极了。这时候我冷静地思考，是什么原因造成的呢？是不是女儿年龄太小，承受不了高中阶段的学习呢？女儿对自己的能力产生了怀疑，信心不足，这时候我没有打击她，而是以积极乐观的思想影响她，于是我和女儿进行了思想交流。经过共同的探讨，我们认为由于到了一个新的学校，知识难易程度和老师的授课方法都有所改变，为了适应新的学习环境，我指导她重新确定了学习方法，制订了学习计划，凭着她良好的学习习惯和惊人的毅力，终于赶了上去。还有一次，在大一的时候，她在全班考了第一名，结果评奖学金只得了二等奖，她认为不公平，评奖时有些不公正的因素存在，当时我告诉她，"成绩是一个方面，证明你的勤奋，奖学金多少无所谓，要全面发展，要有乐观向上的精神""世界上很多的人不开心的原因无非是追求金钱、地位、名誉，要以轻松的心态去处理那些望而却步的困难，不要苦恼""你只要乐观的面对人生，凭你的能力一定能取得成功的"。我对她的信任，使她增强了信心。第二学年，终于取得了全学院第一名的好成绩，拿到了学院唯一的特等奖学金 4000 元，毕业时被评为"省级优秀毕业生"。

大三的第二学期，女儿曾来过一封信，其中有一段是这样写的："父母是我永远的坚实后盾，别人都特别羡慕我有文化、积极进取，又能和我沟通交流的爸爸妈妈。希望你们不仅是我的后方，我的弹药、粮食基地，还可以是我的战友、我的参谋长，将你们的智慧和经验灵活的运用到女儿的战斗中来。"字里行间看到了女儿的成熟，并由衷地感到高兴。

　　总之，事物总是矛盾的统一体，孩子身上有优点，也有不足，就看家长怎么调教。在对孩子的教育中，家长的作用不是包管一切，而是宽中有严，给孩子一个宽阔的天空。要"管理"孩子，而不是"管制"孩子，通过正确的引导，让孩子自己走向成功。

（嘉祥县嘉祥街道西关小学）

家有小女爱读书

杨艳梅

女儿呱呱落地时，我和世界上所有的母亲一样对她充满了期望，希望所有女孩子该有的品德与素养她都拥有。

在她很小的时候，家里摆满了各种各样的益智玩具。尽管音乐她听不太懂，我仍然一遍一遍放给她听；尽管有的积木她拿不住，我还是手把手地教她摆；也记不清有多少个夜晚，我躺在枕边望着她忽闪着的大眼睛兴致盎然地给她讲故事。所有这些，我相信，对她的成长都是有好处的。然而，因为工作关系，我不能常常陪在她身边。所以，维系我们母女情感的常常就只有这睡前故事了。

开始讲故事大概是从女儿 9 个月大时，我常常买来一些图画书。孩子听懂或者听不懂的我都爱翻给她看看，然后给她读一读上面的小故事。一开始她胡抓乱挠，书还被她抓烂了。后来我买她抓不烂的书，而且感觉她很有兴趣的故事我就反复讲给她听。时间久了，我发现她越来越期待我给她讲故事了。就这样，女儿渐渐长大到上学的年龄，我依然每天晚上都陪伴着她。《一千零一夜》的故事早不能满足我们的需要，因为孩子在我讲完之后总会问我："后来呢？"我只好开动脑筋，自己编故事。有时候，一个纽扣也会引发我的联想。记得有一次睡觉前，我发现她的衣服少了一个纽扣，灵机一动编了个《找不到妈妈的小纽扣》，女儿听完故事早已泪流满面了。从那以后，她常常小心翼翼地摸摸自己的小扣子，嘴里还念念有词："别跑别跑小扣子，你会找不到妈妈的！"看着女儿那张天真无邪的小脸儿，我常常想，孩子是有思想的，也许很单纯，但是一定不简单。我们只要给她一颗星星，在她们的世界里，便会呈现出一个辽阔的天空；给她一滴水，在她的小脑袋里便会折射出色彩斑斓的光辉。这不正是我们做父母所期望的吗？

在女儿上小学一年级的时候，我在报纸上看到了一段文字："谁抓住了孩子的阅读，谁就抓住了孩子的未来。"我百感交集，我的女儿，虽然我给她买过很多书，但她总是让我讲给她听，自己不爱看。我该怎么办呢？有一次，我晚上加班整材料回家晚了，发现女儿还没睡，正闹着奶奶讲故事。看到我就好像看到了救星，好像得到了世间最美的礼物，女儿立刻开心起来。在我给她讲到一半的时候，我想起厨房还烧着水呢，就赶紧去了厨房。等我回来时，听见女儿自言自语说："不给我讲拉倒，哼，我自己看。"我止住了脚步，从门缝里看到她正用手指着每个字的拼音读着，虽然笨拙，但是都读对了！我走到屋里抱起她亲了又亲，夸她真棒，她兴奋的小脸通红，读得更带劲了。

从那以后每次给她讲故事，我总是在讲到最精彩处就找借口走开。因为太想听故事，她也只好自己读了。时间长了，可能女儿发现自己读比妈妈讲更能满足自己的需求，慢慢地就不再粘着我了。想起那段日子，我真是煞费苦心。因为，作为一名教师，我深深地懂得，爱听故事的孩子，不一定爱读书，关键是对她读书习惯的培养。而这个过程是艰难的，我们必须用心去设计，用心去感受孩子的需要。相信天下的父母都和我一样，无论白天工作有多忙、多累，回到家看到孩子，所有的疲倦都会化作乌有。

孩子爱上了读书，但我悬着的心并没有落下，读什么样的书对孩子更好呢？因此在选择书时我特别用心，常常光顾书店。嘉祥的各大书店我都跑遍了，只为给孩子找好书。我往往选择正版的字大一些，纸的质量比较好的书。一是对孩子的眼睛好；二是女儿特别爱看，因为字大，内容少，她很快就看完一张，这让她特别有成就感。正版的书出错少，不会误导孩子，而且纸质好，翻来覆去不易烂，还有一股书的清香味儿。这也许是我的偏见，但现在事实证明我的选择没错，酷爱读书的女儿至今双眼视力都是二点零，在她班级里是视力最好的一个。

女儿看书特别快。记得上小学二年级时，我一次就给她买了5本拼音版的童话书，她一个星期就看完了。后来我又给她买了很多，发现她还是读得那么快。渐渐地，我感觉自己微薄的工资满足不了她对书的需求了。看着那一摞摞的书，我就想：读那么快，能消化吗？有一段时间，我没给她提供书，说也奇怪，她竟然也没缠着我买书看。我悄悄地观察发现，她正迷上那本《绿山墙的安妮》，每天都津津有味地抱着它读。那本书她大概读了一个月，我终于忍不住问她："泽慧，这本书你怎么读这么慢啊？"她有点埋怨地说："什么呀，你不给我买书，我就看这个呗。我都读了十几遍了！"听她这么一说，我可乐了，书读得再多也比不上认认真真读上一本啊！我为女儿的又一次飞跃感到高兴。

二年级结束时女儿读遍了中外著名的童话故事，而且爱上了其他的中外名著。她陆续读完了少儿版的《红楼梦》《西游记》。她像所有女孩一样也爱读神话，《中国古代神话传说》是她第一本脱离拼音读的书。我记得当时看到这

本书时，女儿问我里面有没有嫦娥，我对她说有，可不是拼音版的。女儿一听有，坚持要买并向我保证她能看懂。我让她如愿以偿，买回了那本书。女儿回家又看了十几遍，尽管有些字不认识，但她读得如痴如醉。

后来，我去聊城时又给她买来了《汤姆叔叔的小屋》《鲁滨孙漂流记》《汤姆·索亚历险记》等等，她都爱不释手。尤其是《鲁滨孙漂流记》，女儿非常爱读。她说，她非常向往那种自由的生活，更喜欢通过自己的努力获得丰收的场景。慢慢地，我发现女儿喜欢读情节吸引人的书，我担心她读书太粗浅，曾经抽查过她，但我的担心是多余的，她看过的书都印象深刻，在后来的习作中她都提到过，而且引用得恰到好处。但是，有时候并不是我买的每一本书她都喜欢读，比如沈从文的《边城》，刚买来时她只翻了一页就把书扔在了一边。一个星期后我想出了好办法，想起了她小时候我给她讲故事的情景。我拿起《边城》，告诉她我读给她听，她很开心，当我读到那个黑丫头黑得很特别又非常有趣时，她突然把书抢了去，说："妈，您读得太慢了，我自己看吧！"就是这样，我一次又一次为女儿扫除阅读障碍。孩子喜欢读什么样的书她自己是不能完全辨别的，有时候真的需要我们去帮她一把。她喜欢的不一定是文学涵养高的，不喜欢的往往有很多让人参不透的玄机，也往往代表着一种高度，这就要看我们怎么去引导她。

如今女儿上小学六年级了，我和先生一如既往地鼓励她读书，每次外出时，我们最好的礼物对女儿来说莫过于书了。应该跟爱读书有关系吧，她的作文在班里一直是最好的，而且多次参加县、市级的征文比赛。

今年暑假，我们一家人去了北京，参观了北京大学和清华大学。女儿感慨地说："妈妈，我希望将来上大学的时候，北大的藏书阁里面的书我能全部读完！我将来要当一个作家，扬名北京，扬名世界！"

是啊，只要孩子爱读书，只要孩子有志向，我们做父母的永远都是坚实的后盾。在孩子成长的路上，我们丝毫不敢倦怠，希望孩子博学多识，希望她读遍天下书，希望她能成为国家的栋梁！

（嘉祥县大张楼镇中心小学）

让微笑和激励伴孩子成长

胡美娟

家长是孩子的第一任老师，也是孩子一生的老师，家长对孩子的教育是学校教育的有益补充。把孩子培养成为一个身心健康、具有独立人格、对社会有用的人才是每一位家长的迫切要求和希望，我从孩子小时候就注意对孩子的培养，让她在每一个细节中健康成长。

学会爱孩子

高尔基说过："爱孩子，这是母鸡也会的本事，可是要善于教育他们，就不是一件容易的事，这需要才能和渊博的知识。"爱子需有度，爱子需有方，父母爱孩子，需要给孩子一份理智的爱。从孩子懂事起，对于她的无理要求我从不同意，有时孩子也会哭，但我没有心软过。有一天，我遇到这样一件事，奶奶骑着小三轮车接孙子回家，孩子坐在后面，说要吃羊肉串、喝饮料、吃汉堡，奶奶忙说："今天没带钱。"小孙子听后站在车上大喊："你是干什么吃的！回家我告诉妈妈。"这是孩子的错吗？这不正是父母溺爱孩子的结果吗？回到家我把这件事讲给女儿听，女儿说："这个男孩真不懂事，竟然对奶奶无礼。如果是我，我就不会这样做。"听到这样的回答，我很欣慰。

赏识自己的孩子

一个人的成功，离不开鼓励和赞美。人人都需要赞美，如同万物生长需要阳光的温暖一样。没有鼓励和赞美，孩子会在精神上有失落感。心理学家说："抚育孩子没有窍门，只要赞美他们。"我从孩子听懂话开始，就经常赞美她，当孩子会拿东西时，我说："你真了不起！"当孩子学会走路时，我说："你真棒！"当孩子画了一幅画时，我说："你真伟大！"……哪怕只有一点成绩，有一点进步，我都会给予她鼓励，从而促使孩子的成长一直处于良

性循环的轨道。其原理就如同斯金纳实验中的小老鼠，它为了得到食物，会不断地去按压杠杆。父母的赏识成为一种强化物，起到了强化孩子正确行为的作用，再加上父母的正确引导，孩子就在不知不觉中养成了正确的行为习惯。

培养孩子好的习惯

好习惯有很多，我从其中两个方面来谈一谈。

首先，勤俭节约是中华民族引以为豪的传统美德。简朴的生活是锻炼意志的炉火，是磨砺节操的砥石，它促人自立，助人成熟。我平时有意制造节俭的家庭氛围，如吃剩的饭菜从不乱扔，碗底从来不剩一粒米；洗衣服的水存放在水桶里，留着冲厕所；衣服破了补补再穿……这样孩子也逐渐养成了勤俭节约的好习惯。

记得我在听了一次环保讲座后，对女儿解释为什么要节约用水。"因为我们城市的地下水位很低，气候又比较干燥，而用过的污水都被排水管道排进了大海，回不到地下水中，这样最终造成水源枯竭，所以我们每个人都要从自身做起，比如在洗手、洗脸或淋浴时不要让水哗哗地流淌，自己去干其他事。"从那以后，我经常听见7岁的女儿向我大喊："别浪费水啦，不洗就关上。"而当我用浪费水来提醒女儿时，女儿会一缩脖子，马上行动。

其次，是良好的阅读习惯。不仅能促进孩子认知能力的发展，而且能培养孩子良好的非智力品质，如认真学习的态度，对文学艺术作品的兴趣，自制能力、信心和规则意识等。那么，怎样培养孩子良好的阅读习惯呢？我们不妨从以下几方面入手，首先要为孩子创设良好的阅读环境。任何一种良好习惯的养成都与相应的情景有关，在某种程度上都要依赖于该情景的连续、稳定和反复出现。因此，创设良好的阅读环境，是培养孩子良好阅读习惯的首要条件。对于孩子来说，良好的阅读环境应该是安静的、优美的，相对明亮且有一定氛围的阅读场所，并尽可能避免外界的干扰。

同时，要注意合理安排阅读时间。我每天都为孩子安排一次专门用于阅读的时间，定期给她买书或借书，并教给孩子利用图书馆的技能，如图书馆是怎么对图书进行分类的，怎么能找到她最想看的书等等。这样一段时间，孩子就爱上了读书，一有空就抱着书看。

我还鼓励孩子读书的同时记笔记。随便写什么都可以，写个简单的书名、写一写读后的感受、对人物的评价等，培养孩子从阅读中获取一些东西的习惯。

我经常与孩子一起读书、交流。如果孩子在阅读中提出问题，我尽量回答。在家里，我还准备了一些少年儿童百科全书类的书籍。当孩子提出问题时，我会引导她从书籍中寻找答案，启发孩子讨论思想、艺术方面的内容，尽量让她发表自己的见解。

我认为剪报是积累阅读资料的好方法。于是我准备了一本剪报册，教给孩子根据文章类型分门别类地粘到剪报册里，有兴趣的话，还可以进行批注。这些资料的积累，将为孩子日后的再学习和写作提供丰富的资源。

让"胆小鬼"敢于挑战

胆小的孩子最大的特点就是"怕"。不管遇到什么事，第一反应就是"怕"。我女儿一开始也是这样，我常常告诉她只有勇敢才会成功，胆小鬼是什么也办不成的，可是效果不佳。原来孩子不敢向别人借东西，比如家中的水龙头坏了，我叫她到隔壁邻居家借老虎钳，她都不肯；书本忘记带回来，叫她去找同学借，她说不敢。于是，我和她来了一场模拟场景游戏。我先当借物人，她当被借人。"你好，阿姨，你能不能借我一个工具用一下？""可以。""谢谢！"表演完之后，我又与女儿转换了一下角色，再来一次表演。后来，我当被借人时故意刁难她："不借。"女儿恳求道："借给我吧。""凭什么借给你啊？""因为我很需要……"经过多次场景模拟后，女儿措辞也丰富了，胆子也变大了，懂得该怎样说服别人了。后来，女儿"上演"了真实的游戏——敢向人借东西了。要想让孩子勇敢，就必须给孩子一个大胆的表现机会。

培养孩子的想象力

鲁迅说过："孩子是可敬佩的，他常想到星月以上的境界，想到地面下的情形，想到花卉的用处，想到昆虫的语言，他想飞到天空，他想潜入蚁穴。"然而，无数充满奇思妙想的孩子长成了思想贫乏单调的成年人。绘画是最容易诱发孩子大胆想象的一项活动。因此从女儿3岁起，我就培养孩子画画。把想象变成图画，这样孩子的想象力就在绘画中表现得淋漓尽致。我还运用优美的诗歌引发孩子的想象力，体会诗的意境，在头脑中产生画面；有时也通过故事发展孩子的想象力，比如引导孩子阅读优秀易懂的文学作品，并给她讲有趣的故事、童话故事；有时带孩子外出写生、参观、看演出等。即让孩子对事物多

进行观察了解，使孩子通过各种渠道丰富自己的想象力。

　　作为孩子的第一任教师，我深知教育的重要性。天下没有教育不好的孩子，只有不懂教育的父母。即使是最普通的孩子，只要教育得法，也会成为不平凡的人。

（嘉祥县大张楼镇临湖集小学学生家长）

培养好习惯从实际做起

孙海红

　　培根说："习惯是人生的主宰，人们应当努力求得好习惯。""习惯如果在幼年就开始，那是最美好的习惯。"我国教育家陈鹤琴先生说："人类的动作十之八九是习惯，而这种习惯又大部分是在幼年时代养成的，所以在幼年时代，应当特别注重习惯的养成。但是习惯不都是好的习惯，有好有坏，习惯养得好，终生受其益，习惯养得不好，则终生受其累。"这说明从小养成的良好习惯，会伴随人的一生，时时处处都在起作用。

　　孩子在4岁左右，是养成行为习惯的关键时期。今天去参加了孩子的家长会，老师开家长会的主题就是"生活习惯的养成"。我认真听着，详细记录。家庭教育要和学校教育形成一股合力，因为都是为了同一个目标：使孩子成长得更快更好。大人忙不是借口，抓住幼儿这个黄金期，帮助幼儿形成良好的生活习惯，将会使他们受益终生。托尔斯泰说："家长的责任是不能托付给任何人的，金钱买不到成功的孩子。"孩子们需要时间——家长的时间、大量的时间。

　　我的孩子嘉恒经常说"自己的事情自己做"，并且有些事情也真正做到了这一点。会自己铺床叠被，自己脱穿衣服、鞋、袜，会洗脸、洗脚、漱口、刷牙，自己吃饭，会摆放物品、洗刷碗筷、端菜盛饭、收拾饭桌；定期洗澡、洗头，勤换衣服，晚上衣服脱了后叠得整齐放在床头，能自己洗袜子并晾晒好。喜欢阅读，能主动学习并能学以致用，还记得有一本分享阅读书叫《种子开花》，了解植物生长过程，孩子读后很想自己种植，于是自己弄好土，就在花盆里种了几粒大黄豆，还浇上水。每天都要去看好几遍，迫不及待地想看到小豆苗，一天、两天、三天……真的记不得是第几天了，我们惊奇地发现黄豆芽出土喽！嘉恒特别高兴，他不解地问："妈妈，我们种了好几个豆，怎么就出来一个小芽啊？"我解释说："可能种子本身的问题吧，种子可能被虫蛀了。"我想让孩子明白种子的萌发不仅需要外界因素，如阳光、土壤和水分，关键是自身的因素，让他感受到，无论做什么事都要依靠自己，别人对自己的帮助只

是起辅助作用。

但是有些事情他自己还是做不到，并且也是我一直犯愁的问题：儿子自己还不能独立去睡觉，总是要我的陪伴才能入睡。我不想给孩子养成这种不好的习惯，不陪他睡他就会表现出翻来覆去、很不安的样子，并且还会大声哭叫，但是当我搂着睡时就没有这种现象。上网查询，大都说是宝宝在断奶后产生的焦虑不安的情绪，他在用这样的方式来进行缓解。既然知道这是一个不良习惯，要尽最大努力帮助他改正。

首先尝试分床，现在就要培养他独立睡觉的习惯。平时可以多给他一些关爱，多亲亲他，多抱抱他，让孩子在一个充满爱心的环境中成长。可以转移一下他的注意力，比如可以给孩子一个他喜欢的毛绒玩具让他搂着睡等。

教育的过程就是让孩子改掉不良习惯，养成良好习惯的过程。不同的习惯有着不同的作用，要么造就一个人，要么毁掉一个人。但不管习惯的力量有多大，人本身的力量更强大。因此，无论孩子目前有着什么样的不良习惯，只要有恒心、有毅力，任何顽固的不良习惯都会被"清除"！任何父母都能帮助孩子改掉不良习惯，成就他们的美好人生！

教育犹如海上行船，必须按正确的航线行驶。否则，船越大越有触礁沉没的危险。人的品质决定了人的发展方向。家庭教育的一个核心任务就是培养孩子成为一个真正的人，但人格的培养问题通常很难落实到具体操作上来。

研究者发现，习惯与人格相辅相成，习惯影响人格，人格更会影响习惯。正派、诚实、责任心、爱心、合作精神、讲究效率等品格都可以通过习惯培养来铸造。

良好的行为习惯

良好的行为习惯包括文明用语，积极的生活态度，良好的行为举止，与人和周围事物良好相处的行为方式，做事专心，有始有终……

良好行为习惯是高质量人才应具备的基本素质。科学研究和事实都表明，决定人能否成功的关键往往取决于人的非智力因素，如做事有条不紊、诚实守信、细心、耐心、恒心等优秀的品质，而这些都源于最初步的习惯的养成。可以说，良好行为习惯的养成是孩子学会做人的基础，养成良好的行为习惯，将使孩子受益终生。

父母的言传身教、以身作则对孩子十分重要。孩子良好的行为习惯就是在生活实践中建立和养成的。要坚持严格要求自己，始终如一。

良好的学习习惯

　　良好的学习习惯是孩子成功的基石。喜欢探索、勤于思考的习惯是他们创新未来的基本素养。从孩子长久发展的利益考虑，我们不可忽视孩子好习惯的养成，有控制自己的能力、有良好的阅读习惯、喜欢提问、喜欢探索、关注周围生活的变化……从表面上看，它不如识几个字、背几首诗那样立竿见影，但孩子一旦养成良好的学习习惯，将为他今后的学业发展奠定坚实的基础。可以说，具有好的学习习惯是孩子学业成功的关键。没有好的学习习惯，再聪明的孩子在困难面前也会半途而废。好习惯的养成是孩子自主发展的动力，没有动力，孩子的可持续发展就会受到限制，甚至会影响到孩子潜力的开发。

　　良好学习习惯的培养需要有好的环境。孩子爱学习不是天生的，而是在后天的培养过程中逐渐形成的。父母的榜样作用是十分重要的。不要小看家庭教育的力量，培养孩子的好习惯必须从家长做起。让孩子专心学习，家长就要做到专心做事；让孩子喜欢阅读，家长除了为孩子创造阅读环境，还要身体力行，享受阅读的乐趣；让孩子做事有始有终，家长做事就不能轻易放弃，虎头蛇尾。总之，家长是孩子的一面旗帜，培养孩子好的学习习惯，成人必须要"从我做起"。

良好的人际交往习惯

　　良好的人际交往习惯主要包括礼貌待人、尊重他人、能够平等地与他人交往，掌握一定的交往技巧……这些好习惯的养成关系着幼儿良好交往能力的形成，这也是未来社会人才必须具备的基本素质之一。没有良好的人际交往习惯，人的发展是受限制的。从小帮助幼儿建立良好的人际交往习惯，是孩子社会性发展的关键环节。

　　建立平等、和谐的人际环境十分重要。要让孩子在祥和的人际环境下大胆地与人交往，父母要积极鼓励孩子，为孩子创造机会和条件，避免空洞说教或越俎代庖。

　　学前阶段是培养孩子良好习惯的最佳期。良好的行为习惯的养成不是一朝一夕、一蹴而就的。父母要从生活的一点一滴入手，以持之以恒、坚持不懈的态度培养孩子良好的行为习惯。不良习惯的养成也是如此，孩子好习惯的养成一旦被忽略，不良的习惯就会自然而然地形成。克服不良习惯需要孩子付出更

多的努力。因此养成良好习惯应该成为孩子"基础教育"的重要一课。

事实证明，人的成功取决于人的能力，而人的能力来自于习惯的养成。只要我们抓住这个根本，孩子未来的发展一定是理想的。让我们从现在开始，培养孩子的良好习惯。

现在很多父母在教育孩子的问题上步入了一个新的误区，即盲信盲从甚至痴迷于所谓成功教子的家教经验，但这些经验听着容易，做起来难。因为它们没有"可迁移性"，如果只是一味地克隆、模仿，不但不能落实到自己孩子的身上，反而容易"邯郸学步"，适得其反。适合自己的才是最好的。适合自己孩子的才是最好的。培养孩子良好的习惯，应从实际出发，从现在出发，相信经过与孩子的共同努力，每棵小树都能茁壮的成长！

（嘉祥县卧龙山镇龙腾中学）

两封书信，打开了交织的心结

武雪峰

每当我听到李春波的"我买了一件毛衣给妈妈，别舍不得穿上吧，以前儿子不太听话，现在懂事他长大了"的歌声时，我就会感到与儿子书信交流的舒畅与神奇。因为这竟然无意中恩惠了自己：一封书信拉近了父子之间心与心的距离，另一封书信则轻松地改变了孩子执拗的想法，打开了交织的心结。

困惑与无助

孩子在期中考试中成绩一般，班主任对他期望很高，于是把他的位置从后向前调整了一下。可是孩子极不情愿，又不敢当面要求，怕被拒绝。于是偷偷地给我写了一个纸条。内容如下：

爸爸您好：

我们班根据成绩调了位，班主任把我调到了第一位。我对这个位置感觉还行，但我对现在的同位不满意，因为我俩素不相识，没有感情，没有呱拉。我和王奇是发小，从幼儿园就是同位，彼此间很默契，分开后我心情失落。我学不进去，也不想学，总想跟班主任理论。但是我又不敢，老师大概是担心王奇会影响我的学习，但是我们俩上课时从不说话，我想班主任是看在眼里的。班内几乎所有同学都调了位，为什么曹阳和赵燕飞还是同位？我问赵燕飞啦，他说那天曹阳跟班主任说好的，其实我也跟班主任说调位的事啦。爸爸，您没发现这两天我吃得很少吗？我无精打采的，眼睛毫无神色，因为我心里很矛盾，深感孤独无助。

儿子：武志鹏

2012 年 10 月 24 日下午

当我看到"他的想法"时，我意识到他的自我意识严重，不能随环境的变化而改变自己，面对调位心态不平衡，他对班主任的做法也不理解，不会换位思考问题。作为家长我非常担心孩子心理出现问题，我该如何帮助他，引导他

呢？教子路漫漫，先修己兮，我将读书而求索。

寻找与信心

每个家庭都有不同的教育方法，《傅雷家书》就是一本相当不错的教育书，是一本难得的好书，最适合家长和孩子的阅读。

傅雷教育孩子的方法比较独特，他是通过书信把真情传递给远方的孩子，对儿子的生活和艺术进行真诚地指导，而且还暗暗透露了对儿子的牵挂和爱。一个好的家庭教育，对孩子来说是一件好事，它可以决定一个孩子的人生，毕竟家庭教育是第一任老师，傅雷用了良好的方法把他儿子教育成才，让人赞不绝口。

很多家庭都望子成龙、望女成凤，因此，一个优良的家庭教育至关重要，可是有多少家庭可以适当地教育好孩子呢？在中国，许多家庭的教育不恰当，家长都没有用心与孩子沟通，不了解孩子的情况，没有适当地引导孩子，从而让孩子步入歧途，最后后悔莫及。还有些家长认为孩子不打不成材，出现了数不胜数的家庭暴力，让孩子身心受到伤害，不但没有使孩子懂事，反而让孩子变得反叛。要用合适的家庭教育教育孩子，家长们还真应该认真阅读这本《傅雷家书》。

傅雷家书给我开启了一扇窗户，让我寻找到与孩子沟通的方法。傅雷对孩子的教育的成功，让我充满正确引导孩子的信心，傅雷对孩子的拳拳之心，让我懂得了与孩子沟通要讲究艺术。

尝试与苦涩

说真的，平时自己忙于工作，无暇顾及孩子，深感对孩子亏欠许多。一看到孩子有不良表现，我就呵斥与谩骂孩子，哪有耐心交流。今天，我就尝试着用书信的方式跟孩子交流一下。

我疼爱的儿子武志鹏：

爸妈与你交流谈心无数次了，但以书信的方式还是第一次。虽然不太习惯，但只要对你有益，爸爸非常乐意去做。下面我们再次谈谈咱家对你将来学习和面临的人生问题。

十二年前的九月六日，在全家人的期盼中你出生了，你给全家带来了无比的幸福和欢乐。你出生后的第一声哭泣、第一声欢笑、第一声爸爸妈妈、第一颗小乳牙，甚至学走路时的第一次摔跤，爷爷、奶奶、爸爸、妈妈都陪伴着你。在你三岁的时候，和同龄孩子一样把你送进了幼儿园，刚去幼儿园时，你不适应，每次都嗷嗷地哭泣，听着你的哭声，我们全家人都偷偷地抹眼泪。后来你学会了背诵儿歌，爸爸还给你录了像，日后作为你学习的动力。孩子，不知道你注意到没有？直到现在咱们全家人看这盘录像时，每个人脸上都充满了笑容。转眼间，你上小学了，成了一名真正的学生，你的成绩在我们邻居家的几个孩子里面是最好的。你非常乖，听家长的话，听老师的话，大家夸你是个好孩子好学生，爸妈感到非常欣慰。

自从升入初中以来，你的表现和成绩却不像小学时那样让爸爸放心。初中阶段是以后高中、大学的基础阶段，武志鹏你一定要加倍努力，为你将来的人生做好每一步铺垫。现在这个社会是知识竞争的的社会，需要的是真才实学的人，只有好好学习，你今后的人生道路才是畅通无阻的，否则，你将被社会无情地淘汰。人生就像一粒黄沙，只有通过学习，把自己打造成一粒精品沙子，才能通过过滤筛，你才能做大雅之堂的顶梁细沙，否则不能通过沙子过滤筛，只能做修砌下水道的粗砂。儿子，你要牢记爸爸的这句话，仔细品味这里面的含义。

你的爸爸：武雪峰
2012 年 10 月 25 日

当孩子读完后，他告诉我说："爸爸，我知道你说得很有道理，也是对我好，可是你不理解我现在的心。我知道你想让我像小时候那样听话，但是我有我的想法。班主任的做法也太不尊重我了吧，简直不可想象。老爸，您能跟老师通融一下吗？我求你啦！"面对孩子的哀求，我不知所措。那鼓鼓的腮帮有点消瘦，像涂了一层灰。我作为家长，哪能不尊重班主任的工作，让老师再调位。但孩子表现地又执拗，我的无奈涌上了心头，心里涩涩的。

打开心结

孩子带着情绪上学校，那也不行啊！坐在教室里，心里总是别扭，那也听不好课呀！我就和班主任通了电话，把这些一五一十地告诉了班主任，希望班主任开导开导我的孩子。第二天，班主任也学着我的做法，给武志鹏写了一封信。

亲爱的学生：

听了你爸爸的诉说，我了解到你内心的真实想法，与老师的初衷相距甚远。现在你一定在生闷气，感到极不舒服。

你说"位置还行"表明你不反对坐在第一位。你应该深知第一位是多

少坐在后排的同学梦寐以求的位置,第一位也是老师提问辅导的"零距离"。老师把你放在第一位,当初是考虑到你的学习情况,考虑到你爸爸对你望子成龙的愿望,也考虑到班级稳定大局。的确,我没有顾念到你与同位王奇的感情和友谊,唐代诗人王勃有诗云"海内存知己,天涯若比邻",更何况同在一个班级?说句实在话,都怪这个教育风气,素质教育偃旗息鼓,应试教育暗流涌动。"评评评,学校的利器;考考考,老师的法宝;学学学,学生的无奈。"你学不好,爸爸会责怪你的,你也会失去交往的资本。

你说"上课从不说话",表明自己很有自控能力,能分清场合,能集中精力听课,这一点值得表扬。老师早已发现你的这个优点,很想让你的优点发挥作用,带动全组,影响一片。"己欲立而立人,己欲达而达人"。没错,你是我班需要的管理人才。你不想当一个出色的小组长吗?你不想借这次"位置"的调整来锻炼一下自己的能力吗?你不想做一个为班级着想的富有集体荣誉感的好学生吗?

你心里不平衡的是赵燕飞和曹阳缘何没有分开?原因是两人的表现各有千秋:赵燕飞平时好说话,行为活跃;而曹阳沉默寡言,学习踏实,两人性格互补,相安无事。如果赵燕飞换了位置,其行为就会我行我素,不知有多少是非要发生。我是想让曹阳的行为来影响赵燕飞。如果你的成绩名列前茅,我会尊重你的选择;如果你的学习态度端正,我也会尊重你的选择。但请记住:学习比交往重要。话不透,理不明,不知你现在懂得老师的良苦用心了吗?

班主任
2012 年 10 月 26 日晚 10 点

我与孩子一起读了这封信,深感老师分析得很有道理,体现了对孩子尊重,不像孩子说得那样。于是我询问儿子:"你理解老师的做法了吗?"儿子皱着眉头说:"老师其实对我的学习挺负责的,我不该纠缠位子,我刚开始真的想不通。"我见儿子如释重负,那颗交织的心结终于打开了,使我想起了"解铃还须系铃人"这句话。

感谢与期望

都说学校教育离不开家长的配合,其实家长教育孩子也离不开老师的支持。书信是人与人交流的一种方式。它能架起班主任与家长沟通的桥梁,也能相互了解对自己孩子的教育情况和方式。于是我也给班主任回了一封信。这种教育的痕迹必将存留在自己的记忆里。

班主任您好：

我是武志鹏的爸爸武雪峰。首先谢谢您对武志鹏学习上的照顾。

经过开学至今的一段时间的接触，您可能对武志鹏有了更深一步的认识。这孩子有一样缺点：自控能力相对较差。在小学期间，在家长与老师的积极配合下，武志鹏的学习成绩在班内还算中上等，但是自从升入初中，孩子的学习方法可能出现了一些问题，加上最近对孩子的监督上有些疏忽，导致武志鹏最近的学习成绩大幅下降。得知武志鹏的成绩时，我已认识到自己没有尽到一个做爸爸的职责，没有起到家长的监督作用。最近，我和武志鹏的妈妈相互交替陪孩子学习，把从前学的不扎实的课程从头又学习了一遍。

武志鹏这孩子记忆力及悟性不差，但学习没长性，还爱玩。这次成绩的下滑，跟他的那位考试得八分的同桌不无关系。我不想说别的孩子怎么不好，但为了自己孩子的学习成绩和学习环境有一个良好的上升空间，我绝对赞同武老师的安排。我相信家校联合教育，孩子会有一个美好的明天。再次感谢武老师对孩子的尽职尽责。谢谢！

武雪峰

2012 年 10 月 27 日

从此，武志鹏就坐在了第一位，作为新任命的三组组长也走马上任了。课堂之上，他总是静静地听，默默地记，积极地看黑板，很少和同位说话。组内之事，他与组员一起商议，并制定了惩罚措施，可谓做得井井有条。我对他的改变心中暗暗自喜，怡然称快。期中考试他竟然进步了七个名次，从三十名跃到二十多名，获得了班内进步奖。孩子浓厚的学习欲望，着实让我感到欣慰，也使我想起一句话：人类的一切智慧就包含在等待和期望里。

没有不希望自己孩子学习好、表现好的父母，没有不希望自己孩子能考上高中大学的父母，也没有不希望自己孩子将来有出息、出人头地的父母。但是又有多少父母真正用心关注孩子的一点一滴的成长，这样平和地与孩子交流学习情况，这样亲切地共同回忆与孩子一起走过的路。呼吁家长们在空闲时间里，多读书，不仅包括教子书，还要看杂看多一些优秀书籍，包括文学名著。只有寻求到恰当的方式和孩子多沟通，孩子们才会茁壮成长，奋勇前进。

（嘉祥县第二中学学生家长）

家教四部曲

侯恩友

哪一位家长不期盼自己的儿女成龙成凤？哪一位老师不希望自己的学生成为国之栋梁？既然家长、老师、学校都有这个共同美好的愿望，就让我们携起手来，齐心协力，共同营造良好的育人环境，把孩子们培养成才。

第一部　学会做人是目标

学会做人，是孩子的立身之本。每个孩子都拥有独立的人格，学校、老师和家长要充分尊重和理解孩子。我对孩子一直是坚持这个教育原则，让他们在学校、社会和家庭的教育下，从小德、智、体、美、劳等各方面得到全面发展，成为有益于社会的合格公民。

记得女儿刚读初一的时候，在一个周日的中午，我和妻子带着女儿从奶奶家吃过饭回来。走到我家楼下的入口处，我们看到一位 60 多岁的磨刀师傅在为小区里的住户磨刀。女儿向师傅打听磨一次刀多少钱，师傅说自己还没吃饭，今天没劲不磨了。当听说磨刀师傅还没吃午饭时，她就向妈妈要了点钱，向商店跑去。当女儿两只小手捧着牛奶和面包，送给磨刀师傅那一刻，我俩才知道她要钱做什么。我们用鼓励和赞许的目光看着女儿，心中溢满欣慰。面对孩子送来的午餐，磨刀师傅将信将疑，迟迟不敢接过这罕见的"午餐"，直到确认孩子是诚心为他买来的，磨刀师傅才感动地说："谢谢你，你真是一个好闺女！"看到这，我们俩脸上也露出了笑容。

对于像白纸一样纯洁的孩子，我们为他们打上哪种底色，他们日后的心灵也将是什么颜色。成人的世界有太多的人情世故，看惯了诸多的阴暗，当我们举手之劳就能帮到别人时，我们却常常会犹豫不决、踌躇不前，生怕被蒙骗，害怕受损失，从而把善良拒之门外。而孩子则比成人简单得多，当看到有人遭遇不幸、需要援助时，他们的善心总会表露无遗，总是会及时地伸出热情的小手。

这些年来，社会和家长对孩子的智力投资越来越重视，从小让孩子多识

230

字、多背几首唐诗、多算几道数学题已成为普遍现象。家长重视孩子的知识教育和智力教育，本来是无可厚非的，但是，很多家长却忽视了对孩子的品德教育，忽视了对孩子真、善、美的培养，这种忽视产生的负面影响是很大的。

家长有责任呵护孩子善良的心灵，让孩子在良好的环境熏陶下学会做人。作为父母，我们应该走出重智育、轻德育的误区，要从小在孩子心灵上撒播下理智和善良的种子，让他们具有爱己爱人之心。一个有爱心的孩子，笑容会更灿烂，内心会更温暖，长大后也将更加接近成功。

第二部　以身作则是根本

不知大家是否还记得有这样一则公益广告：第一个镜头，是一位年轻的妈妈给年迈的婆婆端来洗脚水，为婆婆洗脚。跳过镜头，则是一个可爱的小男孩，端着一盆水，很费力却很开心地朝自己年轻的妈妈走去。然后是从幕后传来的话外音：妈妈，洗脚！广告中的妈妈用自己的实际行动告诉孩子该怎样对待父母、该如何尊敬老人，孩子也就立即从父母的行动中，学到了孝敬父母的良好品德。"好雨知时节，当春乃发生。随风潜入夜，润物细无声。"家庭教育的好坏，就如这春雨一般，"润物细无声"。

家长的言行是孩子心灵的一面镜子。作为家长，我们在平时的生活中就应该特别注意自己的一言一行，用自身良好的言行去引导孩子，就能更多地体会到这种"此时无声胜有声"的效果了。

初一快升级时，我发现女儿那几天总是有点不耐烦，写作业写到一张纸的一半，就把作业撕掉了；看书时也是一样，看不几分钟就扔到一边。我就问女儿怎么了，她说："我学你啊！"仔细一想，原来我最近在写材料时碰到不顺的地方，就很不高兴地把稿子弄成团，丢到垃圾桶。这个动作被女儿看见，影响到了她。

我赶紧跟女儿说"对不起"，并不再在孩子面前表现出烦躁情绪，果然过了几天，女儿不耐烦的举动也不见了。这件事让我感悟很深：以后要求孩子做到的，父母一定首先要做到。

第三部　爱心鼓励是法宝

俗话说得好："良言一句三冬暖，恶言一声暑天寒。"无论是大人还是孩子都喜欢受到表扬和鼓励，尤其是孩子，鼓励孩子会使他们更加健康发展，而批

评打击的一句话，就会让孩子变得畏缩犹疑。作为家长，首先要看到孩子的进步，让孩子也看到自身不断增长的智慧和力量。

只要我们从孩子的实际出发，把孩子的今天和昨天相比，你就会发现孩子是在不断成长进步的，从而对他们要加以表扬，"你刚刚学画时，连笔都拿不住的，现在已经会素描了""你这次做得比上次好多了"。孩子受到鼓励后，学习的热情和思考探索的积极性会很高。有意识的表扬，对孩子良好学习行为的养成无疑有着积极意义。

对孩子的鼓励，不一定必须用语言表现出来。家长满意信任的目光，亲切喜悦的笑脸，都会给孩子带来力量。他们从家长的表情中知道自己做对了，"啊，我进步了，父母多高兴呀！"于是孩子在盘算着，怎样让自己的父母更高兴，不用你不厌其烦地数落孩子，他们也会给自己提出进一步的要求，这样孩子会在鼓励声中一步步向更高的水平攀登。

虽然迫切希望他们成功、进步，但是也应该允许他们失败。同时不要忘记留给他们时间和空间，这样孩子才会在我们的掌声中走向成功。

其实孩子们有很多优点值得大人们学习。如蓬勃向上的朝气，好问好学的学习态度；不保守，善于接受新生事物；少世故，对人对事的真诚直率；对新科技和新型玩具等未知事物一学就通、一玩就会的本领等等，都是值得家长学习的。作为家长应充分给予肯定、鼓励和赞扬，不可忽视、指责、抑制，甚至扼杀。

第四部　尊师教育是关键

老师是学校、社会、家庭三位一体系统教育的主体，是人类灵魂的工程师，更是孩子们幸福的缔造者、心灵的抚慰者和医治者。

当孩子谈论老师时，家长要认真倾听，问清缘由，积极引导，让孩子学会正确地看待问题，保护老师在孩子心目中的良好形象。有一次，刚上小学的女儿对我说："爸爸，今天我们班上课时，小朋友们特别吵，纪律乱极了，老师也不骂他们。"我看看女儿，耐心地说："不是老师不管，是老师要弄清楚，谁才是自觉遵守纪律的好孩子。"女儿说："爸爸，我没吵，我是好孩子。"当时我就表扬了女儿。

"亲其师才能信其道。"老师的工作主观愿望好，出发点对，一切工作都是围绕培养孩子成为社会有用人才这个中心。家长望子成龙的急切心情往往在老师的言行中表露出来，有时可能在评议上、方法上欠考虑，但老师是受过系统教育的人，能够及时调整自己的情绪和工作方法。作为家长，要引导孩子去理解老师、信任老师、热爱老师，从而潜移默化地接受老师的正面影响，做一个听话的好孩子。反之，家长意识到孩子对老师有不满情绪时，如果不分青红皂白，对老师妄加贬斥，必然有损老师在孩子心目中的形象和地位，这无论是对孩子还是老师都没有好处。

孩子们需要的是关心，不是过分的溺爱；孩子们需要的是关注，不是寸步不离；孩子们需要的是鼓励，不是我们每天的不满和批评；孩子们需要你的正确引导，不是你每次都说的"是"。每个家庭有每个家庭的不同，每个孩子有每个孩子的特点，我们一定要根据具体情况选择适合孩子的教育方法。

教育孩子是一项非常复杂的工程，教育孩子的每一步路都是不可复制的，我们只能在每一步路上不断思考，耐心地陪伴孩子慢慢成长。

（嘉祥县高新区社会事务局）

爱，让沟通变坦途

贾向华　韩宗喜

2012 年 9 月，刚刚开学一周，担任六·三班班主任的山老师就因伤病休，我走马上任，接手了他的工作。

山老师是一位经验丰富的班主任，在他的主持下，班委会已经组建完毕，各项工作按部就班，步入正轨。我要做的只是了解学生，尽快熟悉班级情况。教学 20 年，当班主任还是第一次，如何更贴近学生的心理，我有一个好帮手，那就是我 12 岁的女儿。她和我班里的学生正是同龄，熟知他们的心理，知道他们喜欢什么样的老师。而我，不仅是老师，也是一个家长，由己推人，也知道家长最想了解孩子在学校的哪些表现。于是，我信心满满地上任了。

但是，经过一段时间工作和观察，我发现一个现象：家长基本上不怎么和班主任联系，除非是家里有事请个假，或者孩子在学校里有什么事情，才来校一趟。其实，这也不奇怪，有个家长的话很有代表性："俺都是农村人，也不识字，不知道怎么管孩子，你们是专门教学的，有你们管着就行啦。"有这种心理的家长不在少数，有的在外地打工，有的在家侍弄地里的农活，加上文化水平有限，就当起了甩手掌柜，把管教孩子的责任全推给了老师。著名教育家苏霍姆林斯基曾说过：父母是创造未来的"雕塑家"，儿童未来发展的"基石"是由家庭来奠基的。如果家长这样让孩子放任自流的发展，孩子会发展成什么样，可想而知。

山不来，我就去爬山。

我一直认为，家庭和学校是学生学习、性格、心理健康发展的左膀右臂，缺一不可。家长忙，不和我联系，我就主动出击，联系他们。

首先，让学生每人准备一个家校联系本。在班里，我设了一个叫"重点观察生"的项目，每个星期选取 10 个同学作为重点观察生，由小组其他成员重点观察这 10 个同学的学习、纪律、生活等各方面，周五放学前，将对本组重点观察生的观察表现及评价写到家校联系本上。然后，我在本子上写上对本生的评价。周末回家后交给家长看，签字，周一再交给我。但是，实行一段时间后，发现效果并不理想。有的学生说父母不在家，爷爷奶奶不识字不能签；还有的说本子忘家了，没拿来；表现稍差的学生，根本不敢拿给父母看，自己找人冒充家长签名。于是，我只有改进方法，凡是重点观察生的同学，家长必须给我打电话，以接到电话为准。在电话里，我亲自告诉他们学生在学校的各种表现，表现好的肯定以表扬为主，同时提出更高的要求；调皮的以鞭策为主，鼓励家长和班主任共同努力，争取早日修正孩子的行为，表达老师的期望。

这个方法制定之后，有同事就说我太能折腾了，休息日也不能清净，劳心费力，还不一定能有好效果。但此举受到了全体家长的赞成，每次打完电话，总能听到他们的感谢声。原来，他们并不是像我想象的那样不在乎学生。有个家长说："贾老师，真是非常谢谢你，你太负责了，孩子跟着你，我们一百二十个放心。"甚至在他的孩子毕业后，还打电话问我，新学期我是不是还任班主任，如果任的话，他就找人把孩子调到我班里，继续跟我上。

由于联系及时，还因为我的实事求是，学生也担心在校表现太差，回家不好交代，我班上的上课纪律大为好转，班里的学风非常正，各科老师讲优质课都喜欢在我班里。

其次，我很注重家访。家在学校附近的学生，每家都去过。在家访中能发现很多在学校看不到的东西。郭庆营是班里的后进生，他上课还算遵守纪律，但是听课总不能集中精神，据学生反映，他时常去网吧。那一周，我就确定去他家走访。

郭庆营家住在镇上的龙苑小区里，我虽然知道小区在哪，但不知道他家。告诉他我大约几点到之后，他就早早地在小区门口等我了。家里只有他爷爷在，这个时候我才知道，他父母都去了外地打工，家里只有爷爷照顾他和弟弟两个。弟弟在卧室里玩游戏，始终没出来，郭庆营像个大人一样招呼我坐下，并且忙着刷杯子，泡茶叶，恭恭敬敬地端给我。说实在的，我很惊讶他表现出来这种礼貌，看得出来这是他常做的，爷爷并没有吩咐他。我去了那么多学生家，都是学生家长给我倒的水。

爷爷对他的表现并不以为然，说："我对他没啥希望了，他也不是那块学习的料，将来打个工饿不死就行！"听了他的话，我心里沉甸甸的，一个朝夕相处的亲人对自己的孩子都放弃希望，难怪孩子对自己没有任何上进的要求和动力！

我走的时候，郭庆营一直送到我很远。

第二天，我又找他谈的话，先是表扬了他主动招待老师，是个有礼貌的好孩子，又谈起他弟弟在卧室玩游戏，学习成绩也是一塌糊涂的事情，鼓励他能

振作，给弟弟做个好榜样。还安排了班里前10名的一个学生进行一对一的帮扶，从小学三年级的数学开始补起。在补课的过程中，我才发现，他连最基础的乘法口诀还不会背。当我走进教室，看他在那里吃力的做题，听他磕磕巴巴地背乘法口诀的时候，心里有说不出的滋味。这样的学生，是老师最容易忽视的小草，但是只要你注意到了他们，他们一定会给你惊喜的。

由于底子太差，郭庆营的补课并没有见太大成效。但是，他的语文成绩却有了十分显著的进步，毕业考试时，居然考了89分。我重重地表扬了他，他还只是一脸憨憨地笑。

一分耕耘一分收获，没有白流的汗水，我终于实现了我在第一次班会里的话："我只希望，你们真正了解我之后，觉得老师的话的确有道理，感觉老师是真的为你们好才自愿听我的，而不是靠外力强迫你们。"一年过去了，学生和我结下了深厚的感情。在毕业前夕，全班学生都哭了，无论是男生还是女生都争着挤上讲台和我拥抱，很多学生哭着对我说："老师，我真的舍不得你！"此情此景，让我真真切切地体会到"没有爱就没有教育"这句话的真谛。爱，真的能让沟通变坦途！

新学期开学了，我继续留在六年级，他们升入七年级，在教师节来临的时候，孩子们给我送来贺卡和他们亲笔写的信。陈义威说："你要开开心心的、快快乐乐的，你不高兴，以前六·三班的学生也会不高兴的！"高允说："老师，经常去七年级看看六·三班的学生，我们想你了。你要做最优秀的班主任！我要做最优秀的学生！我们一起努力吧！"最后落款："您永远的女儿与学生。"

这一刻，还有比我更幸福的人吗？

（嘉祥县卧龙山镇卧龙山中学）

家庭教育——孩子成长的阶梯

刘 彬

孩子从出生到长大成人，每一个阶段都倾注了家长无数的心血。我们在体会孩子带来的快乐、幸福的同时，也为孩子的顽皮、不听话而头疼，更为孩子试卷上令人懊恼的成绩而焦虑、气愤。由于自身缺乏经验，我在家庭教育上出现过许多苦恼和困惑，也走了一些弯路。有些是来自双方老人的娇惯、溺爱，有些是我们严厉、简单粗暴的教育。虽然，我们操心劳累，费尽心思，但收效甚微。

孩子入学后，作为家长我迫切地想要寻找到一种适合自己孩子的教育方法，在学校组织的家长课堂上，在听取了专家、老师的精辟讲解后，使我受益匪浅。结合平时教育孩子的一点体会，与大家共同交流，相互促进。

从小培养孩子良好的习惯

一、二年级是孩子培养习惯的重要时期，作为家长一定要抓住这一关键时期，正确引导孩子。

在行为习惯方面，我认为应先淡化孩子的依赖性，培养孩子的独立性。从幼儿阶段开始，我们就要求他自己独立完成一些力所能及的事情，如吃饭、穿衣、洗袜子等。有意识地带他参加一些集体活动、到公园游玩，鼓励他和其他小朋友一起玩耍，在此过程中教会他如何与人相处，让他懂得谦恭礼让、文明诚实。有时我们在做家务活，孩子出于好奇也跃跃欲试，拖地板、抹桌子等，我们总是耐心地进行指导，让他体验劳动的快乐。这些看起来微不足道的小事情，能让孩子从中得到很好的锻炼，有利于培养孩子自主、自信、自强的意识，对孩子独立人格的形成具有积极的意义。

在学习习惯方面，我们要让他做到四点：首先要养成定时完成作业的习惯；其次养成专心致志写作业的习惯；三要养成认真严谨的学习习惯；四要养成独立完成作业的习惯。现在，大多数孩子因为不良习惯导致学习较差，如一

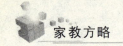

边做作业一边讲话，或者要大人陪伴做作业。我的孩子上一年级后，也存在这些问题，依赖性强，遇到不会写的字时就喊："妈妈，这个字怎么写？"刚开始我都会告诉他，渐渐地我发现她连会写但一时想不起来的字也不想了，直接就问怎么写。通过家长课堂的学习，我知道，孩子应学会利用工具书来辅助学习，如用字典查找自己不认识的字等。于是，有一次老师让写一篇日记，她写的是放学后的大扫除，当写到"打扫"的"打"时，不会写了，就喊："妈妈，'打'字怎么写？"我就告诉她，以后遇到不会写的字就要去查字典，并且教会她如何使用字典去查自己不会的字。比如说不会写的字，如果知道拼音，根据其拼音就可以查到想要的字，如果说是会写但是不会读的字呢，我就告诉她可以根据字的偏旁部首来查，就可以找到这个字，并且给他找了几个字用两种方法做了一下示范。刚开始，查字典还很费时间，但是掌握了基础要领查起来就省事多了，并且认识的字也越来越多。同时，在做作业时，我们要求她做完后养成检查作业的好习惯，如日记写好后自己读一遍，可以让她自己发现漏字、错字、漏标点符号等问题。

多与孩子进行沟通

家长要做孩子的朋友，多与孩子沟通，了解孩子的想法，尊重孩子的意见。有些家长借口忙而很少与孩子沟通，对于孩子的事要么不闻不问、放任自流，要么武断包办，把自己的意愿强加给孩子，剥夺孩子自由选择和判断的权利，等到出了事还觉得不可思议。但是，与孩子沟通时，也应注意时间和环境，才能起到想要的效果，以前，我经常会利用全家在一起吃饭的时间，教育孩子，询问功课，检查作业，紧张的气氛令孩子有饭吃不下，经常是愁眉苦脸。而我也是气上心头，满脸怒容，弄得好好的一桌饭菜，谁也吃不下。后来，通过家长课堂，听取了专家、老师的意见后，就经常利用晚饭后散步和平时在一起的时间与孩子进行沟通交流，询问孩子在学校里发生了哪些有趣的事情、学到些什么东西等，及时捕捉孩子思想上的细微变化，和老师进行有效沟通，及时了解孩子的在校情况，促使家庭教育和学校教育二者的有效结合，促进孩子的健康成长。

家长必须以身作则

父母是孩子的第一任教师，是孩子最信赖、最亲近的依靠，是孩子的精神支柱。家长在家庭生活中的责任意识，家长对待自己父母、邻居、朋友的态度，对待社会生活的态度、精神，家长处理问题的思维方式等等，都有意无意地做着孩子的榜样，而且家长的一言一行必然地成为孩子模仿的对象。我们不能在自己沉迷于赌博中时还要求孩子树立远大的人生目标，不能在自己撒谎时还要求孩子诚实，不能在自己面对挫折唉声叹气时还要求孩子坚强乐观，不能在自己对工作三心二意时还要求孩子认真负责持之以恒。女儿刚上学时，晚上我们让她自己一个人在屋里学习，我们在客厅里看电视，我们发现她一会儿出来喝口水，一会儿出来上趟卫生间，总是找借口在客厅里停留一段时间，浏览一下电视中的故事情节，于是我们果断关掉了电视。有时间看电视时，我们会和孩子一起看一些有意义的、健康的节目。

多表扬自己的孩子

在孩子的成长中，家长不要吝啬表扬。当孩子有了一点点的进步时，也要及时夸奖他，并指出以后努力的方向，给孩子树立信心。当孩子有了错误时，家长也不要过于斥责孩子，首先要教育孩子有承担错误的勇气，然后再帮助孩子分析错在哪里？为什么错了？会造成什么后果？以后如何改正错误。记得在上家教课时，老师说过一句话："好孩子是夸出来的。"在生活中，我们尽量表扬孩子，使孩子有一定的自信心，让孩子自觉地去学习。要使孩子每天都感觉到自己在学习上取得了一定进步，哪怕是改正一个缺点，我们都是为她高兴的。我女儿在学习舞蹈的过程中，随着动作难度的提高，逐渐产生了畏惧情绪，不想学了，觉得自己不如别的小朋友，尤其是有一个下腰的动作，由于她身体偏胖，怎么都向后弯不下去。这时，我就安慰她、鼓励她，并且每天晚上陪她一起练习一会儿下腰的动作，慢慢的，她由一开始的只能向后倾斜15°到后来的向后倾斜90°，虽然离老师要求的还比较远，但是通过这段时间的努力，帮她提高了自信心，增加了战胜困难的勇气。

正确引导培养孩子的兴趣

兴趣是知识之门，不感兴趣的东西，孩子怎么可能去追求呢。作为家长，我们要做的是根据孩子的个性特点，发现、培养、激发孩子的兴趣，并采取针对性措施进行教育和引导。有些父母望子成龙、望女成凤，喜欢替子女报各种学习班、兴趣班，恨不得自己的孩子样样精通，却没有考虑孩子自己喜不喜

欢、适不适合，有些甚至只是想圆了自己未实现的梦想而已。这样导致的结果往往事与愿违，不仅可能什么也没学好，还可能挫伤了孩子学习的兴趣，从此惧怕学习、厌恶学习。我女儿在上学前班时，有一次，我去接她放学回家，看到有一位英语老师在操场上给别的班的同学上英语课，边玩边学，她在旁边目不转睛地盯着看，嘴里还跟着老师念着，我在旁边喊她，她也浑然不觉，一直到下课，在回家的路上她嘴里还在不住地念叨着刚学的那几句英语。于是我就给她也报了名，一直学到现在，她的英语成绩得到了很大提高。

家长成员间要配合默契

为了教育好孩子，作为家长的各成员之间要配合默契，形成合力，对孩子的要求、态度、引领方向要基本一致。如果彼此之间目标不一致，态度不统一，往往会使某一方对孩子的教育引导受到另一方的干扰、抵消，甚至扭曲、对立，孩子在多重选择面前就会茫然失措、无所适从，家长的心血必然付诸东流。我和家人都希望通过自身的努力，使孩子学会做人、学会做事、学会共处、学会求知，使孩子逐步形成坚强的意志、乐观向上的心态和良好的行为习惯，最后成人、成才、成功。

（嘉祥县第三中学）

让孩子在快乐与自信中健康成长

张连喜

孩子是祖国的花朵、家长的希望，如何让孩子快乐、健康、自信地成长，是每个家长义不容辞的职责。

注重培养孩子快乐的心境

一个人的情绪、心情影响其成长。只要有空就多陪陪孩子，和孩子多交流，让孩子讲讲自己身边的人和事，并用心聆听。孩子讲得很专心，家长听得很用心，孩子更是心情愉悦。有一次晚饭，女儿讲起了在学校发生的一系列事情，涉及同学关系、师生关系、班级管理等方面，我们全家认真倾听，一起分析，发表个人意见，其乐融融，既培养了孩子的演讲口才，也让家庭关系更和谐。

父母的情绪会影响孩子。因此，父母切忌将自己在婚姻、工作或社交上的挫折迁怒于孩子。日益竞争的社会现实让我们感觉疲惫不堪，但在孩子面前必须保持积极向上的心态，为孩子营造出温馨、快乐向上的家庭氛围。让孩子在日常生活保持昂扬的精神状态，劲头十足，做事、学习的效率会大大提高，适应社会的能力也会大大增强。

培养孩子自我管理的能力

在日常生活中，作为初中生应具备足够的独立自主能力，应让孩子在生活中学会自我管理。如，自己的衣服自己洗、自己的被褥自己叠、自己的衣服自己整理。作为家长只是提供必要的设备和工具，具体的操作方法也让孩子自己去摸索，必要时，帮助家长干一些简单的家务。家长应注意观察孩子的日常生活习惯，发现小问题及时纠正，把小问题解决在萌芽状态。另外，家庭公共卫生定期让孩子独立打扫，培养孩子爱卫生的好习惯。周末，孩子做完作业后，

可以适当安排一些家务劳动，锻炼孩子的自理能力。

　　当然，需要孩子独立完成的事情还很多，作为家长不能越俎代庖，真正让孩子在独立中学会自立，在自立中学会自强，快乐健康地成长。

着力增强孩子的自信心和进取心

　　一位哲学家说："谁拥有自信，谁就成功了一半。"自信心作为一种重要的精神品质，是成功的基石，拥有自信可以使许多的不可能变成可能。树立自信心最好的方法，就是要让孩子多接触事物，如果是孩子力所能及的，尽可能地多让孩子自己动手，家长多给予肯定。鼓励是增强自信的法宝，孩子在被肯定的过程中，就会逐渐增强对自我能力的肯定，自信心自然而然地就会建立起来。

　　进取心是孩子健康成长积极向上的基石，要适时培养孩子的进取心。有一次，女儿考试不理想，心情有些烦躁，我给女儿讲了一个故事：哲学家来到一个建筑工地，分别问三个正在砌墙的工人："你在干什么？"第一个工人一脸苦相，头也不抬地说："我在砌砖。我笨手笨脚的，也就只能干干这样的活儿了。"第二个工人抬了抬头，若有所思地说："我在砌墙。一堵堵墙相互连接，慢慢也就能建成一座房。"第三个工人则洋溢着无限的热情，满怀憧憬地说："我在盖房。我要用自己灵巧的双手，建造一座漂亮的大厦，让世人得到一种美的享受！"听完这三个人的回答，哲学家马上就判断出了三个人的未来：第一个眼中心中只有砖，可以肯定，他一辈子能把砖砌好，就很不错了；第二个眼中有墙，心中有墙，好好干或许能当上一位工长、技术员；第三位，将来必然大有出息，因为他胸怀远大目标，心中有一座神圣的殿堂。若干年过去以后，果不其然，第一个工人还在干着他的老行当，第二个工人升为了一名技术员，而第三个工人呢，则成为了一位建筑商……讲完这个故事，我让孩子对这个故事进行分析，让孩子在分析理解中感悟到进取心的重要性。

　　是雄鹰就要振翅高飞博青天，是骏马就要扬鬃奋蹄追日月，人要发挥主观能动性，尊重客观规律，锤炼心性，让孩子坚定信念，执着迈进。

培养孩子承受挫折的能力

　　生活的道路不会永远是一帆风顺的，不会永远是风平浪静的，有时有险滩，有时有激流。孩子在学习过程中也可能会遇到艰难挫折。我认为在家庭教育中应该下功夫培养学生的耐挫能力。孩子的挫折主要来源于以下几种：一是学习过程中的困难障碍；二是犯了错误被老师批评；三是由于个性太强而被同学误解排斥等等。针对第一种原因，我告诉孩子在学习过程中遇到的困难是正常的，关键在于你对困难采取什么样的态度，俗话说："困难像弹簧，你强它就弱，你弱它就强。"要坚信强者脚下自有路，要勤于向老师请教，勤于向同学请教，自己也要刻苦钻研，努力搞懂。这样，最终能战胜困难，战胜挫折。

培养孩子的承受挫折的能力，可以为孩子设置较高目标的任务，让孩子想办法去完成，然后帮助孩子分析原因，找出完成任务的办法，和孩子一块努力，让孩子从失落中走向自信。

倾听孩子的心声，尊重孩子

父母即使工作再忙，每天也要拿出时间与孩子在一起。专心致志地与孩子互相交流，倾听孩子的心声，解除他们的疑虑，适时加以引导。对于工作繁忙的父母来说可能有一些困难，但是应尽量做到，哪怕睡前拿出几分钟的时间也可以。让孩子体会到家长的关心，从而增进大人与孩子的沟通。

做父母的总是教育孩子要尊重长辈、爱护兄弟姐妹，这是无可厚非的，但是父母是否想过，如何尊重孩子呢？孩子纯洁的心灵容不得半点伤害。轻则呵斥，重则打骂极易造成孩子的心灵创伤。其实尊重孩子要从家中的每一件小事做好，这对培养孩子健全的人格十分重要。在生活中我们不难发现，越是经常挨打的孩子越是犯错误，因为在他们已经有种潜意识的反抗力量了，而这种力量不是棍棒能改变得了的。所以要想改变孩子，必须要倾听孩子的心声，尊重孩子！

培养孩子的吃苦精神

现在生活条件好了，吃的、穿的、住的、用的都按最高标准为孩子配置。事实证明这样不利于孩子的健康成长，要培养孩子的刻苦耐劳精神。我老家在农村，每到假期，我都让孩子到农村，帮助爷爷、奶奶种地，让他们认识到劳动最伟大、最光荣。让他们身体力行，参加劳动。去年暑假，天气很热，我带着孩子回老家浇地，骄阳似火，孩子有些受不了。我对孩子说，在教室里可没这么热，要学会坚持，孩子最终坚持下来。

在生活中，也可以设置一些挫折，让孩子去面对。如完成适当的家务，参

加社会实践，如卖报纸、发传单等，让孩子在亲身亲历中感受劳动的辛苦，这样才知道珍惜和努力。

孩子是父母的作品，文章没写好，不是纸和笔的错，而是作者的错。同样的道理，孩子是否成才，父母责无旁贷。

（嘉祥县第一中学学生家长）

我女儿是个听讲很认真的孩子

赵爱香

我的女儿学习上虽算不上什么佼佼者，但各方面的发展比较均衡。尤其是随着年龄的增长，女儿一天比一天懂道理，也让我感慨之余倍感欣慰。

十几年来，伴随孩子的成长，我们做父母的也在成长，在养育孩子的过程中，逐渐学会做父母。尤其是孩子上学后，每天学习接触新知识、新事物、新思想的同时，也开始产生新问题。如何面对这些问题，解决问题，成为我们的新课题。

这些年来，最令我欣慰的是与各位老师之间有着充分的沟通联系，家校同步，共同解决孩子成长过程中的各种问题，引导孩子朝着正确的方向发展。

记得当时，李老师的一番话让我终生难忘。李老师说："你们的孩子送到这里了，作为老师，我们会对每个孩子尽力尽责。但是，毕竟我们班孩子多，不能一一照顾。而对于各位家长来说，每个孩子则是你们的唯一，是百分百！"其实，这个道理是再明白不过的了，但又有几人去深思呢？也许好多人会这么想：反正我的孩子送到学校里来，就是接受教育的，孩子教育不好，就是老师的责任。借此来推卸自己作为家长应负的教育责任。您是否想过为什么同一个老师教出来的学生，成绩有好有坏，长大后的道路千差万别呢？这正是因为每一个孩子背后的家庭教育各不相同。

女儿霞菲小学三年级时，我到学校了解孩子的情况，李老师说孩子这一段时间数学课上不再积极举手发言，开始有小动作了。语文课上仍然表现积极踊跃，这可就奇怪了。接孩子时，我和孩子照旧边走边聊。我告诉她语文老师表扬她了，说她上课发言积极活跃。她听了之后，兴高采烈地说起班里发生的趣事。我话锋一转："可李老师说你数学课上表现的没以前好了，总是不举手，李老师可着急了，她不知道她最欣赏的学生怎么了，你能告诉妈妈为什么吗？"孩子的情绪一落千丈，沉默了好一会儿，才憋出一句话："李老师不爱提问举手的同学。"看孩子情绪低落，也没再问什么，把话题岔到一边去了。后来，我和其他家长聊天时，许多家长也听孩子反映，李老师不爱提问举手的孩子。

于是孩子就不举手，以获得提问机会。经过认真考虑后，我决定先和李老师沟通一下。

于是，我去拜访了李老师，告诉她孩子上课不举手的原因。李老师当时很诧异，听我讲了以后才明白为什么课上举手发言的孩子越来越少，她诚恳地接受了我的建议。回家后，我和孩子谈论到这个问题，孩子的情绪马上低落下来。我就尽量地把语气放的和缓温柔一些，告诉她说："你知道吗？这一段数学课上你不举手，李老师很伤心，因为在李老师的心里，你是她最喜欢、最得意的学生。天天课上看不见你的小胖手，李老师很失落。"女儿的眼睛亮了亮："真的吗？李老师真的是这样认为的吗？那她上课时为什么不爱叫我发言？""孩子，你们班里有那么多同学，老师不可能每天都叫你发言呀。她要照顾每一个学生，那是很不容易的事。"我继续说着："李老师是一个很认真负责的老师。在课堂上，她看见你们举手发言，就知道你们听懂了，可那些不举手的孩子呢，她不知道听没听懂，她着急，于是就想把他们喊起来，想知道他们学的怎样。""那要是这样，我也不举手，李老师就会喊我的。"孩子嘟噜起小嘴。我笑了，把她揽在怀里摇着："宝贝，你不能这样，这样会让老师和妈妈多伤心呀！你是一个懂事的孩子，要学会体谅理解老师，老师一直说你是个最让老师省心的孩子，你这样做，多不好呀。"孩子低头沉默，我继续摇着她说："你想想，如果你上课发言不积极，老师就会想：'怎么回事啊，怎么连霞菲都没听懂啊，是我课没讲好，还是她没有认真听讲呢？'""妈妈，妈妈，我一直认真听讲呢，我每次都听懂了。"孩子急切地辩解。"知道，妈妈知道，我女儿是个听讲很认真的孩子，好多老师都这样说呢。"我拍拍她。"真的吗，妈妈？"女儿明显地开始兴奋了，小脸开始发光了。"真的，我的宝贝儿。"我拍了拍她的小脸："你看，咱从明天起不再让老师为咱分心了，好不好？"女儿不置可否地点了一下头。

紧接着，连续两天，女儿放学后第一句就是："妈妈，我上数学课举手了，可老师还是没喊我。"一脸的委屈与不满。我牵着她的小手，边走边和她聊："哦，是这样啊，你积极举手，老师就放心了，知道你上课在认真听讲了。另外呀，李老师也是在考验你呀，看你是不是一个有恒心的孩子，能不能坚持认真听讲，积极举手发言。怎么样，有没有信心接受考验，和老师比一比谁更有耐力？""妈妈，我一定能赢！"女儿挥了挥小拳头，信心百倍地说。随后几天老师虽然没提问，但孩子仍然坚持认真听讲、积极举手，我也一直给孩子打气。终于有一天，一放学，女儿就连蹦带跳地扑向我："妈妈，妈妈，我赢了。"我愣了一下，女儿又兴奋地说："今天李老师喊我回答问题了！我是个有恒心的孩子，妈妈。""哦，恭喜你，我的宝贝，我就知道你肯定能赢，你是个有信心有毅力的孩子，妈妈相信你！"

　　这件事虽然已经过去很长时间了，每每想起来总有一番新的感触，从那以后，女儿养成了认真听讲的好习惯。我也始终与老师保持联系，及时发现问题，及时解决。

（嘉祥县韩寺村学生家长）

爱的教育

冯素伟

2001 年，我从师范毕业后，班主任的担子便压在了我的肩上，与学生亲密相处的这几年，让我明白，作为一个班主任"爱"与"责任"是教育的起点，是教育的手段和方法。没有爱就没有教育，没有责任就办不好教育，教育的真谛在于爱。作为一名优秀班主任，爱与责任是新时期师德之魂。一直以来，我在班主任这个平凡的岗位上，刻苦进取，勇于实践，用心谱写着班主任爱的乐章。

深入学生，有的放矢

俗话说："谁爱孩子，孩子就会爱他，只有爱才能教育孩子。"班主任要想接近孩子，体贴关心孩子，就要让学生先感受到你的"爱"和"亲近"。作为班主任绝不能光是打骂教育，要学会爱。就拿我们班的吴威威同学来说，我刚接触他的时候，他不爱说话，不爱进教室，经常在校园里哭，不管你怎么劝说都无尽于事，很多任课教师都拿他没办法。我也曾有过放弃的念头，但当我找到他的妈妈，听她讲述家庭情况后，我改变了主意。这是一个苦命的孩子，在他两岁时，父母离婚，他的爸爸在家中泼了汽油要烧死他娘俩，从此孩子不敢回家，不和陌生人说话，更别说交往了，两年的幼儿园生活，都是在教室外面上的，没有一天不哭闹。我心里暗暗发誓：一定要教"好"这个学生。思来想去，怎样才能使他改变自己的性格。我想到了一个冷处理的办法，接下来的两天，即使他哭，我也不像往常那样去劝说，也不看他一眼，他愿意干什么就干什么，不去约束他，这样过了一天，我发现他自己坐回了座位上，虽然仍然哭，但声音不如先前响亮。中午吃饭时，我组织排队他不去，我也不去叫他，我要让他知道他的行为让老师很生气。他的一些细微变化我全看在眼中，上课他不再哭泣，而且不时地用眼睛瞅瞅我，我知道机会来了。下课后，我坐在了他的旁边，把两块点心一袋奶放在他的桌子上，并对他说："吃吧！"那天我们谈了很多，从家庭到班级，我们拉钩，他答应让我见证他的进步。课后，我找了几个活泼孩子陪他一起玩。从此以后他再也没有哭闹过，并且我们成了无话不谈的好朋友。我觉得我们既要了解学生，还要研究学生，小小年纪离开亲人，思想波动大，所以我们更应该当好学生的引路人。

热爱关心学生，建立良好的师生关系

要建立良好的师生关系、伙伴关系，让学生在集体生活中感受温暖，心情愉快，教师的态度与管理方式、言行举止都将对孩子造成很大影响。教师应该以亲切、平等、尊重的态度积极主动的与孩子交往，让孩子们消除对老师的隔阂。对于学生所犯错误，也要以理解宽容的心态对待。"十个手指头，有长有短"，一个班级也总会有一些行为习惯不好的学生，这就是教育的"对象"，再针对学生的心理特点，选择适合的方法进行教育，就会取得一定效果。例如我们班有名的调皮大王周靖昊，班里大部分学生都被他打过，学生尽是告状的，不少学生家长也来学校找过我多次，我很是生气，甚至有一种把他赶回家的冲动。通过家访我了解到，他为了让奶奶高兴，把别人的小红花拿走，谎称是自己今天表现好，老师奖给他的。面对孩子家长灿烂的笑容和孩子那恐慌的眼神，我选择了善意的谎言，而在今后的日子里，班里学生告状的频率日趋降低，而且他上课比以前认真多了。看到他点滴的进步，我及时表扬，让其他学生都认可他，同时奖励他一朵真正属于自己的小红花，这样不仅让他赢得了同学的尊重，更使他有了进步的信心和动力。通过这件事，我感触到：有时宽容的作用比惩罚更有效。作为教师不仅要具有爱心，还应具有捕捉教育契机的能力，因为它是一切教学智慧和机制的艺术结晶。

双心放送，用"爱"融化学生

我们班学生有三分之一的住校生，让孩子选择住宿的家长通常都是出于以下几种原因：有的家长管不了，让老师来管；有的是家长忙，没空管；也有的是父母离异，没人管；当然也不乏想通过集体生活培养孩子生活独立的能力的。无论家长是出于哪种原因让孩子来住校，我都坚持做到"用我的真心换家长的放心，用我的耐心换家长的称心"。例如，我们班的李耀同学是第二学期转入我班的，他的家在农村，父母做生意都很忙，迫于无奈才送入我们学校住校。刚来时，他身上有许多坏习惯，不讲卫生、说脏话、不写作业，还有的学生反映他偷别人的作业。针对以上情况，我每天放学后看着他写作业，等他写完再把他送回宿舍，与他聊天，及时掌握他的想法，并让他担任卫生小组长。这样仅一个多星期，我发现不在老师的监督下，他也能自觉的完成布置的任务了，并且进步很快。还有一个叫庞法凯的聪明孩子，从小娇生惯养，自理能力很差，冬天不会脱棉裤，不会铺被子，他的妈妈每次来都不忘叮嘱我一句："冯老师，俺的孩子小，别忘了帮帮他。"起初我每天帮他铺床，脱衣服，同时表扬表现好的小朋友，并把独立能力强的班长张绪尧安排在他的旁边，给他树立榜样。有一天，他兴冲冲地跑到我跟前，告诉我说："冯老师，我会铺床了!"看着他那股兴奋劲，我的脸上露出了会心的微笑，年龄那么小，离开父母，确实不容易，我们更应该"当好一名慈母，做好一名严师"。

家校配合，帮助学生成长

俗话说："父母是孩子的第一任老师。"家长的一言一行时刻影响着孩子。学校每学期都召开家长会，在会上我会对家长提出新学期的要求，找个别家长了解孩子在家中的表现，请家长与我齐心协力，共同帮助孩子进步。平时，我经常通过电话或家访与家长沟通，请他们与学校配合，让孩子健康成长。"要播撒阳光到别人心里，总得自己心中先有。"有一个好班主任，就有一个好班。可见，班主任自身师德的修养，言谈举止，对学生成长影响是多么巨大。家访能让我们和学生家长打成一片，感情亲密融洽，这样家长们就不会对我们有什么误解和埋怨，工作更加得心应手。让学生认为自己是值得信赖的人，又是亲密的好朋友，值得尊敬的人。因为有了学生的喜欢，家长的积极配合，同学们总喜欢上自己的课，所以班级成绩越来越好，经过我和同学们的共同努力我们班多次被评为文明班级、文明宿舍，学生的各方面才能都得到了发展。

一份爱心胜过十分的责备与惩罚，尊重学生，热爱学生，照顾他们的个性和差异，用爱心去包容，用耐心去等待，用慧心去唤醒，让他们的身心得到自由而和谐的发展，给学生心灵一轮明月，让学生在美好的期待中追寻梦想!

（嘉祥县曾子中英文学校）

J 金乡县

JIN XIANG XIAN

问渠哪得清如许　为有源头活水来

刘忠艳

　　十年前大学毕业后，出于对教育事业的崇拜与热爱，我应聘到哈尔滨一家智力开发与教育培训机构，师从当地知名教育专家学习多元化智力开发与"问题学生"的教育方法。每到周末或节假期，前来咨询求助的家长便络绎不绝，面对一个个迷茫无助的眼神、一张张焦急不安的面孔，我和同事们深感肩上担子的沉重。当我们仔细倾听完家长们滔滔不绝的诉求后发现，这些家长的生活条件、经济收入、职场环境都很好，但由于早期疏忽了对孩子的家庭教育，导致孩子养成了这样那样的坏习惯，他们却一味责怪学校教育和社会环境不好，殊不知是家庭教育出现了偏差，是家庭教育长期滞后于学校教育的发展所造成的。一句话，这些"问题孩子"的背后有着更为严重的"问题父母"！

　　几年后，迫于家乡"铁饭碗"的舆论压力，我依依不舍地辞去了相伴几年的教育工作，回家考取了当地的公务员。好像我和教育特有缘，老公一家都是教育出身，谈起如何教育学生都有一套，我暗自庆幸：将来教育孩子不犯愁了！

　　儿子的出生，给家里平添了许多快乐，公婆天天忙得不亦乐乎，生怕这宝贝孙子受一点儿委屈，用他们的话说："以前看儿子的时候也没这么用心。"同事们也很羡慕"你真幸福，孩子不用你管"，听到这话心里特别自豪。

　　一晃几年过去了，儿子升入了小学一年级，学习的任务稍微重了些，担心他基础打不牢，我又没时间辅导他，就从书店买回了几套与课本同步的课时卷、单元卷、专项卷，嘱咐他每天做完作业再做这些练习题。有一天我下早班回到家，见他在学习桌上全神贯注地写着什么，嘴里还嘟哝着解说词："不好啦……快跑！冲啊……"我悄悄地走到他背后，见他正画着一幅画，还写着什么"植物大战僵尸"，旁边我买的卷子一个字没写。我一下子急了，伸手夺过他手下的画纸，揉成团扔进了垃圾筐，气愤地呵斥他："卷子不做，还画什么画！"或许是他没画完不舍得扔，竟又跑到垃圾筐去捡那张纸，这令我更加生气了。不知我当时哪来的狠劲，一把抓住他的衣服，连拖带踢把他揪到学习桌

座位上，顺手打了他两巴掌。他对我的突然袭击有些惊慌失措，也可能是打疼了的原因，哭丧着脸说："那是我画的最好的一幅画，你为什么给我扔了？"正在厨房做饭的婆婆闻讯赶来，搂抱起孙子安慰说："没事的，下次再画更好的。"这下可好，婆婆的袒护反而增加了他的委曲，哭得更凶了："你为什么打我？我做得不对跟我说不就行了吗？你天天不陪我，凭什么管我？你真不配做妈妈，你不及格！再换一个妈妈吧！"

儿子的话像针扎一样刺痛了我的心，我回到卧室，反锁上门，望着床头柜上儿子可爱的照片，顷刻间泪如雨下。是啊，儿子说的没错，我不是一个合格的妈妈，这些年来，我欠儿子的太多了。单位五加二、白加黑的工作节奏让我筋疲力尽，几乎没有陪儿子吃过晚饭，没有谈过心，没有陪他做过游戏，更没有带他出去游玩过，心情不好还要迁怒于他……面对儿子，我缺少最起码的沟通、倾听和尊重，更别说教育了。从事政教工作的老公在学校里教育学生倒是有几招，但对自己的孩子却不管不问，常以一句"树大自然直"敷衍了事。只有公婆整天和小孙子打交道，然而"隔代亲"式的溺爱把孩子宠得唯我独尊，吃饭还靠大人喂，袜子还要大人为他穿，任性、好动、孤僻、不愿学习、以自我为中心、稍有不顺就哭叫……很多坏习惯全聚集到他一人身上了，他成了典型的"问题孩子"，而我，则成了名副其实的"问题家长"！

我翻开十年前参与受理的"问题孩子""问题家长"案例，每次谈话记录，每次跟踪家访，每套解决方案，每个成功典型，一幕幕都浮现在眼前……这个曾经是我擅长的话题，今天却上演了成功的翻版。我狠下心来，暗下决心：我要带儿子走出"问题"的阴影！

没有忽视孩子的理由

教育孩子是父母的天职。为了和儿子增进感情，也弥补多年欠他的母爱，我决定在工作和家庭中间，找到一个平衡点。那天晚上，我便和老公商量，单位工作我梳理一下，不太忙的就先放放，以后由我们来带孩子，让爸妈先回老家歇歇。爸妈同意了，嘱咐我工作忙不开时一定给他们打个电话，别委屈了孩子。以后每天，因为上班顺路，孩子由我负责接送，老公负责做饭。在家的时候，我们坚持和儿子说普通话。可能是孩子年龄小可塑性强的缘故，一段时间下来，儿子转变很快，不仅平时说普通话了，而且当我们个别字平翘舌不分的时候，儿子会马上给我们纠正出来，他也颇有自豪感。送他的路上，我向他讲一些交通规则、遵守纪律、礼貌待人的典范事例，嘱咐他在校做一个文明的学生。儿子学得很快，还没到接送岗，就礼貌地对我说："妈妈，放心吧，您说的我都记住了，您回去吧，妈妈再见。"走后还不忘再回头看我一眼，摆摆手势示意让我回去。尽管是很普通的话语与动作，但对一向懒散的儿子来说已是很大的进步，对我来说更是莫大的安慰。我像在黑暗中看到一丝曙光，召唤我朝着光明迈进！

改变"问题家长"

我拾起原来从教的经验，结合自己的亲身经历进行分析，发现"问题孩子"的形成大都是由于家庭的原因，因为家长是孩子的第一任教师。如果说老师承担着授业解惑的角色，那么家长则主要承担人格培养的角色。而人格培养主要靠身教而不是言传，它要求家长用行动、品格感染和熏陶孩子，因为孩子很可能就是家长的复制品。大量的事实证明，父母的素质决定孩子的命运，优秀孩子大都出自优秀家长之手，"问题孩子"的背后必然站着"有问题"的家长。正如著名青少年教育专家、中国平行教育创始人崔宇在《家长的革命》一书中所说："'问渠哪得清如许，为有源头活水来。'家长就是孩子的生命之源、人生之端，要想让孩子的人生根深叶茂、源远流长，源头的治理不可忽视……一个有勇气改变自己的家长，才有能力改变孩子。"这就告诉我们，作为"问题孩子"的家长，我们更应该时刻注意自己的言谈举止、处事方式、精神面貌，不断提高自身修养和道德水平。基于这一认识，我和老公签了个口头协议：在家里不许说任何脏话，无论开玩笑与否，无论孩子在不在场，谁口中吐出一个脏字，自己体罚自己。这招还挺管用，儿子原来在学校里学的脏话不仅都不说了，而且变得特有礼貌，日常生活中诸如"您""请""谢谢""不客气"等客套词用得也恰如其分，就连我偶尔忘了说时，儿子也会一本正经的提醒"又没礼貌啦"。除了文明做人之外，我们一家还相约要诚实守信、自强自立、学会感恩、乐于奉献等等，在不断完善自我、提升素质的过程中，我品尝着和孩子一起成长的乐趣，也找到了做母亲的成就感体会到了榜样的力量。

学会赏识自己的孩子

在"问题家长"的眼中，看到的总是孩子不足的地方，而孩子的闪光点、进步的地方却经常被忽略，还常以孩子的错误为契机，历数孩子过去的类似错误，使孩子自卑得抬不起头来。教育家陶行知先生说"尽其所长，恕其所短"。

意思是激励孩子的长处，宽容孩子的短处。赏识教育的起源人周泓也曾指出："不是好孩子需要赏识，而是赏识使他们变得越来越好，不是坏孩子需要抱怨，而是抱怨使他们变得越来越坏。"也正是靠赏识调节法，他成功地将他的聋哑女儿培养成为中国第一个聋人研究生。像所有孩子一样，我的儿子也特爱听人夸，而且越夸越带劲。刚入小学时儿子非常不喜欢读书，任凭怎么给他讲道理甚至批评他都读不下去，看着书也不出声，常常以一句"我在心里面读着呢"来搪塞我。后来我买来和语文课本配套的光盘，含有所有课文的朗读录音，趁儿子玩玩具的时候播放给他听。刚开始他边玩边听，后来我故意挑战他："听，他还没我儿子读的好听呢，是不是？你们比赛一下！"孩子们对比赛都特别敏感，他立刻放下手中的玩具，拿出书本，有感情地朗读起来，那表情，真是一脸的专注，加上声音的抑扬顿挫，即使有个别读破句，我也不忘鼓掌称赞。这更增加了他的自豪与自信，他会再"免费"赠送两篇朗读，那结局肯定是他胜利喽！这种阅读方法既增加了他的自信心，也调动了他读书的积极性，更养成了他爱读书的好习惯，一直到现在都很受用。所以说，好孩子是夸出来的，不是批评出来的。孩子身上缺点越多，越需要家长拿着放大镜去寻找其优点，然后给予及时的鼓励和表扬，这才是孩子最需要的。如果孩子生活在指责之中，他就会变得自卑；生活在约束之中，他就会变得自缚；生活在鼓励之中，他就会变得自信；生活在赏识之中，他就会更加优秀。

尊重孩子的选择

孩子一天天长大，父母平时更多的精力倾注在孩子是否又长高了，体重是否增加了，语言表达能力和个人自理能力是否增强了，却往往忽略了孩子思维和性格的培养，包括"选择"在内的各种自我意识也渐渐萌发。儿子快6岁的时候，有一段时间，我总是为他穿什么衣服上学而跟他发生争执。我认为好的、美的东西，他恰恰认为是坏的、丑的。为此，我感到不解、苦恼、失望。后来经过认真的反思才明白，是儿子已有了自己的主见和选择意识！这是他逐渐成长的表现和标志，应该予以尊重、理解和鼓励。他要穿什么样的衣服，说明他已具有自己的审美观点和生活情趣，只要不是太出格，就让他去穿，我们不宜用自己的标尺来控制和干涉。现在，无论我给儿子讲什么故事、谈什么事情，他都能说出自己的观点，且不论对错与否，观点成熟与否，最起码说明他已具有分析事物的基本能力，有了主见。随着他今后成长阅历的积累，他的观点也会更加趋于成熟。所以说，尊重孩子的选择，是培养孩子自主意识的第一步。从小在受尊重中长大的孩子，长大以后，才能成为一个有自我主见的人，做起事情来才能辨别是非。

培养孩子的独立能力

爱原本是滋润心灵的雨露，但过分溺爱会成为禁锢成长的藩篱。如果父母一味用自己爱的羽翼替孩子遮风挡雨、事事包办，那么当孩子迈出家庭这一温暖的港湾时，将会因为缺乏独立性而难以经受社会风浪的考验。正如叶圣陶先生所说："教是为了不教。"孩子从一个无助的生物体成长为一个独立的社会人，他需要独立，包括独立的意识和独立的能力，并由此获得自尊和价值感。以前我教育儿子时，曾告诉他只要把学习搞上去，家里的一切事情，包括整理书本、装书包等，都由我来包办，儿子高兴得不得了。但是好景不长，在一次体育课上，儿子因为不会系鞋带，受到了同学们的嘲笑，他感到很没面子。我和老师沟通了一下，听从老师的建议，开始教他生活中如何自理、自立。我先给他讲小鹰学飞的故事，让他自己学习系鞋带、系红领巾、扣扣子，他学了几次就会了；我让他吃饭的时候用筷子，不能用汤勺，几次下来，他也会了；上学时，要自己削铅笔、整理书包，他从此也没让我操心。我发现，儿子其实很能干，很快就把自己的事情料理得井井有条，老师和同学对他的表现也刮目相看。可见，孩子是有潜力的，只是需要家长科学合理的放手。从小培养孩子的自理自立能力，孩子将来到社会上才能成为一个有能力有作为的人。

让孩子学会合作与分享

现在的孩子大都是独生子女，在家吃的喝的玩的一般都是一人独享，最后慢慢地养成孩子"自私"的性格。我家儿子也不例外，因是家里的独苗儿，一个人享受全家人的关爱，自然形成了唯我独尊、自私孤僻的性格。为了培养他的沟通合作意识，我经常带他去办公室、去聚餐等人多的场所，给他提供交流的机会，锻炼他的交际能力。一次放暑假，孩子去农村的姥姥家串门。他带去了遥控赛车在院子里玩，邻居家的小朋友都羡慕地欣赏、跃跃欲试，我希望儿子能主动把玩具让给其他小朋友玩，但儿子不舍得，一直把遥控器紧紧抓在自己的手里。我告诉儿子要学会分享，分享是一种快乐。玩具不是一玩就会坏的，即使玩坏了，我会再给你买一个新的，如果不让其他小朋友玩，以后我就不给你买新玩具了。也许是担心我不再买玩具了，儿子终于把自己的遥控器交

给了邻居的孩子，他和小朋友们很快熟悉起来，院子里回荡着孩子们甜蜜的笑声。这件事，让儿子明白了分享其实是一件令人幸福的事。

"每一个孩子都是一座宝藏，每一位家长都是这座宝藏的挖掘者。挖掘得当，你就可以让那些宝藏在阳光下熠熠生辉，并雕琢成最精美的宝石。每一个孩子都可以成为千里马，每一位家长都应成为孩子的伯乐。"在教育"问题孩子"的道路上，我已迈出了坚实的一步，儿子的每一点进步都是我不断前进的动力。我坚信，只要努力一定会成就孩子的明天，因为我明白"问渠哪得清如许，为有源头活水来"。

（金乡县实验小学二年级二班赵浩深家长）

与孩子一起成长

李红丽

生命中不可或缺的就是与孩子一起成长的记忆。

——题　记

孩子是我们生命的延续，他承载着我们对未来的希望。但是，怎样做一个称职的家长，怎样培养孩子，让孩子快乐幸福地成长，我在实践中摸索着、前行着、收获着、感动着……

爱孩子要舍得"用"孩子

我的女儿从小由她奶奶帮着照看，老年人认为疼孩子就是什么事情都不让她干，所有的事情都替她干。我认识到这种教育方式的不妥，一方面告诉老人只要孩子能做到的，尽量让孩子自己做。因为如果今天我们什么都替孩子干了，孩子就失去了独立做事的能力，以后怎么能适应这个社会？只有"用"孩子，孩子才能长本事。

我是一名小学老师，平时学校里的工作也很忙，但只要是下了班，我就尽量多陪孩子。女儿上幼儿园了，我就告诉她："自己的事情要自己做，自己的衣服要自己穿，自己的书包要自己收拾。"孩子上小学了，我就告诉她："自己能做的事情，像洗袜子、洗红领巾要自己做，妈妈相信我的女儿是最棒的！"女儿总能快乐地去做家里的事情，只要是孩子能帮忙做的，尽量让孩子去做。周末，是我家固定的家庭大扫除时间。女儿拿着拖把和我一起把卧室、客厅拖得干干净净，看到她额头上沁出细密的汗珠，我总是不停地夸奖："女儿就是勤快，比妈妈拖得还认真，还干净，我骄傲！"听到我的赞扬，女儿干得更起劲了。孩子上五年级的那个暑假，我手把手教她学做饭，告诉她注意调节液化气的火候，注意事项。"因为妈妈不在家的时候，你要学会做饭。"虽然她第一次把米汤烧煳了，西红柿炒鸡蛋的盐也放多了，但我还是给予了女儿很高的赞

扬："我女儿长大了，会帮妈妈做饭了，真好吃！来，亲一下！"女儿脸有些红了，不好意思地说："虽然我做的不太好吃，但感觉很香甜，因为这是自己的劳动果实。不过我下次一定做得比这次好。"

在学校生活中，不要怕孩子吃亏、吃苦。女儿是班长，主管卫生、纪律。每天上午、下午放学后，等所有同学都站路队走了，她要一个人留在教室里巡视班级里的卫生，看哪个同学座位下面有纸屑垃圾，并做好记录，比别的同学都要晚走四五分钟。相比这下，女儿要比别的同学辛苦，但是，孩子在做事的过程中有体验，有感受，我又及时地引导："这是你做班长的责任，为班级服务是你的光荣，辛苦着并快乐着，这就对啦"！

给孩子成功的力量，用古诗和音乐滋养孩子

被古诗滋养的孩子，得到的不仅仅是诗情和文才，实际上也成为被生活和命运多一份垂青的人。因为我是语文教师，所以从小就特别重视对她进行祖国优秀文化的熏陶教育，从一年级就开始背《三字经》《百家姓》。尤其是每天晚上，我都是一个字一个字地教孩子识字、记忆、背诵。后来每天上学、放学的路上，孩子坐在我的自行车后面，她背一句，我背一句。为了练她的胆量，有时放学后，我让她去语文老师办公室去背给老师听，我总不忘说上一句："我女儿最勇敢，人越多背诵得越好！"给孩子一个肯定的标签，孩子的表现越来越好。

学校举行"古诗大王"比赛，我把准备让孩子背的古诗词进行分类，如以"望"子开头的《望天门山》《望庐山瀑布》《望岳》《望洞庭》分成一类，把描写春天的《春晓》《早春》《晚春》《春望》《春夜喜雨》《江南春绝句》等分成一类，并用一张旧挂历纸写上古诗的名字，贴在客厅醒目的位置，每天我都要和女儿一起背，她背一首，我背一首。有时她先背，有时我先背诵。每次我都要夸女儿："女儿的记忆力真好！比妈妈强多了，下一首是怎么背的？我忘了。"这时，女儿总是很得意地替我背出来，并补充一句："记住了吗？下次别问我了。"见女儿中了我的"圈套"，我装作很无奈地说："唉！你为啥记忆力就那么好呢？偷吃什么了？"女儿开心得哈哈大笑，更自信了。最终，在比赛中，以连续背诵82首古诗词的绝对优势勇夺桂冠，荣获了"古诗大王"的称号。

我发现孩子从小对音乐特敏感。因此，五岁半时就开始让她学习电子琴，六岁开始学习古筝。孩子由于年龄小，需要鼓励，"妈妈最喜欢听你弹琴了"，

"我女儿弹得又有进步了"，"宝贝，你弹得真好听"。听到赞扬和鼓励，孩子兴趣就特别高。学习电子琴还比较容易，古筝就比较难了。每次带她去学，我都要在旁边听，回家之后我仔细看教材，再予以辅导。一个音一个音地学，一个技巧一个技巧地练。每天晚上，孩子做完作业就开始练习古筝，每天一个半小时。我就坐在旁边陪着孩子，哪个指法错了及时予以纠正，还经常打电话询问老师该怎么弹。

每个孩子都是一个宝藏，父母最神圣的职责就是帮助孩子发掘"真棒"之处。我经常对女儿说："弹琴没有任何捷径，唯有勤学苦练，才能进步的更快。妈妈相信你能行！""妈妈太喜欢听你弹古筝了，你弹得太好了，多悠扬啊！""老师最喜欢像你一样勤奋的孩子。""进步太大了，掌声鼓励一下！来，妈妈再抱一下！"得到夸奖的孩子是进步最大的孩子。

有付出就有收获。孩子五年级时电子琴已考过十级，古筝也已经弹到九级。期间，我还带孩子学了葫芦丝和吉他。由于我的支持、鼓励、陪伴，再加上孩子的勤奋、刻苦，各种乐器都学得很好。去年，孩子因为有电子琴的基础，心里想学钢琴。我就狠狠心给孩子买一台好钢琴。钢琴买回来后，女儿如获至宝。我又请了县里最好的钢琴老师给孩子进行辅导。老师很欣赏她的天资和勤奋，每次都夸奖女儿。我怕孩子骄傲，及时地提醒："没有最好，只有更好。朗朗小时候每天能弹7个小时，你不能只看到优点，也要看到不足。"在需要帮助的时候，父母要学会巧妙地助孩子一臂之力。我从网上下载钢琴教学视频和世界名曲，让孩子反复地看、反复地听。假期里，孩子每天练琴都要超过三个小时，很自觉，因为，钢琴已成了她生活的一部分。

培养良好的学习习惯，成长比成绩重要

习惯决定孩子命运。"习惯不形成，学习等于零。"作为妈妈，我很重视对孩子的学习习惯的培养，为了给孩子营造一个良好的安静的学习氛围，孩子学习时，我们很少看电视。为了让孩子养成"提笔即练字"的习惯，从一年级开始，我就很注重孩子的写字。我从基本的笔画开始教，如何写好横、竖、撇、捺，如何运笔、用力，如何处理间架结构等等，给孩子示范写，让孩子临摹，把孩子写得好的字用红笔圈出来，贴在客厅的墙上。再大些，就开始让孩子临字帖，我也跟着女儿一起写，比谁写得好。对于写得不太美观的字，我们一块找原因，哪个笔画没有处理好，再反复临写，不写漂亮不罢休。孩子只要写字认真了，做什么事都会认真的。

　　一个多读书的人，其视野必然开阔，其志向必然高远，其追求必然执着。因为我作为语文教师，平时喜欢看书，每天晚上不看书就睡不着觉。榜样的力量是无穷的，孩子受我的熏陶，也爱看书。家里的沙发上，茶几上，都是我和孩子的书。后来，女儿再大些，我说你自己看吧，看完后给我讲一讲什么内容。饭后，空闲，只要我一拿起来书，孩子都会像我一样，静静地，感受着阅读的快乐。慢慢地，看书已成了她的一种习惯。阅读是成长的发动机。古人云："读书破万卷，下笔如有神。"孩子现在已经上初一了，得益于她的博览群书，她的文章也是妙笔生花。

　　做家长的不能一味要求孩子考高分，应允许孩子有胜有负，要帮助孩子调整好心态，让他们以平稳洒脱的心情勇敢地进入考场。考试是培养孩子心理素质的极好机会。有一次，女儿因成绩不理想而愁眉不展。我详细地询问了她考试情况之后，对她说，向家长汇报真实情况，这本身就是一种勇敢的行为。成功永远喜欢照顾有勇气的人，只要你认真地总结失败的教训，找出考差的原因，努力赶上就是了。从此，她更加自觉。对孩子的信任，再加上对孩子失败因素的分析和引导，是孩子成功的秘诀。另外，复习时家长不要嘱咐个没完，要让孩子在一个安静宽松的环境中全神贯注地复习功课，孩子才能学进去。

　　教育就在身边，每一个细节都可能是教育的最好的契机，关键是你拥有什么样的教育理念，采用什么样的教育方法加以引导。孩子不是为了"长大""成功""成才"活着，而是为了实现理想，幸福、快乐而活着。教育不应该有功利性，爱孩子才要施教，施教应该溶于浓浓的爱中。

（金乡县济宁教育学院附属小学）

家庭是孩子成长的起点

詹亚斌

每个孩子都有巨大的潜能，聪明与否只是环境的产物。只有遵循教育的规律，给孩子营造一个良好的成长环境，孩子才能健康的成长。我的女儿还不到八岁，现在谈不上什么成功的教育，但在其成长的过程中既有成功的喜悦，也有挫折的苦恼。

恰当的教育理念和方法

孩子的成长看似一个自然而然的事情，其实不然，父母的思想观念在很大程度上影响孩子成长的高度。教育的目的是培养一个具有健康身体、健康心理和社会适应能力良好的人。教育的过程，应该是愉快地促进孩子的精神成长，潜移默化地传递人类的优秀精神文化，使其成为具有创造精神和独立思维能力的人。在教育孩子的时候，要摆正心态，找好坐标，过高的期望，会给孩子带来巨大的压力。

女儿最近数学考了 93 分，这是她多次检测中最低的一次。回家后我明显看出她内心的不安与惭愧，她不敢把试卷拿出来，但是又不得不让家长在试卷上签字，我看出她内心的矛盾，经过引导，她才不好意思的拿出了试卷，我帮她分析了错误的原因，要求她做题要仔细，并吩咐说："只要认真了，考多少没关系。"她这才释怀。一百分不是教育的目的，健康、快乐、进步才是目的。我绝不会要求孩子将来一定得考上清华、北大，我也不会要求孩子每回考试一定得一百分。逼子成龙，龙会变成虫。正如海涅所言："即使播下的是龙种，收获的也可能是跳蚤。"

习惯决定命运

"人之初，性本善。"可是在孩子的成长之初，我们如果不注意孩子成长的点点滴滴，就会使孩子养成不良习惯。在培养女儿的最初阶段，我也缺少经验，走了一些弯路，使孩子养成了一些不良习惯，如晚上睡觉不按时，总是很晚才肯睡，做作业速度慢，注意力不集中，吃饭爱打岔，眼睛盯着电视等等。我很苦恼，下决心帮孩子改掉这些毛病。回家后不允许吃零食，做完作业才能吃饭；关闭电视，改看电视为看书或做游戏；每天晚上 8：30 关闭所有的灯，按时睡觉。经过一段时间的坚持，不良习惯都改过来了。日本专家说，家庭是习惯的学校，父母是习惯的老师，大人是孩子的榜样，孩子的很多毛病都是父母"培养"出来的。我对此深信不疑。

养成好习惯最好的方式，就是用父母的好习惯培养孩子的好习惯。我和爱人都是教师，有学习的习惯，也有爱"教育"的习惯。女儿才三四个月的时候，躺在床上，她妈妈就用标准的口型教她喊"妈妈、爸爸"；一岁多的时候教她背古诗词、《三字经》，睡前给她讲童话故事。这些从没有刻意而为之，却也有惊人的效果——六个月会喊爸爸，八个月会喊妈妈，一岁前能叫所有家庭成员的称呼，两岁半上幼儿园，就能背初中版 144 字的《三字经》，古诗词当然不计其数，七岁学会自己独立看书并成为习惯。孔老夫子说"少成若天性、习惯如自然"，也就是说小时候养成的习惯，会像他的天性一样自然，这应该是家庭教育的一个很高的境界。

好习惯是孩子成长的基石，是孩子健康发展的保证。家庭是孩子的第一所学校，家长是孩子的第一任老师。家长给予孩子的不仅是生命与和谐的家庭，更是每时每刻都在影响着孩子的心灵成长。著名心理学家威廉·詹姆士有段名言："播下一个行动，收获一种习惯；播下一种习惯，收获一种性格；播下一种性格，收获一种命运。"这与中国"三岁看到大，七岁看到老"的古语一脉相承。

身教大于言传

孩子诞生之时，他/她心灵上的土地是荒芜的，父母是这块土地的第一个播种者。你播下什么样的种子，就会结出什么样的果实。父母的言行和孩子的个性形成有着密切的关系，直接影响着孩子的思维方式、行为习惯。爱人在女儿不到两岁的时候就收到了女儿的礼物。母亲节那天，女儿画了一幅画，说："妈妈，礼物。"爱人很吃惊，也很感动，并一直把这件事铭记于心。爱人非常孝敬双方父母，平时的一些细节女儿都看在眼里，爱人也经常讲一些关于孝心的故事，所以女儿小小年纪就有送"礼物"的突发奇想。

我也曾是个有着十年工作经验的班主任，见过各种各样的学生，和人聊天感叹最多的一句话是："有什么样的家长就有什么样的学生。"这话很多家长不一定认同，他们可能忽略了某种隐形的力量。曾经有过一个故事：一对夫妇因嫌自己的老母年迈体弱而将其抬至山中，正欲弃母而遁，却被尾随而至的儿子撞个正着。子道："别忘了把扁担箩筐带回家去哦！"父嗫嚅："那没啥用咧。"子答："咋没用咧，待你们老了，也好拿来抬你们呀！"还有一则电视公益广告我觉得做得特别好：一位妈妈替孩子奶奶洗脚，这一小小的举动无意间被孩子看到了，转瞬间，孩子也脚步趔趄地端来一盆水给妈妈洗脚。广告中妈妈没有对孩子说一个字，真可谓是无声胜有声，或许也正因为此，才有"为人师表"的说法。以上两个事例告诉我们，家长的一言一行，尤其是行动，孩子都会看在眼里记在心里，久而久之便影响了孩子。

　　女儿现在渐渐长大，学习和做作业时，我就在旁边看书或写读书笔记，不用跟她讲大道理，她就能完成得很好。如果家长一有空就去看电视剧、逛商店、打牌，却每天叫孩子读书、写日记，孩子心里就会不平衡，甚至产生抵触情绪，学习的效果也不会好。所以，家长一定要真正重视"身教重于言教"的道理，严于律己，从多方面检点自身的言谈举止，成为孩子的好榜样，经过长时间耳濡目染、潜移默化的影响，逐渐使孩子养成优良的品格、良好的习惯和坚强的毅力。

温馨和谐的家庭环境

　　培养孩子首先要创造一个良好的环境，就像农民种庄稼，要想长出好的庄稼，必须给它合适的土壤。家庭是社会的细胞，家庭也是孩子最初生长的土壤。家庭环境的好坏，直接关系到孩子人格道德和行为习惯的养成。在充满爱意与笑声的家庭氛围中长大的孩子，她的心灵是舒展的，她的心境是乐观的，她必然是一个懂得自爱且懂得爱别人的人。相反，若家庭缺少爱的氛围，例如夫妻经常吵架，常为一点小事争执不休，对老人不孝敬，邻里关系紧张等，都会对孩子贻害无穷。所以，给孩子创造一个和谐美好的成长环境，远比带孩子去买高档玩具或者参加什么学习班重要得多。

　　父母在教育孩子时，自身要保持年轻的心境。父母要像回到自己童年时代一样，和孩子一起玩耍，一起成长，成为他们当中的一员。我的爱好多而不专，恰恰是这一点引发了孩子很多兴趣爱好。我喜欢棋类，也能谈一两首曲子，最爱的是球类运动。平时没事的时候我们一家三口在家下下棋，弹一弹

琴，做个小游戏，或者上操场踢几脚球等。游戏、玩耍既是孩子认知世界的重要途径，也是一种很好的亲子教育，在与孩子游戏、玩耍的过程中，增进亲情，体验家庭的温馨与快乐。

除有良好的人文环境外，还需营造一个干净、朴素的自然环境。家庭是孩子学习和生活的场所，环境的布置和陈设搞得好，就会对孩子的学习和品格的提升提供有利条件，取得好的效果。女儿从上一年级就开始有独立的卧室，里面摆放一张床、一组橱子、一张书桌、一架电子琴，别无他物，房间力求布置合理、整洁、朴素，这使她生活舒适愉快，养成学习专心、爱整洁、做事有条理的好习惯。

如果把人生比做长河，家庭则是在长河中航行的一只小船，小船之外的情况，无法把握，但小船自身的情况，则完全依靠自己。在小船上，父母如能齐心协力，小船即使在风浪中也能保持平稳，让孩子感到安全。如果父母离心离德，船划得不平稳，那就有可能船翻人亡。家庭这只小船可能成为孩子健康成长的摇篮，也可能成为孩子的毁灭之舟。

孩子的教育是一项系统的、巨大的工程，它或许不需要高深的学问，但涉及方方面面的细节，必须走好每一个环节。家庭是教育的起点，是教育的第一课堂，不容忽视；学校是教育的主阵地，必须加强；社会是教育的大气候，重在引导。三位一体，形成合力，才能托起明天的太阳。

（金乡县实验小学二年级一班詹子嫣家长）

学生成长背后的故事

高桂玲　孙改香

在孩子的教育过程中，家庭教育是人生教育的起点和基础。家庭教育质量如何，决定孩子的一生。在家庭教育中，父母就是首席工程师，教养方式是影响工程质量的重要因素。作为家长和一名高中老师，常年和学生打交道，我发现很多孩子到高中之所以会出现问题，主要是因为从小没接受正确的引导和教育。所以，当面对自己的孩子时，我常常以他们为戒，每处理一件事情我都十分小心，生怕给孩子带来不好的影响。

我认为影响一个孩子人生成功的重要因素不外乎智商和情商两方面。大多数孩子的智商都差不多，而情商却发挥着举足轻重的作用。目前的教育中或多或少的存在着过度重视智商教育的问题，认为分数就是一切。有些孩子成绩好，在家就是小皇帝，待人接物缺乏基本礼节和尊重。有些甚至态度极为恶劣的对待自己的父母，还有的自理能力基本为零，饭来张口、衣来伸手。这样的孩子即便考上大学，以后又怎能在社会上立足？事实上，我认为在孩子未来发展中起决定性作用的是诚信、沟通、合作、谦虚、勤奋、体贴、孝心等情商因素，而这些情商因素的培养又与家庭教育密不可分。

再忙不要忽略孩子

镜头一：2012年9月3号晚上7：00，我正在教室给同学们传达军训期间的一些纪律要求和注意事项。忽然手机响了，接通之后，女儿在电话里几乎用哀求的声音哭泣着对我说："妈妈，妈妈你快回来吧，我好几天没见你了，我想你，我想在睡觉之前见见你。"放下电话，我也早已泪流满面……

这是我当班主任的第三天，军训期间学校要求班主任从早晨6：00到晚上10：00全程陪伴学生，一日三餐在学校解决，不准回家。每天早晨我走时女儿在睡觉，晚上十点多回到家她又睡了，已经几天没见到我了，婆婆说孩子每天都念叨着找妈妈，我觉得我是一个很不称职的妈妈。军训一结束，每天我都想尽办法尽可能地抽更多时间来陪伴她。我不想再以"忙"字作为忽略孩子的借口，虽然我可以放心地把孩子交给公婆照顾，但谁也取代不了父母在孩子心目中的地位。我不想让孩子在享受优越物质生活的同时，却患有"后天情感缺乏症"。只有和孩子多相处，才能有更多的机会去教育和培养孩子。

百事孝为先

镜头二：2011年8月的一天，天气炎热。我与两岁半的女儿，一路奔波来到姥姥家，又热又渴。姥爷赶忙切西瓜让孩子解渴、降温。尽管嘴唇已干得起皮，小脸热的通红，但孩子拿起西瓜后却没有放入自己的嘴里，而是回头用商量的语气问我："妈妈，在家先给爷爷、奶奶吃，在姥姥家应该先给姥姥、姥爷吧？"我笑着说："对！"在挨个把西瓜送入我们手中之后，孩子才拿起一块狼吞虎咽地吃起来。

镜头三：2012年10月，女儿3岁8个月，小班。中午放学回到家，快速跑到厨房，很神秘地从口袋里拿出一袋纯牛奶，送给婆婆说："奶奶，老师发的牛奶，你喝吧，我省给你的。"婆婆问："孩子，你怎么不喝？""这是纯奶，不甜，你有糖尿病，正好喝这样的。""小朋友喝你不馋吗？""没事，奶奶老了，得给奶奶喝，小朋友喝的时候我没看，不馋，我偷偷装口袋里，老师也没看见。"婆婆拿着牛奶泣不成声，紧紧地抱着孩子……

一块西瓜、一袋牛奶，东西不多，事情不大，但我知道这方面的教育算是成功了。公公婆婆辛苦一辈子，只有我老公一个孩子，对我们非常好，我也把他们当成自己亲生父母一样，吃的、穿的、用的不用说，什么都提前给他们准备好。有了孩子以后，还在孩子很小的时候我就经常抓着她的小手拿了东西送给爷爷奶奶。稍大一些就告诉她爷爷奶奶在家照顾她很辛苦，要和爷爷奶奶亲。或许是这些行为感染了孩子，才使得孩子有了今天的举动，这就是言传身教的力量。

教孩子孝道是一种人文教育，是后天教化的结果。固然，在人的天性中，人人皆知父母辛劳，要尽我所能来回报双亲，但这种善良的天性若不及时施以正确的引导，很快就会泯灭掉。不知不觉中认为父母的疼爱乃天经地义之事，虽然我也要疼爱父母，但因无人教无人提醒，没有形成行为习惯而渐渐遗忘于脑后。幼童时期就没有引导孩子形成孝道的观念，没有把孝顺父母培养成为孩子的自觉行动，长大后却埋怨孩子不懂事，岂非缘木求鱼?！从小就培养孩子，从娃娃抓起，这是最关键的，也是最容易见成效的。

学会沟通

镜头四：2013年10月11号，女儿4岁8个月，中班。

"妈妈，我想和马玉冰玩"。"马玉冰在家吗？""不知道，她没说来供电局家属院还是回杭州湾，我想去她奶奶家问问。""那用妈妈陪你去吗？""不用，我自己就行。"五分钟后……"马玉冰奶奶说她回杭州湾了，路上我又碰到朵朵姐姐，她让我去她家玩，我一会就回来。"

镜头五："妈妈，告诉你个好事，老师表扬我了，说我上课听话。""妈妈，我今天咳嗽不厉害，小朋友在外面做操，我怕再不做就不会了，所以我在窗户里看着跟他们一块做了。""妈妈，老师今天又奖励我一个本子。"……

你的孩子愿意像这样敞开心扉，把学校发生的事都给你"汇报"吗？能和小朋友们顺利的沟通交流，友好相处吗？我带着同样的问题问了我班10位家长，有9位说很少交流。联想到上半年北京一所中学对230多名高一至高三的学生及家长调查，结果有七成的学生不喜欢和家长交流，有八成的家长感到和孩子存在距离和隔膜。这次微型调查传递出一个信息——家长和孩子的沟通危机。而这种沟通危机的出现，原因主要来自家长。

怎样让孩子学会沟通呢？首先让孩子先学会与父母沟通。父母诱导孩子多说说自己身边发生的事，针对生活中的一些小的事情，让孩子多谈谈自己的看法，鼓励孩子说出自己的见解。对于孩子提出的问题，要表现出极大的兴趣，并及时进行热情的点拨，为其排忧解难，这样孩子认为你"够朋友""了不起"，乐于向你敞开心扉。一定要少训斥，否则孩子的心灵之门会渐渐关闭，直到有一天不再来"烦你"。其次是请过来、放出去。经常邀请同龄的孩子到家中做伴，提供交流平台。多让孩子和小区里的孩子玩，使其能够快速地融入到集体中。孩子只有生活在集体中，才不会孤独，尤其是独生子女。孩子之间的沟通是最容易的，同龄孩子在一起，即便打打闹闹，有意见，也会玩得好，学得好。他们可以在共同的游戏中出主意、想办法，互相取长补短，发展智力，提高自身的认知能力。并且通过比较，客观的认识自己，调整自我，学习他人长处。不仅如此，通过融入集体、与别的孩子积极交往，还可以开阔孩子的视野，增长知识和经验，使孩子树立健康的心态。所以说，对于孩子，父母一定要敢于放手，不要有太多的担心和顾虑，让孩子在集体生活中得到锻炼、学会沟通。

自己的事情自己做

现在的孩子劳动能力普遍差，家长对孩子过于溺爱，许多原本是孩子应该或是可以去做的事家长都包办了。儿童心理学研究表明：幼儿期心理活动的主动性明显增加，凡事喜欢说"我能""我自己来"，家长要珍惜孩子的这种独立愿望，并抓住这个关键期，鼓励引导孩子做力所能及的事情，培养孩子的独立自理能力。

玩过的玩具自己负责收拾，放在固定的地方。如果孩子没有整理好自己的玩具，想玩找不到时，家长千万不要轻易帮忙，而要借此机会进行教育。这样不仅可以让孩子意识到自己的事情应该自己做，还可以培养他的自理能力。

孩子虽小，也能够做一些力所能及的家务事。如饭前摆碗筷、擦桌椅、扫地、倒垃圾、叠自己的衣服等。作为家长一定要鼓励并坚持让孩子完成，切莫代劳。

作为学前班的孩子，要学会自己洗手、洗脸、刷牙、洗脚等，能初步搞好个人卫生，能穿、脱衣服，能对自己的学习用品进行分类整理和保管，家长不要干涉。我家孩子中班开始背书包，都是自己整理，我从来不管，做完作业自己找齐书本、铅笔盒等，每次都整理的整整齐齐。

教育是一门艺术和学问，我们要不断地在实践中总结教训、摸索经验。和孩子的老师多交流，及时了解孩子的在校表现，多向老师请教，积极配合老师，和老师共同努力，真正做到家校联合，让孩子健康快乐地成长。

（金乡县金师附小幼儿园）

家有小女初长成

李秀梅

　　九年前，当女儿第一声啼哭响起，我的内心布满了喜悦和憧憬。她的到来给我们这个家带来许多快乐，生活也因为她的存在更加色彩斑斓。在她的成长路上虽然很辛苦，但是内心始终充满欢愉，家长是孩子的第一任老师，学做一名合格的家长，在孩子成长的过程中，逐步摸索和积累自己的育儿经验。

　　充分利用孩子的好奇心，结合身边的事物，让孩子在不知不觉中学到知识。晚上和女儿散步，女儿总是围在我前后问这问那，比如月亮前几天还是圆的，这几天怎么少了一块？树是不是就像一把大扇子，风是树扇出来的？我们为什么有影子，还一会变短，一会变长，一会在前，一会在后？这时候我会慢慢的给她解释，看着她似懂非懂的样子，就边走边让她观察，离路灯远的时候，影子在后面，很长；随着走近路灯，影子越来越短；最后路灯在头顶上的时候，影子在脚下，最短；然后背离路灯远去，影子将在前面，越拉越长。在橘黄的路灯下，两个身影一高一矮，或前或后或快或慢的移动着，让孩子在休闲活动中懂得了很多知识，可谓一举多得。这些问题，对孩子来说是这个世界的全部，对于家长来说很简单，但需要的是那份耐心，能不厌其烦地解答孩子的问题。当孩子提问题的时候，帮助她学会自己思考是最有益的。孩子问"是什么"时，父母往往可以随口解答，但当孩子进一步探求事物之间的关系而提出"为什么"时，就需要根据孩子的年龄特点、知识经验、深入浅出地给予解释，甚至有些问题可以暂时不要回答，而是提出建议，让孩子去观察或实践，这样收获会更大。有条件的话，可多给孩子创造些亲身体验的机会，如在节假日带孩子去旅游，让孩子观察各种自然现象，增长各方面的知识，使孩子的想象力更丰富，眼界更开阔。

　　鸟欲高飞先振翅，人求上进先读书。书籍是孩子认识世界的一个窗口。犹太人有句俗语：书本是甜的。我家女儿是个非常爱读书的孩子，闲暇时总是捧着书津津有味地读，课外阅读已经成为她生活中不可或缺的部分。我想这得益于从小养成的阅读习惯。在培养课外阅读习惯过程中，作为家长，我们首先要营造家庭阅读环境，要想让孩子养成读书的习惯，必须有阅读的氛围。我也非常喜欢读书，因此家里的书柜都塞满了书。我们看书，为孩子爱上书、喜欢阅读创造了很好的条件。我们还注意为孩子挑选适合她年龄认知水平的图书。在她几个月大时，我们就为她订阅了《婴儿世界》杂志，购买了各种适合宝宝看的挂图，开启了她认识世界的大门。幼儿园阶段，我们为她订阅和购买的书就更多了，如著名的童话故事、民间传说、益智类图书等。她上学后，除给她挑选一些合适的图书，也经常带她到书店、书市去，让她选择自己爱看的书。可以说，我们在营造阅读环境方面是比较成功的，书成了孩子成长中离不开的伙伴。

其次，要激发培养阅读兴趣。所有的孩子都喜欢父母给讲故事，我们总是尽可能满足孩子的愿望。而且每次讲故事时，我们都很投入，总是绘声绘色地，用丰富的表情、夸张的语气来吸引孩子的注意力，用情感来打动孩子的心灵，结果孩子读书的兴趣被调动起来了，经常拿着书爱不释手，对书本自然地产生了一种亲切感。为了激发孩子阅读的兴趣，我们还采用赏识教育，多鼓励、多表扬。每当她认真看书的时候，我们都会及时表扬夸奖她几句，让孩子带着愉悦的心情看书。在平时的教育过程中，我们也总是有意识地借助她读过的书，通过书中的道理，让她从小懂得怎样对待别人和对待自己，努力养成良好的生活习惯，形成稳定而自制的情绪。同时，也让孩子感觉到书本反映的其实就是我们的生活，从而更加愿意看书。现在，每天只要有时间，她总是跑到书柜旁，找出自己喜爱的书就埋头看起来，有时甚至叫她吃饭都听不见，真正爱上了阅读。另外，要开拓课外阅读渠道。在激发阅读兴趣的基础上，我们给孩子开拓多种课外阅读渠道，丰富孩子的阅读内容。每到周末，只要有时间，我们就带着孩子来到图书馆或书店看书。在那里，大家都在专心致志地看书，无疑对孩子影响会很大。

最后，要培养孩子的自信心。自信是成功的基石。经常对孩子有积极的评价，孩子的自信心就会得到重要的精神滋养。每个孩子都有自己的特性，在这方面表现不好，也许在另一方面就会有突出表现，多观察孩子，发现她身上的闪光点。在孩子表现好的时候多表扬、鼓励，让孩子在不断得到肯定后，建立起自信心。

给孩子锻炼的机会，培养自信心。不过多干涉孩子的生活，多为孩子提供锻炼的机会，如在日常生活中多鼓励孩子做力所能及的事，如帮父母买东西、做家务等。经常对孩子进行适当的指导及鼓励，帮助孩子完成目标，让孩子获得成功的体验，增强自信心。如在家和孩子做动手动脑游戏，先从简单的开始，让孩子先体验成功，树立信心。然后再逐步提高要求，使孩子不断提高能力，获得更大的成功。

教会孩子面对挫折，也是树立自信的好方法。挫折是常有的事，如果处理不好，就会伤及孩子的自信，时间长了，就会使孩子丧失信心。应教会孩子从另一个角度去考虑问题，让孩子了解失败和挫折是不可避免的。经常鼓励孩子要勇于面对失败的挑战，久而久之，孩子才会养成乐于尝试，勇于克服困难，敢于面对挫折的良好心理品质。

总之，如何培养教育孩子，是一个重要和复杂的问题，家长应不仅仅是孩子父母，更应该是良师益友，是孩子人生的榜样。

（金乡县实验小学四年级三班王宇扬家长）

那一年，和孩子一起走过高三

张广锋

父亲的抉择

作为一名高中教师，最开心的事就是每个节假日总能收到很多毕业学生的短信。看到一句句温暖的问候，心中就会充满感动。孩子们真好！做一名老师真好！我也特别希望自己的孩子也会像我的许多学生一样考入一个理想高校，给未来发展提供一个更好更大的平台。

时间过得真快，我的孩子也上高中了。但学理科的孩子成绩出现下滑，至高二末已滑至本科边缘……面对这种情况我反复思考，继续学习理科还是改学文科？理科高考对数理化的知识联系、解题速度和准确性有较高的要求，而这些问题一年内能解决好吗？学习文科呢，有些许优势，语、数、外尚可，政、史、地基础知识联系和理科不同。再者，政史地我可以辅导，而且孩子表达能力不错，学习文科有语言优势等等。只要方法得当，一年内应有把握达到高考要求。

高二暑假已经开始了，我无心休假，几个夜晚辗转反侧，难以成眠。是必须作出决定的时候了！

高二末的成绩也使孩子很不开心。于是我给孩子写了一封信先行沟通，谈终止理科改学文科的一些想法。此信如春天里的一缕阳光，如夏天的一丝凉风，又如黑夜的一点星光，使郁闷而又不知所措的孩子顿感释然。我们爷俩及时沟通交流，梳理了高中以来的学习，反思各方面问题，分析改学文科的优势与将来考学前景。我说，老爸教出很多优秀学生，相信老爸也能把你打造出来。我的自信也让孩子信心满满、劲头十足，决定义无反顾地学文。

暑假里，我们首先约请老师补习政、史、地三科。由老师带领通教材，梳理线索，建立章节联系，解析重难点，指出考点。经过两周"恶补"，女儿开始实行假期自学计划。早上：英语单词、政、史、地；上午：语、数、外，下午：数或外、政、史、地；晚上：语（数或外）、政（史或地）。内容以背教材为主兼做题，科目轮流进行，时间具体分配，至高三开学要求语、数、外通一遍，政、史、地背两遍。

时间在一天天地流逝，自学在逐步展开……

开学考

高三秋季开学，转到文班的孩子没来得及熟悉老师和同学就迎来了开学考。

我和孩子约定，每考完一科后就及时总结反思，不藏不掖，找出问题与不足，提醒下一科考试注意，而且注意力要及时转移到下一科，不再纠结上一科考试的得失。之后无论大小考试，每次考完我们都如此，摆问题、找差距、明方向，鼓励提醒为主。

成绩出来了，年级文科名次 36 名。老师和同学都认为不错，因为刚转到文科嘛。孩子也挺高兴，信心大涨。我也稍感欣慰，暑期努力没有白费。但我清醒地知道，考试题目都是非常基础的知识，且多是暑假作业上的，这距离高考要求远着呢，只是一个开始，更艰苦的学习还在后边。

越是基础知识的考察越能反映问题。于是，我们以分析为主，对开学考试卷进行了梳理，肯定成绩的同时，找出问题与不足。我从旁边及时提出看法、指导、鼓励加油。特别提醒孩子别人文科起跑早，我们起跑晚，将来学习更艰苦，需要更多付出、更多的持续不懈、更多的孤独与寂寞；还有更多的 MP3、电视娱乐等的放弃。我跟孩子说，该坚持的坚持，该舍弃的舍弃，放弃和坚持都是一种勇敢、美丽。

加速跑

高三开学考后即是一轮复习，我首先给孩子明确要求：重基础兼顾能力提高。1. 夯实"双基"；2. 学习有计划但有灵活性（便于执行）；3. 淡定（心平气和）、扎实推进；4. 提高自学能力、自习效率（当问则问）；5. 认真听课，加强知识理解和知识体系构建，学以致用。随后，我和孩子制定了更细致的学习计划。每个时间节点的所学科目、内容都予以明确，坚决执行。比如，起床后早上班级晨读，中晚餐后、晚自习后、星期天与节假日都安排好，与老师的复习计划相结合。又比如，起床后背"英语高考必备 3800 单词"N 页，高考

前完成三遍；午饭后半小时做 5 道数学选择题与填空题或两篇英语阅读理解等。复习时间和内容都细化量化，因为要让孩子知道比别人起跑晚所以跑得更快才行。中间学习有问题及时问老师，可以到办公室去问，不要所谓的"不好意思"。紧跟老师教学进度和内容，个别内容或难题可以放弃。

为了孩子，妈妈要做好后勤工作。一日三餐，定时定量有营养；为节省时间，每天穿衣戴帽预备好。爸爸上下学陪同，及时沟通了解学习情况释疑解惑，或某天学习无大问题时聊点家事、国事、天下事、趣事，放松一下，休息片刻。

妈妈为了不影响孩子，放学前常常关掉电视。其实孩子也知道，有时故意摸一下带有余热的电视，一家人相视而笑。

日复一日，时间似乎过得特别快，我们一家人相互支持、鼓励，起早贪黑，风风雨雨，熬过冬天，迎来柳黄，努力和付出也一点一点转化为成果。孩子成绩在高三上学期期中考、期末考及下学期市一模考的名次不断提升，22 名、18 名、13 名。

冲刺，加油，坚持

一模后，便开始了更加紧张的二轮复习备考，这是冲刺高考的关键时期。我给孩子提出要求：重能力提高，兼顾基础。1. 强化训练抓规范；2. 全力以赴多做题（各地模拟题、高考真题），实践中提升解题能力；3. 高度重视解题规律、方法、技巧和思想的总结并用于指导做题；4. 做题中暴露的课本问题及时看书补漏，不能拖后；5. 强优势，补不足。同时给孩子粗算山东近几年高考分数，来进一步增强备考信心：$750 \times 70\% = 525$：过二本线；$750 \times 74\% = 555$：过军检线；$750 \times 78\% = 585$：过一本线。

复习备考的强度越来越大，同学们冲刺高考的竞争也日趋白热化，再加上各方面的关心，使孩子的压力不断增大，导致精神疲惫、思想松懈，学习出现反复，不在状态（这种情况在高三各阶段都可能出现）。这种关键时刻，心理疏导要及时跟进，化解不良情绪，让孩子始终保持平和、积极、乐观、饱满心态与精神投入学习。比如，利用周末大休到河堤走走聊些轻松话题，大声喊一喊，听音乐或者从网上下载一些高考励志文章等。再根据孩子的表现，适时给孩子写封短信，晓之以理，动之以情，着重思想方面提醒指导，鼓励加油，保证思想不松懈，这种做法一直持续到高考前夕。与面对面交流相比可以给孩子更多一点反思的时间和空间，也有利于孩子接受。

莺歌燕舞，春色满园。我们无暇欣赏明媚的春光，一家人依然相互支持、鼓励、加油、坚持，不敢有丝毫松懈，为收获季节的到来继续努力着……

5月中旬，济宁市的二模考试开始了。面对即将到来的高考，这次考试在一定程度上能够说明学生实力和高考情况。去考试路上，我给女儿鼓励，提醒她早进考场，考前工作注意事项，考试中注意问题等。一如既往，下考场后，我们分析试卷和考试中的不足，提醒下一场考试注意的情况。

考试结束了，成绩还没有出来时再次提醒女儿，这一次不能说明最终结果，还要安下心来，着眼高考。女儿平静心绪后再次埋头学习——毕竟离高考越来越近了。

对于女儿的这次考试成绩，我的心中是有数的。因为有平时的付出和考情的交流，应不比一模差。事实果然如此，成绩出来，女儿又进步两名，年级排名 11 名。面对老师的夸赞，女儿更加努力了。

走进高考考场

距离高考还有三周，在三轮复习备考阶段里，更要做到心无旁骛。同时更需明确备考要求：回扣教材、查漏补缺、继续抓规范，适时适量实战模拟不手生。

最后时段的备考有序地进行着……

高考如期而至。一如往常考试，我和孩子及时沟通考情，及时调整，明确下一步……

……

高考结束的铃声响了，我和妈妈共同迎接女儿回家。女儿如释重负，我们也如释重负，"打仗"的生活暂告一段落。本来想大吃一顿的，但是孩子只吃了一点饭便和同学相约出去玩了。晚上女儿看起了电视……不知哪一会，竟睡着了，妈妈拿被巾给她搭上……

高考成绩出来了……鉴于只能报考一个高校志愿，为求稳妥，甄别几所省内外高校后，报考了六所省属重点高校之一。

结果如愿以偿。

后　记

看到"家教金点子"征文，一年的酸甜苦辣涌上心头，个中滋味，身在其

中，方能体会。期间，我和孩子是父女，更似朋友，我们并肩作战。而我更是如同又回高三，又在高考。于是有了与大家分享的冲动，决定整理一下，记录成文。

记录那一年，和孩子一起走过高三。

（金乡县第一中学）

创新产生实效，沟通带来阳光

刘秀丽

作为一位母亲，我爱我的孩子；作为一位教师，我爱我的学生；作为一位班主任，我爱我的职业。有爱就有心，有心才能沟通；有爱就会用心，只要用心，就会有创新。作为一位负责任的教师，就要学会与家长沟通；作为一位班主任，面对不同的学生，更要学会不断创新，不断探究恰当的管理方法，去管理形形色色的学生。十五年的教学生涯让我深深体会到：创新产生实效，沟通带来阳光。

作为一位班主任，我们凡事要学会善于动脑、不断创新。叶圣陶先生说："教育就是培养习惯。"因此，我非常重视培养学生的养成教育。如前年那届学生，47 个孩子中男生就有 35 个，个个生龙活虎，乱起来按都按不住。我常无奈地说："今年我的儿子多，尽是些捣蛋包，我真拿他们没办法。"话虽这样说，但总感觉不管他们是我的失职。于是我经常冥思苦想，查阅资料，找办法"对付"他们，但试过好多办法，都不见效。正当我愁眉不展时，忽然想起在一次班主任培训班上听一位专家说过："别人叫家长都是因为孩子犯了错误，我叫家长都是叫表现优秀的孩子的家长来做经验介绍。"于是，在一次班队活动会上，我郑重宣布："从今天开始，我要将每一位同学的纪录、路队、卫生、学习方面的量化管理结果贴在墙上，每天公布，由专人负责，每周更换一次，每个小组负责人在每周班队会活动时，选出一位表现最优秀的孩子，老师给他发奖章，并且打电话通知家长，告诉家长你在学校的优秀表现，同时让家长回家奖励你。"果然，这个办法很奏效。中午我进教室，没再听到孩子们的喧闹声，要是在以前，这个时候喊破嗓子他们都静不下来，而今天，教室里竟然鸦雀无声。我高兴地表扬了这些可爱的孩子们，他们也甜甜地笑了。"看样子这招还真管用。"我暗自想。一周后，评比结果出来，我从中选了五位表现最优秀的孩子，分别打电话向家长报喜，家长们很高兴，自豪之情溢于言表。其中有位家长告诉我："我儿子让我这几天手机 24 小时开机，恐怕错过了您的电话。"我听后既高兴又激动，可见孩子还是希望受到老师和家长表扬的，这正

应了那句"好孩子是夸出来的"。

后来，除了给优秀的、进步的孩子发奖章以外，为了让孩子亲眼看到老师给家长报喜，我就用发信息的方式与家长联络。有一位妈妈回道："孩子的每一次进步都离不开您的帮助、鼓励和关怀，作为家长，向您表示衷心感谢！"另一位妈妈说："谢谢老师的关心、照顾和栽培，希望我们能长期沟通。"我的这一做法，不但得到了家长和孩子们的认可，也从中收获到了创新带来的快乐。

做班主任，我不但喜欢动脑筋，更讲究教育的艺术性。每年的六月份，学校会让班主任退还学生剩余的教辅材料费。其他班主任都很认真地把钱退给了同学们，并交代他们把钱放好，别丢了。尽管如此，还是有的孩子丢了钱，并且怀疑是同桌偷了，临放学时，有的同学就在该同桌面前说他偷钱了，气得家长来找班主任。而我退钱的方式稍有不同，轻松避免了上述情况的发生。那天上午最后一节课，我把钱退到学生手里以后，交代了一句话："孩子们，请在你的钱上写上你的姓名，或记住你钱上的序号，以免丢失。即使不小心丢了，上面有你的名字，别人还会主动还给你的。"就是这句话，暗示了孩子们不能偷拿别人的钱，同时，拾到东西要物归原主。这种做法不也是一种创新，同时也具有教育的艺术性吗？

要想成为一位充满智慧的班主任，必须得学会创新，以便更好地管理不断"更新换代"的学生。我的创新之处是善于运用现代化的"武器"来"对付"我的一群捣蛋鬼们。当时，我刚接手的是一批四年级的新生，班里男女生比例严重失调，男生人数是女生人数的两倍，开学的第一天，这些刚踏入校门的孩子们兴奋不已，课堂纪律难以维持，这些异常活跃的捣蛋鬼们似乎无视新班主任的存在。但当我的目光落在多媒体教学设备上时，紧缩的眉头舒展了开来……最后我所带的班无论是纪律、路队、卫生还是学习，在学校里都是非常出色的，每次评文明班级，从未被落下过。在班主任交流会上，我向大家介绍了我的做法，把班里的孩子分为若干个小组，每个小组选出组长，对每个孩子在各方面进行量化评估，无论是表现优秀的孩子，还是稍有进步的孩子，都给他们加分；每个星期总结一次，在班队会上提出表扬；每两个星期发一次喜报，向家长报喜；每四个星期再把优秀的孩子和进步的孩子集中在一起，给他们照相；最后把照片放在班里的多媒体上，投在白板上让孩子们欣赏。年底评三好生的时候，把照片展示出来统计一下就行了。孩子们别提有多骄傲、多兴奋了。在多项"政策"的激励下，孩子们听话了，纪律变好了，路队走整齐了，班里卫生干净了，学习自觉了，成绩进步了。其他班级放学都留下值日生扫地，我们班从不留值日生扫地，但卫生总是很干净，有的班主任也偷偷派班干部来视察过，地面卫生一直很令人满意，因为我们班的孩子们已经养成了不乱丢垃圾、时刻注意保持卫生的好习惯。

多年的班主任工作让我深深地体会到，班主任是一项充满感情的工作。班主任要爱学生，就要关爱他们的学习、生活，理解他们的心理需求，更得注重跟家长的沟通，共同引导孩子们健康成长。面对家境贫困的学生，我付出了自己满腔的爱。记得有一年年底，班上刚转来一位新生，是个长得纤细瘦弱、沉默寡言、性格内向的小男孩。经过多次观察与测验，我发现他学习成绩差，经常愁眉苦脸的，课下从不和同学们一起玩，我就打电话跟孩子的妈妈交流，表示对孩子成绩的担忧以及对孩子进步的期待。孩子的妈妈一开始支支吾吾，似乎有什么难言之隐。后来，我经常就孩子的在校表现、作业完成情况、考试成绩等各方面跟她深入沟通，最后终于被我的诚心打动，告诉了我她的难处，孩子的爸爸抛弃了他们母子俩，他们目前生活很困难，她只上过二年级，不会辅导孩子，平时给人打工，也没时间管孩子。我听后很心酸，好可怜的孩子，我要帮助他。于是我告诉妈妈要经常和孩子沟通，改善孩子的性格，让孩子乐于和同学们一起玩，还告诉她教育孩子的方法。同时我也经常找孩子谈心，告诉他学习的重要性，教给他学习方法。孩子也很懂事，总是在很努力地学习。最让人难以忘记的是第二年的"六·一"儿童节，联欢会上其他孩子都带了大包大包的零食，开心地吃着，聊着，只有他沉默不语。我悄悄走到他身边，小声地问："孩子，你带零食了吗？"他不做声，从桌洞里拿出一个小包，是那种最小包装的，估计三口就能吃掉，我内心一阵酸涩，赶紧把自己的一大包零食一股脑地全给了他，孩子开心地笑了，眼睛里却闪烁着晶莹的泪光，我装作没看见，悄悄走开了。从那以后孩子变得更懂事，学习更刻苦了，成绩也有显著提高，原来考五十多分的他，后来竟然屡次考九十多分呢！

当然，与家长沟通的方式不光是打电话，还可以去家访，或是在送路队的时候直接跟家长沟通。想要完成对后进生的转变，就得多措并举，各种沟通方式都要用到，因为这种转变不是一蹴而就的。比如上学期，我们班有个孩子，老实、遵守纪律，但学习成绩差，经常完不成作业。于是给他妈妈打电话，告诉她孩子的情况。孩子的妈妈坦诚地说，她喜欢玩，也喜欢带着孩子到处去玩，没给孩子监督过作业，更不知道孩子是否完成了作业。大人的贪玩影响到了孩子，结果母子俩都没提起对作业的重视。要完成对他们母子俩的转变，在电话里是说不清的，于是我去他们家进行家访，告诉妈妈别的家长是怎么做的，她今后应该怎么做，同时对孩子的优点进行了表扬，并摸着孩子的头告诉他今后的努力方向，提醒他老师和家长将一起见证他的进步。渐渐地，家长的责任心增强了，孩子也比以前自觉了，学习也开始进步。偶尔犯老毛病时，我便在送路队时与家长见面，当着孩子的面委婉地提出老师对他的期望，或是以打电话的形式不断提醒他们。这学期，孩子已经走上正轨了，我终于长舒了一口气。

"管理有法，但无定法。"要想管理好自己的班级，班主任不但要跟家长沟通交流，还得学会不断创新，找到适合自己的一套管理方法，不断想出"新招"来及时应对各种突发事件，"对付"这群捣蛋鬼们。

功夫不负有心人。我于 2010 年被评为金乡县优秀班主任，于 2011 年被评为济宁市优秀班主任。我相信，只要有一颗善于创新的大脑，一颗负责任的心，便一定会享受到创新产生的实效，沐浴到沟通带来的阳光！

(金乡县济宁教育学院附属小学)

健康成长惟吾愿

李 倩 孙 娟

看着眼前亭亭玉立，乖巧懂事的女儿，我的心中甚感欣慰。我没有错过女儿成长的每一个阶段，与女儿一起感受着成长过程中的苦与乐，体验着成长所带来的惊喜和困惑。我们整个家庭在与女儿一起成长的过程中，变得更加温馨和谐。

有人说，教育孩子是门艺术，需要天赋；也有人说教育孩子是个课题，需要研究。可是这些理论，对有些孩子来说并不适用。我认为，教育孩子应该是建立在理论基础之上的实践活动，充满了未知和挑战。对于我们这些年轻的家长来说，需要做的就是化整为零，把握任何一个契机对孩子进行教育。

因为孩子，我们的角色发生了变化，我们的责任也一下变得重大起来。在女儿的成长过程中，我们也在学习怎样为人父母，可以说，在抚养孩子长大的同时，不但促使我们成长，也积累了很多经验。

鼓励，让她有主人翁意识

在家里，女儿不是小公主，而是小主人。上街买东西，走亲访友，外出观光旅游，都带着她。让她见识，让她阅历，让她思考，让她疑问。并且告诉她，这个家未来的主人就是你，你的责任可大了。一次她要钥匙开门，钥匙交给她，由她自己去把玩。"怎么打不开呢？"她问。"肯定是那把钥匙，你再看看钥匙上的红点是起什么作用？"她仔细反复琢磨着。"找到规律了没有？"她说："找到了，点对着点，我打开了！"那神情，比哥伦布发现新大陆还兴奋。从那以后，她每天放学回家都自己开门，在孩子的世界里，开一把锁的成就感会给她带来巨大的鼓励。于是，她渐渐喜欢学着做事。现在，墙上贴着她自己设计制作的家庭成员值日表，包括她自己在内，分工细密而合理，俨然以一个小主人的身份指挥着每一个家庭成员。

鼓励，让她做她喜欢做的事

女儿上幼儿园时，看到很多小朋友们都报了兴趣班，说自己也想报。我想，既然喜欢，那就学着玩吧。开始时兴趣很浓厚，弹琴时，能很开心地跟着老师走；认字时，也能很快学得有模有样。但时间一长，问题出来了。教认字的老师换了一个人，女儿开始不能接受，对认字课也不上心了；弹琴不知是女儿学得太早还是天分不够，每节课虽然都努力地在学，但是总是指法不太到位。每次去接女儿，看着女儿钩钩指的样子，我都非常纠结。一段时间后，我们在一起总结了这两门课的得与失，钢琴班开始时很快乐，并且收获颇丰，但到最后已经成为了一种负担，这是一种内在条件的影响，而认字是外界的影响。所以，我告诉女儿："认字丰富了你的阅读能力，也是我们今后的必修课，不能因不适应老师就不喜欢。你的一生中要和许多人相处，要善于发现每一个人的优点，去学习他们的长处，你就会越来越优秀。当然，每个人都有许多缺点，包括你，你看你们现在的新老师都非常好，上课一丝不苟，虽然很严厉，但也是对你们好呀！问你几个问题，你真正喜欢什么？学习弹琴、学习认字，你快乐吗？你想继续学吗？"女儿毫不犹豫地回答："我很快乐，我想学！"我很高兴，就对女儿说："那我们就继续学下去，好吗？"最后，在和女儿的共同讨论下，决定继续学认字，等过一段时间再讨论弹琴的问题。一直到现在，女儿学得都很开心。

鼓励，让她做事更圆满

在养成孩子"自己的事自己做"的同时，我也要求孩子做事认真、细致、圆满，也就是对任何事都能负责任的习惯。

家长是孩子的表率，比如洗衣服先领子后洗袖子，一步一步地来，洗好后再逐一检查；孩子做数学题，写作文背书，又有哪一项不要认真做呢？用职场的行话是"把最小的事当作最大的事做"。小事不疏忽，大事更谨慎。只有这样教育孩子，孩子将来在成长的道路上才能少走弯路。

虽然，我们通过赏识教育，养成了孩子一些好的习惯，但是，过度赏识容易让孩子产生错觉，一旦希望破灭，会受到更大打击。过分表扬也会让孩子软弱，听不得一点批评，受不得一点挫折。

这样的小故事还有很多，比如鼓励孩子自己动手、鼓励孩子与人交往、赏识孩子的每一个进步、鼓励孩子自己解决问题等等。

正如书中写道："年轻的父母会得到一块玉——可爱的孩子——多年后的结果却是，一些人得到了令人满意的作品，一些人眼瞅着玉石的变化却越来越失望。二者的区别在于后者使用的，常常是锄头。"

这句话带给我很大的感触和震撼。的确，生活中教育孩子的好时机有很多，当孩子有崇拜的对象时、当孩子受到挫折时、当孩子经历失败时、当孩子享受成功时……我们家长要做的就是抓住这些时机，对孩子进行教育，每个孩子都会成长得很快。教育孩子讲究时机，当然，这需要家长用心去发现时机，耐心去等待时机，用宽容的心创造时机……只要时机得当、方法得当，每个孩子都不会让家长失望。

每个孩子都有不同的特点，但再优秀的孩子都有弱点，只要我们找对切入点，总有办法打开他们的心扉。每个孩子都是父母的一面镜子，所以我们这些年轻的家长，在教育孩子的时候对自己的言行也要有所约束，让我们保持着一颗纯净的心与孩子一起健康成长。

（金乡县金师附小幼儿园学生家长）

向着阳光飞

王香芹

我上课有环视教室一周的习惯，把学生看一遍，心里仿佛就有了底。

第一次看见她，就感觉她有些与众不同。这学期初次上语文课，学生个个四目圆睁、劲头十足，想一睹新语文老师的"芳容"，唯独她低垂着头，盯着课桌上摊开的课本。我顿生疑惑：这个女孩怎么了？

趁巡视的机会，我故意踱到她身边停下来，悄声问她预习得怎么样了。她没有回答我，头反而垂得更低了，即便如此，还是隐藏不住那半边有些青色的脸。看着她那压得很低的头，我似乎明白了什么，心里隐隐作痛。有哪个女孩子不期望自己有一张漂亮的脸蛋呢？特别是这个年纪，对此应该更敏感些吧？我知道，肯定是自卑在作怪。

对于这样的学生，我总是心生怜悯。好期待看到她那双深埋的眼睛。

讲课时，我把一个不大不小的问题抛给了她，希望她能接住。她站了起来，没有抬头，当然也没有看我。她站着，没有回答。我不知道是问题于她太难，还是她仍没有做好回答问题的心理准备。因为此刻，我看不到她的表情，更无从知晓她的想法。我猜想，她平时上课肯定是极少抬头，极少回答问题的吧。我屏息静气，耐心地等待着，就像等待一株绽放前夕的昙花。可惜，昙花依然静静地伫立在那里，没有绽放的惊喜。看来，绽放的时机还没有成熟。最后，我只好用她的口气说出了对问题的理解，并用征询的语气问她这样回答行不行。她没有回答，却瞟了我一眼。虽然这眼神如闪电般迅速消失，却足以说明她不再无动于衷。可见，我的耐心和无奈之举，无异于在她的心里丢了一颗石子，激起了些许涟漪，我暗自欣喜，这应该是我期待的良好开端吧。

以后的课堂中，我有意无意会丢个问题给她，虽然她习惯站得久一点，不抬头，但在我的穷追不舍和再三启发下，终于能似是而非地说出问题的答案了。之所以用"似是而非"这个词，是因为她的声音极小，根本听不清楚所云种种，但这已经是我目前所期待的最佳"答案"了。更何况，她会偶尔抬起头，看看我的反应。就像一只曾经受过伤害的小鸟，有着渴望亲近人又害怕人的眼神。我终于看到了那双犹犹豫豫又渴望肯定的眼睛，那是一双极大极漂亮的眼睛，虽然，还缺少这个花季年龄应有的阳光和朝气。

不过还好，事情在往预期的方向发展。

终于，在一篇她介绍自己的周记里，我看到了她痛苦的内心经历，她说她感受不到阳光，看不到美丽。我不想简单地下个评语，于是写了如下的文字："其实，生活里除了风雨，还有鲜花和阳光。世界上没有卑微的生命，只有卑微的灵魂。抬头和低头所看到的会是不一样的风景。用你那双美丽的眼睛，多看看那些美好的事物，来装点自己的心灵。就像夏天，虽然有讨厌的蚊子和苍蝇，但夏天依然有夏天的美丽，这一点，我们谁也不能否认。世上没尽如人意的东西，它们的存在，自有它们存在的道理……"

我想这样的沟通，比当面的絮絮叨叨可能更容易接受。看到我的留言，她会照我希望的那样去做吗？她心中的阴影，到底有多大呢？

突然，我就产生了和她父母通通话的想法。这想法一旦产生，就无法遏制，于是从班主任那儿查到了她家的联系方式。我决定和这对从未谋面的父母聊一聊，为了我的学生，为了他们的孩子。

电话是一个男人接的，待知道我的身份后，他显得有点拘谨，但很是客气。聊了一会，我感觉到，他们对自己的孩子在学校的一些情况并不了解，只说孩子不爱说话，成绩不好之类。

我不知道该不该这样问，但我还是问了："你爱你这个女儿吗"？

电话那头沉默了一阵子，才传来一个父亲笼统的回答："哪有父母不爱自己孩子的……"

"既然你爱她，你都给了她什么呢？"

男人好像被我的话激怒了："我怎么没给她什么？凡是她弟弟有的，她都有。我们尽量去满足她……"这点我是看得到的，她穿戴得不比同班同学差。

我耐心等他说完，又抛了一枚"炸弹"："那关心、爱护呢？也和弟弟一样多吗？"电话那头的男人也许被"炸"懵了，半天没听到动静。

"喂，还在吗？"

"在，"声音很低沉，"我在这方面做得不好……"

他用饱含愧疚的语气告诉我，这是他们的第一个孩子，在她出生后还没睁开眼睛的时候，爷爷奶奶就嚷嚷着要把她送人。理由很简单，一个丫头片子，又长得这么怪，是老婆死活不同意才把孩子留在了身边。但她从来没有见过大人的笑脸，直到弟弟出生……

我自呓般来了句："难怪，没见她笑过！"

"老师，希望你能帮帮她，求你了！"

"我正在努力尝试，她也有了一些改变。你们是她最亲近的人，你们的一言一行，对她的改变才最有帮助，可以说是至关重要的，我需要你们的配合。"

"你说，你说，"男人急切地回应着，"我们一定配合。"

我仔仔细细地告诉他，最好的做法，就是多让她感受到父母的关爱。比如，特意到学校给她送件衣服或一些吃的，最好当着同学的面把东西给她，让他们见证你们的关爱；多和她交流，谈心，可以聊一些她感兴趣的话题，和她一起说说笑笑，改变她的心情；带她到景区或田野走走逛逛，和她手牵手，头碰头，拍一些照片，挂在家里或传到网上……

真奇怪，我不是心理专家，怎么一口气说了那么多。最后，我又摆出"专家"的姿态，和颜悦色地"引导"他："你是希望你的女儿更漂亮一点，还是希望她更开心、更健康一点？"

这位父亲开心地笑了一下："我知道了，老师，谢谢你！"

想不到，就在第二周，也就是我与她的文字沟通以及与她父亲的语言沟通后的第二周，她的变化就立竿见影，初见成效。她真的抬起头来听我讲课了，看着学生的眼睛讲课，那种感觉真的很好。那双大大的眼睛里，终于张开了翅膀，张开了那双隐藏了太久太久的翅膀。

教师节那天，我一早去看晨读，第一个就收到了她送上的花朵和祝福。看着手中姹紫嫣红的色彩，我在感动之余，更多的是欣慰，她终于飞向了阳光，飞向了美丽。

爱，就是孩子飞翔的翅膀！

（金乡县羊山中学）

走进孩子的心灵

张秀玲

　　一天，我在批改学生的周记时，看到了这样的一段文字："今天上午，有老师来我们班听课，我想以最佳的姿态来展示自己，可我还是对发言有点胆怯，因为除了班级里的同学，还有那么多听课的老师在，万一回答错了多不好意思啊！再想想，发言只不过是用语言把自己的意思表达清楚而已，没有什么可怕的，我不停地在心中暗暗为自己加油。一上午四堂课，我都积极发言了，尤其是思想品德课我发言了四次，还赢得了同学们的掌声。我很高兴，我感受到——凡事只要能相信自己，就会创造奇迹。"这是谁啊？这么了不起！当我翻开本子看到"张亚亚"这个名字时，欣慰感再次弥漫心间。不得不承认，这个曾一度让我感到有些失望的孩子，这个倾注了我满腔热情的孩子，他的可喜变化越来越明显了，从他的言谈举止中都可以感知到他的变化。我也由衷地从内心感到自己做教育的满足和幸福。

　　事情还得从去年说起，刚接手这个班时，我就发现亚亚这个孩子与众不同。一个月观察下来，我发现了他两方面的问题：首先是他十分内向，少言寡语，没有笑意，不善与老师、同学交流，也从不惹是生非。其次是学习很被动、消极，没有热情，不感兴趣，而且从不积极发言，上课好动，作业很潦草，明显应付，也不爱参加集体活动。看到这种状况，我的心里很不是滋味。天真烂漫的年龄，孩子为何没有了勃勃生机？他好比一只孤单的羔羊，独自默默前行，他的心中一定也很痛苦。活泼开朗的性格可以让一个人一生都幸福开怀，好在孩子尚小，可塑性强，我决意要帮助这个孩子，帮助他找回应该属于孩子的快乐童心和学习兴趣。

　　我以为，只有走进孩子的心灵，让孩子理解你，亲近你，才有可能改变孩子的行为。正如一首歌中写的那样："心若在，梦就在。"一切皆有可能！我看得出这个孩子的一种表现归根结底是缺乏自信。

　　经过认真思考，对于孩子的性格培养，我决定分四步走：家校联合，建立互动；亲近孩子，拉近距离；融入集体，体验乐趣；创造氛围，积极表达。对

于孩子学习方面的改变，我做好以下四点：鼓励、欣赏、表扬、榜样。最终帮孩子找回自信心、上进心和学习兴趣。

我首先要找到孩子问题的根源所在，才能对症下药。原来孩子的父母长期在外打工，孩子和爷爷奶奶在一起生活，平日里孩子爱动，喜欢自己动手拆卸小东西，爷爷却认为他在"搞破坏"。而爷爷对孩子管教非常严厉，不太讲究方式方法，常常是指责批评，甚至非打即骂。我与孩子的爷爷通了电话，交换了看法，让他对孩子多以鼓励为主，常与我保持联系，共同帮助孩子。

接下来我有意识地走近孩子，从孩子的周记里了解孩子的内心世界，了解孩子的真实想法和苦恼。原来孩子感觉父母不在身边，有着强烈的自卑心理，从而无形中封闭了自己，孩子也感到压抑和苦闷。于是我主动和他谈心，在他学习和生活中都给予了母亲般的关怀，让他感受到温暖，并且主动让他帮我做一些小事情，比如说借他的笔用，让他给我送作业本，去办公室帮着我拿粉笔等等。孩子慢慢开始和我谈论一些开心或苦恼的事情了，终于打开了自己的心窗，这是一个很好的开端。我在他不知情的情况下，告诉我信任的几个同学主动接近他，同他共同玩耍和学习，还让他加入体育兴趣小组，组织拔河活动比赛等等，让他体验到集体的快乐。举办演讲比赛、辩论赛，让他当班里的卫生委员，让他从内心体验到了表达的需要和快感。他慢慢地融入了班集体，生活中也有了欢歌笑语，性格自然发生了可喜的变化。

在亚亚身上我见证了教育学中的罗森塔尔效应。在学习上，我改变心态，用欣赏的眼光去发现他身上的闪光点，我一直抱着"你想让他成为怎么样，他就会成为怎么样；你说他是什么，他就会成为什么"的态度来对待他，抓住一点闪光之处就大肆表扬，有一点小进步就及时鼓励。好孩子是夸出来的，我要求自己做一个教育上的有心人，把对亚亚的教育渗透在学习和生活的细节中，在他性格变化的同时，心情愉快了，学习上也找到了愉悦感。他因为做小制作十分地投入，我就说你做什么事情都有十足的热情，随之阅读的热情也都上去了；他爱好唱歌，我说你的兴趣真广泛，他就对画画、练字也来了兴趣；我说你真是一个有办法的人，他就能很自信地主动帮班级去做更多的事情；我说你真是一个说到做到的男子汉，他的表现就真得像一个出色的男子汉；我说你变得越来越活泼了，他就好像更爱说爱笑了；我在班里宣读了他写的一篇作文，他就有了写作的热情。

当然，肯定不是我说一句话，他就变得那么快，关键是平时抓住孩子不同方面的闪光点，像兴趣、性格、热情、读书、信心等等，有一点点显山露水之处，我都不放过，看在眼里，说在嘴上，多次强化，孩子的感受越来越深，变化就会越来越大。

一年过去了，现在孩子成了语文课上带领大家朗读的领军人物，参加了班级里的才艺展示，找到了读书的乐趣，孩子昂首挺胸专注的听讲姿态定格在我的心中。一系列的可喜表现，在告诉我，努力收到了成效。正如我所说的：成了一个"阳光十足的小男子汉"。在成就孩子的同时，更令我感到欣慰的是，他的变化让我的教育态度和方式也发生了很大的改观，对教育事件和对象我能够做到去观望、去思考、去研究、去等待。我的教学变得不再急功近利，我的心态也变得从容大度，我的孩子们也更加笑逐颜开了。

走进孩子的心灵，也坚定了成就自己教育人生的态度，让我的教育之路充满挑战、充满快乐、充满希望。

（金乡县羊山中学）

四年级，决定孩子的一生

孙春艳

我是一位农村小学语文教师，也是一个十岁孩子的母亲。从教十二年来，一路摸爬滚打，一路酸甜苦辣，经历了懵懂的青涩，品尝了成熟的甘甜，从姐姐级老师变成妈妈级老师，并且儿子也成为我的学生。

儿子在一家人的呵护下逐渐长大，从小到现在我从未打过他一下，因为他很听话。我自认为很了解他，但有一天却发现事实并非如此。那天午饭后，儿子帮我干家务，我们边干边聊天，无意中说起班里的刘溪芷同学，我说人家怎么就那么聪明好学，老师说的都能做得很好。没想到这句话刺伤了儿子的自尊心，一时间他沉默了，我问儿子："编写童话故事你想好了吗？""没有，我不聪明，想不起来。""我上学去了。"儿子上学时都是我骑车带他，今天却要自己提前走了，这时我才意识到自己的话伤了他。儿子赌气走了，我站在楼上目送他很远，直到看不见那小小的身影。心里突然间感到迷茫：我不是最了解自己的孩子吗？儿子小心灵里有了什么变化？这个年龄的孩子该怎样教导啊？做父母的应该注意什么？一连串的问题困扰着我，也激发了我探究的迫切愿望——做这个年龄阶段学生最好的家长。

四年级，防止孩子形成叛逆的个性

四年级的孩子一般在十岁左右，孩子的自我意识开始崛起，他们强烈需要父母的尊重，需要父母把他们当作有所担当的少年。但很多父母不了解孩子这一心理，仍把孩子当小孩子看待，因此这一时期的孩子，常常因为得不到父母的尊重和理解，而故意与父母作对。其实这背后隐藏着孩子渴望家人理解、父母尊重的深层需求。

四年级的孩子，自我意识正处在形成期，他们对事物有了自己的观点和看法，并且会固执地认为：自己才是对的。但由于生活和社会经验的不足，孩子的观点和看法往往是片面的或是错误的。因此，理想与现实的差距也会让孩子的情绪、情感发生很大的变化。面对这一情况，家长们该如何引导孩子呢？

方法一：找准孩子情绪变化的原因。四年级以后，孩子会出现"烦死了"、"好烦呀"之类的话语，而且这类话语的数量会一直上升。一次课下，我和学生们谈心，一个孩子说："妈妈让我穿的衣服总是我不喜欢的；我喜欢长发，妈妈却让我剪成短发……妈妈这是不尊重我的表现。"

另一个同学说："爸爸妈妈不让我和同学玩，不让我读我喜欢的那些课外书。他们好像永远都不相信我。"

其实，孩子的烦恼并不仅仅是针对玩具、衣服、发型，或者是课外读物，他们需要的是父母的理解和尊重。当孩子真正得到理解和尊重之后，一切消极、叛逆的情绪都会随之消失。

四年级的孩子正处于情感的突变期，他们容易生气、发火，但也容易感动。与其送给他们昂贵的礼物，不如奉上父母的理解和尊重，这些真挚的情感更能让他们感动。

方法二：允许孩子适度表达自己的情绪。值得注意的是，十岁左右的孩子交往的重心已经由家庭转移到了学校，同学之间的关系和友谊将成为影响孩子精神的重要因素。

从心理学角度来讲，面对孩子表现出的悲伤或软弱，父母一定不要呵斥，应该让孩子尽情地发泄心中的郁闷，只要孩子发泄够了，自然会恢复心理的平衡。当然，如果孩子需要父母的帮助，父母应该及时安慰孩子，用相同的心理去感受孩子的情绪，努力引起孩子的情感共鸣，从而缓解孩子的不良情绪。而此时，允许孩子适度地表达自己的情绪，不失为一个好办法。（为孩子准备一个沙袋，允许孩子对着沙袋发泄情绪；允许孩子养小动物，当孩子不愿意向父母倾诉时，可以鼓励孩子对着小动物倾诉；鼓励孩子跑步、做运动发泄情绪……）这些都是帮助孩子发泄情绪的好办法，但最重要的一点，仍然是父母要理解和认同孩子的情绪，允许孩子自如表达悲伤和软弱。

方法三：培养孩子控制情绪的能力。四年级是孩子情绪、情感的突变期，也是培养孩子控制自己情绪能力的关键期。这时候的孩子有了自己的想法，对是非、爱好有了明显的分辨能力，然而他们的交流、沟通能力和方式有限，或者说不会与父母沟通，而这恰恰是促使他们情绪恶化的主要原因。

要想培养孩子控制自己情绪的能力，父母最先应该让孩子明白，有负面情绪没关系，说出来，看父母有没有办法疏解。允许孩子在不伤害他人的情况下，把自己的情绪表现出来，同时又通过恰当的方式把这种负面情绪发泄出去。

四年级，是孩子厌学情绪的高发期

四年级，是孩子厌学情绪的高发期，很多孩子开始讨厌学习，讨厌写作业，甚至对父母常说的"要好好学习"等话表现出强烈的反感。

为什么会出现这种情况呢？

首先，这与孩子的自我意识形成和思维能力的发展有关。

在一年级到三年级的时候，孩子会更多地遵从家长和老师的意见，从不会过多地去想"为什么"，他们认为家长和老师的话就是真理。但是，到了四年级，孩子的思维能力迅速发展，独立思维开始发展，他们会思考：我为什么要学习？学习不好能怎样呢？

由于自我意识刚刚出现，这时候的孩子会固执地认为自己可以解决所有的问题。这时，父母的唠叨和命令不仅会令孩子感到厌烦，而且会给他们一种错误的信息：学习是一件很艰苦的事情，他在为父母而学习。在这种错误信息的指向下，孩子就会产生厌学情绪。

如果父母了解这一阶段孩子的思维发展的特点，能够采取措施让孩子明白，他在为自己而学习，并引导他找到学习的乐趣，那孩子就会动力十足地学习。其次，这与父母不了解小学阶段知识的难度发展规律有关。

到了四年级，学习难度不断加大，很多孩子都会感觉到力不从心。如果父母不理解孩子，甚至是斥责、打骂孩子，那孩子只能是厌恶学习，从而产生很强烈的厌学情绪。

做父母的，不管孩子正处于哪个年龄段，想教育好他们，就必须了解他们的心理状态。就拿四年级这个关键期来说，父母应该提前向孩子灌输"学习是他自己的事情"这个观念。这样，对于思维正在高速发展的四年级孩子来说，这将会促使他们的成绩稳步前进，而不是厌学。

孩子在四年级之前，或者在读四年级的过程中，父母还应该提前知道哪些知识呢？或者说，父母应该如何对待孩子呢？

方法一：让孩子知道，学习是他自己的事情。很多父母在孩子的学习上花了大量的心思，却让孩子产生误解他是在为父母而学习。父母越是逼着孩子去认真学习，越可能给孩子创造了拒绝学习、反驳父母的机会。让孩子明白学习是自己的事情，孩子才会真正地去为自己的学习负责。

方法二：告诉孩子，你要为理想而学习。现在有很多的家长这样劝孩子好好学习：

"如果你不好好学习，将来就找不到好工作！"

"如果你不好好学习，将来就娶不到媳妇（找不到好老公）！"

"如果你不好好学习，你将来就会成为社会最底层的人，就要过很艰苦的生活！"

……

也许父母们试图用自己的经历和经验来说服孩子要好好学习。然而，父母们却忽略了这一点：四年级的孩子，已不再像小时候那样，父母说什么，他们就信什么。作为父母，我们应该告诉孩子，他们要为自己的理想而学习。

在帮助孩子树立理想时，家长要特别注意一点，一定不要把自己的思想强加于孩子身上，例如强迫孩子把某个不喜欢的职业当做自己的理想。而是要根据孩子的特长和爱好，帮助孩子树立理想。

方法三：父母不要太关注孩子的学习成绩。生活中，我们常常听到家长这样教育孩子：

"如果这次你考好了，你想要什么，妈妈就给你买什么。"

"考了这么少的分，我都替你感到丢人，你还好意思要这要那！"

……

这种教育只能是害了他们，使他们变得越来越蛮横不讲理，或者使他们的成绩大幅下降，郁郁寡欢，甚至走向抑郁或自卑。

每一位家长都应该用平常心来看待孩子的成绩。学习是学生的职责，学习好是每个学生都应该做到的事情。家长不要因为孩子的成绩好而沾沾自喜，或者用各种各样的物质来奖励她，这样只会让你的孩子有个错觉：学习是为家长学的。

对待成绩不好的孩子，家长首先不能打骂他们，其次要鼓励他们，帮他们分析成绩不好的原因，帮他们找到适合他们的学习方法，并告诉他们："只要学习一直在进步，成绩是次要的。"

家长还要为孩子创造一个轻松的学习氛围，如与孩子一起讨论学习中遇到的问题，与孩子一起读书、一起学习……不要动不动就问孩子成绩、放学后就催促孩子去做作业，这样会让孩子觉得他是为成绩而活。

方法四：父母对一至三年级的孩子不要太过严厉。在小学一至三年级，孩子是没有理性思维能力的，父母要求什么，他们就会做什么，父母说什么，他们就会听什么。此时，父母的严厉可以起到作用。但到了四年级，孩子有了自己的理性思维能力，有了自我意识，当父母再严厉地要求他们去学习、再规定他们每次考试必须达到的名次时，孩子就会觉得学习是件很苦的事情，从而对

学习产生厌烦情绪。

对于那些还没有上学或者刚刚读小学的孩子来说，父母们不要急于教会他们多少知识，也不要要求他们考多么好的名次，学习兴趣和学习能力的培养才是最重要的。

关于对十岁之前孩子的教育，一位儿童心理学家总结得很好：多问快乐，少问学习；多问"这次考试中，你细心了吗"，少问"这次考试你考了多少名啊"；多问"你喜欢学……"，少说"今天我教你学……"

四年级，是孩子学习成绩定型的关键期

多年的教学经验让我发现，四年级是孩子学习成绩定型的一个关键期——那些成绩好的孩子中，大部分学习成绩会一直保持"好"的记录。而那些成绩不好的孩子中，大部分孩子的学习成绩也很难变得出色。

在四年级，如果孩子总能取得很好的成绩，能够经常获得好成绩带来的乐趣，那么他们对学习的信心就能建立起来，就会喜欢上学习。对于那些不好的学习习惯，如不爱思考、粗心等，也会积极地配合家长和老师去改掉这些坏习惯，进而培养一些有助于提高学习成绩的好习惯。

但是，如果孩子在四年级成绩很差，或成绩平平，他们就不会体会到成绩所带来的成就感，进而就不会对学习产生信心，也不会有学习的积极性。学习没有动力、没有积极性，在以后的学习过程中，孩子只能越学越吃力，越学越没有信心。

由此可见，孩子只有在四年级取得好成绩，他们才会产生学习的兴趣，才能产生学习的自信心，才能爱上学习，在以后的学习道路上一路畅达。

在孩子读三年级之前，家长可以多问孩子快乐、少问学习。但到了四年级，家长就应该多关心孩子的学习状况了。这种关注并不意味着家长要更多催促、督促孩子学习，每天都要对孩子提及学习的事情。而是说在四年级这个学习成绩即将定型期，家长要拿出一定的精力，培养孩子学习的兴趣、帮孩子建立起学习的信心。

在四年级这个关键的时期，父母应该如何帮助孩子增强学习的自信心？如何激发孩子的学习兴趣呢？

方法一：经常给孩子"积极的暗示"。孩子的自信心除了来自于他们的自我激励外，还需要来自于父母的赏识和鼓励。其实每一个孩子都是这样，家长说他聪明，他就聪明。家长说他笨，他真的会变笨，这就是心理学上所讲的"暗示"作用。

消极的暗示："哪里呀，我家孩子不行！""我家孩子的功课不是很好。""我家这孩子，成绩还可以，就是记忆力不好。"

……

即使是家长对别人谦虚客套的说法，孩子听到耳朵里，也会认为这是家长对自己的评价。在这种暗示下，孩子也就真的变笨、变差了。因此，即使孩子真的记忆力不好，在学习方面真的有缺点，家长也千万不可轻易如此评价孩子。

积极的暗示："你很聪明"，"你在妈妈心中是最棒的"，"你将来一定是一个大人物"。

……

方法二：把学习变成一种乐趣。父母逼孩子去学习，虽然有时可以达到一定的作用，但这种方法不能产生长效，而且孩子绝对不会心甘情愿地去学习，尤其是到了四年级。如果父母再逼着孩子去学习，孩子就会产生逆反心理。明智的父母不是逼着孩子去学习，而是想办法激发孩子的学习兴趣——变"要他学"为"他要学"。父母的言传身教、创造一些学习的神秘感，都是激发孩子学习兴趣的好办法。

四年级，是孩子习惯的定型期

培养孩子的好习惯，四年级是关键。

首先，从习惯养成的特点来看，四年级是强化好习惯和改正坏习惯的关键时期，过了这个关键期，这些坏习惯将不会轻易改掉。

其次，从孩子意志力的发展特点来看，尽管四年级的孩子意志力发展还只是初步的，并且是不稳定的，但在这个时候，孩子的意志力发展开始由弱到强，由他律到自律过度。孩子会通过克制自己，主动培养一些好习惯和改正一些坏习惯。因此在四年级，好习惯的培养和坏习惯的改正都是相对容易的事情。

最后，孩子在十岁左右，由于自我意识的形成和发展，孩子行动的动机开始由直接动机向间接动机转化。孩子会努力地表现自己，希望得到更多人的肯定性评价。

四年级决定孩子的一生，我对此已深信不疑，作为一名四年级老师，也作为一个十岁孩子的母亲，希望读到此文的家长能从中受益，做好孩子的第一任老师。

（金乡县化雨东风小学四年级学生家长）

幸福像花儿一样

赵新峡　于良富

如今我也为人父母，才更深地理解父母的爱。但我还不敢说真正地理解，因为人生就像一本厚厚的书，要用一生去品味。

谈孩子的成长，感觉应该是一个轻松的话题，但真正要写时，却感觉有些沉甸甸的。

知心姐姐卢勤就曾说过，长大不容易。长大不容易，当孩子从投胎为人的那一刻起，我就有了深深的牵挂。牵挂像一个背包，里面有爱，有甜蜜，有担心，有焦虑，有彷徨，有欢喜，有忧伤，有许许多多甚至是语言难以表达的东西。

或许是太爱孩子，或许是太不会爱孩子，每当孩子有了身体上的不适，我都会过分地担心，我愿意去承担他的病苦但又无法做到，心中的痛楚可想而知。

现在，孩子的身体很好，在健康的成长。他每走一步路，每说一句话，我都小心地呵护。我对小动物、小昆虫有爱心，也希望孩子对它们有爱心，但我发现孩子对动物昆虫缺乏爱心。他见到蚂蚁时，有时会去踩，抓住蚂蚱会去掉它的大腿，看到小狗有时会故意吓它们。虽然不总是如此，但这是我所不能忍受的，于是反复地给孩子讲要爱护动物，讲动物也有爸爸妈妈，也有孩子，也会疼痛，也要得到人们的关爱。

如今，我教育孩子开始把重心放在孩子心灵的健康成长上。真正地爱孩子，是要让孩子也有爱的能力，带着爱心走人生之路。高尔基说过："爱孩子，那是连母鸡也会做的事，而真正教育他们则是一件大事。"作为孩子的家长，在教育孩子的路上还在摸索前行，每走一步，都特别地艰难，虽然也看一些育儿的书，但故事是别人的，经验也是别人的。

为了让孩子拥有爱心，我努力尝试着去做。我常带孩子到东面小广场玩，广场上的紫藤蓊蓊郁郁的，惹人喜爱，树下是木凳，凳下的地上和紫藤攀爬的木柱上，会有很多蚂蚁。起先，我会让孩子观察蚂蚁如何走路，如何运粮，如何交流，如何建房。但孩子那时才三岁，或许还没有观察事物的耐心，专注的时间也不长，看不上两眼，便开始调皮或恶作剧，伸出小脚丫去踩，好多蚂蚁因此命丧黄泉。我甚是心疼，便把孩子抱到一边，让他远远地离开蚂蚁，以免蚂蚁受伤。我给他讲道理，讲应该保护小动物，但是他那时是一门心思地调皮，哪有爱心的观念。

同事也说过她的女儿，为女儿买了兔子，女儿直接去抓兔子的一只耳朵提起来。同事说的时候，我就想象着兔子的耳朵会被拉掉。她的女儿也会只抓一只兔脚，然后转圈，兔子在拼命挣扎，肯定会受到严重惊吓，但孩子还是乐此不疲。

我的孩子也有类似行为。爷爷带他去捉蚂蚱，回家后，问孩子蚂蚱的大腿怎么掉了，孩子说揪掉了。我对孩子说，蚂蚱疼吗？孩子说不知道。

当时我就对孩子说："有人要打在你的身上，有人要拧你，你会疼吗？"孩子说："不要，不要。"我说："还记得你的头有一次碰到墙了，疼吗？"孩子说："疼啊！"我说："你只是碰一下墙就疼，那蚂蚱被揪掉一条腿是不是更疼，一个人如果没有腿了，怎么走路？"孩子不吱声了，好像在想些什么，我问："以后还这样做吗？"孩子说："还。"还是调皮，我伸过手，说："让爸爸打一下，看疼不疼？"他赶紧跑开了，说着："不了，不了。"

这次孩子在我的引导下，虽然态度不是很端正，但是后来也知道自己错了，知道揪掉蚂蚱的腿是不应该的。

带孩子走在路上，会看到小狗，有的小狗很可爱很友好，有的小狗龇牙咧嘴。孩子也是软的欺硬的怕，遇到汪汪狂叫的，就躲在我的身后，遇到友好可爱的，却要有意去惊吓，吓得小狗会跑老远。

我会对孩子说："狗是我们人类的好朋友，可忠实了。"孩子问："忠实是什么意思？""就是听话、乖、友好、惹人喜欢、可爱的意思。""有的还会看家，你爷爷家以前就喂过狗，为我们看家，不让小偷拿我们的东西；当我们家里的人回家时，狗会摇头摆尾地迎接；出门时，会舍不得我们出去，一送送好远，狗可好了，人类的好朋友"。

孩子好像听懂了，是以后再也没有惊吓小狗，而是笑眯眯地看着它们。

当然，孩子的习惯不是一下子改过来，这需要一个过程，要不断地引导，不断地强化，不断地提醒，一直去做孩子的榜样。

带孩子出去，或是坐车，或是步行，每当看到小动物，我都会对孩子说："我们一起说祝你快乐，小狗；祝你快乐，小猫；祝你们幸福。"当要离开小动物的时候，我会和孩子一起跟小动物说"再见、祝你们午安或晚安"等。

就这样，现在看到小动物，我和孩子会跟它们问好，祝它们幸福，愿它们

永远快乐。和孩子在一起玩的时候，也就真正成为了我最快乐的时光。

在一次放学的途中，我发现沙坑里有一只死去的幼雀，便和孩子在一起对它说，愿它安息，到幸福的天堂去。孩子问我："它能听到我们的话吗？"我说："能，它的心会听到，它会感受我们对它的爱。"孩子问："天堂在哪里？"我说："天堂对于心坏的人来说，好远好远，坏人到不了；但对于心好的人，离得很近很近，我们现在为小麻雀祝福，祝愿它到天堂里，小麻雀得到祝愿，就能到天堂的。"孩子问："是它的心去吗？"我说："是的。"孩子说："它的心怎么去？"我说："它的心用我们的爱当翅膀，很快就飞过去了。"孩子说："那就快快让它去天堂吧！"我说："那我们就要真心地祝愿它，真心地祝它快乐、幸福，你愿意真心地祝愿它吗？"孩子说："愿意！"

暑假，在公园的文峰塔下，一只幼雀从第一层塔塔檐的窝里掉下来，无法把它送回巢，我便和孩子商量带回家去养，孩子很高兴。我们一起装在小纸盒里，带回家，孩子拿小米喂它，孩子看着它，它没有吃，听着它叫，孩子问："它想它妈妈吗？"我说："想啊。"我就说："你对小鸟说说话吧，它太想家了，你和它说话它可能就快乐了，可能就不想家了。"于是孩子给小鸟说："我好好喂你，你放心吧，我不伤害你，我给你好吃的，我给你拿饼干去，世界上最好的饼干。"但是小鸟没有吃到"最好吃的饼干"。第二天中午，在我们的祝福声中，小鸟去了孩子所想的天堂。我和孩子一起埋起它，一起说让它安息。之后的几天，孩子还能想到小鸟，去看小鸟的坟，孩子脸上也没有什么伤心的神情，他天真地认为他的小鸟去了天堂。

或许这个世界上真的有天堂，或许没有，但只要孩子心存善意与美好便等于拥有美丽的天堂。

有人说，7天就能形成一个习惯，21天能让习惯得以巩固。本着这样一个原则，在让孩子拥有爱心上我不断地提醒他，以激起他爱心的生成。

在教育孩子的路上，每每都会想起父母对我爱的目光，这目光一直照在我的心灵深处。我明白，有了父母的爱，我的世界便充满了阳光。

我的父母给了我浓浓的爱，我再把浓浓的爱往下传递，让我的孩子也感受我的爱。爱，是这么的沉重，因为肩上有沉甸甸的责任；爱，又是那么轻松愉悦，因为陪伴孩子快乐地成长。

（金乡县金师附小幼儿园学生家长）

教师家长共同扬帆，让孩子安全起航

李玉璞

2013 年 2 月，作为一名青年教师，我踏上了新的人生旅程，走进了羊山镇南胡小学。刚进校园的时候，我对眼前的这群孩子束手无策，曾经彷徨过，也委屈过。

2013 年 3 月，我任课南胡小学五个年级的音乐课。一二年级靠哄，三四五年级恩威并施，这是我的心得体会。2013 年 4 月，我任课四年级语文，孩子上课很活跃，回答问题很积极主动，只有个别同学不能按时完成作业。

马筱昕是个 10 岁的四年级女生。聪明且成绩优秀，但做题较慢，家庭作业不能独立完成。2013 年 6 月，我找到其家长，她妈妈说，看着孩子每天都在做作业，怎么会做不完呢？说其孩子年龄小，不能布置太多作业。这就是家长对此问题的认识。因此，首先要改变孩子家长的认识，年龄小并不是借口，年龄小就不用做作业吗？

针对这一问题，我经过和其家长沟通，制定了一套方案，每天中午让她早来一会儿，老师监督在教室里完成作业，果然很奏效。作业的质量提升也很明显。

如何管好孩子对绝大多数父母来说都是一本难念的经。孩子不听话、学习成绩差、偷偷上网等一系列的问题困扰着父母。许多父母对此束手无策，对孩子不知是该管该打，还是该劝该哄。对父母来说，孩子不是想不想管的问题，而在于会不会管。我们知道任何事物都有其规律可循，任何事情都有其应对的方法和策略，如果父母们掌握了其中的奥妙，就会觉得教育好子女非摘星揽月般难以企及。

每一个孩子在成长过程中都离不开家长的教育，常言道：子不教父之过。家庭和睦，父母对生活、工作的态度等，都会折射到孩子身上。

教子要因人而异，如果找到适合自己孩子的教育方法，总会有所进步。在对孩子的教育上多给孩子一些鼓励、一些赏识、一些尊重，让孩子在充满自信和快乐的环境中健康成长。多给孩子鼓励，根本的一点就是大人要从内心把孩子放在平等的位置，尊重孩子的兴趣，尊重孩子的选择，多看到孩子与众不同的"闪光点"，让他相信自己的能力，减轻心理压力，增强自信心。有的孩子对汽车很感兴趣，家里大大小小的车模有两箱，他能说出各种车型的牌子、制造商、性能及优缺点。只要拿起一辆车子就能跟你说上半天，每当这时，父母应该静静地听他介绍，并给予理解的点头和微笑，不时地鼓励他"你真棒！将来一定能做汽车设计师"。在我们的鼓励下，孩子充满自信，并且也对自己的未来有了理想。同时，父母应该告诉他只有现在努力学习文化知识，将来才能运用所学到的知识来设计研究，实现自己的理想。鼓励使孩子有了奋斗的目标，成年人每做成一件事尚且想得到社会或他人的认可，孩子就更是如此。对孩子的鼓励能促进孩子人格的健康发展，激发他们的"成功欲"。

多给孩子鼓励，从另一方面说，也是允许孩子"失败"。孩子遇到"失败"，家长要帮助他分析原因，找到不足，指明方向。鼓励孩子跌倒了，爬起来，继续努力，就会成功。

杨晨的学习成绩较差，学习困难，作业不认真，性格自闭，不爱说话。2013年9月，我找到其家长，家长说孩子从小学一年级就这样，基础没有打好。老师和家长经常批评，导致其性格孤僻，针对这一特点，上课我经常提问她一些简单的问题，并积极鼓励，孩子在短时间内即变得爱学习，而且喜欢笑了。

孩子在学校要经历大大小小无数次考试，这些考试是对孩子学习成绩的检验，也是对孩子的一种锻炼。为此，家长对考试给予了极大的关注。那么，孩子的考试成绩出来后，家长应干些什么呢？考试后，若孩子的名次或者分数低于以往，则说明孩子在这次考试中没有考好。孩子没考好，父母就应该弄明白没考好的原因。是基础知识学得不好还是基本技能训练不够？是身体不适还是怯场？找出了原因，才能对症下药。

孩子因没考好而苦恼、烦闷时，家长应给予关怀和安慰，然后帮助孩子找出原因。家长要主动帮助孩子总结经验、教训，也要从自身方面找原因，制定出具体的努力措施。要正确看待分数，不被分数左右。要重视，但更应有全面的评价。

若孩子的名次高于以往，则说明孩子在这次考试中考好了。这时，家长别忘了对孩子进行适当的表扬与鼓励，以激励孩子在下次考试中取得更好的成绩。同时，家长要帮助孩子去寻找当前目标，让孩子在为取得好成绩喜悦的同时看到差距，鼓励孩子去挑战前一名成绩同学。家长还要密切关注孩子在以后的学习中是否有自满现象，要及时予以教育。

总之，作为家长，望子成龙、望女成凤的心情是迫切的。关注孩子的考试成绩是理所当然的，但一定要科学地看待孩子的成绩，不要被卷面分数所左右。否则，说不定你就是阻碍自己孩子发展的绊脚石。

　　孩子有追求梦想幸福的权利，我们有多少家长和老师，知道孩子的梦想呢？我们经常说爱孩子，我们爱孩子的表现多是给他买一个心爱的玩具，买一堆他喜欢的零食，仅是如此吗？多多关注孩子！是我对家长的真情呼吁，帮孩子实现想要追求的梦想，不仅仅只是学校的责任，更是家长的责任、社会的责任。

　　每个人的内心深处都存在着一座宝藏，而开启这座宝藏的密码或许就是一句真诚的鼓励和赞美。教育专家说："孩子的自信心，除了自身的能力外，往往来自他人的鼓励和信任。"是啊，一个人能感到别人对他的接纳和喜爱，他会充满快乐，充满自信。反之，他会丧失信心，自暴自弃。告诉孩子"你真棒！"这样的一句话或许胜过千言万语的说教，一个孩子的心扉也许就会因此而向你打开，让你发现原来他是那样与众不同，那样值得你为他自豪。

（金乡县羊山镇南胡小学）

梁山县
LIANG SHAN XIAN

儿子，有你我很幸福

姜业峰

题记：培养一个人格完善的人，比培养一个高材生更重要。
——犹太学家巴维

手握一缕阳光，我心里慢慢地播放着儿子成长的影像。时间恍如白驹过隙，转眼间，儿子已经在这个世界上快乐地生活了近十一个春秋。对，儿子是快乐的，从一个无知娃娃到一名品学兼优、茁壮成长的英俊少年，儿子一直充满了正能量。很想用手中的笔，努力地记录他的点点滴滴，一一留下有关他的成长痕迹。

拿走溺爱，好习惯要从娃娃抓起

儿子叫"成城"——这是个颇有来历的名字。2003 年 1 月，"非典"的疫情在全国肆意蔓延，事态严峻，人心惶惶。1 月 23 日，时任国家主席的胡锦涛同志发表鼓舞人心的"众志成城，抗击非典"的讲话；24 日上午 8 点，似乎是响应号召，儿子迫不及待地出生了，比预产期整整提前了两周。在那个非常时期，我看着刚刚降生、双拳紧握的大头儿子，对家人说："既然他这么积极响应国家的号召，就给他取个对'非典'有纪念意义的名字吧，就叫'成城'吧！"大家欢呼："对，姜成城（将成城），预示抗击非典一定成功。"

儿子活泼可爱，他的降生让我们整个家庭的欢乐值加倍提升。不过，在他的教育方面，我们全家各持己见，甚至有时候争得面红耳赤。最后，我们的建议达成一致：大人不要溺爱孩子，不要什么都替他做，要让他从小就养成自强自立的好习惯。好习惯是成功人生的发源地，一个人也许没有很好的天赋，但是他一旦有了好的习惯，就一定会给自己的人生带来巨大的收获。

所以，我们就从最简单的作息饮食方面制定时间表，后来延伸到教他饭前便后洗手、早晚洗脸、待人接物讲礼貌等等；3 岁时就培养他自己的事情自己

做，学着自己穿衣、穿鞋、吃饭，自己整理好玩具，及时清扫自己产生的垃圾，培养观察和独立思考问题的能力……总之，只要是他自己能做的事情，我们大人就尽量不去干预（当然，开始的时候大人在一旁起辅助作用，看到错了就纠正）。

后来，儿子上学了，好习惯的成效也逐渐呈现。比如，上学从不用大人叫醒，自己穿好衣服等着吃饭，吃饭前还会说声"谢谢妈妈（或奶奶）"……一点儿也不用我们一遍遍地催，更不用等着给他穿衣服、喂饭。不过，好的习惯总是需要持续不断地培养，放学后独立做作业，不要家长陪着；善于动脑筋，独立思考问题；作业做完再玩耍，只要作业没写完，绝对不能开"绿灯"……好习惯无处不在，最终目的是让优秀成为孩子的习惯。

也正是有了这些好习惯，才铸就了儿子自强、自立、自理、积极乐观的好性格。他不怕困难，干什么都有股拼搏劲，再大的困难也不气馁。儿子4岁时就能飞一般地溜冰，滑板车也是玩得一流。虽然刚学的时候，腿上摔得青一块紫一块，但他从未放弃过，还嘱咐我不要告诉奶奶，怕奶奶担心；5岁时就学会了骑大自行车；三年级上下学不用专人接送，五年级自己骑自行车上下学；能清洗自己简单的衣物，会做简单的家务……

当然，儿子也有很淘气的时候。曾经，他为了吃木糖醇口香糖皮上的那点甜味，就藏到沙发后面，一口气把一瓶木糖醇嚼完，黏在地上一大堆。还有一次，刚上幼儿园，他感冒了，医生给开了含化的"利巴韦林"药片。这种药尝起来很甜，他吃了还想吃，而且拿着不放手。我告诉他只能吃两片，因为害怕他偷吃，我故意大声数了数剩下的药片数。他说："行，我不吃，我只拿着玩。"可是当我再看药片时却发现，数量倒是没少，可每个药片的个头好像都变小了，而且每个封药片的锡纸都被揭开过。天呐，真是"道高一尺，魔高一丈"啊！儿子竟然把药片挨个在嘴里滤了一遍又放进去了！幸好那不是服用很严格的药物，否则后果不堪设想。

心灵的收获，儿子也是我们的老师

家长是孩子的第一任老师，父母的一举一动都深深地影响着孩子的身心。我们教给儿子要有爱心，而他的善良、正直、宽容也给了我们满满的欣慰。有一次带儿子逛街时，看到路旁围着好多的人，还传来唱歌的声音。走近一看，是一群残疾的孩子们。他们为了生存在那里摆摊卖唱，中间最醒目的地方放了个捐款箱，不时有人往里面投钱，1元的、5元的、10元的……儿子很好奇，问我是怎么回事。我说："这一群残疾的孩子被父母抛弃了，自己又不会赚钱，为了能活下去，就得自己靠自己卖唱募捐一点钱买饭吃，也算是身残志坚吧。"儿子说："他们真可怜，为什么他们的妈妈这样狠心呢？"我拿出 10 元钱，让儿子去往募捐箱里投，可是儿子嫌人多不好意思去，手里攥着那 10 元钱，央求着我和他一块儿去投。为了考验一下他的勇气，我故意说："你要不去，咱就走，这是做好事，人多怕什么？"看他还没有行动，我推着车子就走，他也跟着坐到车后座上，就这样装着往前走。最后，他忍不住了，问我："妈妈，这 10 元钱要是不捐给他们，他们会怎么样？"我故意加重语气地说："那肯定有一个吃不上饭饿死呗。"儿子急了："妈妈，你等等，我去投。"说着从车座上下来，飞快地拨开人群走到中间的募捐箱前，很认真地把 10 元钱投到箱里面，我听到唱歌的残疾男孩重重地说了一声"谢谢"。儿子笑着向我跑过来，我高兴地竖起了大拇指。

就是这件小事，触发了儿子善良的本性，也尝到了帮助别人的快乐。他说："如果我长大了，挣 100 万，我就全捐给他们。"以至于后来，每逢在街上看到卖菜、卖牛奶的老人，他都央求着奶奶"可怜"一下他们，多买他们的菜或者是牛奶。

儿子也很宽容，他总给别人留有余地的思想让我感动。记得还没上学的时候，一群孩子在院子里的沙堆上玩耍，一个比儿子小的孩子很调皮，总是在儿子的背后拍打儿子的后背和屁股，可儿子就好像没感觉似的忘情地玩沙子。奶奶心疼孙子，看不下去了，就走到儿子跟前小声说："他打你你不会起来打他啊，他这么小，你又不是打不过他。"可儿子却说："他打我，我打他，那不就是打仗吗？""那也不能一个劲儿地擎着打呀！"奶奶说着就拉起他来，躲开那个小孩到另一个地方去玩。结果，那个小孩子又追过来乐此不疲地重复着先前的行为，拍打儿子的后背和屁股。婆婆很生气，可儿子小大人似的劝道："奶奶，你别计较那么多，他是喜欢我才跟着我，他这么小，又打不疼。"婆婆一听，竟不知道该说什么好了。

儿子这样的事并不止一件。上学后，曾经有一位坐在儿子后面的同学，因为恶作剧，捣乱儿子听课，还往儿子衬衫后背上撒墨水。可儿子回家之后才发现，他说当时听课都没感觉到。看到后背的墨水，儿子有些生气了，我和婆婆更是气恼。等儿子吃完饭要上学的时候，我和婆婆打算跟着去学校，找一下那个恶作剧的同学，儿子却用商量的口气对我说："妈妈，要不再给他一次机会，我把这事告诉老师，让老师教育他，他以后再捣乱的时候你们就去找他，好吗？"我们还是要坚持去，可是儿子很诚恳地说："求求你们啦，给他一次机会

吧。"虽然有些生气，但儿子的话让我很感动，自己退一步，给别人一次改过的机会，所以我和婆婆也没有再坚持，但婆婆却对着儿子的背影说了一句："这个孩子太软弱、太善良了。"

可是时间不久，奇迹真的出现了。听儿子说，那位学生居然真的改正了错误，还主动帮着儿子擦黑板。宽容是一种美德，儿子并不是软弱，他用给别人留有余地的思想帮助了一个后进学生的成长。

面对疾病，儿子用坚强诠释成长

四年级刚入学不久，一次意外的感冒使儿子得上了抽动症。当时病来得太突然，让我们毫无思想准备，全家手足无措。

开始时，儿子的喉部会不自觉地发出奇怪的声音来，每隔几分钟就得吼一次，后来间隔时间越来越短，再后来头部肩部不时地扭动、甩脖。以致于这些动作干扰得儿子无法正常写作业，平时一个小时就能完成，现在两个小时还写不完。儿子变得有些焦躁，可是我看到他仍坚持一笔一画地写，绝对不会"草上飞"。我在一旁看在眼里，疼在心上。

儿子生病期间，老师也跟我通过电话，很关心儿子的情况。儿子是老师眼里的好学生，知道他不是故意的，尽管有些影响授课，可是从没批评过他。为了给儿子治病，我带着他开始了漫长的求医路。

开始时在县医院治疗了近两个月，不见效果，然后到济宁附院、人民医院，济南的大医院也去了，见效甚微。那时我心里的滋味无法言喻，虽然没到一夜白头的程度，但也好像一下子老了十几岁。可即使是在这段时间里，儿子都没忘记学习。我知道，对于这样小的一个孩子来说，生这种病就是一个煎熬，但儿子非常配合治疗，吃药打针从不皱眉头，还经常安慰我们，说他没有感觉一点痛苦，还故意逗我笑，不让我皱眉头，时刻调皮地提醒我："妈妈，把眉头展开……妈妈，眉头怎么又皱起来了，情绪别这么低沉嘛……"

后来，我带着儿子去了北京儿童医院。到了那里才了解到，这是一种儿童常见的抽动症，因为大脑皮层有一种干扰细胞，时刻干扰人进行性的动作，这跟平时的饮食有很大关系，缺少微量元素，摄入的防腐剂太多。医生说，这种病本身倒不是很严重，就是怕对孩子的心理造成影响，严重的能够让孩子产生自卑、孤僻的性格，从而影响孩子的一生。

就诊时，儿子像一个小大人似的和医生交流，把自己的症状、感受都说得清清楚楚，连医生都不禁夸他是个懂事的孩子。医生对他说了很多种禁忌食物，他也记得特别清楚，虽然是平时最喜欢吃的，但他还是从不沾嘴。医生开的药坚持按时服用，一连服了近一年时间，从不需我提醒。

有时候，我担心儿子因为自己的病会有自卑心理，也怕同学孤立他，就旁敲侧击似的问问他班级里的情况。可他谈起时眉飞色舞，丝毫没有被孤立的感觉，同学们都争着跟他玩，他的同桌也处处护着他，替他说话。听儿子说，有一次班里很静，他不自觉又发出声音来，老师不知道情况，就问是谁发出的声音。"不知哪个同学说是我，接着大家的眼光都射向我，当时我很害羞，就低下了头。幸亏我同位及时给我打掩护，'看什么啊，是我。'这时老师没也再多问，大家就接着听课啦。"对于同桌，儿子很感激。儿子说，还有几个邻位的好哥们，值日时总是等着他，帮他倒垃圾。听了这些话，我一颗悬着的心总算放下了，儿子坚强、积极乐观的性格也给了我战胜困难的决心和勇气。

黑暗的心情会在心底播下不良的种子，可儿子教会了我如何做向着太阳的向日葵。如今，儿子康复得很好，成绩也没下降，年终被评为"三好学生"。

做"领导"，虽是游戏却自豪

儿子的好人缘，让我这个做妈妈的很是放心。而儿子在不经意间表现出的领导才能，也让我很佩服。虽然是在游戏当中，但我也是相当自豪。

院里的小孩大孩都很乐意到我家找儿子玩，而且都特别服从儿子的"指挥"。在一起做游戏时，儿子就好像是个大导演，一群小孩在楼下玩，你闭上眼听吧，就他的小嘴在不停地说，他会根据电脑的游戏，比如"穿越火线""侠盗飞车"等，在现实中让这些小朋友分好角色扮演，让每个人都兴致勃勃。

还有一件事，让我对儿子又有了新看法，感觉他真的长大了。四年级放寒假，因为儿子年终成绩不错，被评为"三好学生"，还得了3个奖状，我便允许他每天上午写作业下午玩耍。一天，他们几个小伙伴在大院里的一角发现了一辆报废的公共汽车，觉得好玩，儿子就让每人从家里拿一样打扫卫生的工具，把车里打扫得干干净净，作为他们以后活动的"秘密基地"。每人各有一个座位，车前还挂着小镜子，放着小梳子，收拾得像个小家，并上了锁，每人一把钥匙。写完作业就可以到"秘密基地"去玩，做做游戏、打打扑克，既温馨又和谐。

但是后来，因为另一个孩子的加入，引发了"基地"的骚乱。那个小孩年龄最大，习惯凌驾于别人之上，从不打扫卫生，不是抢座位就是争东西，做游戏也不遵守规则，还拉帮结派，花钱让别人当他的"小跟班"……总之是搞得

"基地"鸡犬不宁。儿子劝说无用，最终想了一个"选首领"办法，使他乖乖地听话了。

关于选首领，儿子给我说了简单的经过，他制定了三个条件：

一、年龄最大和年龄最小的都不能当"首领"，因为年龄大好以强欺弱，年龄小没有领导能力（这样就把那个捣乱的孩子从"首领"中排除了，因为一共6个人，除去年龄最大的和最小的，只剩下年龄相仿的4个人）。

二、要选品质优秀、劳动积极、学习成绩好的，还必须是"三好学生"，年终有3个奖状的。符合这样条件的只有儿子自己。

三、选出"首领"后，所有的"基地成员"必须听从指挥，不许再拉帮结派，让坐哪就坐哪，按值日打扫卫生，不听指挥的就是"基地"的坏分子，开除基地。大家听后都拍手赞同。

天呐，听完他的话，我真心觉得佩服。毕竟是一个不足10岁的孩子，能有这样想法，感觉像是闯荡多年的"政客"。而我之所以感到自豪，是因为他以理服人，条件清晰、明确。

儿子带给我太多感动。我不要求他以后能高官厚禄叱咤风云，只希望他能凭着自己的好习惯和好品格，做一个值得别人尊重的人。时光很容易从指缝中溜走，但儿子，请你记住，妈妈对你的爱，既浓重深厚，又细水长流。

祝福你，我的孩子。

（梁山县第二实验小学五年级四班姜英翰家长）

育子经验谈

陆　咏

对于教育，我们家是个个例，因为孩子身体有病，和别的孩子比起来有很多不足，但是在所有老师和同学们的帮助下，张涵变得越来越坚强，各方面都有了很大提高。现在把我的一些拙见写出来，希望对其他的家长有所助益。

言传身教，做好孩子的第一任老师

父母是孩子的第一任老师，生活中的一言一行都影响和感染着孩子。所以在孩子面前，家长要注意自己的一言一行，传递正能量，传播大爱、真诚、美好和善良，要高度重视孩子的道德品质、心理发展及行为习惯。从孩子开始上学起，我就认为自己应该成为孩子的良师益友，功课要过问，学习要督促，心情要关注。因此自己也要不断地充电，增加新的知识点，才能应对不断增加的生活角色。同时我对他也有了更多更具体的期盼：他会是一个受老师同学欢迎的人吗？他能获得不错的成绩吗？他会从书上学到更多知识吗？他会快乐吗？对于这些期盼，时间已经给了我答案。我要做的是如何更好地理解妈妈的含义，更好地学习做一个合格的好妈妈。儿子常用一双大眼睛注视着我，无限崇拜地说："妈妈，长大了我也要和你一样！"我想，这就是儿子对我最大的认同和赞美吧。

营造良好的生活学习空间

家庭环境是孩子幸福生活的第一空间。家庭最初持续灌输的是非观念、善恶标准、为人原则和习惯养成等将影响他的一生，营造良好的家庭环境对于孩子来说尤为重要。我家的祖训就是：忠厚传家、诗书相继。书香氤氲，家庭成员都喜欢看书。孩子的外公是县里很有名气的书法爱好者，作品多次在全国书法大赛中获得金奖，依旧每天苦练笔艺。外婆是退休老教师，每天也在书海中徜徉。我们家经常会有这样的画面：外公在挥毫泼墨，外婆戴着花镜捧书阅读，孩子在写作业。大家安安静静，互不打扰，乐在其中。上学的这几年里，我们保持着一个很好的交流，那就是每天晚上睡觉前，我都要问问今天学习了什么，遇到了哪些事，在学校开不开心等话题。孩子会告诉我今天老师提问我了，我答对了；今天有同学用别样的眼光看我走路了，我很难过；和某位同学聊天了，我很开心；老师换了个新发型，很漂亮等。我会适时地鼓励、安慰、表扬，每天的心里话说出来，他就可以再次轻装上阵了。此外，老师让签的字，几年来我都认真地配合，我还经常和儿子交流分工和责任的问题，如我负责上好班（挣钱）；你负责上好学，这是责任，是必须的。孩子明白了他的这个年龄段要好好学习，好好掌握知识。

好习惯受益终生

播下一个行动，你将收获一种习惯；播下一种习惯，你将收获一种性格；播下一种性格，你将收获一种命运。培养良好的学习生活习惯会使孩子受益终生。在我们家，好习惯的榜样很多，我的侄女、外甥、外甥女都有很多良好的习惯。如他们都能做到写作业时不管家里家外发生了什么事，都打断、打扰不了他们，依旧能静心做题。记得我外甥女齐航在上幼儿园的时候，大家周末出去玩，到中午了，在回家的路上，齐航嚷嚷着饿，最后都饿哭了，正巧路边有卖羊肉串的，妈妈要给齐航买串羊肉串，但齐航拒绝了，因为老师说过，羊肉串等烧烤制品是"垃圾食品"，再饿也不能吃"垃圾食品"。当时我们都很感慨，感叹她小小年纪竟然有如此强大的自控力，同时也为她竖起了大拇指，这也为涵涵树立了学习的榜样。涵涵常说，要像齐航姐姐一样。直到现在，齐航还是涵涵的榜样，齐航喜欢和学习好的同学在一起，用她的话说，学习好的都靠谱，都能说到做到。一年级到四年级，有个叫李珂的同学，成绩很好，品质也好，涵涵就和李珂作比较。正是身边优秀孩子的影响，涵涵潜移默化地汲取了很多好习惯和做法。比如吃饭的时候不能看电视，做事不马虎，天天睡午觉，按时完成作业等等。学习中，还有两个习惯是非常重要，虽然这两个习惯似乎是老生常谈，但对保持并提高孩子学习成绩却是必要的。一个习惯是上课专心听讲，第二个习惯是放学之后及时、认真、独立、高效地完成作业。只有优化时间，让孩子养成独立高效完成作业的习惯，才有更多的业余时间来储备课外知识。

乐观自信，爱的天空洒满阳光

人是一种喜欢被爱、被理解的动物，即使孩子有些身体的缺陷，但在我们家人眼里涵涵都是最棒的。其实我知道孩子的内心如玻璃一样透明易碎，更容易自卑，他更需要呵护和赏识，他更需要别人的肯定。自信、自爱，这种精神会像植物的根一样，扎得越深越广，结出的果实也就越丰硕。这些年来，对于张涵的身体问题，我们求医问药，全家人对涵涵的照顾是无微不至，经常鼓励他要自信、乐观、坚强。我一直希望自己的孩子是全面发展的，有着广泛的兴趣爱好，爱读书、爱画画、爱运动。但是由于身体原因，他不能轻松自如地做很多运动，很多孩子喜欢的踢球、奔跑等室外活动，对涵涵来说都是一件奢侈的事情。为了不让他自卑，我经常给他讲很多名人的故事，告诉他"你比张海迪幸运，你有健全的四肢；你比海伦凯勒幸运，能看到世界的美好，听到声音的美妙。不要过多地在乎别人对你的看法，自己依旧可以和同学们做好朋友"。刚上五年级时，冯老师给张涵讲英国剑桥大学教授霍金的故事，鼓励他在网上认真查查他的传奇经历和与疾病做斗争的勇气，孩子也愈发坚强。一年级时，慕名北京的专家做中药治疗，我们俩每月一次乘火车去北京，每次背回来30副中药，每天喝两碗，涵涵从不嫌苦。他说只要能治病，再苦我也喝，这一喝就是一年多。后来有专家推荐按摩，我们又天天做康复按摩理疗，涵涵也从不嫌疼，总是咬着牙坚持，诊所里很多大人都为他竖起了大拇指，称之为坚强的小男子汉！

每个人都喜欢被尊重和认可，小孩子更是如此。我的主持人工作让孩子接触了更多的社会活动，增加了更多的见识，也认识了更多的长辈和朋友，让他沐浴了更多爱的阳光。从小时候起我就带着他参加各种文艺演出、演讲比赛等，带他到电台录制节目。他3岁的时候就帮我们录了一个母亲节的公益广告——"妈妈我爱你，就像老鼠爱大米，嘻嘻"。他比同龄孩子更早地接触到了播音语言艺术、音频制作、节目播出和广告创意。我们台播出的节目，从新闻、评书，到相声小品、音乐欣赏，就连广告涵涵都很愿意听。从上幼儿园起，我就经常和他练习词语接龙等文字游戏，锻炼他的语言积累。我的大外甥女是学习播音主持专业的高材生，暑假期间经常和涵涵练习口头说话、即兴表达。他们经常把不相关的词语展开联想，丰富内容成为一段话，如足球、牙刷、天空、葡萄干等不相关的词，发挥想象，融合在一起，口头作文。他们每人都根据这几个词语说上一段，时间久了，积累了很多的词汇和句子。这样也

增添了他的自信心，奠定了丰富的文字功底。

涵涵感受到了爱，也把这种爱传递了出来。在上学放学的路上，只要遇到伤残乞讨的人，他都会很同情，让家人拿钱尽微薄力量。涵涵极具同情心，有次在百货路口，看到一个乞讨的人突发癫痫，在地上吐白沫，浑身发抖，涵涵见状心疼地直流眼泪，说妈妈他真可怜赶紧打 120 和 110 吧，我们帮帮他。今年中秋节，朋友给了只野生的大雁，涵涵央求我，妈妈别吃它，把它放了吧！他还会制止我往车窗外扔纸屑，称自己是环保小卫士，要保护好我们的环境。我们很高兴孩子储存了正能量，释放了正能量。

爱学习，爱语言

因为生理上的疾病，涵涵更渴望上学和同学们一起在教室里学习。从一年级起，他的成绩一直名列前茅，孩子能主动地学习，也是家长的希望。三年级开始学英语，周围的同学都去参加英语培训班，买点读机什么的，我有点担心他英语会跟不上，但是涵涵能在课堂好好听讲，课后好好完成作业，英语测试每次都是 100 分。他说：妈妈，咱不用买点读机了，我英语能学会，还能学好！现在上五年级了，涵涵更是珍惜在校的学习机会，尤其喜欢上语文课，喜欢语文老师幽默风趣的教课风格。各科老师都尽最大的可能帮助孩子，让孩子更加认真听讲、认真完成作业。

人的语言能力是一种技能。涵涵小时候特别喜欢听故事，在给孩子讲故事时，我有意像替换练习一样给他改词或情境，涵涵自己有时候也进行替换，这样可以提高他的想象力和创作能力，有时他还会用图画把听到的故事表现出来，然后让我给他配上文字。在给孩子讲故事时，我会根据故事情节，模仿不同的声音，扮演其中的角色，用不同的语气把各种动物、人物性格特征表现出来。我们还把看到的事或人发挥想象变成即兴故事，一起畅想故事的发展，这是件极有乐趣的事情。一般有语言天赋的孩子说话早，也喜欢说个不停，听到有趣的事情能记住，并且能说出来。我认为，孩子小时候多听故事，语言文字输入多，输出时自然就丰富。有的孩子语言贫乏，先天因素是很次要的，更重要的原因是输入量不够。所以，一定要尽可能多地给孩子输入可理解性的语言，将来他的语言表达，不论是口头输出，还是书面输出，都能做到出口成章，下笔有神。

融会贯通，健康成长

现在很多家长把不准看电视、不准上网作为一种不成文的规定。我觉得孩子的教育应该是全息全感、全方位，"不许上网""不许玩游戏"反而会使孩子产生逆反心理。电脑、电视会把一个多元的世界和丰富的信息充分传达出来，我不限制孩子玩游戏，只要他完成作业，有时我还会鼓励他玩。其实，游戏的竞赛意识、高度集中的状态，能够在他感兴趣的事情中强化意志力、专注精神等。涵涵尤其喜欢《探索与发现》《人与自然》《乡土》等电视节目，喜欢了解历史、军事、科技、汽车，《康熙王朝》《汉武大帝》《亮剑》《阿凡达》等优秀电视剧看了很多遍。很多小朋友看电视都是一看而过，看完了就完了，留在脑子里的东西少之又少。涵涵有一个很好的习惯，他看电视，能把内容记在心里，用以丰富他的综合知识。在大街上，看到各种车，能说出车型、产地、性能、配置、价格等。和同龄孩子相比，他储存了更多的知识并能加以运用。

孩子在成长的过程中，难免会出现一些来自学习、生活、品行方面的不良行为，张涵也是。如果不及时纠正，就会制约孩子的健康成长。错误的是一件事情，而不是他这个人，即使孩子出现原则性错误，我们一样可以用温和、耐心和有效的方法解决问题，而不必打骂。涵涵在上二年级的时候，上课不认真听讲，和周围同学说笑，老师在开家长会的时候找我谈，我发现那几天他回家，明显打不起精神，可能以为我会就这件事情当成大错来批评他。结果出乎他的意料，我没有批评，而是让他心情平静后，再给他分析。正是这次的错误，成了激励他努力学习的教育机会，而且他也很快把负面情绪转化为正能量。我觉得责备的声音越小，用"教"而不"罚"的形式，试着沟通，比纯粹的批评惩罚会更有效果。

感谢篇

涵涵每天上学都是一个很不容易的过程，但是因为他热爱学校、热爱课堂，所以我们坚持让他继续接受着如阳光般的教育。最后要特别感谢学校，为张涵提供这样一个学习的殿堂，感谢所有老师给予的教导，倾注的关注和关爱，感谢涵涵的同学们的关心和帮助……张涵很温暖，爱在阳光下，行走在路上！

（梁山县第二实验小学五年级三班张涵家长）

家庭教育与孩子的成长

——写给困惑中的父母

庞昌民

父母是孩子的第一任老师，家庭是孩子的第一所学校，父母的言谈举止、道德品质以及家庭的温馨、和睦，对孩子来说是至关重要的。

培养好习惯

孩子是父母的体现，父母是孩子的榜样。所以，当我们要求孩子做到什么时，我们自己首先要做到，身教重于言传。而且习惯的养成不是一朝一夕的事情，要帮助孩子坚持不懈，持之以恒，帮助他根据事情的轻重缓急来制订一天的计划和一周的大致计划。

"浪费"对于现在的孩子来说是一个很严重的问题。从女儿上幼儿园开始，我就一直教育女儿要节约。我经常给她讲一些关于节约的故事，教她背诵一些关于节约的诗，并给她讲解其中的含义。有时为了让她有更深入直观的了解，还特意带她到马路上找那些要钱要饭的穷苦人，直到现在我女儿一看到这些人就会告诉我说："爸爸，你看他们多可怜！我把自己的零花钱送给他吧！"

给女儿印象最深，使女儿学会节约的可能是这样一件事：有一天，女儿想吃方便面，可给她煮好时，吃零食已经快吃饱了，所以方便面剩下了。第二天我便给她热了剩下的方便面，可女儿就是不吃，说剩方便面很难吃，我让家人不给女儿任何吃的，不吃剩下的方便面就什么都不要吃。为了能让女儿改正浪费的缺点，我也下定了决心。已经两顿饭没吃东西的女儿感到肚子确实饿了，就对我说："爸爸，我吃那些剩方便面，以后再也不浪费了。"看着孩子饿得狼吞虎咽地吃着剩方便面，我这个当爸爸的也确实心疼，但从那以后，女儿真的很节约。

对于孩子的学习，我也是有严有松，让孩子劳逸结合，该学习的时候一定要深入进去，认认真真地学习，该玩的时候就痛痛快快地玩。教育的最终目的不是分数，而是让孩子有能力去创造幸福生活并享受生活。

品德的培养

个人品德是一切道德行为的基础。教育孩子讲道德要从自身做起，使她从小懂得尊敬长辈，友爱他人，不欺负弱小。孩子做对要赞赏，做错了要恰当批评，让他树立起一个正确的判别事物对错的观念。内心善良、懂礼貌、讲文明、辨是非、懂得换位思考，这一切应该从小抓起。

有这样一件事情让我很感动，也很骄傲。那是女儿转入梁山县第二实验小学后不久所发生的。一天，我去学校接女儿放学，在学校门口等候女儿时，看到学校字幕上打出一行醒目的大字：一年级九班的庞娅琪同学捡到人民币若干元……当时心里就一阵激动。在接女儿回家的路上，我当不知道此事，看女儿有什么反应，没想到女儿也只字未提。等女儿完成作业后，我对女儿说："琪琪，给爸爸讲一讲今天学校发生的事情吧！"女儿开始给我讲了她们班上所发生的一件又一件有趣的事情。最后才提到了她捡到钱的事情，显得很平静的样子。我问她里面有多少钱，女儿歪着脑袋，掰着手指说有两张一百的，一张五十的，还有一张公交卡。那我又接着问："你为什么不自己留着？"女儿回答道："你不是说不是自己的东西，再好也不能要吗？学校还给我们班加分了呢！"我看着女儿那张稚气而又高兴的脸说："宝贝，你长大了，你做得很对，爸爸为你感到骄傲！"这时，我突然问道："给你们班加分你为什么这么高兴？"女儿大声说："我们班下星期就可以拿到'流动红旗'了！"听了女儿的话，我更加欣慰，平时的教导真的让女儿懂得了许多。

智力的培养

智力是人适应环境的一种潜能，不是只表现在听、说、读、写、算等技能方面，还包括解决其他各种问题的能力、与他人友好相处等方面。

如今，社会上普遍存在重知识轻能力的现象，过分重视读、写、算，而忽视实践能力的培养。比如，有许多家长认为发展孩子的智力就是让孩子识字，所以想方设法地阻止孩子玩耍，逼孩子记忆一个个生字词。这样反而会适得其反，弄得孩子整天疲惫不堪，妨碍孩子的正常发展，加重孩子的精神负担，损害孩子的身心健康。

对于孩子的成绩，我看得不是很重，关键是孩子是否已经掌握了所学的知

识。所以孩子在完成作业之后，我很少刻意让孩子再去做多少课外练习，而是陪孩子下棋（跳棋、陆军棋等）、做智力拼图游戏、搭积木、讲故事、看电视节目等。当然了，看电视时，应选择一些比较合适的节目，比如智慧树、大风车、墙来了等一些娱乐而又能开发智力的节目。看动画片时，要让孩子学会对故事进行总结。

独立自主能力的培养

生、老、病、死，这是谁也无法阻挡的自然规律。所以孩子不可能一辈子生活在父母的羽翼下，父母想一代要比一代强，就必须让孩子学会做自己的主人。作为父母我们要尊重孩子的选择，赋予孩子选择的权利，不要用我们自己心中的选择去评价孩子。同时，孩子遇到问题时，我们不要不管事情的大小一律大包大揽，应该引导孩子分析问题，找到解决问题的方法，让孩子自己去解决。例如：孩子自己衣服的颜色、款式，玩什么样的游戏，看多长时间的动画片，周末或假期要参加什么样的活动等，只要是在合理的范围内，就由她自己选择决定。孩子也只有在一次次的实践、思考中，不断地长大、独立，然后超越父母。

有这样一件事使我感触颇深。女儿刚升入二年级时，与同桌小男孩发生了矛盾，让我到学校去帮她处理这件事。听完女儿的讲述后，我首先肯定了女儿当时没有以牙还牙的做法是正确的，然后再引导女儿怎么去解决。第二天放学回来后，女儿高兴地告诉我说她和同桌已经是好朋友了，并且同桌答应女儿以后再也不找我女儿的事了。通过这件小事，女儿学会了如何与同学相处，并且以后再也没有告诉过我类似的事情。

自信心的培养

曾经看到过这样一句话："让每个孩子都抬起头来走路。"尽管看过好多年了，但一直印象清晰。孩子的自信源于父母对她的爱和信任。我们不但要爱孩子而且还要充分信任他、尊重他，多挖掘孩子身上的优点。让亲子之间少一些责骂，多一些宽容，但不要纵容；少一些攀比，多一些鼓励；少一些包办，多一些引导；少一些灰心，多一些欣赏。这样孩子会更有自信，才会笑对人生。

记得有一次，公司组织去云台山旅游，允许带家属。当时考虑到女儿上大班，学习任务不重，所以就决定和老婆一起带女儿去参加公司组织的旅游。半夜出发，第二天上午 8：00 左右到达山脚下，下车后，看到女儿睡意蒙眬的样子，真担心我们一家还能不能攀爬这座高山。我和老婆不断地给女儿讲从景区介绍中了解到的一些有趣的事情。每当女儿喊累时，我们就不断地鼓励她，给她加油，一路走来，女儿的自信心不断增强，玩得不亦乐乎！

安全意识的培养

"人最宝贵的是生命，生命对每个人只有一次。"现代社会到处都存在着安全隐患，所以在孩子成长的过程中，应不断地去培养孩子的安全意识，唯有孩子的安康，才会有家庭的幸福。我给孩子购买了关于安全方面的书籍，教孩子识别各种安全标志、交通标志等等。同时，我还经常给孩子讲解安全常识、紧急求救电话、逃脱险境的技巧等。

孩子的健康生活

健康高于一切，没有一个强健的身体，一切无从谈起。人人都希望自己健康、长寿，拥有高质量的生活。健康与生活习惯有很大的关系。例如饮食习惯、平时的锻炼等。对女儿的饮食，我要求比较严格，要求女儿不可以偏食、挑食，所以女儿的饮食比较均衡，在做各种微量元素的测试中都是合格的。平时也注意让女儿参加一些体能方面的锻炼。例如每周有一两次下午放学步行回家（学校离家大约两公里），周末爬一次山，玩跳绳、打羽毛球等各种体能活动。坚持下来，女儿不但锻炼了身体、增强了体质，而且也养成了锻炼的习惯。所以，女儿的身体一直非常健康。

孩子的成长过程中会出现各种各样的问题，家长应该冷静地去面对，理性分析，做出最适合自己孩子的解决方案。

（梁山县第二实验小学二年级七班庞亚琪家长）

与儿子一同成长

任春英

即便不能给孩子优越的条件，但完全可以塑造他的优秀性格；即便不能给孩子高贵的出身，但完全可以培养他的良好习惯。十年来，我与儿子一同成长，看着今天阳光快乐的小男子汉，我感到非常欣慰。

顺其自然，用心聆听

在儿子很小的时候，我是采取放养式的教育方式，让他爬，让他涂，玩抓豆豆，撕纸游戏……只要没有危险性的行为，任他折腾。平时经常陪孩子亲近自然，让其在自然的环境中自由玩耍。记得在儿子四岁时，秋天的一个星期天，我带着儿子去串杨叶，那天，我们还从家里带了签子和袋子，然后步行去附近找杨树林，在那个秋高气爽的季节里，我和儿子不仅收获了杨叶，更收获了惊喜和快乐，自己也好像找回了童年的感觉。

用心聆听是走进孩子心灵的第一步。想要当个更好的倾听者就不要只用一只耳朵听，当孩子对你说话时，尽量停下手边正在做的事情，专心听他讲话。要耐心听孩子说完话，不要中途打断、急着帮他表达或是要他快快把话说完，即使他所说的内容你已经听过许多遍了。陪孩子去上学途中或哄孩子上床睡觉时，是最佳的倾听时刻。

蹲下来，与孩子交流

儿子每一个良好习惯的养成，可以说都是对我耐心的考验。当发现儿子有什么不好的习惯时，我总是压住内心的情绪，先让自己心情平静下来，然后找机会把儿子叫到一边，说："儿子，我们过来谈谈好吗？"然后耐心地与他商量这件事该怎么做比较好，还会问："你认为呢？"直到儿子认可正确的做法。在儿子三岁的时候，我就告诉他："儿子，小树在长大的过程中，是需要砍去乱枝的，才能长成高大的的树。妈妈让你做对的事，也是砍去你乱枝啊！"当时，儿子很高兴，也许有人认为这么小的孩子怎么听得懂，但是事实是，当时孩子那天真的眼神告诉我，他明白。以后，我再纠正他的坏习惯，只要一说"砍乱枝"，他就会安静下来。所以，我们家长一定要学会蹲下来，与孩子交流，而不是当面训斥，增长孩子的逆反心理。

借助纸条效应

当儿子有了一些阅读能力之后，我又开始尝试着给孩子写一些不同内容的小纸条，哪怕只是三言两语。我把这些小纸条有时放在孩子的铅笔盒里，有时又悄悄放在孩子的玩具箱里，甚至冰箱门上、镜子上、枕头上，只要是孩子能看到、能找到的地方。当孩子意外地发现这些小纸条的时候带给他的是一份惊喜，同时也让他能够真实地触摸到父母对他的关注和爱心。文字和语言有着不同的特点，语言稍纵即逝，有时候说好几遍也不一定留下多少印象。而文字则克服了这个弱点，只要不把它毁掉，那么无论什么时候都可以拿出来看看，而且每看一次，感觉都在重温一遍，印象自然比较深刻。例如有这样一次留言：

儿子：

早上好！我去上班了，饭在电锅里，如果凉了，自己打开开关热一下。今天外面阳光很好，妈妈希望你心情愉快，有所收获。相信你乒乓球会打得更棒，你今天会用心阅读更多的书，也希望你今天与你的同伴玩得开心。还有，儿子，我扫了你书房的地，抹桌子就交给你了，你是个爱劳动的孩子嘛！加油，儿子，你很棒！

2013 年 7 月 25 日早上于家中

纸条效应让孩子对父母有更多的了解与尊重。随着孩子年龄的增长，纸条的内容将不再是单一的表扬啊、批评之类，逐渐会扩展到推荐一本书啊，介绍一篇好文章啊，留下一个需要动动脑筋才能回答的小问题啊，甚至包括对某个观点的探讨等等。内容开始五花八门，这对于他的思维能力和写作能力的训练也是一种帮助。如此来来往往，为家庭教育也增添了不少乐趣。

在生活中寻找写作素材

例如，在写《我的爷爷》的时候，我就引导他写爷爷与众不同的特征，并不模仿范文，写出来的真就有滋有味。又例如写"与读书有关"的作文时，在

我的引导下，又较好地写出了一篇原创作文。

梦想之船，与书相伴

四年级五班　颜秉志

常听大人们说"书中自有黄金屋，书中自有颜如玉"。虽然我似懂非懂，但是我知道，书里一定有一个很大的美妙世界。

我看了很多童话书，比如《丑小鸭》。丑小鸭有一个梦想，就是变成天鹅。同伴们都觉得他在做白日梦，耻笑他，排斥他，并且把他赶出家门。孤独痛苦的丑小鸭没有放弃，一次一次的努力，他最终飞了起来。我想，如果别人打击我的时候，一定要顶住，不要放弃自己，继续努力，说不定我就是那只天鹅。《绿野仙踪》也告诉我一个道理，就是只要聪明、勇敢、团结，奇迹就可能发生，美好的愿望就能实现。稻草人想要一颗脑袋，铁皮人想要一颗心，小狮子想要更加勇敢，小女孩多罗茜想回到自己家里。他们有智慧，有毅力，互相帮助，一直坚持，最后他们都梦想成真了。一个个美妙的童话故事让我的童年早早地插上了梦想的翅膀，种上梦想的种子，在以后的成长中，我要好好照顾这颗种子，让它生根、发芽，茁壮成长。

我还喜欢看历史书。《三国演义》让我知道了刘备、关羽、张飞桃园结义的故事，我也很向往他们的豪情和义气。诸葛亮的空城计、草船借箭的故事却让我知道了做事情要讲究方法，要用智慧。

读书有时候让我们悲伤，有时候让我们哈哈大笑。书是一条梦想之船，有时候把我们带到悲伤之地，有时候把我们带到欢乐的岛屿，我们可以和主人翁一起悲伤，一起欢乐。我希望读更多的书，坐在梦想的小船上，自由自在地遨游！

文章结构紧凑，条理清楚，表达清晰。小作者从童话书和历史书两个方面描写了自己读书的感受，用最平实的语言描述自己所想，显得真实而有童趣。把书比作"梦想之船"，结尾扣题，显得主题明确而自然，我们犹如看到了坐在小船上小作者悠然自得的样子。

永不放弃，与儿子共同成长

当儿子在外面遇到了挫折或不适应的时候，或在学校表现不好的时候，我首先想到的不是指责儿子，而是反思自己：我这段时间对儿子哪一点做得不够呢？然后调整好自己的心态，寻找原因，积极的想办法帮助儿子。并且相信情况一定会改变，不管再怎么糟，从不让自己放弃，这样儿子才有希望。我也见到有些家长在孩子犯错的时候怨学习，怪指责孩子……很少意识到自己的责任，或者对孩子失去信心，使孩子错失修正成长的机会，就在于家长对孩子不够坚持。

教育专家徐国静老师说："如果家庭教育仅限于如何培养儿童，而忽略真正需要提高的是父母素质，那么这样的家庭教育很难取得预期的效果。"父母素质不高，怎能拥有一个良好的家庭教育氛围，又怎能培养出身心健康的下一代呢？为人父母者往往会发出这样的感叹：孩子越大，就越不了解他。是呀，孩子小的时候，处处以一个长者的身份指挥着孩子的一言一行，并不曾真正体会孩子的感受。当孩子渐渐长大，你将会和孩子越走越远，代沟也随之产生，从而更加难以将正确的思想和经验传递给孩子，导致教育的失败。但如果父母从一开始就能做到和孩子一起成长，用平等的眼光看孩子，时刻保持一颗童心，那么，随着孩子的成长，你会发现，在孩子慢慢读懂这个世界的同时，你也慢慢地读懂了孩子这本书，走进了孩子的心灵世界。这时，你距离成功的父母也就越来越近了。

（梁山县第二实验小学五年级四班颜秉志家长）

善用智慧　享受幸福

黄荣华

一个家庭，如果由"智慧的父母"与"聪明的孩子"组成，那必定是一个充满欢声笑语的和谐家庭、幸福家庭。

——题　记

每一个呱呱坠地的宝宝，对于年轻的父母来说，都是一个美妙的天赐之礼。他给家里带来了更多的欢声笑语，更多的幸福。父母看着孩子一天天成长，欣喜中寄予厚望，盼望孩子有一个美好的未来。我想通过两个故事和自己的一点做法给年轻的父母们一点启示。

故事一：一个运动员的智慧

1984年，在东京国际马拉松邀请赛中，名不见经传的日本选手山田本一出人意料地夺得了世界冠军。当记者问他凭什么取得如此惊人的成绩时，他说了这么一句话："凭智慧战胜对手"。当时许多人都认为，这个偶然跑到前面的矮个子选手是故弄玄虚。马拉松是体力和耐力的运动，身体素质好又有耐性才有望夺冠，爆发力和速度都在其次，说用智慧取胜，好像有点勉强。

两年后意大利国际马拉松邀请赛在意大利北部城市米兰举办，山田本一代表日本参加比赛。这一次，他又获得了冠军。记者在采访中问他："上次在你的国家比赛，你获得了世界冠军，这一次远征米兰，在异国他乡又压倒所有的对手取得第一名，你能谈一谈经验吗？"

山田本一性情木讷，不善言谈，回答记者的仍是上次那句让人摸不着头脑的话："用智慧战胜对手。"这回记者在报纸上没再挖苦他，只是对他所谓的"智慧"迷惑不解。

十年后，这个谜终于被解开了，他在他的自传中是这么说的：每次比赛之前，我都要乘车把比赛的线路仔细地看一遍，并把沿途比较醒目的标志画下来，比如第一个标志是银行，第二个标志是一棵大树，第三个标志是一座红房子……这样一直画到赛程的终点。比赛开始后，我就以百米的速度奋力地向第一个目标冲去，等到达第一个目标，我又以同样的速度向第二个目标冲去。四十几公里的赛程，就被我分解成这么几个小目标轻松地跑完了。起初，我并不懂这样的道理，我把我的目标定在四十几公里外的终点线上，结果我跑到十几公里时就疲惫不堪了，我被前面那段遥远的路程给吓倒了。

故事二：两个父亲

这是一个真实的故事。

有两个父亲，他们经历相似，学历相同，社会地位也几乎同等。然而，面对生活中不如意的时候，第一个父亲往往是乐观、公正地看待它，分析造成的原因；而第二个父亲表现出来的则是麻木和消极抵抗。

这两个父亲各有一个男孩，上学后，这两个男孩在学习生活中，同样面对着老师的误解和考试成绩的不理想。这时候第一个父亲往往静下心来，帮孩子一起寻找症结，教他解决的办法。第二个父亲则是当着孩子的面狠狠地诅咒社会和老师，仿佛所有的波折都是有意让他们父子难堪。

一次，发生了地震，两个孩子都被埋在废墟下。他们周围没有人，没有食物，只能等外面的救援。第一个孩子表现得很冷静，他尽量减少活动，保持体力和足够的氧气，然后用砖头适时地敲击楼板，发出求救的信号；而第二个孩子当时就吓蒙了，恐惧而绝望地哭泣。等救援队找到他们时，第一个孩子还顽强地活着，第二个孩子却离开了这个世界。

这两个故事其实在无声地告诉我们，在人生的旅途中，在教育孩子问题上，假如我们具备一点山田本一和第一位父亲的智慧、乐观，那我们一生中也许会少很多的懊悔和惋惜……

关键时刻多帮助和引领

儿子小学毕业那一年，我征求了家庭成员包括孩子及同事意见，权衡利弊后担当了他的数学老师兼班主任。教他我从来不给他特殊待遇，甚至比要求其他同学还严格。经过一年的教学，我了解了他的优势和不足，对他的不足有针对性地帮他矫正，升初中时各科成绩都不错。

初一上学期期中考试后，开家长会时公布了各科成绩，出乎意料的是数学成绩竟然非常不理想。我通过和老师交流得知，儿子的听课效果不好，刚上初中好像还没有适应过来。老师说："要加把劲期末能赶到一般吧！"这时，我强压住内心的焦急，没有批评抱怨他。因为我了解儿子，此时他的压力肯定也很大，心情也不好。如果我让他立刻把成绩赶上去考个满分，那更会让儿子失去信心，变得一蹶不振。我应该先反思自己：由于开学后工作忙，关注儿子学习确实少些，再就是觉得儿子基础还不错，跟课应该没问题，所以平时思想就放松了。如今出现问题了，我要坐下来和儿子面对面交流、分析、找原因。我语重心长地鼓励儿子说："初一代数妈妈教过，不难！凭你的基础学好没问题，从现在开始，你保证上课集中精力认真听讲，晚上把当天学习的知识点给妈妈讲一遍，不懂的地方和妈妈一块探讨。只有把每节课的知识都学会了，日积月累，你还有什么学不会的呢？"孩子听后，使劲点了点头。我们母子达成协议，这样坚持了一段时间。

一次，正当我外出学习，儿子给我打电话报喜，说这次单元考试满分一百分他考了九十六分，班内第三名，老师表扬了他，我借此机会鼓励儿子再接再厉，争取满分。回来后，我给儿子买了他喜爱的学习用品和食品以示奖励，并给他写了几句激励的话放在他书桌上，儿子特别高兴。有了份好心情，更收获了自信，也更增加了他学习的动力，从此学习更努力、也感到更轻松了。

年终考试，儿子数学成绩考了满分120分。开家长会时，老师感慨地对我说："我真没想到孩子期中后大转变，会学习了，成绩稳步上升，期末还考了满分（班内仅两人满分）。"我当然更激动。此后，儿子能靠自己学习了，我也省心多了，只是在孩子需要的时候偶尔点拨一下，儿子的数学成绩一直保持领先位置。中考、高考时数学题虽然难度都大些，但儿子考得成绩都不错。

孩子在成长路上都会遇到问题，作为家长要多一点"智慧"，积极配合老师，与孩子多交流，及时了解情况，分析问题，多一分理解，多一份鼓励，多一份欣赏，关键时刻多一份帮助和引领，让孩子身心健康成长，走好自己的路。父母在无怨无悔付出中也会收获一份喜悦，收获一份滋润心田的浓浓深情！

事实上，儿子的确变得越来越懂事。我身体不适时儿子会安慰、关心我，心情不好时他也会劝解我。儿子曾给我说过这样几句话："妈妈，你不要为一件事而伤心难过，上帝为你关上一扇门的同时，也会为你打开另一扇门。你在我心中永远是坚强的魅力妈妈。"其实这些道理我自己也懂，但这些话让当时十几岁的儿子说出来却感动得我泪如雨下，至今回想起来还不禁泪潸潸呢！

支持孩子的爱好

儿子上小学二年级时，教育局举办全县小学生书法比赛，我鼓励他好好准备，上交一份作品参评。儿子写得非常认真，结果获了二等奖。他把奖状贴在墙上，天天美美地欣赏。这份荣耀给了他莫大的鼓励，使他爱上了书法。自己学习之余临帖练字，一发不可收拾，进步飞速。上初中、高中时，班主任抄写材料或办板报都要找他帮忙，一手好字成了他的骄傲。

儿子考上大学那一年的暑假，时间清闲，我和他商量学习一种乐器吧，当个爱好，也能陶冶性情。他答应了，学什么呢？让他自己选，他最后选了萨克斯。我又犹豫了，当时，萨克斯的价位不算低。我说："妈妈不是心疼钱，而是买了后担心你是否能坚持学好！"他说："要学就学吹萨克斯，我喜欢萨克斯的音色美妙变化，深沉而平静，富有感情，轻柔而忧伤，好像回声中的回声，在寂静无声的时刻，没有任何别的乐器能发出这种美妙的声音。即兴演奏也能带来极具个性的演绎，能直探听者的心底，比如名曲《回家》。"说得很专业，肯定早已看书了解到萨克斯音乐的特点。儿子见我没爽快地答应，接着说："妈妈，给你三天的时间考虑。"我说："好吧！"这三天我也查找了萨克斯音乐的相关资料，可巧又看到一期电视采访节目，一留美专家谈孩子在美国学习的情况时说，只要孩子喜欢的爱好她都特别支持，让孩子多学习、多体验，利大于弊。专家的话使我很受启发，我心中也拿定了主意。

三天后，我和儿子一块去选萨克斯，报特长班跟老师上课学习，回家练习……一周的时间，他会吹《同唱一首歌》了，我很惊讶，也暗自高兴支持了他。假期一个月学了些基础知识，送他上大学时他带走了萨克斯。有幸的是，凭着这一特长他参加了大学的军乐队，业余时间有专业教授定期辅导，一年后就陆续参加大学的各种联欢活动演出，结识了一些教授和好友。同班同学和室友还挺羡慕他，到了工作单位有联欢活动时，他也能露一小手。

母亲和婆婆常给弟弟妹妹们说，教育孩子要向姐姐、嫂子学习。我说："每个孩子性格不一样，心智有差异，教育方法也应不同，适合孩子的才能有效。我们也许没有足够的智慧，孩子也非超常智力，但我们只要用心去了解、体会孩子，用情去温暖、关怀孩子，就会收获和谐，收获幸福！"

（梁山县第二实验小学）

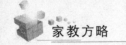

孩子的转变是对教师最大的奖赏

冯红春

孔老夫子在两千多年前就教给我们要"因材施教"。教育孩子没有固定模式可循，别人成功的教育经验，放在我们这儿可能毫无作用。这就要求每一位教育者，要认真研究和仔细观察教育对象，对他们的性格特点和处世态度了如指掌，这样在他们出现问题时，方能有的放矢地选择行之有效的方法，使教育收到立竿见影的效果。

太史公在《史记·货殖列传》中曾说过这样一段话："善者因之，其次利导之，其次教诲之，其次整齐之，最下者与之争。"这段话是说对人的管理方式，最好的方法是既顺其人性自然，依其本来性情，不强加以约束。"其次利导之"，是说稍差一点的方法是因势利导，顺着事情发展的趋势，向有利于实现目的的方向加以引导。当前面两种方法不能见效时，就是教诲了，要求教育者对孩子进行思想教育，晓之以理，动之以情，使他们能认识到自己的错误或不足，及时加以改正。"其次整齐之"，再次的用各种规章制度来约束和限制，整齐划一。这种方法有可能对孩子的个性和天性造成伤害，是不得已采取的方法。"最下者与之争"，最下等的方法就是要跟他去拼抢、争夺，非争个你死我活，分出子丑寅卯不可。这样的行为会使长者的形象轰然倒塌，孩子对你的尊重也丧失殆尽。当这种糟糕的现象出现，作为教育者也就宣告彻底失败。

当然，这些都是从理论上讲的，真正付诸行动却不容易。我们对于孩子的教育，多数是棒喝、训斥，很少能心平气和、和颜悦色地与孩子交流谈心，孩子看到我们，如同老鼠见了猫一般，我们连"教诲之"都做不到，更别说"利导之"或"因之"了。

三年前，我接手的一级小学毕业班，其中有一个学生叫郭航，是个典型的"刺头"。不学习、不写作业还在其次，他拉帮结派，打架斗殴，上课捣乱，顶撞老师，而且号召力极强，在他周围几乎聚集了全校的问题学生，他被这些小"喽啰"称作"老大"。这个学生让所有教他的老师头疼，让校领导感到棘手。在他即将升入六年级之前，因为违犯课堂纪律，受到班主任的批评，结果他不但不知悔改，还多次唆使"手下"拔班主任的自行车气门芯，致使班主任七八里路只好推车回家。最后，班主任让他给气得住进了医院。当他在家长的强迫下去医院看望老师时，还是一脸的不服气，放下礼物，一句"对不起"都没有，眼睛看都不看老师。这样的学生谁不头疼啊？

入学不久的一节音乐课上，他不但没带竖笛，不好好上课，还带头起哄，弄得教室里乌烟瘴气。老师管教，他却态度蛮横："我愿意，你管不着。你算老几？"甚至说脏话辱骂老师。最后，该生被带到教导处。即使面对教导处老师，依然态度嚣张，显得无所畏惧。见一时无法与其沟通，教导处老师就让他打电话给其父亲，请其父亲来学校沟通，了解情况。谁知这学生说："找我爸？没用，我三天两头不回家，在外面网吧过夜。我爸管不了我，他来了也得听我的。要不你们开除我吧？给处分也行，无所谓！"这样的学生还真是没见过，请家长、给处分这些招数都不灵了。对这样的学生，如果坚持给其处分了事，不但起不到正面警示作用，还会导致负面作用更大，甚至可能把他彻底给毁了。

学校把他交给了我。作为教师，不能育人，何以为师？我把他叫到办公室，用平和的语调与他聊天，可他蛮横的态度让我陷入了深深地苦闷。但是，无论他如何不讲道理，我都心平气和的、用极大的容忍坚持着。在这种僵持中，我们只交谈了几分钟，他就再也不说话了，还是一副无所谓的样子。好一会儿，我拍拍他的肩膀，轻轻地，发自肺腑的说了一句话："郭航，我不想改变你，只是希望你做个好人。"说完这句话，我的眼泪悄然落下。作为一个教育者，就这样眼睁睁看着一个孩子毁掉，怎能不痛心？我们的教育真的如此苍白无力吗？我还能为这个孩子做些什么？我叩问着自己的良知，拷问着自己的职业道德，我就这样无视一个生命的堕落？我真的无能为力吗？——这时的郭航感觉到我的异常，第一次丢掉他的傲慢与无理，用平和的眼光看看我，然后低下了头。虽然他什么也没有说，但是我明白，我的真诚感动了他，他已经开始悔过了。我知道他是不会轻易认错的，所以也没有强迫他。我趁热打铁，问他为什么音乐课不带竖笛，他告诉我，他从来都不带，我说："艺多不压身，学了就是自己的本事，以后走上社会，别人看到你还会那么多技艺，也会对你刮目相看的。"我把侄女放在我这儿的竖笛给了他，说："去上课吧，别忘了喊报告。"他无声地接过笛子，慢慢地走出办公室。我怕再出意外，悄悄跟在后面，却发现他真的按照我说的做了。些许欣慰萦绕于我的心头。

从那以后我发现他有了一些变化，课堂上做错事的时候，他会偷偷看看我的表情，打架的次数少了，写作业的次数多了，对老师的敌对情绪也减轻了，他开始热心班集体的事情。于是，我给他提供参与班级事务的机会，让他担任班里的生活委员。果然，他的那股热情被调动起来，负责的各项工作都完成得相当好，而且班内班外、分内分外的事情他都抢着去做。针对他有号召力的特点，让他带领大家组成学雷锋小组，在班内和校内做好人好事，我也找机会尽量去表扬他，认可他，给他鼓劲，给他建议，给他帮助。功夫不负苦心人，在大家的共同帮助下，郭航通过自己的努力，学习有了很大进步，而且由于他热心班级工作，团结同学，乐于助人，受到了同学、老师的一致赞许。

在他离校的临别赠言上，他写道："老师，我想，我这一辈子是忘不了你了，我会做个好人的。"今年五一期间，郭航通过 QQ 聊天告诉我，他已经开了自己的公司，还买了车，虽不算成功人士，但也积累了不少资产。他还告诉我，他做的生意都是合法的，因为他永远记着我说过的一句话"君子爱财，取之有道"。

看到这个孩子的转变，我觉得自己的努力是多么有价值，这是对一个教育者最大的奖赏，也是给我最大的慰藉。

我们常说"有爱才有教育"，但是，徒有满腔热情是不够的，还要讲求科学合理的方法，才能使我们的教育工作深入人心。只有做到因材施教，才能让我们的教育真正地造福于后代子孙。

（梁山县第二实验小学）

G 高新区

GAO XIN QU

教育孩子是人生中最重要的事

高玉莲

为人父母，责任重于泰山。作为孩子的家长，在教育孩子方面，有喜有忧有感慨。孩子一天天长大，看着孩子纯真的笑容，我开始拜访教育专家，咨询孩子在各个年龄阶段的心理状况，制订了一系列的教育成长方案。

王迪小时候学习英语时，在一个个单调的字母、单词面前，孩子热情不是很高。怎样让孩子爱上英语呢？为了让王迪找到感兴趣的知识衔接点，我决定带孩子出国旅游开阔视野，增长见识。我们去过美洲、欧洲、澳洲等许多国家。在异国他乡，渴了、饿了，想上卫生间怎么办？人生地不熟，更重要的是语言不通。找，我让王迪自己去找、去问，几次下来，王迪学习英语的兴趣大增，自己主动学发音、背单词。这样孩子学习热情产生了，家长老师再鞭策鞭策，主方向就定下来了。此时，正好王迪上学的时候济宁外国语学校成立了，良好的学校氛围、学识丰富有爱心的老师、可亲可爱的外教让王迪的学习热情一下又提高了很多。

学习热情有了，下一步工作是培养孩子的韧劲方案。孩子都爱玩，坚持不懈的好习惯是孩子受用一生的礼物。为了培养孩子，我毅然辞掉了工作，做起了全职妈妈。督促孩子按时做功课，规律作息。日复一日，几年的时间过去了，王迪学习的韧劲和好习惯养成了。现在王迪在学习、玩耍的安排上全由她自己制定，自己监督落实。

英语熟练，大大开阔了孩子的视野，我和王迪爸爸又开始制订了一个更大的计划，那就是每年带孩子出一至两次国门去接触世界，以此激发孩子宏大的理想目标。我带王迪去加拿大参加冬奥会，身披鲜艳的五星红旗为中国运动健儿加油；带王迪去美国的世界著名高校普林斯顿弹琴，感受顶级高校文化修养的氛围；带王迪去巴黎的罗浮宫看世界著名艺术家的艺术展品，孩子无不沉浸其中。

我深深记得在澳大利亚、新西兰，王迪看着南极最小的企鹅在自己身边休憩时的惊喜；看到新西兰满含硫黄味的火山就在身边爆发，惊讶得合不拢嘴的

样子；在瑞士，旅游大巴车坏了的情况下，我带王迪徒步爬过三座山峰，经过几个小镇，一路上我们既感受了当地最纯朴的乡村文化和异域的文明，也无形中培养了孩子坚韧的毅力。这些历练都是书本上学不到的，对孩子一生的成长都有很大的帮助。

为了培养孩子的独立能力，我带王迪出国很少跟团。让孩子自己看地图、搜电脑、找景点、找餐馆、找旅店、讲价格，以此锻炼孩子的独立生存的能力，培养孩子善于理财，不乱花钱的好习惯。在她自己独立处理问题的过程中，孩子还会把安全放在第一位，学会了自我保护。事实证明我的做法是对的。今年暑假王迪孤身一人随"希望之星"英语风采大赛中央电视台国际站去英国参加国际比赛，在英国各大高校循环比赛，她力战群雄取得了第三名的成绩。但是作为家长我们最欣慰的是出发近一个月，孩子平安归来。本次活动中，理财、吃、住、行、学、游各方面，王迪都得到了锻炼与提高，这才是最大的收获。

今年，王迪上初中了，小学时的优秀绝不代表今后初中、高中、大学、就业的优秀。在青少年时期，孩子的生理、心理都会发生大的变化。所以作为孩子的母亲，我努力学习并且配合学校教育好孩子的方法，用切身体会的方法来引导孩子，孩子有错不姑息，该批评的批评，该指正的指正，就像大禹治水一样，拒硬堵善疏通。老师不会害孩子，配合好班主任的工作，孩子的教育也对了一半。刚上初一不久，我发现王迪的数学理解能力弱一些，便让她去培训学校学习数学的奥数技巧，几节课后她高兴地告诉我在数学解题的技巧上开窍了，所以说家长要做好孩子坚强的后盾。初中开班，孔子国际学校增设了日语班，由于带了王迪去过日本，而且她对日本的感触也挺深刻，比如她对日本的海啸、地震、富士山有很深的印象，所以日语学起来也是游刃有余。

孩子的教育千万不要忽略细节，细节决定成败。孩子脱离开父母之前，做父母的要勇于担当、敢于担当、善于担当。"监护人"这三个字是沉甸甸的，人人都有一颗爱子之心，但是教育孩子，疏导孩子的方法千变万化，作为父母要做的就是根据孩子的特点、特长去引导、疏导，教导好自己的孩子，多关心多陪伴孩子，慢慢的你会发现，孩子带给我们家庭的是心灵的慰藉，是无尽的快乐和无限的幸福！

（济宁孔子国际学校七年级三班王迪家长）

把学校"搬"回家

——做一位名副其实的"三好"家长

马亚军

我的女儿名叫梦琪，取义梦中的美玉，可见我们望女成凤的心情。今年，随着她小学生活的开始，辅导孩子功课逐渐成了我业余时最重要的事，我的育儿心态也逐渐从陪孩子玩好，转变为陪孩子学好。

9月份开学至今的短短两个月，无论是学校致家长的一封信、智慧校园网的开通、班级QQ群的建立、班级文化的展评、家校之间的定期互动，还是老师们鼓励式教学的方法、无微不至的人文关怀、"好书天天读"的特色教育，都使我对现在的教学方式耳目一新，感受到学校的真诚与温暖。孩子在上学的同时，似乎也把家"安"在了学校里。作为家长，我现在要做的就是再把学校"搬"回家，在家里做孩子的好朋友、好学生、好老师，与学校联手，让教育全时段、无缝隙、无盲区。

做好学生，变讲得多为听得多

作为家长，如何让孩子主动学习？一直是我绞尽脑汁、挖空心思想要解决的难题。在给孩子辅导功课时，我总是讲得多，想千方百计地让孩子理解，但效果并不理想。她不是学不到，就是听不懂，还养成了在学习上"一等、二靠、三不要"的被动、依赖思想，抑制了她主动学习的积极性。

相对学校来说，家是人生的港湾，少了些约束，多了些随意，这是家庭环境的优势。在这种宽松环境下，教学方式就可以灵活多样，其中，角色换位就是个不错的尝试。把孩子当做老师，每天让他把在学校里学到的知识教给父母，通过孩子教、家长学，在提升孩子地位时，也把思路让给了他，把快乐留给了他，把责任推给了他。可以说让孩子过把"老师瘾"，不仅有助于提高他的主体性，还能激发他的学习兴趣。"小老师"如果能很好地完成教学任务，自会受到表扬，尝到教学的乐趣，从而增强了学习自信心，提高了学习兴趣，

变怕学为乐学，自然也就提高了教学效率。

其实，这种换位教学的方法，女儿的班里已经开展了。女儿说，她们班每天的晨读课会有人轮流领读拼音，教大家正确发音，作为语文课代表的女儿还会时不时地像老师一样四处"转转"，维持课堂纪律，提醒同学不要做小动作。女儿说这些事时很神气、很骄傲、很自信，也很认真，俨然一副老师的模样。我想，这就是一种变相的角色换位，虽然不是老师与学生之间的直接角色转变，但老师的主动放权、孩子教孩子的有心之举，确实能培养孩子们的荣誉感、自信心和学习心气，这不仅是因为三尺讲台始终是孩子们的顶礼膜拜的神圣之地，更是因为每个人都有"要把别人教会，先要自己学好"的认识。

基于这种观点，只要时间允许，我都会坚持让孩子把在学校里学到的知识教给我一遍，自己当学生、当听众。无论是拼音还是算数，她都教得非常认真，教完之后还会给我布置作业，并认真批改，有时还会出题考我，虽然我故意做错的题她并不能全部找出来，虽然她很大程度是在享受当老师的过程，但却真的提高了学习效率，她学习的目的仿佛也找到了，兴趣也越来越浓了。有一次，为了"教会我"连加连减的数学课，她居然到晚上 10 点了还在一遍遍地给我出题，劝都劝不住，虽然有些影响休息，但能提高她的学习兴趣，这种方式也算可取的。

可以说，家长和孩子角色的互换，能使孩子产生强烈的角色意识，有助于互相了解和情感交流。家长转变了教学方式，就能够引领孩子主动参与。这一过程孩子除了掌握知识以外，关键是培养了获取知识的兴趣。

做好朋友，变"逼着学"为"比着学"

对于孩子来说，家长盛气凌人的说教远不及平等地推心置腹的交流。如果在学习中能把自己放在一个孩子朋友或者同学的位置，把"逼着学"变为感染学、引导学、比着学，那么孩子在家里就有了学习的伙伴，就能减少对学习的抵触情绪，也会提高学习效果。现在，女儿所在的一年级三班开展了"好书天天读"活动，也给了我一次与她比学的难得机会。

作为重要的学习手段，阅读对于现在的孩子来说是必不可少的。古人有"万般皆下品，唯有读书高"的训导；老一辈有"为中华崛起而读书"的疾呼。虽然那时的"读书"意域更宽，不能完全等同于现在阅读，但字里行间也真切地告诉我们阅读是多么的重要。可以说，每次阅读都是一次与作者的心灵沟通，一次知识的获取，一次人生的进步。现在，刚学完拼音的女儿，每天都会用10～30分钟的时间来阅读，已经成为一名实实在在的小读者。为了帮助她坚持下来，我会在她读书的时候看看报纸、翻翻杂志，成为她阅读学习中潜移默化的伙伴。有时遇到贴近生活文章，我就读给她听，温馨、趣味、欢乐之余是对女儿强烈的感染。遇到氛围好的时候，她也会把自己看的内容讲给我听，虽然有时曲解了文章的寓意，但每一次都能感受到她的进步。

在阅读问题上，我认为要从最简单的书读起，一步一步地换书，先从鲜艳的彩色图书开始，慢慢过渡到有简单文字的图书，再到有故事情节的图书。以优美的童话故事、科普类、生活类的图书为主，再根据不同时期的不同爱好而去引导孩子读书。

另外，培养孩子阅读的好习惯并不是一日之功，它不仅是对孩子的考验，也是对家长的考验。无论多忙，家长都应该坚持每天和孩子一起读书，正确回答孩子的问题，并帮助孩子提高想象能力和开拓思维空间。譬如，有时可以转换角色，让孩子问家长书中问题，通过一问一答的形式加深孩子对书中知识的印象和理解，增强孩子的求知欲望。

孩子在阅读过程中，经常会向家长提很多的问题，当得到夸奖时，会因为有荣誉感、自豪感而更喜欢读书。当孩子不想读书时，不要强迫他，否则只会让孩子对读书反感。相反，可以做做游戏、出门活动等活跃一下。教育孩子读书，最大的诀窍就是寓教于乐，让他们对阅读拥有一份轻松和向往。

做好老师，变习惯教为教习惯

俗话说：习惯养不成，学习等于零。作为孩子最好的老师，培养孩子良好的学习习惯，家长责无旁贷。

要求孩子按时完成老师布置的家庭作业，是培养孩子及时完成学习任务的习惯。每当孩子放学后回到家，我的第一件事情就是督促孩子在规定时间内完成老师布置的家庭作业，并要求她做作业时不许随意讲话、不许离开座位、不许搞小动作、不许吃东西，避免边做作业边玩耍，减少学习时走神或注意力涣散的情况，提高学习效率。当她做完家庭作业，我还会让她认真检查一遍，不能做完了就完事。

培养孩子具有责任心的习惯。在她做作业时候，我不许她随意撕本子，也不许随意用橡皮擦，养成少撕本子、不随意用橡皮擦的习惯。每当孩子做完作业，要求她把书、本子不能皱折合放，一定要摆放整齐，再放入书包内。同时，要把所用的学习用具摆放整齐在文具盒里，准备好第二天所用的学习

用具。

　　培养孩子积极举手发言的习惯。积极举手发言体现了孩子好学、认真学的一面，是避免孩子上课走神的最好方法。每次老师在通过手机短信，表扬孩子在学校积极回答问题时，我都会守着孩子，在第一时间把短信内容大声念出来，夸她是个好学生。有时，还会和她沟通当天听讲举手发言情况，鼓励孩子举手发言，说明举手发言的好处。

　　培养孩子记笔记的习惯。现在很多孩子在上课时候不喜欢记笔记，当家长就需要做好孩子的思想工作，让孩子在课堂上记笔记，养成一个听讲记笔记的习惯。在专心听讲的同时，要动笔做简单记录或记号。对重点内容、疑难问题、关键语句进行"圈、点、勾、画"，把一些关键性的词句记下来。孩子现在虽然只是上一年级，但老师已经要求他们用专门的记录本记录每天布置的作业，遇到难写的字，老师还会用拼音表示，这样不仅练习了拼音，还在潜移默化中培养了孩子的好习惯。为了避免孩子依赖校讯通，每次做作业，我都会让她按照记录的内容做，仅把老师通过手机短信告知的作业内容作为参照。

　　总之，在女儿的成长道路上，做一位名副其实的"三好家长"已成为我此生最甘之如饴的责任。

　　　　　　　　　　　　　　　　　（济宁高新区杨村煤矿中学学生家长）

怎样对待孩子说谎

王 利

孩子生下来对世界的感知是直观的，眼睛看到什么就是什么，听到什么就是什么。等他们慢慢地长大，慢慢地接触了社会，便慢慢懂得了怎样去适应社会，孩子看世界也不再单纯地以直观的态度，而是融入了自己主观的意识。这时候，有的孩子就开始说谎。从本质上来讲，孩子一开始是不会说谎的，只要没有诱因，孩子是不会说谎的。

如果说孩子有说谎的毛病，一定是他的成长环境出了什么问题。孩子说谎不外乎几个原因，模仿大人或迫于压力，还有一种就是善意的谎言。每个孩子最初的谎言都是从这里开始的。对于孩子的这些说谎的原因，我们找到根源，合理解决，就能帮助孩子改掉说谎的问题。

家长以身作则，做好孩子的启蒙老师

古语有云：子不教，父之过。从古至今，家长在孩子的人生教育上起到了重大的作用。孩子最初的谎言是模仿大人。虽然没有一个家长故意去教孩子说假话，但如果家长为了哄孩子听话，经常用一些假话来哄他，或者是家长经常对别人说假话，不时地被孩子耳闻目睹，孩子就会慢慢学会说假话。还有一种情况，是家长出于成人社会里的某种需求，经常说些虚饰的话，虽说并无道德上的不妥，只是一种社会技巧，但如果被年龄尚小的孩子发现，也会给孩子留下说假话的印象，教会他们说假话。所以如果孩子出现说谎的问题，家长一定要首先进行自我反省，做好孩子的模范。

找准原因，减轻孩子的"压力"

造成孩子说谎的另一个原因就是"压力"。孩子慢慢地长大，走向学校和社会，他们会时不时遇到一些从未面对过的压力。而当一些压力不好解决时，

他们会采用说谎的方式来掩饰自己。就像我们在工作生活中遇到了压力而找个东西来宣泄一样。有的家长比较严厉，对孩子的每一种过错都不轻易放过，都要批评指责，甚至打骂。或者是家长太强势，说一不二，不尊重孩子的想法，不体恤孩子的愿望。这些都会造成孩子的情绪紧张和不平衡，他们为了逃避处罚、达成愿望或取得平衡，就会选择说假话。

我女儿上小学四年级了，她的作业也越来越多，孩子有时候就不想写，或者因为玩过头而忘了写。有一次中午我有事情没有看她写词语，她自己坐在书桌前磨蹭了一会，后来又看到书桌上的课外书，便拿起了书看了起来，这一看就看到快要上学校了。我平时对她比较严厉，她有点怕我。我看快到点了，就急急地带她下楼。边下楼我边问她："你作业做完了吗?""做完了。"女儿很平静地回答。虽没有破绽，但隐约中感到有点不对。我又问了一遍："真的做完了，老师布置的词语也写完了?"这时她有点慌，下楼的速度也快了许多，一溜烟地跑下楼——可能是怕我抓住她批评她一顿，说："做完了!"她还是这样对我说，不过语言没那么肯定了。这时她已跑到楼下了，然后对我说："我忘了写了，我不知道有这项作业。"当时我就想惩罚她。可是因为要上课了时间紧，只好带她赶紧去学校。在路上我不停地想，孩子为什么要说谎。后来一想，孩子中午是因为看课外书而忘了写，这样的事也会发生在我们大人身上。只要孩子认识到什么事情是主要的，什么是次要的，这样慢慢的教育会好的。如果直接粗暴的打孩子一顿，那么只会让孩子再遇到这样的事而尽可能地去隐瞒，去撒谎。

现在想想这件事，当时孩子应该是不想说谎的，或许她为了在我面前有一个好的印象，而把自己忘了的事或者晚做了的事用一句话来掩饰。很多家长的失误就是容不得孩子有任何错误，所以批评一直贯穿在生活中，似乎家长不说，孩子就不懂得改变，不说就没有尽到做家长的责任。事实上，犯错误是儿童成长的必修课，家长要学会接纳孩子的错误，用不着一发现孩子哪里做得不好，就批评教育一顿。孩子能撒谎是因为孩子认识到这件事情错了，既然孩子知道错了，我们为何不细心地帮他改正错误呢? 在孩子认识错误并改正错误的过程中家长给予理解，倒往往比给予批评更能让孩子记住教训。

帮助孩子，而不是用"批评"来教育孩子

对于孩子来讲，帮助孩子想一些预防方案比批评有效得多。记得去年的时候，孩子学英语，考试成绩不理想，她怕我看到会批评她，试卷并没有给我

看，而是藏在书包里。我问她："英语考试了吗？""考了。""考了多少分？""不知道，老师还没发试卷呢？"说话时一脸的自若。过了几天我在收拾她的书包时发现了那张 86 分的试卷，当时真想拉过她来当面质问。后来我看了看她试卷上的一些错题，归纳了一下，发现有些内容她掌握的不扎实。于是我便在想怎样帮她掌握好这些基础的东西，在以后的时间里我每天和她一起来记单词，每天记 5 个，她记我也记，比赛看谁记得快。我把我识记的方法告诉她，她也把自己的识记方法告诉我。第二学期，她英语考了全班第一，98 分。试卷发下时，我没问她，她主动把试卷拿到我面前向我炫耀。当时我心里非常开心，我想教给孩子方法远比直接批评要好得多。这样，你让孩子去说谎，她都不会去说了。如果孩子真有一个毛病无法改变，只要问题不是太大，可以随他去。爱一个人不也包含着对他缺点的接纳吗？

用审美的眼光看别人，用宽容的心对别人

在日常生活中，大人要学会用美与宽容来看世界。记得有一次与女儿聊同事时，女儿很不解的问我："妈妈，刚才那个阿姨长得不好看，你为什么还夸她，这不是说谎吗？大人怎么可以撒谎呢？"我当时一愣，那个同事在别人眼中确实不漂亮，或许我们在一起时间长了，倒也看不出有什么不美。那天夸她是因为同事穿了一件比平时都鲜艳的衣服，似乎是比平时好看了一些。我想了想对女儿说："刚才那个阿姨或许在别人眼中不漂亮，可是她比平时漂亮啊，她今天穿的衣服好不好看？"女儿想了想点了点头。我又说："我们看别人时要多看别人的优点，一个人身上有 10 个特点，我们看到了她身上的 5 个优点，不在意她身上的其他 5 个缺点，那她在我们眼中是不是也很好啊？同样一个人身上只有 3 个缺点，7 个优点，而我们看他时只抓住这 3 个缺点看，而忽视其他的优点，这个人本来是个好人，但在你眼中却成了不好的人，是不是呢？我们看人要多看到别人的优点，这样才会有美的发现。"女儿这时明白了，也懂得了我夸别人并不是说谎，是以一颗宽容的心去看别人。

当然，孩子说谎有时候也因为情绪上的事情。他不想说，家长却非想知道。这时候孩子可能就会用谎言来答复你。不管怎样，在解决儿童说谎问题上，家长一定要体察孩子为什么说谎，不要孤立地看这一件事，要看到事情的来龙去脉，看到背后隐藏的症结。从症结入手，才能从根本上解决问题。

（济宁高新区柳行办事处中心小学）

343

好妈妈 pk 好老师

宋　颖

　　每一位父母都爱自己的孩子，都希望他成为一个对社会有用的人，而且希望他的成就超越自己，所以很多家长不惜一切代价把孩子送往最好的学校读书，为孩子请最好的家教，只要有利于学习，只要关乎孩子的学习和成绩，付出一切都可以。

　　很多家长认为教育孩子是学校的工作，并把责任也推到了学校和老师身上；学校教育是班级制度，然而家庭教育则是父母共同面对一个或两个孩子。所以学校教育只承担了教育的一部分，如果把希望都寄托于学校，对孩子的教育是十分不利的。育人如同种树，家庭教育的主要作用是"培根"，即涵养心力，是泥土以下的事情，而教师的主要教育作用是"枝叶繁茂"和"开花结果"，是泥土以上的事情。

用春雨滋润小树

　　好的家庭教育不仅有利于孩子的健康成长，更有利于孩子在学校的学习。然而家庭教育对家长来说似乎一直都是拿捏不好的难题。在我看来，家庭教育就是生活中最自然的沟通和交流，家长教育孩子就是在生活中自然形成的，家长的一举一动都在教育孩子。著名教育家斯宾塞说过："孩子就像一面镜子能反射出成人的一切情绪，你快乐，他也快乐；你愤怒，他也愤怒……希望自己的孩子去做什么样的人，就要先做出榜样给孩子看。"每天家长看着电视玩着游戏，打着麻将，却呵斥着孩子"写作业去、学习去、看书去"。小学的时候，这种呵斥还会起到一定的效果，然而初中以后，被强制学习的孩子根本不会"听话"。这不是因为孩子叛逆，而是你让他叛逆。家长有很多陋习，又如何要求孩子养成好习惯。你根本无法让他信服，你就没有命令他的权力，孩子已经在思考："你都做不到，凭什么要求我做到。"这不是因为他长大了，有自己的想法了，是你的行为教育了他。想让孩子自觉学习，自觉写作业，最好的方法是营造一个学习的环境。如果你每天下班后读书、看报，孩子们就会懂得，原来无论是大人还是孩子都要学习，而且学习是自己的事。

曾经有个妈妈告诉我她的育儿经，她的女儿5岁了，每天从幼儿园接回家，她会问："宝宝，你是想吃饭，还是看书？"如果孩子要看书，她就陪孩子看书，如果孩子要吃饭，她会让孩子和她一起做饭，帮妈妈洗洗菜、摆摆碗。家里还有大小拖把，每次拖地，母女俩总是一起劳动。孩子天性喜爱模仿，所以无论父母还是老师给孩子树立一个好的榜样，对孩子的道德成长会产生重大的影响。

现在很多孩子过着富裕的生活，却十分自私和贪婪。很大的原因来自于那些整天忙于工作、喝酒应酬做生意而不知学习的父母，他们为孩子提供了最富裕的生活，最舒适的生活环境，却无法给孩子一个好的教育。而在爱意中浸润的孩子，就如春雨滋润下的小树，会越发高大粗壮，绿意盎然。

学会沟通，学会放手

家庭教育和学校教育的沟通源于家长和老师。一位用心的老师会经常和家长保持联系沟通，一位爱孩子的家长不但要和孩子保持沟通，更要时刻和老师保持联系。与孩子沟通，是家长和老师共同的问题，我们要承认和孩子存在代沟，然而这个代沟并不是不可逾越的，与孩子沟通切忌高高在上，因为大人并不代表高孩子一等。与孩子平等，尊重孩子，换个角度思考更有利于沟通。比我小10岁的表妹，最喜欢和我聊天，也愿意把一些秘密和我分享，然而当她和她妈妈交流时，不出一分钟一定会吵起来。我想她愿意和我交谈的原因，很大一方面是因为我愿意站在她的角度思考。当她上小学时，告诉我一些烦恼事时，我首先想到我和她一样大时，是怎么做的，怎么想的，还把我当时的想法分享给她。直到现在她还感觉我们是同龄人。当孩子愿意和你一起分享她的故事时，那么孩子是信任你的，这份信任更希望得到家长的正面回馈，而不是一味否定。

当今，许多家长反映孩子不独立，过分依赖父母。当您在抱怨孩子不能自理时，有没有想过这是孩子的原因还是家长的原因。我执勤的一天早上，刚走到校门口检查，发现一名学生在寒风中哭泣，也不肯进学校，问及原因才知道，原来是上学没有带书包，妈妈回家去取好久还没来，自己担心害怕，所以哭泣。之后听这位学生的妈妈讲，每天都是妈妈拿着书包到楼下准备好车，再送他上学，然而今天妈妈让孩子自己把书包背上，于是就发生了忘带书包的事情。这个事情到底是谁的原因呢？如果孩子自己的事情都是自己做，每天自己准备书包，他还会忘记书包吗？你为孩子做得多，孩子就会变得懒惰。父母注重孩子生活能力的培养，会使其智能发展较好，适应能力较强，学习和成长的道路自然顺畅很多。

有许多父母虽然花费很多心血照顾孩子，却把孩子照顾成脆弱和被动的人。很多家长反映，每次做作业的时候，家长必须看着，不看不行。孩子不是罪犯，你为什么要扮演警察的角色来监督孩子？孩子在家无论学习还是做作业都要先营造一个大家都在学习的环境。做作业是他自己的事情，你没必要监督，完成作业更是他的义务和责任。家长过度的监督会让孩子形成对你的依赖，父母最重要的职责是让孩子学会监督自己。

梁漱溟先生曾经写过一篇文章《父亲对我信任且放任》，对待父亲的教育，梁先生十分敬佩，甚至感慨对自己的儿子也无法做到信任且放任。梁先生提到，父亲的放任非不管，另有他的意思，即于放任中有信任。现如今孩子都有自己的思想，家长和孩子的代沟越来越大。很多家长用自己过来人的经验告诫孩子，让孩子少走弯路，少受挫折。如果我们能像梁先生的父亲那样，对于孩子的观点可以不同意，但也不干涉孩子，多一份信任给孩子，让孩子敢于担当。称职的父母在照顾和陪伴孩子的过程中，总记得让孩子学习，给孩子克服挫折的机会，因为孩子是在自己的生活经验中学习成长的。

保持一颗宽容的心，学会放手，不为孩子越俎代庖，不为孩子过度担忧。

（济宁高新区柳行办事处柳杨小学）

你，会爱孩子吗？

董海霞

最近几年，越来越多的家长抱怨，现在的孩子不好管了，总是不听大人的话。尤其是孩子到了青春期，不少父母发现，自己不但管不了孩子，甚至还被孩子控制和威胁。

"给我买电脑，不然我就混网吧！"

"我就要谈恋爱，如果你再反对，我就离家出走！"

"没有任何理由，我就是不想上学。"

……

显然，在孩子眼里，已经没有了对父母的敬爱。如果孩子连父母都不认同和尊敬的话，你提的建议孩子怎能听，你的教育方式他又怎能接受呢？

根据多年的教育经验，我认为遇到这种情况，或预防这种情况的出现，唯有爱才是最好的教育方法。

可能有不少的家长会一脸无辜地说：我们也爱孩子啊！可是，我要问：你，会爱吗？

某著名歌唱家夫妇，他们的宝贝儿子却一再触犯法律而最终锒铛入狱。原因何在？记得歌唱家曾在某访谈节目中说过这样一句话："××（其子）很有个性，很有棱角，他才叫孩子，所以你想让他那么听话，那么规矩，按照你的意志，那是不可能的。"同是歌唱家的母亲在孩子十四岁时就为他买了一部名为"酷橙诱惑"的宝马车。未成年人不能考驾照，更不能无证驾驶，作为一位受过高等教育的女性，她难道不知道吗？然而，对于儿子的溺爱却让她忽视了这些，在父母的言传身教下，他们的儿子慢慢长大，但其价值观也渐渐扭曲变形，自然酿成了今天这样的悲剧。

歌唱家夫妇爱儿子吗？答案是肯定的，但是他们的爱太过于放纵，没有尊重孩子成长的规律，给予孩子必要的管教和约束。所以，爱孩子就要尊重孩子。

尊重孩子首先要学会倾听。卡耐基曾说过这样一句话："最有力量的说服

就是倾听。"可是，在实际生活中，父母为了说服孩子，让孩子听自己的，急于说很多却很少听孩子说，有时孩子刚刚说了两句，父母就急于下结论，并且给孩子一个好坏的判断。孩子的心里话常常就这样给噎回去了。所以，若是你希望了解孩子的心，那就先学会倾听吧！

倾听时，父母要放下自己的感知，像孩子那样去感受他们的内心世界，还要把自己感觉到的表达给孩子，让孩子知道，你进入了他的世界，你在理解他、认同他。

尊重孩子就要给孩子独立的空间。心理学家埃里森研究发现，当孩子进入青少年阶段，他特别需要认识并肯定自己是一个独立的有价值的人。这时就需要父母尊重孩子的世界。

有一位妈妈就曾经谈到她在这方面的宝贵经验。以前，她经常帮儿子在家请同学聚会，她是一个很开通的妈妈，和儿子的关系很铁，妈妈也很乐意为孩子们服务。可是有一天，儿子突然跟她说："妈妈，下次同学聚会时，可不可以请您不在场，否则，我们会很别扭。"妈妈听了儿子的话，伤心极了，觉得自己好像要被儿子抛弃了。但她仍强装镇静，心平气和地对儿子说："好啊！我了解你的感受，你只是希望和同学有单独相处的时间，对吗？"儿子听了妈妈的话说："妈，谢谢您的理解！我们好多同学这样跟父母说的时候，都被痛骂了一顿，甚至说他们忘恩负义。我还担心您会骂我呢！"后来，并没有出现这位妈妈所恐慌的现象，儿子一样跟她讲学校、同学的事情，关系更铁了！

其实孩子并不是故意和家长做对，而是长到这个阶段完成个体成长的需求——独立。就像蛹里的毛毛虫必须破茧成蝶，你若非不让它出来，那么它会死掉。因此，在孩子争取独立的时候，父母要给予孩子足够的尊重，允许他有时候单独行动，允许他保留自己的心灵空间，不再把什么都告诉你。孩子的独立要求得到了满足，他反而会和父母有更多的沟通。相反，倘若孩子在这个阶段没有完成这个独立的任务，他长大之后，很难自己拿主意，有事动不动就找父母，这样长大的孩子是很难在工作和家庭中承担责任的。

尊重孩子的世界，让孩子独立，并不是信奉有些人"树大自直"的教育观念。小树要长成枝繁叶茂的参天大树，需要阳光、雨露，也需要适时修剪；孩子要茁壮成长，需要呵护，同样也需要适宜的约束管教。

家长常常以为孩子根本不愿意接受约束，如果实施约束的话，就必须用命令和武力。其实不然，人是非常需要有正当约束的，如果没有，谁都不会觉得安全。在城市里，如果没有红绿灯，没有车道的划分，那谁还敢上路？没有约束的社会，是人人自危的社会，而恰当的约束则是人对安全的需要。

如何给孩子适宜的约束呢？一个重要的方法就是为孩子立规矩，没有规矩不成方圆，而且还要越早越好。当孩子到了青春期你会发现想实施管教已经来不及了。我接触到不少伤心欲绝的家长，他们对自己的孩子已无计可施，若稍微管教，孩子就离家出走，甚至武力相逼。所以我真诚地敬告各位家长，真爱孩子，一定要从孩子小时就应给予其适当的约束。

首先，约法三章。就是你要告诉孩子家有家规，孩子有责任遵守。如果孩子比较小，可以父母单独定，当孩子一旦对此提出一些想法，父母可以和孩子协商规定，比如：放学后，应立即回家；出门玩，应告诉家长到哪里去，和谁在一起，大约几点回家；上网只能在周末或节假日，每次不能超过一小时等等。总之，凡是你觉得一段时间内，特别希望孩子做到的事情，你都可以设为家规，而且家里的每个成员都应该严格遵守，做好孩子的榜样。

第二，家规要简洁，易操作。孩子若小，规矩不可以设得太多，你可以选最紧要的两件事就可以。若是中学生，内容可多一些，但一定要跟孩子商量，让他感觉到这些规定都是他们自己制定的，因为人对自己制定的规矩最易遵守。

第三，执行要坚决。这一点尤其重要。否则，家规就起不到作用，反而会纵容孩子的行为。我的身边就有这样一位母亲，他家孩子特别懒，经常不完成老师布置的作业。每次，她知道后都把孩子狠狠地训斥一番，却不按先前约定惩罚孩子，结果孩子已上初二仍恶习难改，成了名副其实的学困生。

再则，惩罚孩子要在人后。当孩子违反了规定，父母要执行惩罚时，千万不要当着他人的面指责教育孩子，否则孩子不但不会感觉到他理应受罚，从中汲取教训，反而会觉得自己被羞辱，失去了自尊。关于这一点，还要提醒父母，当一方对孩子实施惩罚时，另一方也要回避。而不是两个联合起来，你一言我一语，甚至都在处罚孩子，这同样会让孩子感觉到很受羞辱。

你，会爱孩子了吗？孩子，如同风筝，如果爱他，我们就应该放飞他，给他自由，给他快乐，让他翱翔于蓝天，享受生活的每一时刻。同时我们也一定不要忘记紧紧攥住手中的那根爱的绳索！

（济宁高新区黄屯镇中心中学）

厚爱后进生，让每位孩子幸福成长

闫循民

　　后进生的表现主要有两种方式：一种表现为成绩差，一种表现为思想落后及行为习惯差。由于后进生的种种表现欠佳而影响集体，作为人的正常心理反应，他们会不同程度地受到师生的冷落、薄待甚至是歧视。这样的教育结果是后进生更后进。

　　而优生毕竟是少数，中等生和后进生却是学生群体中的大多数。教育学理论告诉我们，初中教育的基本任务就是对中学生进行身心全面发展的素质教育，也就是说，应属于中学生身心两方面的和谐、统一发展，为他们学会怎样做人和进一步的学习和发展，打好更为全面、更为坚实的基础。素质教育的主要标志是教师是否面向全体学生，是否进行全面发展的素质教育。由此看来，教师如何对待后进生问题，倒还表现出了创造性。这说明唯有坚持"面向全体"，特别是面向后进生才是切切实实的素质教育。有人曾经说："如果孩子天生就是优生，那教育还有什么功能？又谈什么基础的素质教育呢？"因而对占相对多数的后进生，我们更应该变嫌弃为喜爱，变忽视为重视，变冷漠为关注，变薄待为厚待。

　　后进生的原因是多方面的，普遍认为是学生的学习态度不端正，对自己要求不严格所致。为什么会这样呢？客观的原因就是中学生本身的差异所致。有些人为的因素是由于某个缺点而遭受老师严厉责问后，自我调节力差产生厌学情绪；或由于老师的误会蒙受过"不白之冤"产生心理失衡而自暴自弃和逆反；或由于家庭关系，面对生活的阴暗面时缺少正确引导而形成不良价值观等。

　　每个班级都有后进生的存在，而且为数不少，做好这一类同学的教育工作是班主任的重中之重，同时要讲求方法、端正态度、摆正心态。在我所带领的初二十二班就有几个特别典型的例子。刚与这群孩子接触时间不长，我就发现班级内最调皮、纪律观念最淡薄、学习成绩最差的就属李庆了。据了解该生上小学的时候就是调皮出了名的。初一刚一入校，我便领教到了李庆的疯狂。上课时不听讲而是开个人演唱会，扰得四邻不安心；上课玩游戏机被老师制止后，却与老师理直气壮地理论；课间在班内又充当了小商小贩的角色，同学不小心掉的手表、文具等都成了他手中叫卖的商品；随地吐痰，弄得他周围的环境一片狼藉；上课玩手机，被老师发现没收后，竟敢利用周末的时间爬窗而入，把办主任的办公桌翻了个底朝天等等"劣迹"。面对如此叛逆的学生，做班主任的我应该怎样面对并做出处理呢？气急败坏地给他上政治课？请家长？撵出教室罚他的站？这些念头，在愤怒到极点时都曾一一闪现过。可是，据说这些方法李庆在上小学的时候早就领教过了，对他来讲这只不过是家常便饭而已，小学几年的"刺头"经历已经使他变得刀枪不入了。他在做这些事情之前甚至已经做好了一切心理准备和应对的措施。我如果再用这一系列的方法简单粗暴地管理他，不仅不会起到丝毫的作用，反而会更加坚定了他继续与老师对抗下去的决心，他会认为中学的老师也不过如此，都在意料之中。

我冷静地想了许久，表面上却风平浪静，但每次进教室时都悄悄看一眼他。每当我们的眼神偶尔相撞时，我发现李庆的表情却总是那么紧张。就好像是在准备应对随时可能到来的暴风骤雨。可我并没有去找他、去训斥他，但偶尔对视时已是满眼的不自然。刚开始时的那种严阵以待的英雄般的豪气也锐减不少。连续几天下来，始终平静的我换来的是愈来愈多的自信，而他却愈是心虚与畏惧，其威力远远大于训斥、打骂、请家长等手段。事实上，在这几天里我也没有闲着，表面平静的我内心却无时无刻不在思索着、行动着。我几乎收集齐了自李庆入校以来所有劣迹。而后，在条件成熟的时候，利用改日记的机会，在他的日记本上以评语的形式给他写了一封长信。不客气地说，这封长信的内容比他自入校以来所写的全部日记的内容还要多。在信中，我首先对李庆身上存有的优点给予了充分的肯定。比如卫生值日中他不怕吃苦，抢着干脏活累活的精神，他摆放的自行车非常整齐，有一次在上学的路上遇到坏孩子勒索低年级学生的钱物时，他还能拔刀相助等。然后又针对我收集的有关他所做的"坏事"，委婉地向他征求班级管理意见，并要求他在日记里给我写回信。日记本又收上来了，当我翻开李庆的日记时，我也吃了一惊，平时里写篇作文不过百十字的他竟然在日记本上用他那近似狂草般的字体给我写了回信。尽管信中有许多句子是不通的病句，但大体意思我明白。他的内心我也彻底地看懂了。他说他想好，他也羡慕那些表现优秀的学生，可是由于历史的原因，他们这一类人想好已经是力不从心了。他们上课听不懂，作业不会做，老师不喜欢，同学们看不起，他们靠什么才能在这样的环境中生存呢？就得靠他们曾经做过的这些事情，去赢得他们在班级中那特殊的地位，能引起老师及同学们的注意。

他们认为与老师对抗的越是激烈，让老师发的火越大，就越是英雄。其他的同学就会从这个方面佩服他们，敬畏他们。在信中他还提到从小学到现在他所犯下的大大小小的麻烦事，还从来没领教过这种温柔型的处理方式，他觉得新鲜、好奇，同时也佩服这种方式。他在信中表示，他以前犯下的那些错误，老师就不要管了，他自己会逐一的摆平，同时要求老师给他一个机会。

这个机会到底是什么呢？我认真地想了好久，面对这种情况时的我反而不如刚开始时那样从容了。在这之后的一个班会上（事先征求过班委会主要成员的意见）宣布了我要给李庆的机会：负责班级自行车的摆放以及课间班级责任区内的纪律。当我心存疑惑地宣布完这个决定后，全班爆发出了空前热烈的掌声，这掌声持续了很久。我不知道这掌声背后的内涵，这掌声是对我这一决策的支持还是抗议？是对李庆同学的嘲讽还是鼓励？但是，在此之后的日子里李庆的确有了很大的变化，还有更多更喜人的变化陆续出现。如班级的纪律有了很大的改观，很少有任课老师气冲冲地来找我了，小个子班长脸上那时常无奈的表情也被轻松自如所代替了。期中考试后，班级的成绩也有了明显的提高。

通过李庆这个例子，我感觉到，在某种程度上，后进生的毅力比优生还要强。精心教育好一个后进生，给班级管理所带来的影响将会是巨大的，给自己带来的感觉也将是最幸福的。所以说，对于后进生我们更要倍加关心、呵护。作为一名教育者，我也坚信：只要投入一份真爱，定能收获一片真情。

（济宁学院附中高新区校区）

沟通出火花　鼓励助成长

卢　宁

　　如今已不是"鞭打里面出孝子"与"蜜罐教育"的观念抗衡的时代了，也不再是学校教师的一言一行就是标准的时代。新时代的教育，尤其是对人生观、价值观还未形成的小学生的教育，亟待学校与家长的有效合作。

　　80后的独生子女被祖父母溺爱的现象十分普遍，祖父母舍不得他们吃一丁点的苦。所以，他们的父母便信奉"鞭打里面出孝子"的教育理念并对他们严加管教。对于他们闹事或被告状的情况，首先让他们承认错误，即使没有错误，事情只要发生了，也是他们的不对。在这样的环境下成长的独生子女在对待孩子教育方面较浮躁，缺乏谦虚的态度与冷静的头脑，过分强调公平，甚至出现了自我的教育。于是，新时代的"溺爱"教育产生了，他们不再一味地听取老师或他人的说法，更愿意相信自己的孩子。这就像是天平的两端，之前偏离孩子，现在又过于偏向孩子，使新时代的孩子更是以自我为中心，不愿意听取别人的意见。学校教师也难以教育他们，就连家长也总是很难说服或管教他们，遇到孩子不愿意做的事情，也只能束手无策。

　　三年级的耿志豪一直是让老师们头疼的孩子。七八岁的男孩正处在俗话说的"七岁八岁狗儿都嫌"的年龄阶段，调皮捣蛋就是他的代名词。在课堂上他不仅自己不仔细听课，还经常去招惹其他同学，让他们也无法认真听讲。下了课同学之间做游戏他也会故意捣乱，揪女同学的辫子，惹哭了同学还洋洋自得。任老师如何批评讲道理，都不见效果，班主任也没有办法，除了把他喊到办公室进行批评教育之外，一直找不到好的解决方法。当班主任寻求家长的帮助，而他的家长却认为，孩子在家里一直表现得很好，之所以在学校表现不好是因为老师不会管，不会教育，而老师只会向家长告状。一天下午的体育课堂上，耿志豪又开始发挥他捣乱的功力，站队一开始就扯前面同学的衣角，让前面的同学站不稳。我一直注视着他，示意这样做不对。可是，他注意到了我的眼神，却没有任何收敛，在大家做热身活动跑圈的时候，他快步跑到范光宇同学前面绊倒他，范光宇摔倒在地，哭了起来。我赶忙过去扶他起来，看到耿志

豪站在一边还笑话范光宇，我心里很是气愤，走上前去，让耿志豪对范光宇道歉，他嘴里就小声地嘟囔了句对不起，一副有什么大不了的气势。不过，后面的课堂在我的时刻关注下他比较安分。没想到的是放学回家后，耿志豪告诉他妈妈体育老师在课堂上欺负了他。他的妈妈很生气，第二天就来找班主任。当我在办公室看到了耿志豪的时候，他表现出了胜利的表情。再这样下去，不仅会影响其他的孩子，而更让我担心的是这个孩子的将来。正是因为这孩子在家长面前表现得好，所以家长更愿意偏向自己的孩子，不相信他会捣乱。我把课堂上的事情给班主任和他妈妈讲述了一遍，还喊来了范光宇和另外两个同学，同学们都证实了我的说法。耿志豪的妈妈转向耿志豪，马上就要训斥他，我阻止了她，让孩子们先回去了。我对他的家长说出了自己的想法，孩子调皮也是正常，这个年龄正是需要正确引导的阶段，他们容易产生逆反心理，表面是服从，但内心是抵制的，严厉训斥只能让他更逆反，以后什么事情也都不愿意再和你交流，与其严厉训斥，倒不如学校和家长一起联合，对他慢慢引导。家长和老师们同意了我的想法。

志豪的家长回去后对他不训不打，只是告诉他，如果他是老师，遇到这样的孩子会不会很生气？如果他是范光宇，被欺负了会怎么样？经过家长的有效引导，他学会了换位思考。在学校里他开始很少欺负同学了，上课也不再捣乱了。而我也意识到，对于他的调皮，不能只瞪眼或生气，应该关注他的兴趣点，当我鼓励他的时候，他的努力劲儿就上来了。体育课上，我发现他跑步很积极，于是每当跑圈的时候我都会表扬他，说他跑步的姿势很标准，让大家向他学习。当需要摆放体育教具的时候，我会问："谁愿意来为大家服务，摆放教具？"他也总是第一个高高地举起手来。摆放完毕后，我会说："耿志豪同学帮助了大家，大家表示感谢给他鼓鼓掌。"在大家的掌声中，我居然看到了耿志豪的羞涩。

在接下来的半年，我一直关注着他，发现他不再欺负其他同学，课堂上也很认真听讲。尤其是在体育课堂上表现十分积极，很专注于各项体育活动和小游戏，根本无暇捣乱了。我把他在学校的表现告诉了他的家长，并说明孩子如果受到鼓励的话，表现会更好，因此，家长也时刻关注他在家的表现，并询问他学校的情况，同时也鼓励他在家做一些力所能及的家务，教育他要认真做作业。

所以，孩子需要正确的关注，需要鼓励。遇到事情，学校和家长任何一方都不能一味袒护，也不能直接训斥甚至打骂孩子，老师和家长应该一起针对事情，讲道理并延伸教育，让孩子意识到自己的错误，学会换位思考，明白对错。

通过耿志豪的前后变化，大家都意识到了学校和家长合作的重要性。新二代独生子女的家长过于注重培养孩子的公平性意识与自主性意识。因此，孩子在家长的这种新"溺爱"教育下普遍自我、骄傲，难以服管。最常遇到的便是他们做作业时如果不想做，只一句"不会"，不看更不要说去分析。家长面对这种情况首先联想到自己小时候被管教的严苛，没有时间玩耍，童年都被禁锢在作业里，便认为现在的孩子需要玩，需要尊重，需要解放天性，有的家长甚至直接把答案告诉孩子。而老师则是对现代教育理念理解有所偏差，由对孩子不体罚变成为只要不涉及到自己的工作范围，不影响自己的工作绩效便对孩子少管少问；只要是不涉及到自己的教课范围，教师的职业道德中"要使自己的受教育对象获得全面、充分、和谐的发展"的理念完全抛之脑后。更不用说主动发现孩子的兴趣与能力而去激发鼓励孩子。

孩子同样具有两面性，在学校和家里的表现不尽相同。如果学校和家长只是单方面的对孩子进行教育而不合作的话，孩子也就缺乏思考的锻炼，不仅没有解放天性，没有接受到正确的教育方式，甚至学会了推卸，学会了伪装，做不到的时候就直接依赖家长或他人的帮助。在家长的祖护与老师的少管少问下，孩子也就难以得到正确的引导，难以形成正确的价值观、人生观、学习观、是非观以及如何与他人融洽相处。

我们需要家校合作，更需要家校的有效合作，这就要我们在对待孩子上首先要持有耐心，不能直接否定也不可过于维护，要善于观察，针对不同个性的孩子采取最正确有效的教育方法。

因此，新时代的教育，需要我们去除新的"溺爱"的教育方式，将学校教育与家庭教育相结合来共同助孩子的健康成长。

（济宁高新区柳行镇绿色家园小学）

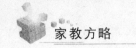

好习惯成就好未来

陈 妍 李 伟

中国的父母是世界上最好的父母，只要对孩子有用的、有好处的，我们都愿意给。问题是，什么才是真正意义上最好的、最有用的？这才是我们家长最该思考的问题。现在不都说"习惯决定命运，细节决定成败"吗？而习惯、细节的养成不能靠别人、靠学校，而更多的是靠我们家长自己。都说父母是孩子的第一任老师，所以怎样做好孩子的第一任老师，是我们做家长永远的课题。影响孩子的主要因素不是学校，而是家庭。如果家庭教育出了问题，孩子在学校就可能过得比较辛苦，孩子很可能会成为学校的"问题儿童"。所以我们一定不要做那种有知识而没文化的家长。

多读书，读好书

多读书，读好书，是学好语文的关键，也是理解人生的重要途径。从孩子很小的时候我就很注意培养孩子读书的习惯，比如他虽然不识字，但是我每天都坚持给他读上一会，尤其是晚上睡觉前都要给他读故事。这样等他三四岁时就自己能拿着一些简单的儿童画报看了。周末、假期经常带孩子去书店或图书馆，给他营造一种读书的氛围，这样坚持下来孩子认识的字明显比同龄孩子多。特别是孩子上学后，我强烈地感觉到孩子的作文、考试，做阅读题目都如鱼得水。所以一定要让孩子养成阅读的习惯，在阅读初期的时候，并不一定能有明显效果，但是作文水平要比之前好得多了，这就是文化熏陶的力量。

赏识孩子，呵护自尊

我们总是习惯是对别人很宽容而对自己亲人却很苛刻。尤其是在教育孩子方面，容易走入一个误区——不注意赏识孩子的优点，而过分强调孩子的缺点。我们平时在同别人谈话时，谈到孩子时要充分肯定孩子身上的优点。他们听到后，表面上会装得不在意，实际上他们很在意。得到肯定的这些优点，他们会继续坚持，做得越来越好，会按照父母描述的优秀表现去校准自己的言行。

当孩子出现错误的时候，就事论事地分析，不啰唆、不翻旧账，正确面对事情，改正就好。事情过了，继续过美好的生活，不要把负面情绪过分强调和延伸。最错误的方式是在公众面前训斥孩子，丢孩子的脸。家长们，请呵护孩子脆弱的自尊！

人都会有缺点，而且现在的孩子叛逆心极重。我们要采取"聪明"的方法来引导孩子。比如阅读、听音乐这些事情，我们做得很随意，不露痕迹，根据孩子的情绪来，尊重他的意见，不强行摊派。既呵护了孩子的自尊，又潜移默化地培养了孩子的兴趣，何乐而不为呢！

放孩子，重养成

家长要放手，在可控的范围下尽量放手。比如，做一件事，孩子去做，可能只能打30分，你不满意，骂他，甚至代替他做了，当时事情的效果可以打90分。但请注意，这90分永远是你的90分，孩子仍然是0分。如果你让他做，用他不反感的方式指点一下，这一次可能只是30分，下一次就有可能是60分，再下一次可能就是95分，甚至比你做得更好。

所以，家长要学习聪明地示弱，把机会让给孩子，并及时鼓励肯定孩子。我们做家长的最主要的问题就是不敢放手，爸爸妈妈终将老去，要学会把舞台适时地让给孩子，让他们发挥。孩子只有在一次次的实践、思考中，才能不断长大、独立，然后超越父母。

有主见，有担当

从孩子小时候开始，我和丈夫就有意识地培养孩子的独立性。因为孩子不可能一辈子生活在父母的羽翼下。尊重孩子的选择，这是最重要的。人生很多事情不是只有一个选择，可以有很多选择，每一种选择都有一定的道理。不要用家长心中的选择去评价孩子。比如孩子五岁的时候，天气很热，从幼儿园出来很渴，想要喝饮料。我把钱给他让他自己去买。孩子害羞，因为从未尝试过，害怕不肯自己去。我告诉他，现在你有两个选择，一是自己去买，然后喝；二是自己不去买，那就忍着，回家再喝水。他犹豫了一下，选择了不去

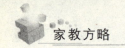

买，忍着。我觉得这也是一种选择，就尊重他，也不批评他。

只要不是很重要的或与他有关的事都让他自己拿主意，比如上各种兴趣班，都可以试上一段时间再做决定，然后再选自己喜欢的去上，但是只要做好选择了，就不能轻易放弃、反悔。后来他在学钢琴时，有时候就不想坚持、想放弃，我就让他好好想想他当初是怎么承诺的，这样他就不好意思了，坚持了下来。学钢琴锻炼了他的意志，也有助于学习，陶冶情操。就这样我们一路思考，一路尊重，孩子渐渐长大了，遇事不逃避，学会思考，有自己的主见。

轻分数，重能力

从上小学开始，我和丈夫对孩子就是这样要求的，只要学习态度好，考试考多少分都不会怪你。所以孩子考试对分数没什么压力，很少有发挥失常的时候，成绩也差不到哪儿去。我经常教育孩子像考试一样认真做作业，像做作业一样地轻松考试。考试只要考出你的真实水平就可以。比如某次考试，你的真实水平是 90 分，你考了 90 分就很好。如果因为某种原因，你只考了 70 分，那爸爸妈妈就会为你遗憾，因为你的努力付出没有得到对等的回报。

在我们家分数引起的反应基本上是波澜不惊的，考 100 分也好，80 分也好，没什么太大的反响。人生处处是考场，从容面对，考出自己真实水平就好。在我们家，物质也不与分数、成绩挂钩。物质上的东西，能给生活带来便利，而爸爸妈妈的经济能承受的，就会给孩子买，与成绩没关系。我和丈夫认为，那种挂钩很容易培养孩子的功利思想，而偏离了学习和生活的本质。我们的理念是，在当今充满诱惑的时代，孩子不缺钱、不缺爱，到外面走弯路的概率就要小很多，适时地让孩子走出去，锻炼自己的能力。

改粗心，重细节

经常听见有家长这样说自己的孩子，我家孩子这次错的题目好多都知道怎样做，就是粗心啊。在这里，我想谈一谈我们家的观点。一开始我的孩子也这样说，从三年级起，我就告诉孩子：粗心，就是能力差，学得不扎实的表现！任何时候，都不要说是因为粗心没考好。也请家长不要再为孩子找这个推脱责任的借口。细心、沉稳、脚踏实地是必备的能力，如果具备了这些能力，偶尔丢一两分，可以理解，超过两分，就是能力还欠缺，学得不扎实。所以孩子现在这个毛病改了很多，做题明显比以前细心多了。

做榜样，共成长

父母给孩子讲道理是必要的，但更要注意自己的一言一行。父母的所作所为是孩子的镜子，你要求孩子做的，自己首先都要做到。尤其是给孩子讲道理时，要注意自己讲话的姿态，姿态比道理更重要。否则孩子会厌恶、反抗。孩子会说：你讲的话都是对的，但你讲话的那个样子很令人讨厌。让你的孩子成为有教养的人，有教养从守时、排队、在公共场合不大声说话，遵守社会公德，做人要厚道等等做起。如果你的孩子比较厚道，请不要嘲笑他。喜欢占小便宜的人，往往吃大亏，因为他被别人厌恶。愿意吃小亏的人，将来会占大便宜，因为他被人喜欢。父母在生活中要成为孩子的榜样，与孩子共同成长。

懂感恩，爱生活

我们教育的最终目的是让我们的孩子有能力创造幸福生活，享受生活、懂得感恩，有一颗善良、宽容的心。所以我觉得教育孩子懂感恩、爱生活，不要说等他长大以后自然就会了，而是从今天开始，从现在开始教育孩子。

有一次，孩子奶奶对孩子说，我们对你这么好，你一定要好好学习，长大报答我们。我更正了这种说法，对孩子说：对父母的报答不是考很好的成绩给父母，而是从现在开始，好好活着，感恩每一天。在这种思想的主导下，学习只是孩子生活重要的一部分，但不是全部。交几个好朋友、看电影、节假日去旅游、有节制的适当上网玩游戏，帮我们做力所能及的事、关上滴水的水龙头、关上白天还开着的灯、聊聊喜欢的话题等等这些小事让孩子的生活很丰富，也让我们的生活充满了爱。教育孩子"勿以善小而不为，勿以恶小而为之"。

教育孩子不要太担忧、太着急。不求一时的速度与效率，不以当下的表现评断孩子，尊重每个孩子的差异，用心养，让孩子发现最好的自己。只有当爸爸妈妈用心地把孩子呵护好了，孩子具备了努力、坚强、细心、有爱心等等这些品质，孩子就一定会有一个美好的未来！

（济宁高新区王因镇中心中学）

S 市 直
SHI ZHI

孩子，妈妈是你永远的朋友

李 欣

　　我的女儿朱桦檬今年13岁，目前在济宁学院附中2011级16班学习。孩子进入附中以来，得到了学校和老师们的悉心呵护和精心培育，取得了较为突出的成绩。期中、期末考试成绩平均保持在97分以上，三次均位居年级第一，同时担任班级的团支部书记和学习委员、学校学生会干部、清华风文学社成员、学校学生志愿者等。先后荣获济宁市优秀中学生、附中学习标兵、优秀志愿者、优秀团干部等荣誉称号。2012年，还代表全市中学生参加全省"军谊杯"国防知识竞赛，荣获优秀选手称号。

　　提起女儿，我一直是骄傲和自豪的。我深知，初中生正处于世界观、人生观形成的关键期，处于生理发育的青春期。繁重的学习任务和敏感的心理状态，很有可能对他们造成不良的影响。幸运的是，孩子在这个关键期遇到了非常优秀、非常负责的教师团队。2011级16班，无论是班主任还是任课教师，都秉承了"爱"的教育方法，能够因材施教、因人施策，使每一名学生都沐浴在教育的暖风中。

　　自从孩子上了初中以后，学习的事我基本上不管，我所能做到的，就是多与孩子沟通交流，当孩子的知心妈妈、贴心朋友。孩子的爸爸工作忙，朝七晚八，披星走、戴月归，基本没时间管孩子。所幸女儿从小就懂事，从来不要求爸爸这样那样，我就顺理成章地对女儿的教育"大包大揽"了。如果说谈什么经验的话，我想，自己最大的经验就是能走进孩子的心里去，当孩子永远的朋友。事实证明，这一点是对的，只有走进孩子心里去，家长的话孩子不排斥、听得进，教育的目的也就达到了。

　　与孩子相处好，一是平等交流，打开母女沟通的心扉。女儿上小学的时候，常常黏着我说这说那，无话不谈，特别是放学一到家就开新闻发布会："妈妈，我上课回答问题了，老师表扬了我！""妈妈，教学楼后面有个葡萄藤，居然结了绿色的小果子！"凡此种种，不一而足。后来上了初中，7门功课一起来，学习压力很大，她有时候要做作业做到晚上11点。我又着急，又心疼，好几次还像小学时那样训斥孩子："怎么作业还没写完？效率太低！""这么晚了不睡觉，又磨蹭了吧?!"那一段时间，孩子变得沉默了，回到家就把门关上，问她什么都懒懒地。我意识到，这是个危险的信号，说明我的教育方法出问题了。调整！赶快调整自己的状态。从网上大量地搜索十几岁孩子的教育心得，又买了些教育青春期孩子的书来恶补。通过学习，我认识到，青春期的孩子独立意识开始萌发，逆反心理强，最渴望得到别人的尊重。孩子长大了，如果再摆出一副高高在上的架子，臭着一张脸命令孩子，孩子肯定会反感，就会关上与家长交流的心扉，渐行渐远。于是，我把自己放到与孩子平等的位置，事事用商量的口气跟孩子说话，有时甚至"示示弱"，有时用写信的方式与孩子沟通。遇到难以选择的问题，我会把利害关系和我的观点讲给孩子，由她自己去选择。孩子也觉察到了我的变化，说"妈妈，你比过去温柔多了""妈妈，我会好好考虑的"。有一次，看到一篇文章上写道：有一些家长是"直升机式妈妈"，常常嗡嗡地在孩子头上盘旋，随时下命令，指挥孩子干这干那。女儿也看了这篇文章，她写了首诗《客机妈妈》："看/得见/可又听不见/你怕嗡嗡的声响/打搅我的安眠/看/得见/可又听不见/温暖天空的一条白线/是你温婉的留言/你不会在我头顶上飞/催我快快向前/但如果我想/你能带我到海角天边/因为有了我/你忍住风雨雷电/但不管天气多变/我仍能在你温暖的心间。"看到孩子亲近的语言，我感到温暖而又欣慰。

女儿喜欢学习，最大的原因是她觉得学习"有意思"。家长要做的就是投其所好，引导孩子快乐学习。比如说生物和地理，她从来不把这两门课当做枯燥的书本来读。孩子生物课本上画满了漫画，乍一看，我还以为是上课不专心，走神了呢，仔细一看，原来那些漫画都与知识点有关，而且是注解和释义，不仅加深了对知识的理解，而且活泼有趣，让人印象深刻，理解透彻。还有地理，没事的时候，女儿在她房间就对着墙上的世界地图看，问她看什么，她说就是喜欢看地图，好玩。对于初三将要开设的物理和化学，孩子也充满了憧憬："什么时候能学啊？要是能早点上实验课就好了！"孩子对学习的兴趣，很大程度上来源于读书。孩子爸爸只要出发，就会给孩子从外地买回来很多有趣的图书，我也经常在网上给孩子网购图书。科普类的《昆虫记》《种子的信仰》《我的第一套科普漫画》《特别要命的数学》《可怕的科学》《生活中的化学元素》《微生物的世界》等等，文学类的《平凡的世界》《狼图腾》《穆斯林的葬礼》等等，这些图书都是投其所好，孩子爱不释卷，反复阅读。我呢，只要有时间，也仔细阅读孩子爱看的图书。比如《哈利·波特》，我们两人一起看，随着书中跌宕起伏的情节有时喜有时忧，还反复讨论书中的故事，学习主人翁的勇敢、善良、坚强、独立。根据孩子的爱好挑选图书，与孩子一起发现读书、学习的乐趣，我自己也好像又过了一个豆蔻岁月，收获颇丰。

　　潜移默化地教会孩子爱与被爱。我和孩子的爸爸是20世纪70年代生人，家中都有兄弟姊妹，相比之下，女儿是独生子女，从小没有玩伴，喜欢读书的她又往往跟同龄的孩子没有"共同语言"。我们家不看电视，也很少上网，别的同学谈论《爱情公寓》《甄嬛传》、"中国好声音"什么的，她不知所云，也插不上话，常常落单。虽然这些也不妨碍女儿和同学们的相处，但是我有时也会担忧，担忧女儿不会很好地与别人相处，不会照顾到别人的情绪，担心她的情商得不到较好的发展。我想，既然客观情况不能改变，那就多想想办法，培养她"爱和被爱"的能力吧。孩子总会长大，总有单飞的那一天，家长不能陪她终老，作为生命中最亲密的时光过客，能给予多少就给予多少吧。有一次，暑假期间，孩子爸爸感冒了要到医院输液，而我又要加班，我就把这件事托付给女儿，让女儿陪护输液。事实证明，女儿完成得很好，看吊针、喊护士、楼上楼下地跑着交款、拿药，还不忘提醒爸爸多喝水。爸爸的病痊愈了，女儿也学会了重要的一课。虽然孩子的爸爸顾不上家，但有一点他做得很好，那就是我们有了矛盾从不当面争吵，面对孩子，两人努力营造一个和睦、充满爱意的家庭氛围，给孩子一个正面的、阳光的家长形象。

　　就像植物一样，孩子的成长也需要"阳光、温度和水"，就像爱的阳光，适宜的温度，充足的动力……女儿13岁了，她面临的人生之路还很长，我常常和孩子交流，只要"心中有梦，手中有书，脑中有思，脚下有路"，不管人生的路有多艰难，多坎坷，自己都是富足的、幸福的。我也祈求女儿能享受成长的过程，包括这个过程中的快乐和痛苦，在享受成长过程的同时，也收获辉煌，不辜负美好的青春年华和母校对她的哺育和厚望。

（济宁学院附中2011级16班朱桦檬家长）

因爱倾心，欢喜而行

边翠松

> 玄宗羯鼓催花，鼓音袅袅，花蕾盛开；而我因爱倾心，心香四溢，桃李满园。
>
> ——题　记

人们常把教师比喻为红烛、人梯、春蚕、铺路石……意在表达教育这一职业的无私和伟大。我从事教学工作已经二十六年了，从执教之日起，我就对教师这一职业有充分的认识，把自己的全部心血奉献给自己所从事的教育事业。就像陶行知所说的那样："捧着一颗心来，不带半根草去。"无论何时，都能够理直气壮地说："投身教育事业，我终生无悔！"

二十六年来我总结了一句话："对每个孩子都要拥有一颗爱心。"教育上的爱，不仅是为了达到目的而做出的一种姿态，它是一种思想、一种情感、一种氛围。运用恰当，它会把"爱"自然而然的贯穿于教育的每一个环节，也会不声不响地体现在教育的每一个细节，更会潜移默化地滋润每一个孩子的心灵。

初一是学生从小学到初中转变的关键时期，很多学生和家长总抱着小学学习好，初中自然好的观点不放，没有家校联系的意识。开学一个多月了，家长很少主动问有作业吗？孩子表现怎么样？我尽管安排同位之间相互签字，还是有很多孩子不记作业，更谈不上交作业了，我发现了这个问题后，及时与有关家长取得联系，一开始时多数家长态度淡然镇定，一副不冷不热的状态。只有胡雨辰的家长很是着急，咨询是否每天都有作业？孩子总是说在学校做完了，家长就相信了。从那以后，我就天天看着她抄完作业读给我听，然后我再给她签上字。在家完成的作业，家长按我的要求签上字，回来按时交给我。这样我们双方坚持了一学期，孩子好的学习品质就慢慢养成了。成绩由期中的 500 分左右，上升到 630 多分。她自己特别高兴，家长也很感动并表示今后一定会做得更好。三年来，胡雨辰的成绩始终保持在 630 分到 650 分之间，而到了初三，就稳定在 730 分到 750 分之间，并在化学竞赛中获得了个人一等奖的好成绩。

对于其他学习自觉性较低的学生我同样在记作业的本子上天天坚持签字，这一坚持就是三年。目前我们班由原来过600分的10人左右，到初三上升到15人，上次过700竟然达到17人，历史、语文、化学、政治、生物、物理、数学、英语各科三率均在年级前五名，历史、语文、化学、政治三率均在年级第一。而在学校化学竞赛中我们班又获得了化学竞赛团体第一名的好成绩。面对一份份佳绩，回眸几年来走过的路，几多辛酸，几多欢喜，一起涌上心头。

为了广施爱之雨露，传递爱的温情。我每天早晨7点左右便来到教室，晨读前先对孩子鼓励一番，再陪伴着学生们在知识的海洋里畅游。为了充分了解每个学生的情况，我常常在为学生批改作业时，除了纠正学生的错误，我还会在学生的作业本中写上"孩子，你最棒！加油！"等鼓励的话语。在生活上更上无微不至地照顾每一个同学，从小事做起，从点滴做起，使学生无时无刻不在感受到老师的关心与爱护。学生刘星辰因在家吃药过量，晨读时造成全身抽搐，口吐白沫，我急忙将其抱在怀里给她按压人中，一边让班干部给其家长打电话，又另派学生去卫生室找校医，之后又很快把她送到医院。为此家长特别感动，还专门给学校写了表扬信亲自交给了校长室。老师与学生之间有了真情，有了真爱，我想没有比这更具有凝聚力的了。

德国著名的心理学家赫尔巴特说过："孩子需要爱，特别是他们不值得爱的时候。"所以教师对孩子的爱，首先表现在不放弃任何一个学生，特别是对于不服管教、屡教不改、调皮、爱惹事、学困生等这类型的学生。

班上有个叫杨天的同学，入校没多久我就听班干部们反映，此生在课间和同学们经常发生摩擦，上课时则扰乱课堂。有一次，他和同学打架，我了解到责任在他，当场批评了他，结果他却把矛头指向了我，说我处理问题不公平，扬言去校长那里告我。面对如此无理取闹的孩子我第一次感到有些茫然，那段时间我几乎对这个孩子失去了信心。好在天赐良机，2011年9月，全省开展了"教师访万家"教育实践活动，我认为教育时机来了，于是便紧锣密鼓地制订计划，确定了第一批家访名单，其中就有杨天同学。当我叩响他家的门时，孩子没在家，开门的是他的奶奶。在和老人短暂的交流中，才知道孩子父母因有生意在省城，从孩子很小时就不在父母身边，一年中也难见到几次，孩子是在爷爷奶奶的照看下成长的。老人对孩子的教育就是溺爱，以致杨天养成了以自我为中心，行为习惯随性、懒散、任性、爱动手打架、同学关系处理较差等这些不良行为习惯。在和杨天奶奶作别之时，孩子还未从外面会来，我一边下楼，一边拨通了杨天母亲的电话。

在我强烈的建议下，孩子父母决定由其母亲回来带孩子，当其回来后我们

就孩子问题进行了深入交谈，确定了以"爱"为切入点，在生活和学习中对他做得好的，哪怕是一小点，都会及时给予鼓励，同时对不良的习惯要做到严肃批评，注意批评的方法，戒除责骂。

知行合一，在平时的观察中我发现杨天喜爱表现自己，尤其是在劳动中，于是我让他当了劳动委员。杨天忙起来了，他每天带领各小组打扫教室、保洁区，和同学一起摆放自行车，虽有和同学出现分歧的情况，我会及时给予分析处理，很快我们班级每周都获得卫生流动红旗，为此我专门辟出时间介绍了他劳动时的情况，表扬了他和同学们通力合作，不计较得失，为班级和学校的美丽所作出的努力。同学们不由自主地给他长时间的掌声，此时我看到杨天的眼里充满了自信和骄傲。此后，我又通过学校的系列活动让他忙碌起来无暇顾及疯闹，也在活动中让他处理和同学们的关系，同时告诫他，一个完美的人除了活动积极以外，学习也不能落下，于是又在学习中给他安排了小帮手，遇到他作业有困难时我会及时耐心地指导，鼓励他再做好。经过一段时间的努力，他期中考试考了593分，只要再坚持下去，明年一定会升入理想的高中。孩子真真切切地在进步，我打心眼里感到高兴，我想这也许就是当老师最幸福的时刻吧！

作为老师，教育的目的就是使每个学生都能沐浴爱的阳光，健康快乐地成长，要多发现他的好，孩子越是调皮，就越是需要老师给予爱的时候，我们其实能够使孩子们成为可塑之才，关键是要发挥自己的智慧，发现孩子的优势，站在孩子成长和鼓励孩子进步的角度去思考去探索，用智慧的"爱"铸就孩子绚烂的未来！

三年的时间转瞬就过去了，而我与学生之间也建立起了深厚的感情。上课的时候总有学生迎上来帮我拿教科书，嗓子沙哑了总有学生、家长给我送来润喉片、金嗓子喉宝、专治嗓子的偏方，身体不舒服时总有人问候。我由衷地感受到了为人师表的幸福、真诚无价的甜蜜。为此我在工作上更加努力了。

怀着一颗爱心，处处留意，扶起孩子的自信之心。轻声一句鼓励，随时一声赞赏，树立学生进取之路。学生最大的幸福是获取老师同学的赞赏，借用著名的教育家苏霍姆林斯基说过的那句话"善于鼓舞学生，是教育中最宝贵的经验"。鼓励对学生是一剂良药，学生是需要鼓励的。鼓励可以帮助学生健康地成长，教育需要"励"字当先。老师最大的幸福就是学生在自己的眼前成人成才。老师的爱心铸教育，以赏识鼓励先行施予学生，是师生获得教育幸福感的美好途径。

我带的2010届的一至六班的学生，最初是一班二班在年级中成绩最好，而四班在年级中的成绩却不尽如人意，这令我很伤脑筋。指责他们吧，没有理由，他们中大部分很乖，都很懂礼貌；不批评吧成绩却令人添堵。我一直冥思苦想找方法，后来我从自身找根源，改变了以往只管教不管学的教学方法，从赏识、鼓励着手，激励每个孩子。每次上完课，我都补充一句："今天这一轮课又是咱们四班同学表现最棒！"并且不断编造善意的谎言，无论大考小考，都告诉学生说："这次我们班又是硕果累累。"学生们很高兴，学习历史的劲头越来越足，一直到初三第一次期中考试，终于发生了翻天覆地的变化，四班终于由最初的年级倒数第一，变成了今天年级正第一，整个初三一年，四班一直保持着年级第一的好成绩。

当历史会考完，我第一次去四班，孩子们蜂拥而上，将我拥在中央，课代表一边喊着"边老师"一边递给我一张折叠好的信纸，并嘱托我回办公室再打开。坐在办公桌前打开了那张便签，上边写满了同学们的思念、留恋、祝福、努力学习的决心。其中陈玉静同学写到："边老师永远是我们最爱的老师，永远是我们心中最负责任的老师，您对我们的关爱和鼓励我们永远不会忘记，我们一定为您能坐上我们的宝马而努力学习！"刘晓童同学写到"边老师，毕业了才知道，您在我们心中的位置竟如此重要，有一句话是，'在最美的时光遇见您'，而我们也是在最美的时光遇见您——我最最亲爱的边老师。边老师我们四班爱你，边奶奶，我们四班永远想您，您每节课都说我们班最棒，是因为有您这世界上最棒最慈祥最负责任的老师时时刻刻在鼓励着我们。所以我们四班成了年级中最棒的班级，老师，我们会回来看您的。"

读着孩子们一句句真切的话语，有泪水在腮边静静地滑落。是啊，我们老师只有将一颗真诚的爱心交给学生，让他们在学习过程中时时体验到老师对他们的关怀，时时感受到努力得到的肯定，体验到学习的快乐和成功。这样当学生离开学校的时候，带走的不仅仅是知识和能力，最重要的是对社会的关爱和进取精神，还留给我们一份份爱的回报！

教育孩子，不是简单的说教，而是一种人文精神的体现，是高尚师魂的升华。让我们用全面发展的师魂去塑造人，用丰富的学识去引导人，用高尚的人格去陶冶人，用博大的胸怀去爱护人！老师们，为了太阳底下最光辉的事业，请伸出我们温暖的双手，捧出我们那颗赤诚的心，在教育的漫漫长路上欢喜而行……

（济宁学院附中）

走近经典，点亮生命

蔡景玲

我们初三语文组寒假布置的一项语文作业：让孩子和家长共同来"走近经典，点亮生命"，共同来阅读《傅雷家书》，并各自写出读后感。

让我没有想到的是绝大部分家长都特别认真地读了，并用心写了读后感。每份读后感我都一一认真拜读。读完陈梓馨父亲情真意切的《给女儿的一封信》，我特别感动。他读信写信，别有创意。而且不仅认真读了，还不断反思自己，并为自己工作在外不能整天陪着女儿，而且在教育孩子方面也存在不少缺憾，一并真诚地向女儿道歉。就为人、交友、学习等方面朋友般提出有益建议，决心改进原有的教育方法，与女儿多交流多沟通，并不断学习，和女儿共成长。

陈梓馨在泪光中读完这封信，并深情地写了回信。信中向父亲汇报了读《傅雷家书》的收获和感悟。从自己父亲的书信中读出了父亲对《家书》不同的解读，对自己的歉意、不倦的教诲和深深的爱。女儿情不能自已，敞开心扉直抒对父亲深深的理解和爱，并决心用行动证明自己——"您给予了对于我来说最好的飞翔条件与平台，我有什么理由不起飞呢，我定让您看到我展翅翱翔的那天。"是《家书》和这两封信将曾经"隔膜"的父女心紧紧贴在一起……

如何在精神上引领孩子，傅雷做出了榜样，给了我们教师及家长几点启发。

孩子成长是个慢过程，教育也是个慢的艺术。决不能仅以升高中、考大学为目标，对孩子进行单纯的应试教育。一切的教育应着眼孩子一生自立、快乐、可持续发展，日积月累，循序渐进，不可追求一蹴而就、立竿见影。

要教育好孩子，家长和老师都要不断学习、不断提高。做家长的不能把希望都寄托在孩子身上，自己懈怠，不思进取，怎能要求孩子刻苦自励，奋发有为？只有"家长好好学习，孩子才会天天向上"。

教师也是如此。繁重的教学工作，柴米油盐酱醋茶的人生琐事，会使敏锐感觉渐渐迟钝，最初执教时的那份鲜活也会渐渐陈腐，任学生青春澎湃、热情激荡，我依然涂抹着重复的色彩。如果这样，那该是多么可怕而可悲的事情！可怕的是学生的灵性和才气就要扼杀在麻木和迟钝里，如果不断学习，你就会保持这种灵敏与鲜活，自己的生命也就充满了活力与自信，语言也不再是枯燥乏味，而是饱含幽默和智慧。这样，学生才会敬服你，而自己的生命也得以丰富和充实。

与孩子交流应该是平等对话。要把孩子当做一个有完整人格的"人"来对待，要平等尊重，信任鼓励。万不可颐指气使，居高临下，傲视甚至无视孩子。

书信是一种很好的沟通方式，我们不妨偶尔用之。书信可帮助我们整理思想、化解隔阂、交流情感，何乐而不为呢？作为家长，不管孩子走得多远，保持与孩子的交流沟通，使自己始终能够把握孩子的脉动。作为教师，尤其对一些"屡教不改"特别愚顽的学生写信交流，会更亲切自然，说不定比板起脸训斥更加有效。"精诚所至，金石为开"，要想书信言之有物，对孩子有用，家长和老师还是得不断学习提高自己。

家长和老师严或慈都无妨，但在教育的大观念上要保持高度一致。为了孩子，家长要始终和老师站在一起。

好久不读经典。平时的阅读常常是应付工作需要或是消遣性的，也习惯了电视电脑手机上那些快餐式的文化，几乎忘记了经典的力量。感谢傅雷，感谢学生和家长，让我得以与高尚的灵魂交流，学习着、感动着，心灵受到涤荡和升华，并有感而发。

希望自己不会忘记常常享受经典阅读，让经典来滋养我的生命。

致女儿的一封信
——《傅雷家书》读后感
济宁学院附中 2011 级 14 班陈梓馨家长　陈令波

亲爱的女儿：

蔡老师布置的作业《傅雷家书》我已拜读。读这本书时我是以双重身份走进书中来分享与感受的，一是以爸爸妈妈的身份来读这本书的；二是以孩子的身份读父母的来信。我被书中的父母和儿子的那份真挚的情感所打动，也被傅雷夫妇育子秘诀和傅聪的成就所折服。同时自感对你的教育存在着种种缺憾，作为父母在这里向你表示深深的歉意！

是的，科学的进步，网络的快速发展，给我们带来了诸多便捷，但也让我们的生活多了些缺憾。古老的书信往来已淡出人们的视野，电子邮件、网络视频等各种聊天软件应用走进了人们的生活，但是书信中的朴实、真挚、浓浓的怀念却被大多数人遗忘。近年出现的"相聚恐惧症"正是网络时代所形成的代沟，如今我读到了《傅雷家书》一书，深受启发，也回想起自己儿时的童趣，让我感恩的同时，也让我深深地思考应该如何教育好你，是以父母高高在上来傲视你，还是以朋友般的关爱来平等相待你。

孩子，书中的"父亲"傅雷是成功的，"儿子"傅聪也是成功的。父亲的言传身教，儿子的不懈探索和努力成就了一家人的梦想。全书以畅快淋漓不拘一格的书信形式展现了父母儿子间的真情，书中既不失父母的严谨又不失朋友间友谊与关爱，我想他们是伟大的。

记得你们班主任张新亚老师说过一句话："父母再成功伟大，如果你的孩子既不成材、亦不成人，那将是你一生最大的失败。"是啊，对于你的教育摆在爸爸妈妈面前，我们如何走过，也将决定着你的一生。爸爸妈妈也有过孩童时代，只是时代不同而已。但面对孩子的教育却是相通的，爷爷奶奶对我的教诲无时不在耳边回响。而今《傅雷家书》一书让我深刻理解了爸爸妈妈对你的教育还是不够细、不够投入，不应该只是溺爱、娇生惯养，应该以自己的言传身教来影响你。《傅雷家书》中的一句话"你的忧，你的乐，就是我们的，让我们永远联结在一起，我们虽然年纪会老，可是不甘落后，永远也想追随在你们的后面"，对我触动很大。

孩子，每个父亲都爱自己的孩子。爸爸妈妈对你的教育并没有像傅雷那样严格、那样仔细、那样富有原则性，尤其是爸爸。由于工作原因，我常年在外，对你的关心及教育更少，没有倾注那么多心血来教育你，这是爸爸永远欠你的。你妈妈一个人在家教育、照顾你，总是有些做得不足的地方，孩子也请你理解，妈妈从小把你带大很不容易。记得从你上幼儿园起，妈妈就一直是在跟你一起学习一起进步，你生活、学习上的点点滴滴都有你妈妈的心血，所以希望孩子你好好学习，懂得珍惜和感恩。

而今，你逐渐长大，有些事情爸爸妈妈不说，你也做得不错了。正如这次年后你去北京学习，把你一个人留在北京，我们也很不放心。妈妈担心你吃不好、怕你冻着，想你也不敢对你说，怕你学习分心，老是提起你小时候怎样怎样，其实我知道，她那是想你了。你在外面的表现很令我们满意，你的自理能力得到了锻炼，和新小伙伴们的相处也很融洽。但是正如傅聪一样，一个人在外在生活或是学习总会有这样那样的问题，这就要靠你自己去解决，从小到大你这是第一次出门，在这里爸爸提醒你，在外和同学、老师相处要切记"真诚"二字。

从《傅雷家书》中我读到了一个词——真诚，真诚是一把艺术的钥匙。知之为知之，不知为不知，最可厌的莫如自以为是、自作解人。做人、做学问亦是如此，有了真诚，才会虚心，才会有朋友，才会踏踏实实一步一个脚印走完一个完美的人生。

孩子，《傅雷家书》这本书可说是傅雷用自己的后半生教育和激励儿子的结晶，伴随着傅聪走过最为艰难和荣耀的时刻。是的，"人的一辈子都是在低潮——高潮中浮沉"，生活中的酸甜苦辣伴随一生，但你要记住"只要高潮不过分使你紧张，低潮不过分使你颓废"就好了。"胜不骄，败不馁"，说起来容易，做起来难。但是这是对你的要求，你要努力去做，并要做好，像书中主人翁一样，做一个正直的人，真诚的人，坚强的人，做一个富有爱心的人，做一个高尚的人，做一个踏踏实实的、对社会有贡献的人。

傅聪的成长经历，他的成功证实了傅雷"自省教育"的正确性。同样傅聪也遵照父亲的教导，时时自省，处处用脑，在艺术的道路上获得举世瞩目的成就。女儿，我们能从中借鉴到什么呢？还有书中多次提到要求傅聪多写信，把生活上的点点滴滴都要说与父母听，并还要求尽量写详尽，为什么？其实写信也好，和父母聊天沟通也好，这是一个理清思路、进行自我反省和自我批评总结的好办法，能从中查找自己的不足之处，从而进行改进和提高，你们老师要求的错题本有同等含义。所以我也希望孩子你多与爸爸妈妈沟通，把爸爸妈妈看成你的朋友，有什么事尽量和我们说吧。同样我和妈妈也像朋友一样对你，我们对你的教育和关心有做不到的地方，欢迎你给我们提出来好吗？我们共同分享吧！

女儿，书中傅雷要求儿子收发家信都要记账，从这一点不难看出傅雷对孩子的教育是多么的严格，要求做任何事情都要有计划，并严格执行。女儿，爸爸是做管理的，深知在生活、工作中计划的严肃性，你做任何事情都要有计划或是规划，然后是过程控制，最后才是结果。进入初三下半学期，学习时间将会更加紧张，这就需要你学习每科要有针对性、计划性，在以后的学习中要制定目标、计划、达到目标的方案，要做到对自己高标准、严要求，做细、做实、做精，才能做到"百尺竿头，更进一步"。

《傅雷家书》一书傅雷洞察着孩子生活和工作中的点点滴滴，时刻提醒并加以指导，甚至过问到孩子的婚姻后的生活，连孙子孙女的名字都起

好了，傅雷为事业奉献了自己的一生，为儿子的教育奉献出了自己。他是伟大的，傅聪的一生也是幸福的。

女儿，让我们成为好朋友吧。幸福的未来，让我们一起成长，共同创造！

女儿给爸爸的回信

济宁学院附中 2011 级 14 班　陈梓馨

亲爱的爸爸：

您给我的信，我已经在泪光中读完。您在我的心中一直是一位幽默的父亲，就如同朋友般的给我开玩笑。由于您工作缘故，我们聊天的话题不仅仅局限于我的学习、生活，还有您幽默的趣事，我知道，您并不善于向我表达您对女儿的那份深深爱意，我又何尝不是呢！

假期里，《傅雷家书》犹如一泓清泉，触动了我心底最柔软的一角。傅雷的后半生可以说是以书信为友的，傅雷将自己的真情流露在字里行间，有为傅聪说不出的高兴以及勉励，同时还有对自己过去教育方法欠妥的自责。傅雷并没有以警告、呵责的口气告诫儿子，而是如同一位促膝长谈的朋友和儿子谈心。将心比心，这点和您是很像的，您在我心中不仅仅是位父亲，也同样是个朋友，一个可以和我分享喜怒哀乐的朋友，也正是这样，我可以向您畅所欲言，谈最可笑的趣事，倾诉心底最真实的秘密。

正如您信中所写，在现在这个信息科技高速发展的时代，人们认为无论相距多远，只要每天几条短信、几个电话就足够了，再也不用去写那古朴的书信。可是我感觉书信却是世间最为真挚的文字，因为在信中，不必去故意遮掩，也不用去刻意修饰，那才是真实的自己。正如傅雷给傅聪的家书，就连儿子在书信中的错别字也会指出并加以纠正，真的不得不说，他是一位足够细心的父亲，我想他也是一位严父，从不轻易给予傅聪以表扬，但却在儿子获得赫赫成绩后，发自心底地由衷地高兴。

您在信中说，和傅雷比起来，您对我的教育存在着种种缺憾。您由于工作缘故，并没有倾注太多心血来教育我，您感觉这是欠我的，可我要说"不"。老师曾一遍又一遍地说过，我们不能选择自己的出身，不能选择自己的家庭，可我们却能选择自己的未来。嗯，是啊，在我看来，您已经对我付出了很多，每次见您回家，看到您脸上多了几份沧桑，我的心底就会涌出一泓莫名的心酸。时光果真不留人，春晚上那一曲《时间都去哪了？》唱出了很多人的心声，对您我亦是。忙着忙着，您头上的白发就增加了一丝；忙着忙着，一个学期就飞快地过去。那一份份文件、一张张试卷、一页页发黄的信纸，却在高傲地宣示着——时间好比沙漏在悄悄地流逝……

　　如今，我已不再是那个只会向父母毫无目的说"谢谢你们给予了我生命，我一定会回报你们"的小女孩了，我已懂得什么叫做行动，您给予了对于我来说最好的飞翔条件与平台，我有什么理由不起飞呢，我定让您看到我展翅翱翔的那天。

　　谢谢您，爸爸！

永远爱您的女儿：馨馨

2014 年 2 月 22 日

（济宁学院附中）

为折翼天使托起美好明天

姬生朋

我所在的学校是一所特殊教育学校，所教的学生既有视障学生又有听障学生，年龄大都在十五六岁，在这本应色彩斑斓的岁月，他们的天空却因残障多了一抹阴霾。

由于他们的身体有一定的缺陷，生活中难免充满了各种困难、荆棘，但是这些并没有阻止他们乐观、自强地面对生活。

LZB，男，该学生在视力残疾类别中属低视力，有一定模糊视力。平时酷爱数学，课余时间喜欢下象棋、五子棋、跳棋等，热爱运动，课上常常打瞌睡，午休后经常在铃响前赶到教室。这就是他在校的基本情况。

家访时是他母亲接待的，我首先汇报了他在校的学习情况、平时表现，然后询问了 LZB 的家庭情况。家里经济状况和大多数残疾学生一样不是很好，父亲经常在外打工，母亲操持家务。LZB 由于有一定残余视力，在家喜欢计算机上网，别的邻居解决不了的电脑故障，他基本都能排除，性格开朗活泼，能够帮着做一些力所能及的家务。

他的一本证书引起了我的注意，打开写着"2010 年山东省门球比赛团体二等奖"。2009 年，学校要组建一支盲人门球队，LZB 被教练选中了。"我又兴奋又担心，兴奋的是，本以为已经和运动无缘的我，还能够尝试去打门球，担心的是，自己能不能踢好。"LZB 略显激动地告诉我，自己也没想到，能坚持整整一年。LZB 平时爱学习，基本功扎实，再加上肯吃苦，有恒心，这正是他取得成功的关键所在。经历了这场胜利的喜悦，LZB 在以后的学习、生活中不仅自己真正坚强了起来，还经常帮助有困难的同学，对待生活更加乐观，更加有信心了！

在家访过程中，常常和家长聊到学生的叛逆心理，或者叫逆反表现，这种现象在初中十分明显和普遍。在我看来，产生叛逆心理的原因主要有以下几点。

首先是家长专制。父母说什么都是对的，孩子要绝对服从，不能有丝毫反对的迹象。在小学低年级可能孩子还觉得家长说什么都对，但是慢慢的他们有自己的思想和行为模式后，如果家长还继续专制，那么学生就不会或者很少会把父母当成自己的倾诉对象。久而久之，沟通越来越少，对立越来越多，抵触情绪自然会逐渐增强。

其次，父母与孩子缺乏有效沟通，很多想法、做法背道而驰。很多家长本身就有一定的残疾，工作压力大，一定程度上忽视了和孩子进行思想交流。或者有的家长思想教育过于死板，总是教条式地和孩子进行谈话，这时候孩子往往压力大过于紧张，也不管家长说了些什么，点头称是就是了，效果自然不理想。因此，孩子由于缺乏父母细致入微的关怀和沟通，自然容易产生思想波动，一些负面的作用累积到最后就会产生叛逆心理和行为。

还有的家长觉得孩子视障，对孩子的事情一手包办，孩子内心极力想挣脱这种束缚。这样的情况在现实生活中有很多，比方说寒暑假在家孩子的物品家长收拾、被褥家长叠等等。学生渐渐长大，独立意识和自我意识日益增强，可以说是很迫切地希望摆脱成人的监护。

在孩子的青春期，叛逆心理逐渐萌芽的阶段，所起的作用可以说是最大的。如果孩子与父母相处融洽，无话不谈，他就不会叛逆。所以，为了克服孩子的叛逆心理，家长应该做好以下几点。

第一，尊重孩子，呵护好他们的自尊心。长辈固然应该有权威感，但是在很多事情上还是应该放下架子，平等地和孩子进行探讨，让他们有一定比较和选择的权利，而不是用命令的方式进行教育。比方说可以讲一些成功人士的励志故事，让他们自己去比较分析，选择正确的道路，而不是家长说必须怎么样。当然这不是买一两本名人自传就能让孩子学会的，家长自己也要花时间"做功课"，搜集、阅读材料。

第二，观察孩子，寻求最有效的沟通方式。孩子在什么时候最放松，在什么时间什么场合谈话最恰当，都是因人而异的。比方说我上学的时候就喜欢在饭桌上和爸妈聊学校的事情。这时候一定要耐心地听学生讲，了解孩子的心声，适当地给一些意见，但一定是和孩子探讨的形式。平时哪天觉得孩子和以前神色不一样，反常，就要及时了解情况，如果孩子暂时不愿意说，也可以换个时间换个地点，甚至可以换个他喜欢的、认同的人来进行沟通。比如有些问题学生不愿意和父母谈，所以他们有时候会告诉我，和我沟通，我在了解完情况后，可以用自己的经验帮助他们进行一些正确的判断。

第三，任何时候都要保持冷静。孩子叛逆，家长和老师都会觉得不满，也一定会用自己的方式为自己的权利进行斗争。如果我们一旦急躁了，简单粗暴地压制学生，只能是治标不治本。孩子不懂得控制自己，行为过激，成人更应该在此时保持冷静，有时候出现状况了，家长可先冷处理，或许事情没有想象的那么严重。

第四，家长应该以身作则，为孩子树立一个好榜样。家长自己在家看电视打电脑游戏，凭什么学生（低视力的学生可以看到模糊的电视）就不能？这些都是我在家访过程中学生私底下透露给我的"心声"。

精诚所至，金石为开。用自己的真心去对待孩子，尊重他们、信任他们、感动他们。在我的日常教学和沟通过程中，一直坚持此宗旨。班里有两三个学生，由于各方面原因，学习生活都做得不够好。但是我一直都和他们讲，我作为老师绝对不会抛弃任何一个学生，你也一样不能放弃自己。即使在学业上不能有所建树，至少在做人做事上，要做一个好人，要用心办好每一件事，以后也一样能够成才。我相信我的这份真诚学生也是能够感觉得到，他们也一定会用同样的真诚来回报我。

家访让我感触很多，让我学到了许多家教金点子，我把这些金点子再交给其他家长，相互学习，与家长们共同托起孩子的美好未来。作为班主任我会更加关心他们，帮助他们不仅是为了他自己，也是为了减轻父母的负担，希望他们能通过学习学会自立，变得更加坚强。

残疾孩子内心的苦楚，我们是可以想象得到的。孩子就是父母的希望，谁不希望自己的孩子健健康康的。在这次家访过程中，我也深刻体会到，作为教师我们要积极的指导家长，同时多进行交流，家长和教师相互学习，相互信任，相互合作，结成一个家庭学校的教育同盟，那么我们的教育会获得更大的成功。

作为特殊教育工作者，我感到很光荣，我将用自己的爱心和耐心，为这群不幸同时又是幸运的孩子们撑起一片爱的蓝天，让这些孩子们脸上绽放出甜美的笑容，帮助他们撒下自强不息的星星火种，帮助他们播种生活的希望，扬起人生的风帆！

（济宁市特殊教育学校）

特殊教育，共同谱写美丽的篇章

——如何指导全盲孩子写作

张圣洁

　　我经过长时间的观察摸索，同时借鉴别人的经验，总结出了一系列指导全盲孩子写作的方法，与大家一起分享、交流。

　　人们常说："眼睛是心灵的窗户。"失去了光明，就看不到春日的繁花朵朵、冬日的雪花飘飘，就看不到奔腾不息的长江、缓缓流动的黄河。缤纷五彩的世界被挡在了外面。我们把一点视力都没有的孩子称为全盲孩子。对于这些孩子而言，写作有很大的困难，尤其在写景、状物、描写人物心理活动和情绪变化时更是难上加难。他们写出的有些文章语言贫乏，没有活力，内容空洞无物，人物形象不太鲜活，缺乏真情实感。因此，如何指导孩子写作是一个很棘手的问题。

解决问题的方法

　　首先充分利用听觉、触觉、嗅觉等感觉器官的代偿功能来指导全盲孩子观察，在此基础上进行写作指导。

　　人们获得信息的百分之七十靠视觉得到。视觉器官的损害给孩子的生活、学习带来很大的困难。但是上帝关上了这扇门，又给他们打开了另一扇窗。失去了视力以后，人体会产生一种自我调节的机能，其他器官的功能就会增强，来代替补偿它的功能，这就是我们平常所说的"器官的代偿功能"，盲孩子的听觉、触觉会变得特别发达，比我们正常人超出很多。这样，我们就可以利用这些代偿功能来丰富孩子对世界的认知、感受。如写作《春天》这篇习作时，我就指导孩子观察，告诉他们大家虽然看不到碧绿的小草、鲜艳的花朵，但是可以去触摸刚刚发芽的小草，感受它们是如何柔软纤细，可以闻一闻鲜花的味道，听一听小鸟的歌唱，感受一下太阳的温度变化，听一听劳动者的歌声。通过这样特殊的观察，丰富了孩子的认知感受，他们也从中体验到了发现的快乐。在这个过程中，全盲孩子充分调动了听觉、触觉、嗅觉等感觉器官来共同参与，极大地弥补了视觉缺失带来的不足，描绘出一幅五彩、生动的春天。孩子的眼前仿佛出现了一幅美丽的画面，眼前仿佛充满了光明，心中流淌着对春天的赞歌。写景除了抓住景物的形状、大小、色彩、数量、声响这些方面进行描写外，还可抓住景物的神韵、动态变化来写。如在学习《故乡的榕树》一课时，引导大家分析文段："现在正是枝叶繁茂的时节。这棵大榕树好像在把它全部生命展示给我们看。那么多的绿叶，一簇堆在另一簇上面，不留一点缝隙。翠绿的颜色明亮地在我们眼前闪耀，似乎每一片树叶上都有一个新生命在颤动，这美丽的南国的树！"这段描写融情于景，表达主观感受。作者抓住了大榕树枝繁叶茂中所表现出的神韵进行描写，使我们感觉到她充满了生命力。对于一些无法观察和触摸到的事物，如各种颜色、天气的变换等要通过简明扼要的讲解，生动形象的语言描述以及自身感受、体会的传递使孩子产生一定的联想，从而达到对事物的理解和认识、描述以及自身感受体会的传递。

国学大师王国维曾说："一切景语皆情语。"景物是客观的，而写景之人则是有情的，作者对任何景物，总会有自己的感情。没有感情色彩的景物只不过是苍白美丽的"躯壳"，难以达到感人的目的。同时，观察、描摹景物的过程本身也是写作者主观感受的过程。因此，要在写景的字里行间，自然地渗透感情，寓情于景。做到情景交融，物我一体。写景贵有情，在描绘客观景物的同时，要把自己的喜怒哀乐等思想感情融注到作品中去，使读者产生共鸣，进而给读者带来愉悦、陶醉之情，将读者带入特定的情景之中，受到美的熏陶，获得美的享受。

运用动静结合的手法。只写静景，很容易使文章呆滞，而只写动景，又可能失之稳定。只有将静态描写景物形态特征和动态描写利于传神的长处结合起来，所绘景物才会具体、生动，给读者留下深刻的印象。

描写景物需要绘形、绘色、绘声，仿佛使人看得见、摸得着、听得到，这就需要尽可能选用那些生动形象的语言。因而要善于找到最能表现景物特征的动词和一些恰当的形容词，要善于运用比喻、拟人等修辞方法，但要注意不能堆砌辞藻。

状物，就是把动物、植物、静物（主要指日用品、工艺品、玩具、特产和建筑物）如实地、细致地、准确地描绘出来，使人感到逼真，栩栩如生，如见其物。

对于一些状物类的能接触到实物的，可引导孩子观察它们的形状、大小、属性等，得到比较完整而准确的感性认识。有的可以找一些标本，如矿石类的。对于一些不好描述的可找一些模型来认识，如阅读《看月食》这篇课文，月食成因是理解的难点，我就制作了太阳、月亮、地球三星体运动轨迹的模型，孩子通过触觉，很快理解了月食形成的原因。在仔细观察的基础上按照一定的顺序，如由整体到局部、由上到下等顺序进行描写，描写时要抓住物体的特征，这样才能给人留下鲜明、深刻的印象。还要结合物品的形象展开恰当的联想，把物品写"活"。同时把自己的感情倾注其中表达出喜爱赞美之情。

在描写人物时，人物的心理活动和情绪变化很重要，如何写出人物丰富的内心世界和变化多端的情绪呢？这一部分我引导孩子充分发挥他的听觉代偿功能来完成。比如说你生气了，你脸上也许没有表情，或者把声音也压低了，但是你掩盖不了喉头肌肉颤抖这种细微的变化，通过代偿功能，耳朵就能捕捉的到。你虽然不能"观色"却能"察言"，你通过对语气、语速、词汇运用等的分辨能力就能捕捉到人物心理活动的变化，你能从声音的抑扬顿挫中听出人物的情感、情绪的变化。通过这样的指导，孩子写出了不错的习作。

其次，利用阅读指导全盲孩子写作。把阅读和写作有效地结合起来，用阅读来有效地指导写作，进而提高孩子的写作能力。通过大量的课外阅读方法来为孩子的写作打下基础，通过阅读中的写作技巧的分析、学习，提高孩子自身的写作能力。叶圣陶先生说过，"阅读是吸收，写作是倾吐，倾吐能否合乎于法度，显然与吸收有密切的联系。"由此可见，阅读是写作的前提和基础，而写作即是阅读的实践。只要我们把握好这两者的相互关系，有效地提高孩子的作文素养是指日可待的。

有计划地阅读

如何通过有效的课外阅读的指导，使我们的孩子进一步提高阅读与写作能力呢？我要求孩子每天完成课外阅读一两篇文章。文章的出处不限，可以是各种杂志，也可以是各种版本的作文选，还可以是与教材配套的课外读本。文章的题材也不限，散文、小说、诗歌、童话、寓言等均可。读书计划应包括所读之书目、读书的时间分配、地点的确定、进度的安排、要解决哪些问题以及解决的程序等等。既要订出短期内小范围的读书计划，读什么内容的书，采取什么措施，达到什么要求，用什么标准和方式来衡量读书成效等。更要结合自身的具体情况，诸如兴趣爱好、个性特长、理想追求等，制订出长期的甚至终生的读书计划，做到活到老、读书到老。从而在人生的不同阶段都能日有所学，日有所获，日有所进。当然，读书的时间和地点以及所需要的书籍材料，又往

往受财力、环境以及体力的限制，一个完整而不受阻碍的计划是不可能的。但只要有一个大体的计划，也就可以用时间和方法来补足一切的缺憾，消除其阻力。其实，读书的方法很简单，积极地读书，读积极的书；有系统地读书，读有系统的书。这是说要有主动的读书态度，不能在别人逼迫的情况下才读书；读积极的书，则是指书的内容，应该光明、向上，而不能消极、颓唐。总之，应当先拟定一个读书的计划，按部就班地来，系统、有组织地读，才能收到最佳的读书效果。

摘抄即积累。写作前要注意语言的积累和运用。因此，在我规定读了一两篇课外文章后，学生把认为写得较优美的或对人们较有启发性的佳作或片断摘录在专门的摘抄本上。我们都知道孩子摘抄积累的这些内容是构成语言的"建筑材料"。掌握一定的词、句、段是阅读写作的基本条件。掌握这些内容的多少反映着语言发展的状态。积累越多，语言也就越丰富、越发展。因此，摘抄、积累的过程，不仅是培养孩子对文章的欣赏能力、分析能力和辨别能力，使学生主动汲取文中精华、营养的过程，同时也是提高学生认识能力，发展学生思维能力的过程。

讲解写作手法，提高写作技巧

推荐阅读书目后，不能就从此不闻不问，还要跟踪调查，否则一段时间后，有些孩子就不了了之，有头无尾，这样就达不到预期的效果。跟踪调查不是停留在过问有没有读的问题，而是要检查所读篇目的内容和写作手法，我经常来落实这个问题。一篇文章拿来，可能有些人从欣赏的角度向孩子介绍它的写作特色。孩子却觉得技巧是搞不懂、用不上的"阳春白雪"，因此，孩子对课文的写作特色不大感兴趣。为了改变这种状况，我把孩子的看法评价同引导孩子运用课文的写作技巧结合起来，让孩子从写作技巧中吸取经验，然后逐步将它运用到自己的写作实践中去。如读《红楼梦》黛玉进贾府后的部分，有的学生道出"人物的侧面描写是这部分写作特色的'天机'"，我紧紧抓住这个机会，联系描写人物时往往满足于笼统抽象的描写，而不能给人以具体而细微的形象的实际情况，启发孩子体会课文中的细节描写，此外指导孩子进行侧面描写人物的单项训练，如安排孩子写《我的老师》等作文题。这不但使学生加深了对作品中描写的艺术特色的理解，而且初步掌握了一些描写的实际本领。此外，还可以根据一些文章的写作特色，指导孩子学习和运用倒叙、顺叙中进行插叙，采撷诗词、运用典故、故事、传说等表现手法，这对培养孩子的课外阅读和写作兴趣有一定的作用。为了使孩子更好地挖掘文章的情感，提高他们的口语表达能力和想象能力，让他们通过课件声音和画面自己创设情景。比如：在讲解《秋思》时，我向孩子展示了一幅以《流浪歌》作为背景音乐的深秋图：西风萧瑟的季节，地下没有红花，树上不见绿叶，只有干枯的藤、苍老的树、归巢的晚鸦、清冷的溪水、落寞的小桥、孤单的旅人。景色描写部分配上生动的讲解。让孩子根据自己的理解进行构思、描述。伴着思乡的歌声，孩子把凄清、萧瑟、充满离愁的意境描述出来，有的还为游子有家不能归的无奈流下了眼泪。

经过一段时间的训练，孩子在写景、状物时有效地调动各种感官，突出了事物的具体特征，并能展开丰富的想象，融入了自己的真情实感。在写人物时，也能很好地抓住人物心理、感情的变化，把人物塑造得更丰满。

（济宁市特殊教育学校）

图书在版编目(CIP)数据

家教方略/闫志强编著. —济南:山东人民出版
社,2014.9
ISBN 978 - 7 - 209 - 08705 - 6

Ⅰ. ①家… Ⅱ. ①闫… Ⅲ. ①家庭教育 - 文集
Ⅳ. ①G78 - 53

中国版本图书馆 CIP 数据核字(2014)第 197567 号

责任编辑:刘 晨 王媛媛 张雁雁

家教方略

闫志强 编

山东出版传媒股份有限公司
山东人民出版社出版发行

社 址:济南市经九路胜利大街39号 邮 编:250001
网 址:http://www.sd-book.com.cn
发行部:(0531)82098027 82098028

济宁市火炬书刊印务中心印装

规 格 16 开(170mm ×240mm)
印 张 25
字 数 450 千字
版 次 2014 年 9 月第 1 版
印 次 2014 年 9 月第 1 次
ISBN 978 - 7 - 209 - 08705 - 6
定 价 39.00 元

如有质量问题,请与印刷厂调换。(0537)2312395